第1種 令和6年度版

衛生管理者試験問題集

解答 & 解説

中央労働災害防止協会

は じ め に

　衛生管理者制度は、我が国独自の制度として、昭和22年の労働基準法制定と同時に誕生し、衛生管理者に選任できる資格として、衛生管理者免許が創設されました。その後、昭和41年に新たに衛生工学衛生管理者免許が創設され、さらには、平成元年には衛生管理者免許が、第一種衛生管理者免許と第二種衛生管理者免許に分化されるなど、労働衛生を取り巻く時代の変化とともに変遷してきました。

　また、衛生管理者に求められる役割についても、創設当初は健康診断の確実な実施による職業性疾病の早期発見、特に肺結核等の対策や職場環境の改善等が中心でしたが、その後、労働者の健康づくり・生活習慣病対策、化学物質による健康障害防止対策や過重労働防止対策に加え、メンタルヘルス対策が重要な課題となってきました。このため、衛生管理者はスタッフ職として、各ラインの労働者に一番身近な立場にあって、これらの課題に取り組むための企画・調整の業務を担当するとともに、産業医をはじめ、保健師（産業保健職）、看護師（産業看護職）などの産業保健に関する専門のスタッフをコーディネートするなどの大きな役割を担うようになっています。

　国家試験である衛生管理者資格への関心は依然として高い状況にあります。本書は、過去5年間の公表試験問題を分析・精査し、各試験科目・範囲を出題テーマ別に整理したものです。衛生管理者免許試験を受験される方が、衛生管理者免許試験の受験用テキスト『衛生管理（上）（下）－第1種用－』（中央労働災害防止協会発行）と併せて使用し、本書をもとに繰り返し学習すれば合格できるように編集してあります。本書には、各項目ごとに当該テキストの該当箇所を明示していますので、是非とも当該テキストと本書を併せて学習されることをお勧めいたします。

　本書を活用して、国家試験である衛生管理者免許試験に合格されることを願ってやみません。

令和6年2月

中央労働災害防止協会

目　　次

凡例 ～ 本書で使用する法令等の略語は次のとおりです。

安衛法	労働安全衛生法	酸欠則	酸素欠乏症等防止規則
安衛令	労働安全衛生法施行令	事務所則	事務所衛生基準規則
安衛則	労働安全衛生規則	粉じん則	粉じん障害防止規則
有機則	有機溶剤中毒予防規則	石綿則	石綿障害予防規則
鉛則	鉛中毒予防規則	労基法	労働基準法
特化則	特定化学物質障害予防規則	労基則	労働基準法施行規則
		女性則	女性労働基準規則
高圧則	高気圧作業安全衛生規則	年少則	年少者労働基準規則
電離則	電離放射線障害防止規則		

本書の活用にあたって

　衛生管理者免許試験は、他の多くの資格試験とは違って、受験に際しては原則として実務経験を必要としています。本書を使用される皆様におかれても、受験にあたって「事業者証明書」の提出が必要なことから、会社の業務命令により受験される人も多いと考えられます。

　試験勉強の第一の目的は、衛生管理者免許試験に合格することです。あたり前のことですが、医師免許など衛生管理者に選任することのできる他の免許・資格を所持している人以外におかれては、衛生管理者免許試験に合格し免許を与えられなければ、いくら自分に労働衛生管理の知識があるといっても、誰にも認めてはもらえません。さらに、所属する事業場が、常時50人以上の労働者を使用している場合で、衛生管理者が一人も選任されていなければ、労働安全衛生法違反の状態が続くことになるのです。

　衛生管理者免許試験に合格した後、事業場の衛生管理者に選任された際には、本書の姉妹書である『衛生管理（上）（下）－第1種用－』は衛生管理者選任後の実務マニュアルとしての役割も兼ねていますので、衛生管理の実務については、同書を活用しながらOJTの中で学んでいくことになります。

　それでは、以下に衛生管理者免許試験受験にあたっての留意事項および本書の活用の仕方を示します。

I　衛生管理者免許試験受験にあたっての留意事項

1　本書掲載の過去問は満点を目指しましょう！

　衛生管理者免許試験の合格基準は、厚生労働大臣指定試験機関である公益財団法人安全衛生技術試験協会の「免許試験受験申請書」の冊子によると、「科目ごと（第一種衛生管理者免許試験の科目のうち範囲が分かれているものについては範囲ごと）の得点が40％以上で、かつ合計点が60％以上であること。」と示されています。

　つまり、全体として60％以上の正解率が求められているわけですが、だからといって、80％の正解を目指すなどと目標を低く掲げることは適当ではありません。目標を低く掲げることは学習意欲の動機付けを欠くばかりか、いつまでたっても合格できないといった事態を招くことになりかねません。

　衛生管理者免許試験は、公益財団法人安全衛生技術試験協会の全国7か所の安全衛生技術センターという試験場あるいは出張特別試験が各地の大学や大きなホール等で実施されます。そこでは、何百人という受験者が一堂に会して受験します。また、普段の職場への通勤とは違って、人によっては遠距離の移動になる上、場合によっては満員のバスに乗車したり、また、試験場の雰囲気などにより、普段とは違う心理状態になりがちです。

　さらに、中には複数の知識を組み合わせることで正答を出せる問題が出題される場合もあります。あわてると、思わぬケアレスミスをすることもあります。

　実際の試験に臨むときは、解きやすい問題から着手して、限られた試験時間内で1点でも多く獲得し、トータルで合格点に達するよう取り組みましょう。

　事前の準備として、少なくとも本書に掲載された問題については、繰り返し学習することにより全問正解を目指せば、思わぬ問題が出題されたとしても、合格基準をクリアできるものです。

2　科目ごと・範囲ごとの合格基準点に注意しましょう！

　衛生管理者免許試験において最も注意しなければならないことは、上記1に示したとおり、各科目・各範囲ごとに合格基準点が設定されていることです。「各試験科目ごと」だけではありません。この点を間違えないようにしましょう。

具体的には、科目、範囲、出題数、配点は、次の表のとおりです。

試験科目	範　　　囲	出　題　数	配点	問番号
関係法令	有害業務に係るもの	10問	80点	問 1 〜問10
	有害業務に係るもの以外のもの	7 問	70点	問21〜問27
労働衛生	有害業務に係るもの	10問	80点	問11〜問20
	有害業務に係るもの以外のもの	7 問	70点	問28〜問34
労働生理		10問	100点	問35〜問44
合　　　計		44問	400点	

　衛生管理者免許試験では、合格の場合は「免許試験合格通知書」が送付されます。それ以外の場合は、「免許試験結果通知書」で点数が通知されますので、それで結果を確認することができます。衛生管理者免許試験に合格できない方には、合計点は60%以上であるのに、各範囲、例えば「労働衛生（有害業務に係るもの）」の正解率が40%未満といった場合も多いのです。

　このため、各試験科目のみならず、範囲が設定されている試験科目については、各範囲をまんべんなく合格点を取れるように学習することが肝要です。

3　マークシートの記入に注意しましょう！

　衛生管理者免許試験はマークシート方式で実施されます。仕事の関係で他の国家試験を受験されたことがある方にはお馴染みかと思いますが、労働安全衛生法に基づく免許試験の場合は、他の国家試験で多く採用されている横書きの長方形の枠を塗りつぶすのではなく、短冊状の解答用紙に縦書きの長方形の枠を HB 又は B の鉛筆で塗りつぶすことになっています。

　試験の開始前には、試験官から詳細な説明がありますが、マークの仕方だけではなく、例えば、受験番号の書き方や、解答用紙が各試験共通になっていますので、所定の欄に「第一種衛生管理者」と記入することなど、この説明をよく聞いて正確に記入するとともに、くれぐれも問番号とマークする箇所を間違えることのないよう、落ちついて、慎重に解答することが必要です。こうしたちょっとしたことが、

合否を左右することにもなりかねないのです。

4　不安を自信に変えましょう！

　衛生管理者免許試験に合格するための近道は、まず、相手、すなわち、試験問題の傾向を知ることです。

　本書は、過去5年間の公表試験問題を分析・精査した、いわゆる「過去問集」です。衛生管理者免許試験に限らず、国家試験の攻略のためには過去問の攻略が一番であるとよく言われますが、一字一句がまったく同じ問題はほとんど出題されません。選択肢の順番や一部の内容が入れ替わったり、数値が違ったりします。

　また、設問は「正しいものはどれか」と「誤っているものはどれか」の2つが多いのですが、4項目の中から正しいものの組み合わせを問うような問題も見受けられます。

　過去問を解くということは、こうした試験問題の「くせ」に慣れることでもあります。また、試験問題にはいろいろなパターンがあります。このことから、本書では、いわゆる「類問」とよばれる関連問題も、原則としてもれなく掲載しています。変幻自在の試験問題に対処するためには、こうした多くのパターンの問題を繰り返し解き応用力を身につけることが、合格するための近道です。そして、そのことが試験に対する不安を、合格する自信に変えるのです。

Ⅱ　本書の活用の仕方

1　理解度をチェックしましょう！

　各設問の前に□□欄を設けていますので、繰り返し設問を解いて、正解したらチェックをする、あるいは、理解しにくい設問をチェックするなどの自分にあった活用をしてください。

2　「解答にあたってのポイント」を活用しましょう！

　各設問を解いたあとに、さらに、類問を解くためのヒントや暗記すべき内容について記載しています。特に理解しにくい設問は、テキストの該当ページを復習するとともに、このポイントを必ずチェックしましょう。

3　選択肢を活用しましょう！

　設問は、「正しいものはどれか」と「誤っているものはどれか」の２つに大きく分かれます。正しい内容の正解肢を暗記し、また、誤っている選択肢は、どこが誤っているのかをしっかりと復習しましょう。

※　各問題に記している【　】は、例えば【R5年４月／問１】とは、「令和５年４月」に、「問１」として公表された問題であることを示しています。また、同様の問題が複数年出題されている場合は、【R5年・H31年４月／問１】などと、表記しています。令和をR、平成をHと表しています。

　なお、現行法令からみて、改正前の条項に基づく問題は原則として削除、あるいは解説に注釈を加えています。

　平成30年以前の公表試験問題でも、今後もマークしておきたいものは「参考問題」として紹介しています。

第一種　衛生管理者　公表試験問題　出題分析表

Ⅰ　関係法令（有害業務に係るもの）		R5/10	R5/4	R4/10	R4/4	R3/10	R3/4	R2/10	R2/4	R1/10	H31/4
①	労働安全衛生法										
1	衛生管理体制	○	○	○	○	○	○	○	○	○	○
2	作業主任者		○		○	○	○	○	○	○	○
3	譲渡等の制限			○	○	○	○	○	○	○	
4	定期自主検査		○			○					
5	製造等の禁止、製造許可	○		○	○			○	○		○
6	特別教育	○		○	○				○	○	○
7	就業制限	○									
8	作業環境測定	○			○			○	○	○	
9	有害業務に係る健康診断				○						
10	健康管理手帳									○	○
11	労働安全衛生規則の衛生基準	○		○		○					
12	有機溶剤中毒予防規則	○		○							
13	特定化学物質障害予防規則										
14	電離放射線障害防止規則	○							○		
15	酸素欠乏症等防止規則		○	○				○	○	○	
16	粉じん障害防止規則	○					○				○
17	石綿障害予防規則			○	○					○	
18	その他		○	○		○		○			
②	労働基準法										
1	労働時間延長の制限業務							○			
2	危険有害業務の就業制限	○	○	○	○	○		○	○		○

Ⅱ　労働衛生（有害業務に係るもの）		R5/10	R5/4	R4/10	R4/4	R3/10	R3/4	R2/10	R2/4	R1/10	H31/4
1	有害物質の性状	○	○	○		○	○	○	○	○	○
2	化学物質管理	○	○	○	○	○	○	○	○	○	○
3	化学物質による健康障害	○	○	○			○	○	○	○	○
4	粉じんによる健康障害			○	○		○	○	○		○
5	金属による健康障害	○			○	○		○			○
6	有機溶剤による健康障害		○		○		○		○	○	
7	ガスによる健康障害					○					
8	作業環境における騒音	○			○		○				
9	有害光線等による健康障害		○	○						○	
10	作業環境における有害因子	○		○	○	○		○	○	○	○
11	有害物質の作業環境管理	○									
12	作業環境測定								○		○
13	局所排気装置		○	○	○		○	○	○	○	○
14	労働衛生保護具（呼吸用保護具等）		○	○	○	○	○		○	○	○

Ⅱ　労働衛生（有害業務に係るもの）	R5/10	R5/4	R4/10	R4/4	R3/10	R3/4	R2/10	R2/4	R1/10	H31/4
15　特殊健康診断	○	○	○	○	○			○	○	
16　作業管理	○			○	○				○	

Ⅲ　関係法令（有害業務に係るもの以外のもの）	R5/10	R5/4	R4/10	R4/4	R3/10	R3/4	R2/10	R2/4	R1/10	H31/4
①　労働安全衛生法										
1　総括安全衛生管理者		○	○	○	○			○		○
2　衛生管理者						○	○		○	
3　産業医	○		○		○			○		○
4　衛生委員会	○	○		○			○	○	○	
5　健康診断	○	○	○	○	○	○	○	○	○	○
6　医師による面接指導	○	○	○	○	○	○		○	○	○
7　労働安全衛生規則の衛生基準	○				○	○		○		
8　事務所衛生基準規則			○					○		
②　労働基準法										
1　労働時間等		○			○	○			○	
2　年次有給休暇	○		○	○			○	○		○
3　妊産婦の保護等	○		○	○	○			○	○	○

Ⅳ　労働衛生（有害業務に係るもの以外のもの）	R5/10	R5/4	R4/10	R4/4	R3/10	R3/4	R2/10	R2/4	R1/10	H31/4
1　温熱条件、採光、照明等										
2　事務室の作業環境										
3　作業管理										
4　健康診断	○		○	○			○	○		
5　労働衛生管理統計	○		○	○	○					
6　労働者の健康保持増進		○				○		○		○
7　労働者の心の健康の保持増進		○				○	○	○		
8　情報機器作業における労働衛生管理					○				○	
9　職場における受動喫煙防止対策	○	○								
10　職場における腰痛予防対策	○									
11　一次救命処置							○			
12　応急手当										
13　食中毒	○	○	○					○		
14　脳血管障害と虚血性心疾患	○	○	○					○		○
15　快適職場環境		○								
16　その他		○			○	○				

V　労働生理	R5/10	R5/4	R4/10	R4/4	R3/10	R3/4	R2/10	R2/4	R1/10	H31/4
1　血液	○	○	○	○		○	○	○	○	○
2　心臓の働きと血液循環	○	○	○	○	○		○		○	○
3　呼吸	○	○	○	○	○		○		○	○
4　栄養素の消化・吸収	○	○	○		○	○	○	○	○	○
5　肝臓の機能	○			○		○				
6　代謝	○			○	○	○		○	○	
7　体温調節			○	○			○	○		○
8　腎臓・尿		○	○	○	○	○	○	○		
9　ホルモン	○		○	○			○			○
10　免疫		○			○	○	○	○		
11　筋肉	○	○				○	○	○		○
12　神経系		○	○			○	○		○	
13　感覚・感覚器		○				○		○		
14　視覚				○					○	○
15　聴覚	○		○		○		○			
16　ストレス・疲労	○									
17　睡眠		○			○	○	○		○	○

注：同じ項目で複数問出題されている場合がある。

Ⅰ 関係法令 （有害業務に係るもの）

1　労働安全衛生法

1　衛生管理体制

問1　衛生管理者及び産業医の選任に関する次の記述のうち、法令上、誤って
□□　いるものはどれか。

　　　　　ただし、衛生管理者及び産業医の選任の特例はないものとする。

⑴　常時60人の労働者を使用する医療業の事業場では、第一種衛生管理者免許若
　しくは衛生工学衛生管理者免許を有する者、医師、歯科医師又は労働衛生コン
　サルタントのうちから衛生管理者を選任することができる。

⑵　2人以上の衛生管理者を選任すべき事業場では、そのうち1人については、
　その事業場に専属でない労働衛生コンサルタントのうちから選任することがで
　きる。

⑶　深夜業を含む業務に常時550人の労働者を従事させる事業場では、その事業
　場に専属の産業医を選任しなければならない。

⑷　常時600人の労働者を使用し、そのうち多量の低温物体を取り扱う業務に常
　時35人の労働者を従事させる事業場では、選任する衛生管理者のうち少なくと
　も1人を衛生工学衛生管理者免許を受けた者のうちから選任しなければならな
　い。

⑸　常時3,300人の労働者を使用する事業場では、2人以上の産業医を選任しな
　ければならない。

【R4年4月／問1】

解説

⑴　正しい。安衛法第12条第1項、安衛令第4条、安衛則第7条第1項第3号イ、
　安衛則第10条。

⑵　正しい。衛生管理者を2人以上選任する場合、その中に労働衛生コンサルタ
　ントがいるときは、労働衛生コンサルタントのうち1人は専属でなくともよい。
　安衛法第12条第1項、同則第7条第1項第2号ただし書、同則第10条第3号。

(3)　正しい。安衛法第13条第 1 項、安衛令第 5 条、安衛則第13条第 1 項第 3 号ヌ。

(4)　誤り。安衛法第12条第 1 項、安衛則第 7 条第 1 項第 6 号。多量の低温物体を
　　取り扱う業務は労基則第18条第 2 号に該当する。衛生管理者のうち 1 人を、衛
　　生工学衛生管理者免許を受けた者のうちから選任しなければならない場合は、
　　常時500人を超える労働者を使用する事業場で、坑内労働又は労基則第18条第
　　1 号、第 3 号から第 5 号まで若しくは第 9 号に掲げる業務に常時30人以上の労
　　働者を従事させるものである。

(5)　正しい。安衛法第13条第 1 項、安衛令第 5 条、安衛則第13条第 1 項第 4 号。

解答　(4)

問 2 衛生管理者及び産業医の選任に関する次の記述のうち、法令上、定められていないものはどれか。

ただし、衛生管理者及び産業医の選任の特例はないものとする。

⑴ 常時500人を超える労働者を使用し、そのうち多量の高熱物体を取り扱う業務に常時30人以上の労働者を従事させる事業場では、選任する衛生管理者のうち少なくとも１人を専任の衛生管理者としなければならない。

⑵ 深夜業を含む業務に常時550人の労働者を従事させる事業場では、その事業場に専属の産業医を選任しなければならない。

⑶ 常時3,300人の労働者を使用する事業場では、２人以上の産業医を選任しなければならない。

⑷ 常時600人の労働者を使用し、そのうち多量の低温物体を取り扱う業務に常時35人の労働者を従事させる事業場では、選任する衛生管理者のうち少なくとも１人を衛生工学衛生管理者免許を受けた者のうちから選任しなければならない。

⑸ ２人以上の衛生管理者を選任すべき事業場では、そのうち１人については、その事業場に専属でない労働衛生コンサルタントのうちから選任することができる。

【R3年10月／問 1】

解 説

⑴ 定められている。多量の高熱物体を取り扱う業務は労基則第18条第１号に該当し、常時500人を超える労働者を使用する事業場で、この業務に常時30人以上の労働者が従事している事業場は、衛生管理者のうち少なくとも１人を専任の衛生管理者としなければならない。安衛法第12条第１項、安衛則第７条第１項第５号ロ。

⑵ 定められている。深夜業を含む業務に常時500人以上の労働者が従事している事業場は、その事業場に専属の産業医を選任しなければならない。安衛法第13条第１項、安衛則第13条第１項第３号ヌ。

⑶ 定められている。常時3,000人の労働者を使用する事業場では、２人以上の産業医を選任しなければならない。安衛法第13条第１項、安衛則第13条第１項

第 4 号。

(4) 定められていない。常時500人を超える労働者を使用する事業場であって、坑内労働又は労基則第18条第 1 号、第 3 号から第 5 号まで若しくは第 9 号に掲げる業務に常時30人以上の労働者を従事させる場合には、衛生管理者のうち 1 人を衛生工学衛生管理者免許を受けた者とするように定められているが、多量の低温物体を取り扱う業務は労基則第18条第 2 号に規定されているので該当しない。安衛法第12条第 1 項、安衛則第 7 条第 1 項第 6 号。

(5) 定められている。衛生管理者を 2 人以上選任する場合、その中に労働衛生コンサルタントがいるときは、労働衛生コンサルタントのうち 1 人は専属でなくともよい。安衛法第12条第 1 項、安衛則第 7 条第 1 項第 2 号ただし書、同則第10条第 3 号。

解答 (4)

問3 常時400人の労働者を使用する製造業の事業場における衛生管理体制に
□□ 関する(1)〜(5)の記述のうち、法令上、誤っているものはどれか。

ただし、400人中には、屋内作業場において次の業務に常時従事する者が
含まれているが、その他の有害業務はないものとし、衛生管理者及び産業
医の選任の特例はないものとする。

深夜業を含む業務	200人
多量の高熱物体を取り扱う業務	50人
塩素を試験研究のため取り扱う作業を行う業務	30人

(1) 総括安全衛生管理者を選任しなければならない。

(2) 衛生管理者のうち少なくとも1人を専任の衛生管理者としなければならない。

(3) 衛生管理者は、全て第一種衛生管理者免許を有する者のうちから選任することができる。

(4) 産業医は、この事業場に専属でない者を選任することができる。

(5) 特定化学物質作業主任者を選任しなくてよい。　　　【R5年10月／問1】

> 解説

(1) 正しい。製造業のうち常時使用する労働者が300人以上の事業場は、総括安全衛生管理者の選任が必要である。安衛法第10条第1項、安衛令第2条第2号。

(2) 誤り。専任の衛生管理者は、一定の有害業務がある常時500人を超える労働者を使用する事業場で選任しなければならないので、このケースは該当しない。安衛法第12条第1項、安衛則第7条第1項第5号。

(3) 正しい。製造業における衛生管理者は、第一種衛生管理者等を選任すればよい。安衛法第12条第1項、安衛則第7条第1項第3号イ。

(4) 正しい。専属の産業医は、一定の有害業務に500人以上の労働者を従事させる事業場で選任が必要となるので、このケースは該当しない。安衛則第13条第1項第3号。

(5) 正しい。塩素は第2類特定化学物質であるが、安衛令第6条第18号により、試験研究のため取り扱う作業は特定化学物質作業主任者の選任が除かれているため、選任の必要はない。

解答 (2)

問 4 　　　常時250人の労働者を使用する運送業の事業場における衛生管理体制に
□□ 　関する(1)〜(5)の記述のうち、法令上、誤っているものはどれか。

　　　ただし、250人中には、次の業務に常時従事する者が含まれているが、そ
の他の有害業務はないものとし、衛生管理者の選任の特例はないものとす
る。

　　　深夜業を含む業務　　　　　　　200人

　　　多量の低温物体を取り扱う業務　50人

(1)　総括安全衛生管理者を選任しなければならない。

(2)　衛生管理者は、2人以上選任しなければならない。

(3)　衛生管理者は、全て第一種衛生管理者免許を有する者のうちから選任するこ
とができる。

(4)　衛生管理者のうち少なくとも1人を専任の衛生管理者としなければならな
い。

(5)　衛生管理者のうち、1人は専属でない労働衛生コンサルタントを選任するこ
とができる。

【R3年4月／問1】

解 説

(1)　正しい。運送業のうち常時使用する労働者が100人以上の事業場は、総括安
全衛生管理者の選任が必要である。安衛法第10条第1項、安衛令第2条第1号。

(2)　正しい。常時使用する労働者数が200人を超え500人以下の事業場では、衛生
管理者を2人以上選任しなければならない。安衛法第12条第1項、安衛則第7
条第1項第4号。

(3)　正しい。運送業における衛生管理者は、第一種衛生管理者等を選任すればよ
い。安衛法第12条第1項、安衛則第7条第1項第3号イ。

(4)　誤り。多量の低温物体を取り扱う業務は労基則第18条第2号に該当し、常時
500人を超える労働者を使用する事業場で、この業務に常時30人以上の労働者
が従事している事業場は、衛生管理者のうち少なくとも1人を専任の衛生管理
者としなければならないが、常時250人でありこの要件に該当しないため、専任
の衛生管理者としなくともよい。安衛法第12条第1項、安衛則第7条第1項第

　5号ロ。

(5)　正しい。衛生管理者を2人以上選任する場合、その中に労働衛生コンサルタントがいるときは、労働衛生コンサルタントのうち1人は専属でなくともよい。安衛法第12条第1項、安衛則第7条第1項第2号ただし書、同則第10条第3号。

〔解答　(4)〕

問5 常時600人の労働者を使用する製造業の事業場における衛生管理体制に関する(1)～(5)の記述のうち、法令上、誤っているものはどれか。

　　ただし、600人中には、製造工程において次の業務に常時従事する者がそれぞれに示す人数含まれているが、試験研究の業務はなく、他の有害業務はないものとし、衛生管理者及び産業医の選任の特例はないものとする。

　　深夜業を含む業務……………………………………………300人
　　多量の低温物体を取り扱う業務…………………………100人
　　特定化学物質のうち第三類物質を製造する業務……… 20人

(1) 衛生管理者は、3人以上選任しなければならない。

(2) 衛生管理者のうち1人を、衛生工学衛生管理者免許を受けた者のうちから選任しなければならない。

(3) 衛生管理者のうち少なくとも1人を、専任の衛生管理者としなければならない。

(4) 産業医としての法定の要件を満たしている医師で、この事業場に専属でないものを産業医として選任することができる。

(5) 特定化学物質作業主任者を選任しなければならない。

解 説

(1) 正しい。常時使用する労働者数が500人を超え1,000人以下の事業場では、衛生管理者を3人以上選任しなければならない。安衛法第12条第1項、安衛則第7条第1項第4号。

(2) 誤り。安衛法第12条第1項、安衛則第7条第1項第6号。多量の低温物体を取り扱う業務は労基則第18条第2号に該当する。衛生管理者のうち1人を、衛生工学衛生管理者免許を受けた者のうちから選任しなければならない場合は、常時500人を超える労働者を使用する事業場であって、坑内労働又は労基則第18条第1号、第3号から第5号まで若しくは第9号に掲げる業務に常時30人以上の労働者を従事させるものである。

(3) 正しい。多量の低温物体を取り扱う業務は労基則第18条第2号に該当し、常時500人を超える労働者を使用する事業場で、この業務に常時30人以上の労働

者が従事している事業場は、衛生管理者のうち少なくとも１人を専任の衛生管理者としなければならない。安衛法第12第１項、安衛則第７条第１項第５号ロ。

(4)　正しい。安衛法第13条第１項、安衛令第５条、安衛則第13条第１項第３号ロ。「多量の低温物体を取り扱う業務」において、専属の産業医の選任が必要な事業場は、常時1,000人の労働者を使用する事業場、又は同業務に常時500人以上の労働者を従事させる事業場である。

(5)　正しい。特定化学物質の類別にかかわらず、それらを製造し、又は取り扱う事業場では、特定化学物質作業主任者を選任しなければならない。安衛法第14条、安衛令第６条第18号。

解答　(2)

問6 常時800人の労働者を使用する製造業の事業場における衛生管理体制に関する(1)～(5)の記述のうち、法令上、誤っているものはどれか。

ただし、800人中には、製造工程において次の業務に常時従事する者が含まれているが、他に有害業務に従事している者はいないものとし、衛生管理者及び産業医の選任の特例はないものとする。

鉛の粉じんを発散する場所における業務…………………………… 30人

深夜業を含む業務………………………………………………………300人

(1) 衛生管理者は、3人以上選任しなければならない。

(2) 衛生管理者のうち1人については、この事業場に専属ではない労働衛生コンサルタントのうちから選任することができる。

(3) 衛生管理者のうち1人を、衛生工学衛生管理者免許を有する者のうちから選任しなければならない。

(4) 衛生管理者のうち少なくとも1人を、専任の衛生管理者としなければならない。

(5) 産業医は、この事業場に専属の者を選任しなければならない。

【R2年10月／問1】

解説

(1) 正しい。常時使用する労働者数が500人を超え1,000人以下の事業場では、衛生管理者を3人以上選任しなければならない。安衛法第12条第1項、安衛則第7条第1項第4号。

(2) 正しい。衛生管理者を2人以上選任する場合、その中に労働衛生コンサルタントがいるときは、労働衛生コンサルタントのうち1人は専属でなくともよい。安衛法第12条第1項、安衛則第7条第1項第2号ただし書、同則第10条第3号。

(3) 正しい。鉛の粉じんを発散する場所における業務は労基則第18条第9号に該当し、常時500人を超える労働者を使用する事業場で、この有害業務に常時30人以上の労働者が従事する事業場は、衛生管理者のうち1人を衛生工学衛生管理者免許を受けた者のうちから選任しなければならない。安衛法第12条第1項、安衛則第7条第1項第6号。

(4) 正しい。鉛の粉じんを発散する場所における業務は労基則第18条第9号に該

当し、常時500人を超える労働者を使用する事業場で、この有害業務に常時30人以上の労働者が従事する事業場は、衛生管理者のうち少なくとも１人を専任の衛生管理者としなければならない。安衛法第12条第１項、安衛則第７条第１項第５号ロ。

(5) 誤り。産業医の専属要件は、常時1,000人以上の労働者を使用する事業場又は安衛則第13条第１項第３号に掲げる有害業務に常時500人以上の労働者を従事させる事業場であるため、これに該当しない。

解答 (5)

問 7

□□　常時800人の労働者を使用する製造業の事業場における衛生管理体制に関する(1)〜(5)の記述のうち、法令上、誤っているものはどれか。

　　　ただし、800人中には、製造工程において次の業務に常時従事する者が含まれているが、他に有害業務に従事している者はいないものとし、衛生管理者及び産業医の選任の特例はないものとする。

　　　鉛、水銀、クロム及び一酸化炭素の粉じん、蒸気
　　　又はガスを発散する場所における業務……………………30人
　　　深夜業を含む業務………………………………………300人

(1)　衛生管理者は、3人以上選任しなければならない。

(2)　衛生管理者のうち1人については、この事業場に専属ではない労働衛生コンサルタントのうちから選任することができる。

(3)　衛生管理者のうち1人を、衛生工学衛生管理者免許を有する者のうちから選任しなければならない。

(4)　衛生管理者のうち少なくとも1人を、専任の衛生管理者として選任しなければならない。

(5)　産業医は、この事業場に専属の者を選任しなければならない。

【R1年10月／問1】

解 説

(1)　正しい。常時使用する労働者数が500人を超え1,000人以下の事業場では、衛生管理者を3人以上選任しなければならない。安衛法第12条第1項、安衛則第7条第1項第4号。

(2)　正しい。衛生管理者を2人以上選任する場合、その中に労働衛生コンサルタントがいるときは、労働衛生コンサルタントのうち1人は専属でなくともよい。安衛法第12条第1項、安衛則第7条第1項第2号ただし書、同則第10条第3号。

(3)　正しい。鉛、水銀、クロム及び一酸化炭素の粉じん、蒸気又はガスを発散する場所における業務は労基則第18条第9号に該当し、常時500人を超える労働者を使用する事業場で、この有害業務に常時30人以上の労働者が従事する事業場は、衛生管理者のうち1人を衛生工学衛生管理者免許を受けた者のうちから選任しなければならない。安衛法第12条第1項、安衛則第7条第1項第6号。

(4)　正しい。鉛、水銀、クロム及び一酸化炭素の粉じん、蒸気又はガスを発散する場所における業務は労基則第18条第9号に該当し、常時500人を超える労働者を使用する事業場で、この有害業務に常時30人以上の労働者が従事する事業場は、衛生管理者のうち少なくとも1人を専任の衛生管理者としなければならない。安衛法第12条第1項、安衛則第7条第1項第5号ロ。

(5)　誤り。産業医の専属要件は、常時1,000人以上の労働者を使用する事業場又は安衛則第13条第1項第3号に掲げる有害業務に常時500人以上の労働者を従事させる事業場であるため、これに該当しない。

解答　(5)

問 8 □□　ある製造業の事業場の労働者数及び有害業務等従事状況並びに産業医及び衛生管理者の選任の状況は、次の①～③のとおりである。この事業場の産業医及び衛生管理者の選任についての法令違反の状況に関する(1)～(5)の記述のうち、正しいものはどれか。

　　　ただし、産業医及び衛生管理者の選任の特例はないものとする。

　① 労働者数及び有害業務等従事状況

　　　常時使用する労働者数は800人であり、このうち、深夜業を含む業務に400人が、強烈な騒音を発する場所における業務に30人が常時従事しているが、他に有害業務に従事している者はいない。

　② 産業医の選任の状況

　　　選任している産業医数は１人である。

　　　この産業医は、この事業場に専属の者ではないが、産業医としての法令の要件を満たしている医師である。

　③ 衛生管理者の選任の状況

　　　選任している衛生管理者数は３人である。

　　　このうち１人は、この事業場に専属でない労働衛生コンサルタントで、衛生工学衛生管理者免許を有していない。

　　　他の２人は、この事業場に専属で、共に衛生管理者としての業務以外の業務を兼任しており、また、第一種衛生管理者免許を有しているが、衛生工学衛生管理者免許を有していない。

(1)　選任している産業医がこの事業場に専属でないことが違反である。

(2)　選任している衛生管理者数が少ないことが違反である。

(3)　衛生管理者として選任している労働衛生コンサルタントがこの事業場に専属でないことが違反である。

(4)　衛生工学衛生管理者免許を受けた者のうちから選任した衛生管理者が１人もいないことが違反である。

(5)　専任の衛生管理者が１人もいないことが違反である。

【R5年４月／問１】

解 説

(1) 誤り。違反ではない。専属の産業医は、深夜業等一定の有害業務に常時500人以上の労働者を従事させる事業場で必要となる。安衛則第13条第1項第3号。

(2) 誤り。違反ではない。常時使用する労働者が500人を超え、1,000人以下の事業場では、少なくとも3人の衛生管理者を選任すればよい。安衛則第7条第1項第4号。

(3) 誤り。違反ではない。2人以上の衛生管理者を選任する場合、当該衛生管理者の中に労働衛生コンサルタントがいるときは、そのうちの1人については専属でなくてもよい。安衛則第7条第1項第2号

(4) 誤り。違反ではない。衛生工学衛生管理者の選任が必要な事業場は、常時500人を超える労働者を使用する事業場で、特定の業務に30人以上が従事していた場合であるが、「深夜業」も「強烈な騒音を発する場所における業務」も衛生工学衛生管理者の選任が必要な業務ではない。安衛則第7条第1項第6号。

(5) 正しい。違反である。専任の衛生管理者は、常時500人を超える労働者を使用する事業場で、特定の業務に30人以上が従事していた場合であり、「強烈な騒音を発する場所における業務」は少なくとも1人以上の専任の衛生管理者が必要である。安衛則第7条第1項第5号ロ。

解答 (5)

問9

□□ ある製造業の事業場の労働者数及び有害業務等従事状況並びに産業医及び衛生管理者の選任の状況は、次の①～③のとおりである。この事業場の産業医及び衛生管理者の選任についての法令違反の状況に関する(1)～(5)の記述のうち、正しいものはどれか。

ただし、産業医及び衛生管理者の選任の特例はないものとする。

① 労働者数及び有害業務等従事状況

常時使用する労働者数は800人であり、このうち、深夜業を含む業務に常時500人が、著しく暑熱な場所における業務に常時20人が従事している。

② 産業医の選任の状況

選任している産業医数は1人である。この産業医は、この事業場に専属の者ではないが、産業医としての法令の要件を満たしている医師である。

③ 衛生管理者の選任の状況

選任している衛生管理者は3人である。このうち1人は、この事業場に専属でない労働衛生コンサルタントで、衛生工学衛生管理者免許を有していない。

他の2人は、この事業場に専属で、共に衛生管理者としての業務以外の業務を兼任しており、また、第一種衛生管理者免許を有しているが、衛生工学衛生管理者免許を有していない。

(1) 選任している産業医がこの事業場に専属でないことが違反である。

(2) 選任している衛生管理者数が少ないことが違反である。

(3) 衛生管理者として選任している労働衛生コンサルタントがこの事業場に専属でないことが違反である。

(4) 衛生工学衛生管理者免許を有する者のうちから選任した衛生管理者が1人もいないことが違反である。

(5) 専任の衛生管理者が1人もいないことが違反である。

【R2年4月／問1】

※ H31年4月／問1は類似問題

34

解説

(1)　正しい。違反である。産業医の専属要件は、常時1,000人以上の労働者を使用する事業場又は深夜業を含む業務等の有害業務に常時500人以上の労働者を従事させる事業場である。設問より有害業務に500人以上従事していることから、専属で選任しなければならない。安衛法第13条第1項、安衛則第13条第1項第3号。

(2)　誤り。違反ではない。衛生管理者数は事業場の規模（常時使用する労働者数）で必要な選任数が定められており、500人を超え1,000人以下の事業場規模では3人以上でよい。安衛法第12条第1項、安衛則第7条第1項第4号。

(3)　誤り。違反ではない。衛生管理者を2人以上選任する場合、その中に労働衛生コンサルタントがいるときは、労働衛生コンサルタントのうち1人は専属でなくともよい。安衛法第12条第1項、安衛則第7条第1項第2号ただし書、同則第10条第3号。

(4)　誤り。違反ではない。著しく暑熱な場所における業務は労基則第18条第1号に該当し、常時500人を超える労働者を使用する事業場で、この有害業務に常時30人以上が従事する事業場では衛生工学衛生管理者を選任しなければならないが、当該業務に常時従事する人数が30人未満なので、選任する必要がない。安衛法第12条第1項、安衛則第7条第1項第6号。

(5)　誤り。違反ではない。著しく暑熱な場所における業務は労基則第18条第1号に該当し、常時500人を超える労働者を使用する事業場で、この業務に常時30人以上の労働者が従事している事業場は、衛生管理者のうち少なくとも1人を専任の衛生管理者としなければならないが、当該業務に常時従事する人数が30人未満なので、選任する必要がない。安衛法第12条第1項、安衛則第7条第1項第5号ロ。

解答　(1)

● 解答にあたっての**ポイント**

衛生管理体制についての出題については、次の手順で考えるとよい。

① 製造業で500人を超え1,000人以下 → 総括安全衛生管理者、衛生管理者3人（うち1人は外部の労働衛生コンサルタントでも可*）、産業医（専属でなくても可）

② 製造業で1,001人以上 → 衛生管理者4人（1人は専任の衛生管理者）、専属の産業医

③ 深夜業※・危険有害業務に500人以上 → 専属の産業医

④ 暑熱等有害業務に30人以上 → 衛生管理者のうち1人は専任、1人は衛生工学衛生管理者

⑤ 有害業務が低温・寒冷 → 衛生工学衛生管理者でなくてもよい

*労働衛生コンサルタントは衛生管理者免許がなくても衛生管理者になれる。複数の衛生管理者が選任されたとき、1人までは事業場専属でなくてもよい。

※③の深夜業は、専任の衛生管理者や衛生工学衛生管理者の選任が必要な有害業務ではない。

○総括安全衛生管理者（安衛令第2条各号）

総括安全衛生管理者を選任すべき事業場の業種及び労働者数。

第1号 林業、鉱業、建設業、運送業、清掃業 　　　　　　100人以上

第2号 製造業（物の加工業を含む。）、各種商品小売業（百貨店など）、

　　　　旅館業（ホテル）、ゴルフ場業　など 　　　　　　300人以上

第3号 その他の業種（金融業（銀行など）、商社、医療業など）

　　　　　　　　　　　　　　　　　　　　　　　　　　1,000人以上

○産業医（安衛則第13条第1項第3号）

常時1,000人以上の労働者を使用する事業場又は深夜業を含む業務等の

有害業務に常時500人以上の労働者を従事させる事業場では、その事業場に専属の者を選任しなければならない。

○衛生管理者
・衛生管理者を選任すべき事業場の規模は50人以上（**安衛令第4条**）。
・常時10人以上50人未満の労働者を使用する事業場では、衛生推進者を選任（**安衛則第12条の2**）。
・事業場の規模に応じて選任すべき衛生管理者数が規定されている（**安衛則第7条第1項第4号**）。

事業場の規模（常時使用する労働者）	衛生管理者数
50人以上200人以下	1人以上
200人を超え500人以下	2人以上
500人を超え1,000人以下	3人以上
1,000人を超え2,000人以下	4人以上
2,000人を超え3,000人以下	5人以上
3,000人を超える場合	6人以上

・衛生管理者は、原則として事業場に専属の者を選任する。ただし、衛生管理者を2人以上選任する場合、その中に労働衛生コンサルタントがいるときは、労働衛生コンサルタントのうち1人は専属でなくともよい（**安衛則第7条第1項第2号**）。
・第二種衛生管理者免許を有するものは選任できない業種（**安衛則第7条第1項第3号イ**）。
　　建設業　製造業　運送業　医療業　清掃業など
・第二種衛生管理者免許を有する者も選任できる業種（**安衛則第7条第1項第3号ロ**）。
　　金融業、事務所、商社、小売業、卸売業など
・衛生管理者のうち少なくとも1人を専任の衛生管理者とする事業場（**安衛則第7条第1項第5号**）。

イ　常時1,000人を超える労働者を使用する事業場

　　ロ　常時500人を超える労働者を使用する事業場で、次に掲げる業務
　　　に常時30人以上従事させる事業場

　　　・坑内労働

　　　・労基則第18条に掲げる業務（キーワードのみ抜粋）

　　　　　高熱物体・暑熱　低温物体・寒冷　放射線　土石・獣毛等の

　　　　　じんあい・粉末　異常気圧　振動　重量物　強烈な騒音

　　　　　鉛、水銀、クロム、一酸化炭素、粉じんなど

・衛生管理者のうち1人を衛生工学衛生管理者免許を受けた者から選任し
なければならない事業場（**安衛則第7条第1項第6号**）。

　　　　　常時500人を超える労働者を使用する事業場で、次に掲げる業務
　　　　に常時30人以上従事させる事業場

　　　・坑内労働

　　　・労基則第18条に掲げる業務の一部（キーワードのみ抜粋）

　　　　　高熱物体・暑熱　放射線　土石・獣毛等のじんあい・粉末

　　　　　異常気圧

　　　　　鉛、水銀、クロム、一酸化炭素、粉じんなど

専任の衛生管理者が必要な事業場の業務のうちの一部だけが対象である
ことに注意する。

2 作業主任者 上・第2章2(5)、下・I 1 2 3

問10 次の作業のうち、法令上、作業主任者を選任しなければならないものはどれか。

(1) 製造工程において硝酸を用いて行う洗浄の作業

(2) 強烈な騒音を発する場所における作業

(3) レーザー光線による金属加工の作業

(4) セメント製造工程においてセメントを袋詰めする作業

(5) 潜水器からの給気を受けて行う潜水の作業

【R3年4月／問4】

解説

作業主任者を選任する必要がある作業は、安衛令第6条各号に規定されている。

(1) 選任しなければならない。安衛令別表第3第3号4に規定されている硝酸は、特化則第2条第1項第6号に定める特定化学物質第三類物質であるので、作業主任者の選任は必要。安衛令第6条第18号。

(2) 義務なし。強烈な騒音を発する場所における作業は該当しない。

(3) 義務なし。レーザー光線による金属加工の作業は該当しない。

(4) 義務なし。セメント製造工程においてセメントを袋詰めする作業は該当しない。

(5) 義務なし。潜水器からの給気を受けて行う潜水の作業は該当しない。

解答 (1)

次のAからDの作業について、法令上、作業主任者の選任が義務付けられているものの組合せは(1)～(5)のうちどれか。

A　水深10m以上の場所における潜水の作業

B　セメント製造工程においてセメントを袋詰めする作業

C　製造工程において硫酸を用いて行う洗浄の作業

D　石炭を入れてあるホッパーの内部における作業

(1)　A，B

(2)　A，C

(3)　A，D

(4)　B，C

(5)　C，D

【R5年4月／問2、R3年10月／問3】

解説

作業主任者を選任する必要がある作業は、安衛令第6条各号に規定されている。

A　義務なし。潜水作業には、潜水士免許が必要であるが、作業主任者の選任は必要ない。

B　義務なし。粉じん作業には、作業主任者の選任は必要ない。

C　義務付けられている。安衛令別表第3第3号8に規定されている硫酸は、特化則第2条第1項第6号に定める特定化学物質第三類物質であるので、作業主任者の選任は必要。安衛令第6条第18号。

D　義務付けられている。石炭を入れてあるホッパーの内部は、安衛令別表第6第5号に定める酸素欠乏危険場所に該当するので、作業主任者の選任は必要。安衛令第6条第21号。

よって、C、Dが選任の義務があり、解答は(5)である。

解答　(5)

問12 　次のAからDの作業について、法令上、作業主任者の選任が義務付けられているものの組合せは(1)〜(5)のうちどれか。

□□

A　乾性油を入れてあるタンクの内部における作業

B　セメント製造工程においてセメントを袋詰めする作業

C　溶融した鉛を用いて行う金属の焼入れの業務に係る作業

D　圧気工法により、大気圧を超える気圧下の作業室の内部において行う作業

(1)　A，B

(2)　A，C

(3)　A，D

(4)　B，C

(5)　C，D

【R4年4月／問2】

解説

　安衛法第14条により作業主任者を選任する必要がある作業は、安衛令第6条各号に規定されている。

A：義務付けられている。安衛令第6条第21号、安衛令別表第6第6号に該当。

B：義務なし。

C：義務なし。

　一見、安衛令第6条第19号（鉛作業主任者）に該当するように思えるが、同作業主任者は安衛令別表第4第1号から第10号の業務において必要な資格であり、問題に記載された業務は第16号の業務なので、作業主任者は不要である。

D：義務付けられている。安衛令第6条第1号に該当。

　よって、A、Dが選任の義務があり、解答は(3)である。

解答　(3)

解答にあたってのポイント

○作業主任者（**安衛法第14条、安衛令第6条**）

　安衛令第6条に掲げられる作業は、都道府県労働局長の免許を受けた者又は都道府県労働局長の登録を受けた者が行う技能講習を修了した者のうちから、作業区分に応じて作業主任者を選任しなければならない。

　安衛令第6条　※衛生に関わる号のキーワードを抜粋

　　第1号　高圧室内作業（圧気工法により、大気圧を超える気圧下の作業室）

　　第5号　放射線業務（ただし、医療用は除く。）（**安衛令別表第2第1号又は第3号**）

　　第5号の2　ガンマ線照射装置を用いて行う透過写真の撮影

　　第18号　特定化学物質（第一〜第三類物質）（ただし、試験研究は除く。）（**安衛令別表第3**）

　　第19号　一部の鉛業務（**安衛令別表第4第1〜10号**）

　　　　①鉛の精錬　⑥鉛化合物の製造　⑦鉛ライニング

　　　　なお、「はんだ付け作業」は、作業主任者の選任に該当しない例としてよく出題される。

　　第20号　四アルキル鉛

　　第21号　酸素欠乏危険場所（**安衛令別表第6**）

　［よく出題されるキーワード］

　　　第3号の3　海水が貯留している（したことのある）ピット（第二種酸素欠乏危険場所）

　　　第5号　鋼材、くず鉄が入っている船倉

　　　第6号　乾性油を含むペイントが乾燥する前に密閉された通風が不十分な施設の内部

　　　第7号　飼料の貯蔵（サイロ）、果菜（バナナ）の熟成

　　　第8号　酒類のタンク、醸造槽

第9号　汚水槽（第二種酸素欠乏危険場所）

第10号　ドライアイスを使用している冷蔵庫

第22号　有機溶剤（第一～第三種）（ただし、試験研究は除く。）（**安衛令別表第6の2、有機則第19条第1項**）

第23号　石綿を0.1%を超えて含有するものを取り扱う作業（試験研究は除く）又は石綿等を試験研究のため製造する作業

［作業主任者を選任する必要がない作業でよく出題されるもの］

　粉じん作業、レーザー光線、超音波、騒音作業、潜水作業

　特化物や有機溶剤を取り扱う試験研究

　鉛のはんだ付け作業

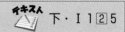
問13　厚生労働大臣が定める規格を具備しなければ、譲渡し、貸与し、又は設置してはならない機械等に該当するものは、次のうちどれか。

(1)　聴覚保護具

(2)　防振手袋

(3)　化学防護服

(4)　放射線装置室

(5)　排気量40cm^{3}以上の内燃機関を内蔵するチェーンソー

【R4年10月／問5】

解説

　厚生労働大臣が定める規格を具備しなければ、譲渡し、貸与し、又は設置してはならない機械等は、安衛法第42条、同法別表第2、安衛令第13条第3項各号に規定されている。

(1)　該当しない。安衛法第42条、同法別表第2、安衛令第13条第3項各号のいずれにも該当しない。

(2)　該当しない。安衛法第42条、同法別表第2、安衛令第13条第3項各号のいずれにも該当しない。

(3)　該当しない。安衛法第42条、同法別表第2、安衛令第13条第3項各号のいずれにも該当しない。

(4)　該当しない。安衛法第42条、同法別表第2、安衛令第13条第3項各号のいずれにも該当しない。

(5)　該当する。安衛令第13条第3項第29号。

解答　(5)

問14　厚生労働大臣が定める規格を具備しなければ、譲渡し、貸与し、又は設
□□　置してはならない機械等に該当するものは、次のうちどれか。

(1)　酸性ガス用防毒マスク

(2)　防振手袋

(3)　化学防護服

(4)　放射線装置室

(5)　排気量40cm³以上の内燃機関を内蔵するチェーンソー

【R4年4月／問3】

解 説

　厚生労働大臣が定める規格を具備しなければ、譲渡し、貸与し、又は設置して
はならない機械等は、安衛法第42条、同法別表第2、安衛令第13条第3項各号に
規定されている。

(1)　該当しない。安衛法第42条、同法別表第2、安衛令第13条第3項各号のいず
　　れにも該当しない。

(2)　該当しない。安衛法第42条、同法別表第2、安衛令第13条第3項各号のいず
　　れにも該当しない。

(3)　該当しない。安衛法第42条、同法別表第2、安衛令第13条第3項各号のいず
　　れにも該当しない。

(4)　該当しない。安衛法第42条、同法別表第2、安衛令第13条第3項各号のいず
　　れにも該当しない。

(5)　該当する。安衛令第13条第3項第29号。

解答　(5)

問15 厚生労働大臣が定める規格を具備しなければ、譲渡し、貸与し、又は設置してはならない機械等に該当するものは次のうちどれか。

(1) 防振手袋

(2) 化学防護服

(3) 送気マスク

(4) 放射線測定器

(5) 特定エックス線装置

【R2年10月／問5、R2年4月／問3】

解 説

　厚生労働大臣が定める規格を具備しなければ、譲渡し、貸与し、又は設置してはならない機械等は、安衛法第42条、同法別表第2、安衛令第13条第3項各号に規定されている。

(1) 該当しない。安衛法第42条、同法別表第2、安衛令第13条第3項各号のいずれにも該当しない。

(2) 該当しない。安衛法第42条、同法別表第2、安衛令第13条第3項各号のいずれにも該当しない。

(3) 該当しない。安衛法第42条、同法別表第2、安衛令第13条第3項各号のいずれにも該当しない。

(4) 該当しない。安衛法第42条、同法別表第2、安衛令第13条第3項各号のいずれにも該当しない。

(5) 該当する。安衛令第13条第3項第22号。

解答 (5)

問16 　　厚生労働大臣が定める規格を具備しなければ、譲渡し、貸与し、又は設
□□　置してはならない機械等に該当するものは、次のうちどれか。

(1)　送気マスク

(2)　ハロゲンガス用防毒マスク

(3)　防音保護具

(4)　化学防護服

(5)　空気呼吸器

【R1年10月／問3】

解 説

　厚生労働大臣が定める規格を具備しなければ、譲渡し、貸与し、又は設置して
はならない機械等は、安衛法第42条、同法別表第2、安衛令第13条第3項各号に
規定されている。

(1)　該当しない。安衛法第42条、同法別表第2、安衛令第13条第3項各号のいず
　　れにも該当しない。

(2)　該当する。安衛法第42条、同法別表第2第9号、安衛令第13条第5項。

(3)　該当しない。安衛法第42条、同法別表第2、安衛令第13条第3項各号のいず
　　れにも該当しない。

(4)　該当しない。安衛法第42条、同法別表第2、安衛令第13条第3項各号のいず
　　れにも該当しない。

(5)　該当しない。安衛法第42条、同法別表第2、安衛令第13条第3項各号のいず
　　れにも該当しない。

解答　(2)

問17 厚生労働大臣が定める規格を具備しなければ、譲渡し、貸与し、又は設置してはならない機械等に該当しないものは、次のうちどれか。

(1) 潜水器
(2) 一酸化炭素用防毒マスク
(3) ろ過材及び面体を有する防じんマスク
(4) 放射性物質による汚染を防止するための防護服
(5) 特定エックス線装置

【R3年4月／問2】

解説

厚生労働大臣が定める規格を具備しなければ、譲渡し、貸与し、又は設置してはならない機械等は、安衛法第42条、同法別表第2、安衛令第13条第3項各号に規定されている。

(1) 該当する。安衛令第13条第3項第21号。
(2) 該当する。安衛法別表第2第9号、安衛令第13条第5項、安衛則第26条第1号。
(3) 該当する。安衛法別表第2第8号、安衛令第13条第5項。
(4) 該当しない。安衛法第42条、同法別表第2、安衛令第13条第3項各号のいずれにも該当しない。
(5) 該当する。安衛令第13条第3項第22号。

解答 (4)

問18 次のAからDの機械等について、法令上、厚生労働大臣が定める規格を具備しなければ、譲渡し、貸与し、又は設置してはならないものの組合せは(1)～(5)のうちどれか。

    A 放射線測定器

    B 防音保護具

    C ハロゲンガス用防毒マスク

    D 電動ファン付き呼吸用保護具

(1) A，B

(2) A，C

(3) A，D

(4) B，D

(5) C，D

【R3年10月／問5】

解説

　厚生労働大臣が定める規格を具備しなければ、譲渡し、貸与し、又は設置してはならない機械等は、安衛法第42条、同法別表第2、安衛令第13条各号に規定されている。

A　該当しない。安衛法第42条、同法別表第2、安衛令第13条第3項各号のいずれにも該当しない。

B　該当しない。安衛法第42条、同法別表第2、安衛令第13条第3項各号のいずれにも該当しない。

C　該当する。安衛法別表第2第9号、安衛令第13条第5項、安衛則第26条第1号。

D　該当する。安衛法別表第2第16号。

　よって、C、Dが該当するので、解答は(5)である。

解答 (5)

　厚生労働大臣が定める規格を具備しなければ、譲渡し、貸与し、又は設置してはならない機械等は、**安衛法第42条**により、

安衛法別表第2によるもの：

- ・防じんマスク（ろ過材又は面体を有しているもの）
- ・防毒マスク（ハロゲンガス用、有機ガス用、一酸化炭素用、アンモニア用、亜硫酸ガス用）
- ・電動ファン付き呼吸用保護具

安衛令第13条第3項によるもの：

- ・再圧室
- ・潜水器
- ・エックス線装置（波高値による定格管電圧が10KV以上）
- ・工業用ガンマ線照射装置
- ・チェーンソー（排気量が40cm^{3}以上の内燃機関を内蔵するもの）

である。

4 定期自主検査

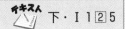

問19 次の装置のうち、法令上、定期自主検査の実施義務が規定されているものはどれか。

(1) 塩化水素を重量の20％含有する塩酸を使用する屋内の作業場所に設けた局所排気装置

(2) アーク溶接を行う屋内の作業場所に設けた全体換気装置

(3) エタノールを使用する作業場所に設けた局所排気装置

(4) アンモニアを使用する屋内の作業場所に設けたプッシュプル型換気装置

(5) トルエンを重量の10％含有する塗料を用いて塗装する屋内の作業場所に設けた局所排気装置

【R5年4月／問4】

解説

(1) 規定はない。特化則第3条に基づく第一類物質を取り扱う場所、同則第4条に基づく特定第二類物質等を取り扱う場所等に設置される局所排気装置は定期自主検査の実施が必要となる機械等に含まれているが、塩酸（塩化水素）は安衛令別表第3第3号3に規定されており、特化則第2条第1項第6号に定める特定化学物質第三類物質であるので、該当しない。安衛令第15条第1項第9号、特化則第29条第1号。

(2) 規定はない。全体換気装置は定期自主検査の対象となる設備ではない。

(3) 規定はない。エタノールは有機溶剤・特定化学物質ではない。

(4) 規定はない。特化則第3条に基づく第一類物質を取り扱う場所、同則第4条に基づく特定第二類物質等を取り扱う場所等に設置される局所排気装置は定期自主検査の実施が必要となる機械等に含まれているが、アンモニアは安衛令別表第3第3号1に規定されており、特化則第2条第1項第6号に定める特定化学物質第三類物質であるので、該当しない。安衛令第15条第1項第9号、特化則第29条第2号。

(5) 規定されている。トルエンは第二種有機溶剤であるため、屋内の作業場所に

設けた局所排気装置は定期自主検査の実施が規定されている。有機則第20条（局所排気装置は定期自主検査）、第5条（第二種有機溶剤を取り扱う業務）。トルエンは有機則第1条第1項第4号イ、安衛令別表第6の2第37号により第二種有機溶剤。

解答 (5)

問20　次の装置のうち、法令上、定期自主検査の実施義務が規定されているもののはどれか。

(1)　木工用丸のこ盤を使用する屋内の作業場所に設けた局所排気装置

(2)　塩酸を使用する屋内の作業場所に設けた局所排気装置

(3)　アーク溶接を行う屋内の作業場所に設けた全体換気装置

(4)　フェノールを取り扱う特定化学設備

(5)　アンモニアを使用する屋内の作業場所に設けたプッシュプル型換気装置

【R3年10月／問2】

解説

定期自主検査の実施が必要となる機械等は、安衛法第45条、安衛令第15条各号に規定されている。

(1)　規定はない。粉じん則第4条及び第27条第1項ただし書き規定により設けられる局所排気装置は定期自主検査の実施が必要となる機械等に該当するが、木工用丸のこ盤を使用する屋内の作業場所に設けられる局所排気装置は該当しない。安衛令第15条第1項第9号、粉じん則第17条。

(2)　規定はない。特化則第3条に基づく第一類物質を取り扱う場所、同則第4条に基づく特定第二類物質等を取り扱う場所等に設置される局所排気装置は定期自主検査の実施が必要となる機械等に含まれているが、塩酸（塩化水素）は安衛令別表第3第3号3に規定されており、特化則第2条第1項第6号に定める特定化学物質第三類物質であるので、該当しない。安衛令第15条第1項第9号、特化則第29条第1号。

(3)　規定はない。全体換気装置は定期自主検査の対象となる設備ではない。

(4)　規定されている。安衛令第15条第10号。

(5)　規定はない。特化則第3条に基づく第一類物質を取り扱う場所、同則第4条に基づく特定第二類物質等を取り扱う場所等に設置される局所排気装置は定期自主検査の実施が必要となる機械等に含まれているが、アンモニアは安衛令別表第3第3号1に規定されており、特化則第2条第1項第6号に定める特定化学物質第三類物質であるので、該当しない。安衛令第15条第1項第9号、特化則第29条第2号。

解答　(4)

参考問題 次の設備又は装置のうち、法令に基づく定期自主検査の実施頻度が1年□□ 以内ごとに1回とされていないものはどれか。

(1) 硫酸を取り扱う特定化学設備

(2) トルエンを用いて洗浄を行う屋内の作業場所に設置したプッシュプル型換気装置

(3) 鉛化合物を製造する工程において鉛等の溶融を行う屋内の作業場所に設置した局所排気装置

(4) 弗化水素を含有する気体を排出する製造設備の排気筒に設置した排ガス処理装置

(5) セメントを袋詰めする屋内の作業箇所に設置した局所排気装置に設けた除じん装置

【H30年4月／問7】

解説

(1) 1年以内ごとに1回とされていない。2年以内ごとに1回。特化則第31条第1項（特定化学設備）。対象となる特定化学設備は安衛令第9条の3第2号。硫酸は安衛令別表第3第3号8により特定化学物質第三類物質。

(2) 1年以内ごとに1回。有機則第20条の2（プッシュプル型換気装置）第2項。第20条の2第1項（対象設備）、第5条（第二種有機溶剤を取り扱う業務）。トルエンは有機則第1条第1項第4号イ、安衛令別表第6の2第37号より第二種有機溶剤。

(3) 1年以内ごとに1回。鉛則第35条第2項。第35条第1項（対象設備）、第10条第1号（鉛化合物の製造）。

(4) 1年以内ごとに1回。特化則第30条第1項。第29条第4号（排ガス処理装置）、第10条（弗化水素）。

(5) 1年以内ごとに1回。粉じん則第17条第2項。第17条第1項（対象設備）、第4条8号、別表第2第9号（セメントを袋詰めする屋内の作業箇所）。

解答 (1)

解答にあたってのポイント

　定期自主検査の対象となる機械（**安衛令第15条**等）及びその実施頻度は、各省令により、

① 透過写真撮影用ガンマ線照射装置　→　1月以内ごとに1回

② 「特定化学物質第一類、第二類物質、第一種、第二種、第三種有機溶剤（タンク内）、特定粉じん」の「局所排気装置、プッシュプル型換気装置、除じん装置、排ガス処理装置」　→　1年以内ごとに1回

③ 特定化学物質第二、第三類物質（のうち酸）の排液処理装置　→　1年以内ごとに1回

④ 特定化学設備・その附属設備　→　2年以内ごとに1回

である。

　有機則、特化則及び粉じん則等の各省令において局所排気装置又はプッシュプル型換気装置の設置が義務付けられている場合は、同装置の定期自主検査を行わなければならない。その他、除じん装置、排ガス処理装置、及び排液処理装置についても同様である。

　なお、全体換気装置には、定期自主検査の実施義務はないことに注意。

［主な設備又は装置の定期自主検査の実施頻度と該当物質］

1年以内ごとに1回：

　　局所排気装置、プッシュプル型換気装置…第一、第二種有機溶剤、特定化学物質第一、第二類物質、特定粉じん発生源

　　除じん装置…特定粉じん発生源、粉状の特定化学物質第一、第二類物質、鉛

　　排ガス処理装置…特定化学物質の弗化水素、アクロレイン、硫酸ジメチル、硫化水素

　　排液処理装置…シアン化カリウム、シアン化ナトリウム、硫酸、アル

キル水銀化合物、ペンタクロルフェノール、塩化水素（塩酸）、
　　　硝酸、硫化ナトリウム
2年以内ごとに1回：特定化学設備及びその付属設備（特定化学物質等を
　　　用いて製造等に用いる据え置き式の設備等）
1月以内ごとに1回：ガンマ線照射装置で、透過写真の撮影に用いられるも
　　　の

○検査を行ったときは次の事項を記録し、3年間保存しなければならない。
　1　検査年月日　　　2　検査方法　　　3　検査箇所
　4　検査の結果　　　5　検査を実施した者の氏名
　6　検査の結果に基づいて補修等の措置を講じたときは、その内容
　有機則第21条、鉛則第36条、特化則第32条、電離則第18条の7、粉じん
則第18条、石綿則第23条

○定期自主検査は、検査の間隔（1月、1年、2年）を超える期間使用し
　ない場合は行わなくてもよいが、再び使用を開始する際は自主検査を行
　わなければならない。

5 製造等の禁止、製造許可

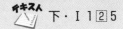

問21 次の特定化学物質を製造しようとするとき、労働安全衛生法に基づく厚
□□ 生労働大臣の許可を必要としないものはどれか。

(1) アルファ−ナフチルアミン

(2) 塩素化ビフェニル（別名 PCB）

(3) オルト−トリジン

(4) オルト−トルイジン

(5) ベンゾトリクロリド

【R5年10月／問4】

解説

安衛法第56条第1項に基づき製造の許可が必要な有害物は、安衛令第17条により、安衛令別表第3第1号に掲げる第一類物質及び石綿分析用試料等として規定されている。

(1) 許可を受けなければならない。安衛令別表第3第1号2（アルファ−ナフチルアミン及びその塩）に該当。

(2) 許可を受けなければならない。安衛令別表第3第1号3（塩素化ビフェニル（別名 PCB））に該当。

(3) 許可を受けなければならない。安衛令別表第3第1号4（オルト−トリジン及びその塩）に該当。

(4) 必要としない。安衛令別表第3第1号のいずれにも該当しない。

(5) 許可を受けなければならない。安衛令別表第3第1号7（ベンゾトリクロリド）に該当。

解答 (4)

問22 次の特定化学物質を製造しようとするとき、労働安全衛生法に基づく厚
□□ 生労働大臣の許可を必要としないものはどれか。

(1) オルト-トリジン

(2) エチレンオキシド

(3) ジアニシジン

(4) ベリリウム

(5) アルファ-ナフチルアミン

【R4年10月／問2】

解 説

　安衛法第56条第1項に基づき製造の許可が必要な有害物は、安衛令第17条によ
り、安衛令別表第3第1号に掲げる第一類物質及び石綿分析用試料等として規定
されている。

(1) 許可を受けなければならない。安衛令別表第3第1号4（オルト-トリジン
　　及びその塩）に該当。

(2) 必要としない。安衛令別表第3第1号のいずれにも該当しない。

(3) 許可を受けなければならない。安衛令別表第3第1号5（ジアニシジン及び
　　その塩）に該当。

(4) 許可を受けなければならない。安衛令別表第3第1号6（ベリリウム及びそ
　　の化合物）に該当。

(5) 許可を受けなければならない。安衛令別表第3第1号2（アルファ-ナフチ
　　ルアミン及び塩）に該当。

解答 (2)

I ①労働安全衛生法
関係法令(有害)

問23　次の特定化学物質を製造しようとするとき、労働安全衛生法に基づく厚
□□　生労働大臣の許可を必要としないものはどれか。

(1)　インジウム化合物

(2)　ベンゾトリクロリド

(3)　ジアニシジン及びその塩

(4)　ベリリウム及びその化合物

(5)　アルファ-ナフチルアミン及びその塩

【R4年4月／問4】

解説

　安衛法第56条第1項に基づき製造の許可が必要な有害物は、安衛令第17条により、安衛令別表第3第1号に掲げる第一類物質及び石綿分析用試料等として規定されている。

(1)　必要としない。安衛令別表第3第1号のいずれにも該当しない。

(2)　許可を受けなければならない。安衛令別表第3第1号7（ベンゾトリクロリド）に該当。

(3)　許可を受けなければならない。安衛令別表第3第1号5（ジアニシジン及びその塩）に該当。

(4)　許可を受けなければならない。安衛令別表第3第1号6（ベリリウム及びその化合物）に該当。

(5)　許可を受けなければならない。安衛令別表第3第1号2（アルファ-ナフチルアミン及びその塩）に該当。

解答　(1)

問24　次の特定化学物質を製造しようとするとき、労働安全衛生法に基づく厚生労働大臣の許可を必要としないものはどれか。

(1)　ベンゾトリクロリド

(2)　ベリリウム

(3)　オルト-フタロジニトリル

(4)　ジアニシジン

(5)　アルファ-ナフチルアミン

【R3年・R1年10月・H31年4月／問4】

解説

　安衛法第56条第1項に基づき製造の許可が必要な有害物は、安衛令第17条により、安衛令別表第3第1号に掲げる第一類物質及び石綿分析用試料等として規定されている。

(1)　許可を受けなければならない。安衛令別表第3第1号7（ベンゾトリクロリド）に該当。

(2)　許可を受けなければならない。安衛令別表第3第1号6（ベリリウム及びその化合物）に該当。

(3)　必要としない。安衛令別表第3第1号のいずれにも該当しない。

(4)　許可を受けなければならない。安衛令別表第3第1号5（ジアニシジン及びその塩）に該当。

(5)　許可を受けなければならない。安衛令別表第3第1号2（アルファ-ナフチルアミン及びその塩）に該当。

解答　(3)

問25　　次の特定化学物質を製造しようとするとき、厚生労働大臣の許可を必要
□□　としないものはどれか。

(1)　エチレンオキシド

(2)　ベンゾトリクロリド

(3)　ジアニシジン及びその塩

(4)　ベリリウム及びその化合物

(5)　アルファ－ナフチルアミン及びその塩

【R2年10月／問4】

解説

　安衛法第56条第1項に基づき製造の許可が必要な有害物は、安衛令第17条により、安衛令別表第3第1号に掲げる第一類物質及び石綿分析用試料等として規定されている。

(1)　必要としない。安衛令別表第3第1号のいずれにも該当しない。

(2)　許可を受けなければならない。安衛令別表第3第1号7（ベンゾトリクロリド）に該当。

(3)　許可を受けなければならない。安衛令別表第3第1号5（ジアニシジン及びその塩）に該当。

(4)　許可を受けなければならない。安衛令別表第3第1号6（ベリリウム及びその化合物）に該当。

(5)　許可を受けなければならない。安衛令別表第3第1号2（アルファ－ナフチルアミン及びその塩）に該当。

解答　(1)

問26　次の化学物質のうち、これを製造しようとする者が、あらかじめ、厚生労働大臣の許可を受けなければならないものはどれか。

(1)　クロロメチルメチルエーテル

(2)　ベータ-プロピオラクトン

(3)　エチレンイミン

(4)　パラ-ニトロクロルベンゼン

(5)　ジアニシジン

【R2年4月／問4】

解説

　安衛法第56条第1項に基づき製造の許可が必要な有害物は、安衛令第17条により、安衛令別表第3第1号に掲げる第一類物質及び石綿分析用試料等として規定されている。

(1)　必要としない。安衛令別表第3第1号のいずれにも該当しない。

(2)　必要としない。安衛令別表第3第1号のいずれにも該当しない。

(3)　必要としない。安衛令別表第3第1号のいずれにも該当しない。

(4)　必要としない。安衛令別表第3第1号のいずれにも該当しない。

(5)　許可を受けなければならない。安衛令第17条、同令別表3第1号5（ジアニシジン及びその塩）に該当。

解答　(5)

○**解答にあたってのポイント**

　製造禁止物質、製造許可物質（第一類物質）及び第二類物質は混合して
出題されているので、区別できるようにしておく。

○製造等の禁止（**安衛法第55条**）

　安衛令第16条第１項に掲げられる物質を製造し、輸入し、譲渡し、提供
し、又は使用してはならない。

　　第１号　黄りんマッチ

　　第２号　ベンジジン及びその塩

　　第３号　４－アミノジフェニル及びその塩

　　第４号　石綿

　　第５号　４－ニトロジフェニル及びその塩

　　第６号　ビス（クロロメチル）エーテル

　　第７号　ベーター－ナフチルアミン及びその塩

　　第８号　ベンゼンを含有するゴムのり（ベンゼン含有率が５％を超える
　　　　　　もの）

　　第９号　第２号、第３号若しくは第５号から第７号に掲げる物をその重
　　　　　　量の１％を超えて含有し、又は第４号に掲げる物をその重量の
　　　　　　0.1％を超えて含有する製剤その他の物

　※試験研究で一定の要件に該当するときは適用除外となる。

○製造の許可（**安衛法第56条第１項**）

　安衛令第17条（**同令別表３第１号**）に掲げられる物質及び石綿分析用試
料等を製造しようとする者は、あらかじめ厚生労働大臣の許可を受けなけ
ればならない。

　　特定化学物質第一類物質

　　１　ジクロルベンジジン及びその塩

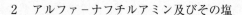

2　アルファ－ナフチルアミン及びその塩

3　塩素化ビフェニル（別名 PCB）

4　オルト－トリジン及びその塩

5　ジアニシジン及びその塩

6　ベリリウム及びその化合物

7　ベンゾトリクロリド

8　1〜6をその重量の1％を超えて含有するもの、7をその重量
　の0.5％を超えて含有するもの

6 特別教育

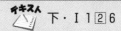

問27　次の業務に労働者を就かせるとき、法令に基づく安全又は衛生のための
□□　特別の教育を行わなければならないものはどれか。

(1) 赤外線又は紫外線にさらされる業務

(2) 有機溶剤等を用いて行う接着の業務

(3) 塩酸を用いて行う分析の業務

(4) エックス線回折装置を用いて行う分析の業務

(5) 廃棄物の焼却施設において焼却灰を取り扱う業務

【R5年10月／問2】

解説

(1) 不要。安衛則第36条各号のいずれにも該当しない。

(2) 不要。安衛則第36条各号のいずれにも該当しない。

(3) 不要。安衛則第36条各号のいずれにも該当しない。

(4) 不要。安衛則第36条各号のいずれにも該当しない。

(5) 特別の教育を行わなくてはならない。安衛則第36条第34号。

解答　(5)

問28 　次の業務に労働者を就かせるとき、法令に基づく安全又は衛生のための
□□ 　特別の教育を行わなければならないものに該当しないものはどれか。

(1) 石綿等が使用されている建築物の解体等の作業に係る業務

(2) 高圧室内作業に係る業務

(3) 有機溶剤等を用いて行う接着の業務

(4) 廃棄物の焼却施設において焼却灰を取り扱う業務

(5) エックス線装置を用いて行う透過写真の撮影の業務

【R5年4月／問3】

解説

(1) 該当する。安衛則第36条第37号、石綿則第4条第1項。

(2) 該当する。安衛則第36条第21号

(3) 該当しない。安衛則第36条各号のいずれにも該当しない。

(4) 該当する。安衛則第36条第34号。

(5) 該当する。安衛則第36条第28号。

解答 (3)

問29 次の業務に労働者を就かせるとき、法令に基づく安全又は衛生のための
□□ 特別の教育を行わなければならないものに該当しないものはどれか。

(1) 石綿等が使用されている建築物の解体等の作業に係る業務

(2) 潜水作業者への送気の調節を行うためのバルブ又はコックを操作する業務

(3) 廃棄物の焼却施設において焼却灰を取り扱う業務

(4) 特定化学物質のうち第二類物質を取り扱う作業に係る業務

(5) エックス線装置を用いて行う透過写真の撮影の業務

【R4年10月／問4】

※ R2年4月／問9は類似問題

解説 ─────────────────────────────────

　安全又は衛生のための特別の教育を行わなければならないものは、安衛則第36
条各号に規定されている。

(1) 該当する。安衛則第36条第37号、石綿則第4条第1項。

(2) 該当する。安衛則第36条第23号。

(3) 該当する。安衛則第36条第34号。

(4) 該当しない。安衛則第36条各号のいずれにも該当しない。

(5) 該当する。安衛則第36条第28号。

解答 (4)

問30　次の業務のうち、当該業務に労働者を就かせるとき、法令に基づく安全
□□　又は衛生のための特別の教育を行わなければならないものに該当しないも
のはどれか。

(1) 石綿等が使用されている建築物の解体等の作業に係る業務

(2) チェーンソーを用いて行う造材の業務

(3) 特定化学物質のうち第二類物質を取り扱う作業に係る業務

(4) 廃棄物の焼却施設において焼却灰を取り扱う業務

(5) エックス線装置を用いて行う透過写真の撮影の業務

【R3年10月／問 8 】

解 説

　安全又は衛生のための特別の教育を行わなければならないものは、安衛則第36
条各号に規定されている。

(1) 該当する。安衛則第36条第37号、石綿則第 4 条第 1 項。

(2) 該当する。安衛則第36条第 8 号。

(3) 該当しない。安衛則第36条各号のいずれにも該当しない。

(4) 該当する。安衛則第36条第34号。

(5) 該当する。安衛則第36条第28号。

解答　(3)

問31　　次の業務のうち、労働者を就かせるとき、法令に基づく安全又は衛生の
□□　　ための特別の教育を行わなければならないものはどれか。

(1) チェーンソーを用いて行う造材の業務

(2) エックス線回折装置を用いて行う分析の業務

(3) 特定化学物質を用いて行う分析の業務

(4) 有機溶剤等を入れたことがあるタンクの内部における業務

(5) 削岩機、チッピングハンマー等チェーンソー以外の振動工具を取り扱う業務

【R3年4月／問5】

解説

　安全又は衛生のための特別の教育を行わなければならないものは、安衛則第36
条各号に規定されている。

(1) 特別の教育を行わなければならない。安衛則第36条第8号。

(2) 不要。安衛則第36条各号のいずれにも該当しない。

(3) 不要。安衛則第36条各号のいずれにも該当しない。

(4) 不要。安衛則第36条各号のいずれにも該当しない。

(5) 不要。安衛則第36条各号のいずれにも該当しない。

解答　(1)

問32 次の業務のうち、労働者を就かせるとき、法令に基づく安全又は衛生の
□□ ための特別の教育を行わなければならないものはどれか。

(1) チェーンソーを用いて行う造材の業務

(2) エックス線回折装置を用いて行う分析の業務

(3) 特定化学物質を用いて行う分析の業務

(4) 有機溶剤等を入れたことがあるタンクの内部における業務

(5) 鉛ライニングの業務

解説

　安全又は衛生のための特別の教育を行わなければならないものは、安衛則第36
条各号に規定されている。

(1) 特別の教育を行わなければならない。安衛則第36条第8号に該当。

(2) 不要。安衛則第36条各号のいずれにも該当しない。

(3) 不要。安衛則第36条各号のいずれにも該当しない。

(4) 不要。安衛則第36条各号のいずれにも該当しない。

(5) 不要。安衛則第36条各号のいずれにも該当しない。

解答 (1)

問33　　次の業務に労働者を就かせるとき、法令に基づく安全又は衛生のための
□□　　特別の教育を行わなければならないものはどれか。

(1)　有機溶剤等を入れたことがあるタンクの内部における業務

(2)　強烈な騒音を発する場所における作業に係る業務

(3)　人力により重量物を取り扱う業務

(4)　ガンマ線照射装置を用いて行う透過写真の撮影の業務

(5)　削岩機、チッピングハンマー等チェーンソー以外の振動工具を取り扱う業務

【H31年4月／問3】

解　説

　安全又は衛生のための特別の教育を行わなければならないものは、安衛則第36
条各号に規定されている。

(1)　不要。安衛則第36条各号のいずれにも該当しない。

(2)　不要。安衛則第36条各号のいずれにも該当しない。

(3)　不要。安衛則第36条各号のいずれにも該当しない。

(4)　特別の教育を行わなければならない。安衛則第36条第28号に該当。

(5)　不要。安衛則第36条各号のいずれにも該当しない。なお、振動工具について
　　は、チェーンソーを用いて行う立木の伐木、かかり木の処理又は造材の業務に
　　ついては特別の教育の対象である。安衛則第36条第8号。

解答　(4)

解答にあたっての**ポイント**

○**特別教育（安衛法第59条第3項）**

　危険又は有害な業務に労働者を就かせるときは、安全又は衛生のための特別の教育を行わなければならない。

[公表試験問題でよく出題される業務 **（安衛則第36条）**]

※キーワードのみ抜粋

　　チェーンソー（第8号）

　　潜水作業者への送気の調節に伴うバルブ又はコックの操作（第23号）

　　再圧室の操作（第24号）

　　高圧室内作業（第24の2号）

　　酸素欠乏危険場所における作業（第26号）

　　エックス線装置又はガンマ線照射装置を用いて行う透過写真撮影（第28号）

　　特定粉じん作業（第29号）

　　廃棄物焼却設備における燃え殻の取り扱い（第34号）

　　石綿含有建築物等の解体・囲い込み・封じ込め（第37号）

[該当しない例でよく公表試験問題で出題される業務]

　　超音波、有機溶剤、特定化学物質、潜水業務、振動工具、有害光線（紫外線、赤外線）、騒音、重量物、手持ち工具を用いた粉じん作業

・潜水業務は、潜水士免許が必要で、作業主任者や特別教育の関連などでよく出題される。

・粉じん作業は、特定粉じん作業(特別教育必要)と手持ち工具を用いるなどの粉じん作業(特別教育不要)とを区別できるようにしておく。

○石綿に関わる特別教育（**石綿則第27条**）

　特別教育を実施しなければならない作業が定められており、石綿使用建築物等解体等作業（**石綿則第4条第1項**）が該当する。

○特別教育の科目（**安衛法第59条**）

　各種告示で独自に定められており、その中に職長等の教育科目である「労働者に対する監督又は指導の方法に関すること」は含まれていない。なお、職長等の教育は、定められた業種で行わなければならない。

○特別教育の科目の省略及び記録

・十分な知識及び技能を有していると認められる労働者（技能講習修了者、以前同じ業務で特別な教育を既に受けた者など）に対して認められている（**安衛則第37条**）。

・特別教育を行ったときは、その受講者、科目等の記録を作成して、3年間保存しなければならない（**安衛則第38条**）。

7　就業制限

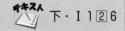 下・Ⅰ1②6

問34　次の免許のうち、労働安全衛生法令に定められていないものはどれか。

(1)　潜水士免許

(2)　高圧室内作業主任者免許

(3)　エックス線作業主任者免許

(4)　石綿作業主任者免許

(5)　ガンマ線透過写真撮影作業主任者免許

【R5年10月／問3】

解　説

(1)　定められている。安衛法第14条、安衛則第16条及び別表第1。

(2)　定められている。安衛法第14条、安衛則第16条及び別表第1。

(3)　定められている。安衛法第14条、安衛則第16条及び別表第1。

(4)　定められていない。石綿作業主任者は技能講習を修了した者で、免許ではない。

(5)　定められている。安衛法第14条、安衛則第16条及び別表第1。

解答　(4)

参考問題　労働安全衛生法に基づく技能講習を修了することによって取得できる資格に該当しないものは、次のうちどれか。

(1)　特定化学物質作業主任者

(2)　有機溶剤作業主任者

(3)　石綿作業主任者

(4)　酸素欠乏危険作業主任者

(5)　高圧室内作業主任者

【H29年10月／問4】

解　説

(1)　該当する。　安衛則第16条第1項、同則別表第1。

(2)　該当する。　安衛則第16条第1項、同則別表第1。

(3)　該当する。　安衛則第16条第1項、同則別表第1。

(4)　該当する。　安衛則第16条第1項、同則別表第1。

(5)　該当しない。技能講習ではなく、免許である。安衛則第16条第1項、同則別表第1。

解答　(5)

参考問題 労働安全衛生法に基づく技能講習を修了することによって取得できる資格は、次のうちどれか。

(1) 潜水士

(2) 高圧室内作業主任者

(3) エックス線作業主任者

(4) 石綿作業主任者

(5) ガンマ線透過写真撮影作業主任者

【H28年4月／問4】

解 説

(1) 免許。安衛則第62条、同則別表第4。

(2) 免許。安衛則第16条第1項、同則別表第1。

(3) 免許。安衛則第16条第1項、同則別表第1。

(4) 技能講習の修了により取得できる。安衛則第16条第1項、同則別表第1。

(5) 免許。安衛則第16条第1項、同則別表第1。

解答 (4)

解答にあたっての**ポイント**

○衛生関係において、免許は、衛生管理者、一部の作業主任者及び潜水士免許のみである。

○作業主任者は、免許を受けた者でなければならない作業区分と、技能講習を修了した者でなければならない作業区分がある。

○潜水士免許は、作業主任者免許、技能講習修了の誤答例としてよく出題される。

安衛則第16条第1項　同則別表第1（抜粋）

作　業　の　区　分	資格を有する者	名　　称
安衛令第6条第1号の作業	高圧室内作業主任者免許を受けた者	高圧室内作業主任者
安衛令第6条第5号の作業	エックス線作業主任者免許を受けた者	エックス線作業主任者
安衛令第6条第5号の2の作業	ガンマ線透過写真撮影作業主任者免許を受けた者	ガンマ線透過写真撮影作業主任者
安衛令第6条第18号の作業のうち、次の二項に掲げる作業以外の作業	特定化学物質及び四アルキル鉛等作業主任者技能講習（講習科目を次項の金属アーク溶接等作業に係るものに限定したもの（以下「金属アーク溶接等作業主任者限定技能講習」という。）を除く。令第6条第20号の作業の項において同じ。）を修了した者	特定化学物質作業主任者
安衛令第6条第18号の作業のうち、金属をアーク溶接する作業、アークを用いて金属を溶断し、又はガウジングする作業その他の溶接ヒュームを製造し、又は取り扱う作業	特定化学物質及び四アルキル鉛等作業主任者技能講習（金属アーク溶接等作業主任者限定技能講習を含む。）を修了した者	金属アーク溶接等作業主任者
安衛令第6条第18号の作業のうち、特別有機溶剤又は令別表第3第2号37に掲げる物で特別有機溶剤に係るものを製造し、又は取り扱う作業	有機溶剤作業主任者技能講習を修了した者	特定化学物質作業主任者（特別有機溶剤等関係）

安衛令第6条第19号の作業	鉛作業主任者技能講習を修了した者	鉛作業主任者
安衛令第6条第20号の作業	特定化学物質及び四アルキル鉛等作業主任者技能講習を修了した者	四アルキル鉛等作業主任者
安衛令第6条第21号の作業のうち、次の項に掲げる作業以外の作業	酸素欠乏危険作業主任者技能講習又は酸素欠乏・硫化水素危険作業主任者技能講習を修了した者	酸素欠乏危険作業主任者
安衛令第6条第21号の作業のうち、令別表第6条第3号の3、第9号又は第12号に掲げる酸素欠乏危険場所（同号に掲げる場所にあつては、酸素欠乏症にかかるおそれ及び硫化水素中毒にかかるおそれのある場所として厚生労働大臣が定める場所に限る。）における作業	酸素欠乏・硫化水素危険作業主任者技能講習を修了した者	酸素欠乏危険作業主任者
安衛令第6条第22号の作業	有機溶剤作業主任者技能講習を修了した者	有機溶剤作業主任者
安衛令第6条第23号の作業	石綿作業主任者技能講習を修了した者	石綿作業主任者

＜参考＞

（作業主任者）安衛法第14条

（作業主任者を選任すべき作業）安衛令第6条各号

（作業主任者の選任）安衛則第16条第1項　同則別表第1

（就業制限）安衛法第61条第1項

（就業制限に係る業務）

　　安衛令第20条第9号　潜水器を用いて水中において行う業務

（就業制限についての資格）

　　安衛則第41条　安衛則別表第3　潜水士免許を受けた者

8　作業環境測定

上・第5章3、下・I 1②7

問35　　　法令に基づき定期に行う作業環境測定とその測定頻度との組合せとして、誤っているものは次のうちどれか。

(1)　溶融ガラスからガラス製品を成型する業務を行う屋内作業場の気温、湿度及びふく射熱の測定……………………………半月以内ごとに1回

(2)　通気設備が設けられている坑内の作業場における通気量の測定
　　　……………………………………半月以内ごとに1回

(3)　非密封の放射性物質を取り扱う作業室における空気中の放射性物質の濃度の測定………………………………… 1か月以内ごとに1回

(4)　鉛ライニングの業務を行う屋内作業場における空気中の鉛濃度の測定
　　　………………………………………… 6か月以内ごとに1回

(5)　常時特定粉じん作業を行う屋内作業場における空気中の粉じん濃度の測定
　　　………………………………………… 6か月以内ごとに1回

【R5年10月／問9】

解説

　安衛法第65条第1項に基づき作業環境測定を行うべき対象は、安衛令第21条各号に規定され、その頻度は各省令に規定されている。

(1)　正しい。安衛令第21条第2号（対象作業場）、安衛則第587条第8号（溶融ガラスからガラス製品を成型）、同則第607条第1項（測定頻度）。

(2)　正しい。安衛令第21条第4号（対象作業場）、安衛則第589条第3号（通気設備のある坑内）、同則第603条第1項（測定頻度）

(3)　正しい。安衛令第21条第6号（対象作業場）、同令別表第2第5号（放射線業務）、電離則第53条第2号（放射性物質取扱作業室）、同則第55条（測定頻度）

(4)　誤り。「鉛ライニングの業務を行う屋内作業場」は「1年以内」ごとに1回。安衛令第21条第8号（対象作業場）、同令別表第4第7号（鉛ライニングの業務）、鉛則第52条第1項（測定頻度）。

(5)　正しい。安衛令第21条第1号（対象作業場）、粉じん則第25条（測定場所）、

同則第26条第1項（測定頻度）。

解答 (4)

問36 法令に基づき定期に行う作業環境測定とその測定頻度との組合せとして、誤っているものは次のうちどれか。

(1) 鉛ライニングの業務を行う屋内作業場における空気中の鉛濃度の測定 ……………………………………………… 6 か月以内ごとに 1 回

(2) 動力により駆動されるハンマーを用いる金属の成型の業務を行う屋内作業場における等価騒音レベルの測定………… 6 か月以内ごとに 1 回

(3) 第二種有機溶剤等を用いて塗装の業務を行う屋内作業場における空気中の有機溶剤の濃度の測定……………………… 6 か月以内ごとに 1 回

(4) 通気設備が設けられている坑内の作業場における通気量の測定 ……………………………………………半月以内ごとに 1 回

(5) 溶融ガラスからガラス製品を成型する業務を行う屋内作業場の気温、湿度及びふく射熱の測定…………………………半月以内ごとに 1 回

【R5年 4 月／問 9 】

解 説

(1) 誤り。「鉛ライニングの業務を行う屋内作業場」は「1 年以内」ごとに 1 回。安衛令第21条第 8 号（対象作業場）、同令別表第 4 第 7 号（鉛ライニングの業務）、鉛則第52条第 1 項（測定頻度）。

(2) 正しい。安衛令第21条第 3 号（対象作業場）、安衛則第588条第 3 号（動力により駆動されるハンマー）、同則第590条第 1 項（測定頻度）。

(3) 正しい。安衛令第21条第10号（対象作業場）、有機則第28条第 1 項及び第 2 項。

(4) 正しい。安衛令第21条第 4 号（対象作業場）、安衛則第589条第 3 号（通気設備のある坑内）、同則第603条第 1 項（測定頻度）

(5) 正しい。安衛令第21条第 2 号（対象作業場）、安衛則第587条第 8 号（溶融ガラスからガラス製品を成型）、同則第607条第 1 項（測定頻度）。

解答 (1)

問37 　　法令に基づき定期に行う作業環境測定とその測定頻度との組合せとし
□□ 　て、誤っているものは次のうちどれか。

(1)　非密封の放射性物質を取り扱う作業室における空気中の放射性物質の濃度の
　　測定……………………………… 1 か月以内ごとに 1 回
(2)　チッパーによりチップする業務を行う屋内作業場における等価騒音レベルの
　　測定……………………………… 6 か月以内ごとに 1 回
(3)　通気設備が設けられている坑内の作業場における通気量の測定
　　……………………………… 1 か月以内ごとに 1 回
(4)　鉛蓄電池を製造する工程において鉛等を加工する業務を行う屋内作業場にお
　　ける空気中の鉛の濃度の測定…… 1 年以内ごとに 1 回
(5)　第二種有機溶剤等を用いて洗浄の作業を行う屋内作業場における空気中の有
　　機溶剤濃度の測定………………… 6 か月以内ごとに 1 回

【R4年10月／問 3 】

解説

　安衛法第65条第 1 項に基づき作業環境測定を行うべき対象は、安衛令第21条各
号に規定され、その頻度は各省令に規定されている。

　安衛則第587条から第592条、第603条、第607条、第612条、鉛則第52条、特化則
第36条、有機則第28条、酸欠則第 3 条〜第 4 条、電離則第53条〜第55条、事務所
則第 7 条〜第 7 条の 2 、粉じん則第25条〜第26条、石綿則第36条により詳細が定
められている。

(1)　正しい。安衛令第21条第 6 号（対象作業場）、安衛令別表第 2 第 5 号（放射線
　　業務）、電離則第53条第 1 項第 2 号（放射性物質取扱い作業室）に該当する業務
　　で、電離則第55条で測定期間が規定されている。
(2)　正しい。安衛令第21条第 3 号（対象作業場）、安衛則第588条第 1 項第 7 号
　　（チッパー）に該当する業務で、安衛則第590条第 1 項で測定期間が規定されて
　　いる。
(3)　誤り。安衛令第21条第 4 号（対象作業場）、安衛則第589条第 3 号の「通気設
　　備が設けられている坑内の作業場」に該当するが、安衛則第603条第 1 項の規定
　　により、その測定頻度は「 1 か月以内ごとに 1 回」ではなく「半月以内ごとに

1回」である。

(4) 正しい。安衛令第21条第8号（対象作業場）、安衛令別表第4第3号（鉛蓄電池の製造）に該当する業務で、鉛則第52条により測定対象及び測定期間が規定されている。

(5) 正しい。安衛令第21条第10号（対象作業場）により規定され、有機則第28条第1項に該当し、同条第2項により測定期間が規定されている。

解答 (3)

問38 法令に基づき定期に行う作業環境測定とその測定頻度との組合せとして、誤っているものは次のうちどれか。

(1) 非密封の放射性物質を取り扱う作業室における空気中の放射性物質の濃度の測定‥‥‥‥‥‥‥‥‥‥‥‥‥1か月以内ごとに1回

(2) チッパーによりチップする業務を行う屋内作業場における等価騒音レベルの測定‥‥‥‥‥‥‥‥‥‥‥‥‥6か月以内ごとに1回

(3) 通気設備が設けられている坑内の作業場における通気量の測定‥‥‥‥‥‥‥‥‥‥‥‥‥‥‥‥半月以内ごとに1回

(4) 鉛ライニングの業務を行う屋内作業場における空気中の鉛の濃度の測定‥‥‥‥‥‥‥‥‥‥‥‥‥‥‥‥1年以内ごとに1回

(5) 多量のドライアイスを取り扱う業務を行う屋内作業場における気温及び湿度の測定‥‥‥‥‥‥‥‥‥‥‥‥‥1か月以内ごとに1回

【R3年4月／問3】

解説

安衛法第65条第1項に基づき作業環境測定を行うべき対象は、安衛令第21条各号に規定され、その頻度は各省令に規定されている。

(1) 正しい。安衛令第21条第6号（対象作業場）、同令別表第2第5号（放射線業務）、電離則第53条第2号（放射性物質取扱い作業室）、同則第55条（測定頻度）。

(2) 正しい。安衛令第21条第3号（対象作業場）、安衛則第588条第7号（チッパー）、同則第590条第1項（測定頻度）。

(3) 正しい。安衛令第21条第4号（対象作業場）、安衛則第589条第3号（通気設備のある坑内）、同則第603条第1項（測定頻度）。

(4) 正しい。安衛令第21条第8号（対象作業場）、同令別表第4第7号（鉛ライニングの業務）、鉛則第52条第1項（測定頻度）。

(5) 誤り。「暑熱、寒冷又は多湿の屋内作業場」には「1か月以内」ではなく「半月以内」ごとに1回。安衛令第21条第2号（対象作業場）、安衛則第587条第11号（多量のドライアイス取扱い）、同則第607条第1項（測定頻度）。

解答 (5)

問39 有害業務を行う作業場等について、法令に基づき定期に行う作業環境測定とその測定頻度との組合せとして、誤っているものは次のうちどれか。

(1) 放射性物質取扱作業室における空気中の放射性物質の濃度の測定
……………………………………１か月以内ごとに１回

(2) 多量のドライアイスを取り扱う業務を行う屋内作業場における気温及び湿度の測定…………………………………２か月以内ごとに１回

(3) 通気設備が設けられている坑内の作業場における通気量の測定
……………………………………半月以内ごとに１回

(4) 特定粉じん作業を常時行う屋内作業場における空気中の粉じんの濃度の測定
……………………………………６か月以内ごとに１回

(5) 鉛ライニングの業務を行う屋内作業場における空気中の鉛の濃度の測定
……………………………………１年以内ごとに１回

【R2年10月／問8】

解説

　安衛法第65条第１項に基づき作業環境測定を行うべき対象は、安衛令第21条各号に規定され、その頻度は各省令に規定されている。

(1) 正しい。安衛令第21条第６号（対象作業場）、同令別表第２第５号（放射線業務）、電離則第53条第２号（放射性物質取扱作業室）、同則第55条（測定頻度）。

(2) 誤り。「暑熱、寒冷又は多湿の屋内作業場」は「半月以内」ごとに１回。安衛令第21条第２号（対象作業場）、安衛則第587条第11号（多量のドライアイス取扱い）、同則第607条第１項（測定頻度）。

(3) 正しい。安衛令第21条第４号（対象作業場）、安衛則第589条第３号（通気設備のある坑内）、同則第603条第１項（測定頻度）。

(4) 正しい。安衛令第21条第１号（対象作業場）、粉じん則第25条（測定場所）、同則第26条第１項（測定頻度）。

(5) 正しい。安衛令第21条第８号（対象作業場）、同令別表第４第７号（鉛ライニングの業務）、鉛則第52条第１項（測定頻度）。

解答　(2)

　　有害業務を行う作業場について、法令に基づき、定期に行う作業環境測定と測定頻度との組合せとして、誤っているものは次のうちどれか。

(1) 非密封の放射性物質を取り扱う作業室における空気中の放射性物質の濃度の測定……………………………………6か月以内ごとに1回

(2) チッパーによりチップする業務を行う屋内作業場における等価騒音レベルの測定……………………………………6か月以内ごとに1回

(3) 通気設備が設けられている坑内の作業場における通気量の測定………………………………………半月以内ごとに1回

(4) 鉛蓄電池の解体工程において鉛等を切断する業務を行う屋内作業場における空気中の鉛の濃度の測定……………1年以内ごとに1回

(5) 多量のドライアイスを取り扱う業務を行う屋内作業場における気温及び湿度の測定……………………………………半月以内ごとに1回

【H31年4月／問8】

解説

　　安衛法第65条第1項に基づき作業環境測定を行うべき対象は、安衛令第21条各号に規定され、その頻度は各省令に規定されている。

(1) 誤り。放射性物質の濃度は「6か月以内」ではなく「1か月以内」ごとに1回。安衛令第21条第6号（対象作業場）、同令別表第2第5号（放射線業務）、電離則第53条第2号（放射性物質取扱い作業室）、同則第55条（測定頻度）。

(2) 正しい。安衛令第21条第3号（対象作業場）、安衛則第588条第7号（チッパー）、同則第590条第1項（測定頻度）。

(3) 正しい。安衛令第21条第4号（対象作業場）、安衛則第589条第3号（通気設備のある坑内）、同則第603条第1項（測定頻度）。

(4) 正しい。安衛令第21条第8号（対象作業場）、同令別表第4第3号（鉛蓄電池の解体）、鉛則第52条第1項（測定頻度）。

(5) 正しい。安衛令第21条第2号（対象作業場）、安衛則第587条第11号（多量のドライアイスの取扱い）、同則第607条第1項（測定頻度）。

解答　(1)

問41　次の法定の作業環境測定を行うとき、作業環境測定士に測定を実施させ
□□　なければならないものはどれか。

(1)　チッパーによりチップする業務を行い著しい騒音を発する屋内作業場におけ
る等価騒音レベルの測定

(2)　パルプ液を入れてある槽の内部における空気中の酸素及び硫化水素の濃度の
測定

(3)　有機溶剤等を製造する工程で有機溶剤等の混合の業務を行う屋内作業場にお
ける空気中のトルエン濃度の測定

(4)　溶融ガラスからガラス製品を成型する業務を行う屋内作業場における気温、
湿度及びふく射熱の測定

(5)　通気設備が設けられている坑内の作業場における通気量の測定

【R2年4月／問6】

解説

安衛法第65条第1項に基づき作業環境測定を行うべき対象（安衛令第21条各号）
のうち、

第1号（粉じんを発散する屋内作業場）

第6号（放射線業務を行う作業場）

第7号（特定化学物質を製造し、又は取り扱う屋内作業場）

第8号（鉛業務を行う屋内作業場）

第10号（有機溶剤を製造し、又は取り扱う屋内作業場）

の指定作業場については、作業環境測定士又は作業環境測定機関に作業環境測定
を実施させなければならない。

選択肢中で指定作業場に該当するのは、安衛令第21条第10号に該当する(3)のみ
である。よって、(3)が解答である。

解答　(3)

解答にあたっての**ポイント**

安衛法第65条の規定により作業環境測定を行うべき作業場
(安衛令第21条)

作業場の種類 （安衛令第21条）		関連規則	測定項目	測定回数	記録の保存年
○1	土石、岩石、鉱物、金属又は炭素の粉じんを著しく発散する屋内作業場	粉じん則 25条 26条	空気中の粉じん濃度、遊離けい酸含有率	6月以内ごとに1回	7
2	暑熱、寒冷又は多湿の屋内作業場	安衛則 587条 607条	気温、湿度、ふく射熱	半月以内ごとに1回	3
3	著しい騒音を発する屋内作業場	安衛則 588条 590条 591条	等価騒音レベル	6月以内ごとに1回 （注1）	3
4	坑内作業場 (1)炭酸ガスの停滞場所	安衛則 592条 603条 612条	空気中の炭酸ガス濃度	1月以内ごとに1回	3
	(2)通気設備のある坑内		通気量	半月以内ごとに1回	3
	(3)28℃を超える場所		気温	半月以内ごとに1回	3
5	中央管理方式の空気調和設備を設けている建築物の室で、事務所の用に供されるもの	事務所則 7条	空気中の一酸化炭素及び二酸化炭素の含有率、室温及び外気温、相対湿度	2月以内ごとに1回 （注2）	3
6	放射線業務を行う作業場 (1)放射線業務を行う管理区域	電離則 53条 54条 55条	外部放射線による線量当量率	1月以内ごとに1回 （注3）	5
	○(2)放射性物質取扱室 ○(3)事故由来廃棄物等取扱施設 (4)坑内核原料物質掘採場所		空気中の放射性物質の濃度	1月以内ごとに1回	5
○7	第1類若しくは第2類の特定化学物質を製造し、又は取り扱う屋内作業場など	特化則 36条	空気中の第1類物質又は第2類物質の濃度	6月以内ごとに1回	3 特別管理物質については30年間
	特定有機溶剤混合物を製造し、または取り扱う屋内作業場	特化則 36条の5	空気中の特別有機溶剤および有機溶剤の濃度	6月以内ごとに1回	3
	石綿を取り扱い、もしくは試験研究のため製造する屋内作業場若しくは石綿分析用試料等を製造する屋内作業場	石綿則 36条	空気中の石綿の濃度	6月以内ごとに1回	40
○8	一定の鉛業務を行う屋内作業場	鉛則 52条	空気中の鉛濃度	1年以内ごとに1回	3
※9	酸素欠乏危険場所において作業を行う場合の当該作業場	酸欠則 3条	空気中の酸素濃度 硫化水素発生危険場所の場合は同時に硫化水素濃度	その日の作業を開始する前	3
○10	第1種若しくは第2種の有機溶剤を製造し、又は取り扱う屋内作業場	有機則 28条	空気中の有機溶剤濃度	6月以内ごとに1回	3

作業場の種類の欄に○印を付した作業場は指定作業場であり、測定は作業環境測定士又は作業環境測定機関が行わなければならない。また、※印を付した作業場の測定は酸素欠乏危険作業主任者に行わせること。
- （注1）施設、設備、作業工程又は作業方法を変更した場合には、遅滞なく測定する。
- （注2）室温及び相対湿度については、1年間基準を満たし、かつ、今後1年間もその状況が継続すると見込まれる場合は、春及び冬の年3回。
- （注3）放射線装置を固定して使用する場合において使用の方法及び遮へい物の位置が一定しているとき、又は3.7ギガベクレル以下の放射性物質を装備している機器を使用するときは6か月以内ごとに1回。

○作業環境測定の測定頻度

　作業環境測定の測定頻度は、基本は6月以内ごとに1回である。例えば、常時セメントを袋詰めする作業を行う屋内作業場における粉じん濃度や、チッパーによりチップする業務を行う屋内作業場における等価騒音レベル、などである。

　例外には、次のものがある。

　半月以内ごとに1回

　→・通気設備が設けられている坑内の作業場における通気量

　　・多量のドライアイスを取り扱う、寒冷又は多湿の業務を行う屋内作業場における気温及び湿度

　1月以内ごとに1回

　→・非密封の放射性物質を取り扱う作業室における放射性物質の濃度

　1年以内ごとに1回

　→・鉛蓄電池の解体工程において鉛等を切断する業務を行う屋内作業場における空気中の鉛の濃度

○作業環境測定の対象

　作業環境測定を行うべき作業場（**安衛令第21条各号**）は覚えておくこと。下記の下線は作業環境測定士が行わなければならない測定となる。

・屋内での粉じん作業

　　粉じん則では、粉じん作業は別表第1に掲げられている。その粉じん作業のうち、その発生源が固定した機械又は設備に係るものとして、粉じん則別表第2で掲げられたものにおける作業を特定粉じん作業という。作業環境測定を行わなければならないのは、特定粉じん作業が行われる屋内作業場についてである。（**安衛令第21条第1号及び粉じん則第25条**を要約）

- 特定粉じん作業（**粉じん則別表第2**）※キーワードのみ抜粋
  - 第7号　研磨材を用いて動力により金属（鋳ばり）の研磨を行う箇所。ただし、手持ち式、可搬式動力工具によるものは除く。
  - 第9号　セメント、フライアッシュを袋詰めする箇所
  - 第11号　屋内の、原料を混合する箇所
  - 第14号　型ばらし装置を用いて砂型を壊し、若しくは砂落としする箇所
- 暑熱・寒冷（**安衛則第587条**）※キーワードのみ抜粋
  - 第4号　陶磁器を焼成する業務
  - 第7号　溶融金属の鋳込みの業務
  - 第8号　溶融ガラスからガラス製品を成型する業務
- 騒音（**安衛則第588条**）※キーワードのみ抜粋
  - 第1号　鋲打ち機、はつり機等機械を取り扱う屋内作業場
  - 第2号　ロール機、圧延機等機械を取り扱う屋内作業場
  - 第7号　チッパーによりチップする業務を行う屋内作業場
- 坑内作業

  通気設備のある坑内（**安衛則第589条**）
- 電離放射線

  放射線業務は**安衛令別表第2**で定められているが、作業環境測定を行うべき作業場は**電離則第53条**に掲げられている。
  - 第1号　放射線業務を行う作業場のうち管理区域に該当する部分
  - 第2号　放射性物質取扱作業室
  - 第2号の2　事故由来廃棄物等取扱施設
  - 第3号　安衛令別表第2第7号に掲げる業務を行う作業場（坑内核原料物質掘採場所）

・特定化学物質（**安衛令別表第3第1号及び第2号**）

　　第三類物質（**安衛令別表第3第3号**）は、作業環境測定は必要とされていない。出題傾向として、アンモニア、硝酸、フェノールといった第三類物質が誤りの例として出されることが多い。

・鉛（**安衛令別表第4第1〜8号、第10号及び第16号**）※キーワードのみ抜粋

　　（測定必要）鉛精錬、鉛ライニング

　　（測定必要でない）はんだ付け

・酸素欠乏危険場所

　　酒類を入れたことのある醸造槽の内部（**安衛令別表第6第8号**）

　　パルプ液を入れてある槽の内部（**安衛令別表第6第9号**）

・有機溶剤　（**安衛令別表第6の2、有機則第28条第1項**）

　　対象物質である第一、第二種有機溶剤であるか識別できるようにしておく。（よく出題される物質：トルエン）

問42　有害業務とそれに常時従事する労働者に対して特別の項目について行う
□□　健康診断の項目の一部との組合せとして、法令上、正しいものは次のうち
　　　どれか。

(1)　有機溶剤業務………………………尿中のデルタアミノレブリン酸の量の検査

(2)　放射線業務…………………………尿中の潜血の有無の検査

(3)　鉛業務………………………………尿中のマンデル酸の量の検査

(4)　石綿等を取り扱う業務………尿中又は血液中の石綿の量の検査

(5)　潜水業務……………………………四肢の運動機能の検査

【R4年4月／問9】

解説

(1)　誤り。安衛法第66条第2項、有機則第29条第2項及び第5項により規定され
る有機溶剤業務の健診項目は、「有機溶剤による健康障害の既往歴」等である。
「尿中のデルタアミノレブリン酸の量の検査」は鉛業務の健診項目である。鉛
則第53条第1項第6号。

(2)　誤り。安衛法第66条第2項、電離則第56条第1項により規定される放射線業
務の健診項目は、「白血球数及び白血球百分率の検査」等である。「尿中の潜血
の有無の検査」はベンジジン及びその塩等の特定化学物質を取扱う業務の健診
項目である。特化則第39条第1項、同則別表第3第1号。

(3)　誤り。安衛法第66条第2項、鉛則第53条第1項により規定される鉛業務の健
診項目は「尿中のデルタアミノレブリン酸の量の検査」等である。「尿中のマン
デル酸の量の検査」はエチルベンゼン等の特定化学物質を取扱う業務の健診項
目である。特化則第39条第1項、同則別表第3第15号。

(4)　誤り。安衛法第66条第2項、石綿則第40条第1項及び第3項により規定され
る石綿業務の健診項目は「業務の経歴の調査」等である。

(5)　正しい。安衛法第66条第2項、高圧則第38条第1項第3号により、潜水業務（高気
圧業務）の健診項目に「四肢の運動機能の検査」が規定されている。　解答　(5)

参考問題 有害業務とそれに従事する労働者に対して特別の項目について行う健康
診断の項目の一部との組合せとして、法令上、正しいものは次のうちどれ
か。

(1) 高圧室内業務……………………尿中のウロビリノーゲンの検査
(2) 有機溶剤業務……………………赤血球中のプロトポルフィリンの量の検査
(3) 放射線業務………………………尿中の潜血の有無の検査
(4) 潜水業務…………………………血液中の尿酸の量の検査
(5) 鉛業務……………………………尿中のデルタアミノレブリン酸の量の検査

【H30年10月／問3】

解説

(1) 誤り。尿中のウロビリノーゲンの検査は、高圧室内業務に対する項目にはな
い。なお、出題時は肝障害を起こしうる特定化学物質に対する項目であったが、
令和2年3月3日厚生労働省令第20号による特化則の改正により、特殊健診の
必須項目から外されている。特化則第39条第1項、同則別表第3。

(2) 誤り。赤血球中のプロトポルフィリンの量の検査は、有機溶剤業務ではなく、
尿中のデルタアミノレブリン酸の量の検査とともに、鉛中毒に対する項目であ
る。鉛則第53条第3項第3号。

(3) 誤り。尿中の潜血の有無の検査は、放射線業務に関するものではなく、泌尿
器系臓器障害を起こしうる特定化学物質に対する項目である。特化則第39条第
1項、同則別表第3第1号等。なお、定期健康診断の尿検査は、尿中の糖及び
蛋白の有無の検査であり、潜血は対象となっていない。安衛則第43条第10号。

(4) 誤り。高圧則第38条。血液中の尿酸の量の検査は、安衛法に基づく健康診断
項目にはない。尿中の馬尿酸、メチル馬尿酸は、トルエン等の芳香族有機溶剤
の検査項目である。有機則第29条、同則別表。

(5) 正しい。尿中のデルタアミノレブリン酸の量の検査は、鉛中毒に対する項目
である。鉛則第53条第1項第6号。

解答 (5)

解答にあたってのポイント

○特殊健康診断を行わなければならない有害な業務

・事業者は、有害な業務で、**安衛令第22条第1項**に定めるものに従事する労働者に対し、医師による特別な項目についての健康診断を行わなければならない（**安衛法第66条第2項前段**）。

安衛令第22条第1項 ［公表試験問題でよく出題される号］（抜粋）

第1号	高圧室内作業　潜水業務	第2号	放射線業務
第3号	特定化学物質　石綿	第4号	鉛業務
第6号	有機溶剤		

・事業者は、有害な業務で、**安衛令第22条第2項**に定めるものに従事させたことのある労働者で現に使用（雇用）しているものについて、医師による特別な項目についての健康診断を行わなければならない（**安衛法第66条第2項後段**）。

安衛令第22条第2項 ［公表試験問題でよく出題される物質］（抜粋）

製造禁止物質

　　ベンジジン及びその塩　ビス（クロロメチル）エーテル

　　ベーター‐ナフチルアミン及びその塩

特定化学物質第一類物質（製造許可物質）

　　ジクロルベンジジン及びその塩

　　アルファー‐ナフチルアミン及びその塩

　　オルト‐トリジン及びその塩　ジアニシジン及びその塩

　　ベリリウム及びその化合物　ベンゾトリクロリド

特定化学物質第二類物質（抜粋）

　　エチレンイミン　塩化ビニル　クロム酸及びその塩

　　クロロメチルメチルエーテル　コールタール　砒素及びその化合物

　　ベーター‐プロピオラクトン　ベンゼン

・事業者は、有害な業務で、**安衛令第22条第3項**に定めるものに従事する労働者に対し、歯科医師による健康診断を行わなければならない（**安衛法第66条第3項**）。

　［歯科医師による健康診断（**安衛令第22条第3項**）］

　　　硝酸、硫酸、二酸化硫黄（亜硫酸ともいう）（特化物第三類物質）

　　　塩酸

　　　弗化水素（特化物第二類物質）

　　　黄りん（製造禁止物質）

・特別な健康診断を行う義務がない業務の例として次のものが公表試験問題で出題されたことがある。

　　　酸素欠乏危険場所における業務

・事業者は、有害な業務に係る特別な項目及び歯科医師による健康診断の結果を記録しておかなければならない（**安衛法第66条の3**）。

・事業者は、有害な業務に係る特別な項目及び歯科医師による健康診断を受けた労働者に対し、当該健康診断の結果を通知しなければならない（**安衛法第66条の6**）。

・事業者は、有害な業務に係る特別な項目の健康診断を行ったときは、遅滞なく、各規則で定めた様式の健康診断結果報告書を所轄労働基準監督署長に提出しなければならない（**有機則第30条の3**ほか各規則）。

・事業者は、**安衛則第48条**に定める歯科医師による健康診断を行ったときは、遅滞なく、有害な業務に係る歯科健康診断結果報告書を所轄労働基

準監督署長に提出しなければならない（**安衛則第52条第2項**）。

○特殊健診項目

特別な項目の健診が必要な業務とよく公表試験問題で出題される検査項目（すべてではなく抜粋）の組合せ

じん肺（**じん肺法第3条第1項**）

　　　・エックス線写真（直接撮影による胸部全域）（第1号）

電離放射線（**電離則第56条第1項**）

　　　・白血球数及び白血球百分率（第2号）

　　　・皮膚の検査（第5号）

　　　誤答例・・・肝機能検査

有機溶剤（**有機則第29条第2項**）

　　　・（トルエン）尿中の馬尿酸（有機則別表(6)）

　　　・他に有機溶剤によって、血色素量の検査、肝機能検査、眼底検査などがある（有機則別表）。

鉛（**鉛則第53条第1項**）

　　　・血中鉛（第5号）

　　　・尿中デルタアミノレブリン酸（第6号）

　　　誤答例・・・白血球数検査

高圧室内作業、潜水作業（**高圧則第38条第1項**）

　　　・四肢の運動機能検査（第3号）

　　　・鼓膜、聴力検査（第4号）

　　　・尿糖、尿蛋白検査（第5号）

　　　・肺活量の測定（第6号）

　　　誤答例・・・貧血検査

石綿取扱作業（**石綿則第40条第１項**）

・業務の経歴の調査（第１号）

・石綿によるせき、たん、息切れ、胸痛等の他自覚症状の既往歴の有無（第２号）

・せき、たん、息切れ、胸痛等の他自覚症状又は他覚症状の有無（第３号）

・胸部のエックス線直接撮影（第４号）

※誤答例…尿中又は血液中の石綿の量

10 健康管理手帳

イキスト　上・第7章9、下・Ⅰ1②7

問43　次の有害業務に従事した者のうち、離職の際に又は離職の後に、法令に
□□　基づく健康管理手帳の交付対象となるものはどれか。

(1)　ビス（クロロメチル）エーテルを取り扱う業務に3年以上従事した者

(2)　硝酸を取り扱う業務に5年以上従事した者

(3)　鉛化合物を製造する業務に7年以上従事した者

(4)　ベンゼンを取り扱う業務に10年以上従事した者

(5)　粉じん作業に従事した者で、じん肺管理区分が管理一の者

【R1年10月／問9】

解説

　健康管理手帳の交付対象業務は安衛令第23条に、交付要件は安衛則第53条第1
項に規定されている。

(1)　対象。ビス（クロロメチル）エーテルは安衛令第23条第7号に該当する。交
　　付要件は安衛則第53条第1項中の表に記載されている。

(2)　対象とならない。硝酸は安衛令第23条各号のいずれにも該当しない。

(3)　対象とならない。鉛化合物は安衛令第23条各号のいずれにも該当しない。

(4)　対象とならない。ベンゼンは安衛令第23条各号のいずれにも該当しない。

(5)　対象とならない。粉じん作業は安衛令第23条第3号に該当するが、交付要件
　　は安衛則第53条第1項中の表において、じん肺管理区分が管理二又は管理三で
　　あることとされており、管理一はこの交付要件に該当しない。

解答　(1)

問44 　次の有害業務に従事した者のうち、離職の際に又は離職の後に、法令に
□□ 　基づく健康管理手帳の交付対象となるものはどれか。

(1) 　ビス（クロロメチル）エーテルを取り扱う業務に 3 年以上従事した者

(2) 　硝酸を取り扱う業務に 5 年以上従事した者

(3) 　鉛化合物を製造する業務に 7 年以上従事した者

(4) 　メタノールを取り扱う業務に10年以上従事した者

(5) 　粉じん作業に従事した者で、じん肺管理区分が管理一の者

【H31年 4 月／問 9 】

解 説

　健康管理手帳の交付対象業務は安衛令第23条に、交付要件は安衛則第53条第 1
項に規定されている。

(1) 　対象。ビス（クロロメチル）エーテルは安衛令第23条第 7 号に該当する。交
　　付要件は安衛則第53条第 1 項中の表に記載されている。

(2) 　対象とならない。硝酸は安衛令第23条各号のいずれにも該当しない。

(3) 　対象とならない。鉛化合物は安衛令第23条各号のいずれにも該当しない。

(4) 　対象とならない。メタノール（有機溶剤）は安衛令第23条各号のいずれにも
　　該当しない。

(5) 　対象とならない。粉じん作業は安衛令第23条第 3 号に該当するが、交付要件
　　は安衛則第53条第 1 項中の表において、じん肺管理区分が管理二又は管理三で
　　あることとされており、管理一はこの交付要件に該当しない。

解答 　(1)

◯ 解答にあたってのポイント

○健康管理手帳（**安衛法第67条第1項**）

　都道府県労働局長は、がんその他の重度の健康障害を生ずるおそれのある**安衛令第23条各号**の業務で、**安衛則第53条**で定める要件に該当する者に対し、離職の際に又は離職の後に、当該業務に係る健康管理手帳を交付することとしているが、平成31年の改正により、オルト-トルイジンの製造・取扱い作業もこの対象となった（**安衛令第23条第14号**）。

○健康管理手帳を交付する業務（**安衛令第23条**）

　健康管理手帳が交付されるのは、有害な化学物質にばく露した後、年数が経ってから健康障害を発するおそれがあるものが対象なので、直ちに影響があるものは対象にならない。

［交付される業務でよく出題されるもの］（抜粋）

　　ベンジジン（第1号）　　　ベーター-ナフチルアミン（第2号）

　　粉じん作業（じん肺管理区分2以上）（第3号）

　　クロム酸及び重クロム酸（第4号）

　　コークス（第6号）　　　ビス（クロロメチル）エーテル（第7号）

　　ベリリウム（第8号）　　　塩化ビニル（第10号）

　　石綿（第11号）　　　　　ジアニシジン（第12号）

［交付されない業務でよく出題されるもの］

　　水銀　　　シアン化水素　　　ベンゼン　　　メタノール

　　粉じん（じん肺管理区分1）　　　硝酸　　　鉛

○健康管理手帳の交付（**安衛則第53条第1項の表**）

・粉じん作業は、じん肺管理区分二又は三であること。管理区分一は交付対象ではない。

- ベリリウムは、両肺野にベリリウムによるび慢性の結節性陰影があること。
- 石綿は、製造し、又は取り扱う業務に関して、両肺野に石綿による不整形陰影があり、又は石綿による胸膜肥厚があること。石綿等の製造、吹付け、解体等の作業に１年以上従事し、その後10年が経過しているもの、その他の石綿等を取り扱う業務に10年以上従事した経験があるものが交付対象となる。
- 石綿等を取り扱う業務の周辺業務でも、両肺野に石綿による不整形陰影があり、又は胸膜肥厚がある場合は健康管理手帳の交付が認められる。

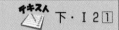
問45　労働安全衛生規則の衛生基準について、誤っているものは次のうちどれ
□□　か。

(1)　炭酸ガス（二酸化炭素）濃度が0.15%を超える場所には、関係者以外の者が立ち入ることを禁止し、かつ、その旨を見やすい箇所に表示しなければならない。

(2)　強烈な騒音を発する屋内作業場においては、その伝ぱを防ぐため、隔壁を設ける等必要な措置を講じなければならない。

(3)　多筒抄紙機により紙を抄く業務を行う屋内作業場については、6か月以内ごとに1回、定期に、等価騒音レベルを測定しなければならない。

(4)　著しく暑熱又は多湿の作業場においては、坑内等特殊な作業場でやむを得ない事由がある場合を除き、休憩の設備を作業場外に設けなければならない。

(5)　屋内作業場に多量の熱を放散する溶融炉があるときは、加熱された空気を直接屋外に排出し、又はその放射するふく射熱から労働者を保護する措置を講じなければならない。

【R5年10月／問8】

解説

(1)　誤り。安衛則第585条第1項第4号では、「炭酸ガス（二酸化炭素）濃度が1.5%を超える場所には、関係者以外の者が立ち入ることを禁止し、かつ、その旨を見やすい箇所に表示しなければならない。」と規定されている（立入禁止等）。

(2)　正しい。安衛則第584条（騒音の伝ぱの防止）。

(3)　正しい。安衛法第65条第1項、安衛令第21条第3号、安衛則第588条第8号、同則第590条（騒音の測定等）第1項。

(4)　正しい。安衛則第614条（有害作業場の休憩設備）。

(5)　正しい。安衛則第608条（ふく射熱からの保護）。

解答　(1)

問46　労働安全衛生規則の衛生基準について、誤っているものは次のうちどれ
□□　か。

(1)　硫化水素濃度が5 ppm を超える場所には、関係者以外の者が立ち入ること
　を禁止し、かつ、その旨を見やすい箇所に表示しなければならない。

(2)　強烈な騒音を発する屋内作業場においては、その伝ぱを防ぐため、隔壁を設
　ける等必要な措置を講じなければならない。

(3)　屋内作業場に多量の熱を放散する溶融炉があるときは、加熱された空気を直
　接屋外に排出し、又はその放射するふく射熱から労働者を保護する措置を講じ
　なければならない。

(4)　病原体により汚染された排気、排液又は廃棄物については、消毒、殺菌等適
　切な処理をした後に、排出し、又は廃棄しなければならない。

(5)　著しく暑熱又は多湿の作業場においては、坑内等特殊な作業場でやむを得な
　い事由がある場合を除き、休憩の設備を作業場外に設けなければならない。

【R5年4月／問8】

解説

(1)　誤り。硫化水素濃度が10ppm を超える場所には、関係者以外の者が立ち入
　ることを禁止している。安衛則第585条（立入禁止等）第1項第4号。

(2)　正しい。安衛則第584条（騒音の伝ぱの防止）。

(3)　正しい。安衛則第608条（ふく射熱からの保護）。

(4)　正しい。安衛則第581条（病原体の処理）。

(5)　正しい。安衛則第614条（有害作業場の休憩設備）。

解答　(1)

　　　労働安全衛生規則の衛生基準について、誤っているものは次のうちどれか。

(1)　坑内における気温は、原則として、37℃以下にしなければならない。

(2)　屋内作業場に多量の熱を放散する溶融炉があるときは、加熱された空気を直接屋外に排出し、又はその放射するふく射熱から労働者を保護する措置を講じなければならない。

(3)　炭酸ガス（二酸化炭素）濃度が0.15%を超える場所には、関係者以外の者が立ち入ることを禁止し、かつ、その旨を見やすい箇所に表示しなければならない。

(4)　著しく暑熱又は多湿の作業場においては、坑内等特殊な作業場でやむを得ない事由がある場合を除き、休憩の設備を作業場外に設けなければならない。

(5)　廃棄物の焼却施設において焼却灰を取り扱う業務（設備の解体等に伴うものを除く。）を行う作業場については、6か月以内ごとに1回、定期に、当該作業場における空気中のダイオキシン類の濃度を測定しなければならない。

【R4年4月／問7】

解 説

(1)　正しい。安衛則第611条（坑内の気温）。

(2)　正しい。安衛則第608条（ふく射熱からの保護）。

(3)　誤り。安衛則第585条第1項第4号では、「炭酸ガス（二酸化炭素）濃度が1.5%を超える場所には、関係者以外の者が立ち入ることを禁止し、かつ、その旨を見やすい箇所に表示しなければならない。」と規定されている（立入禁止等）。

(4)　正しい。安衛則第614条（有害作業場の休憩設備）。

(5)　正しい。安衛則第592条の2第1項（ダイオキシン類の濃度及び含有率の測定）。

解答　(3)

問48 労働安全衛生規則の衛生基準について、定められていないものは次のうちどれか。

(1) 炭酸ガス（二酸化炭素）濃度が0.15％を超える場所には、関係者以外の者が立ち入ることを禁止し、かつ、その旨を見やすい箇所に表示しなければならない。

(2) 廃棄物の焼却施設において焼却灰を取り扱う業務（設備の解体等に伴うものを除く。）を行う作業場については、6か月以内ごとに1回、定期に、当該作業場における空気中のダイオキシン類の濃度を測定しなければならない。

(3) 屋内作業場に多量の熱を放散する溶融炉があるときは、加熱された空気を直接屋外に排出し、又はその放射するふく射熱から労働者を保護する措置を講じなければならない。

(4) 多量の低温物体を取り扱う場所には、関係者以外の者が立ち入ることを禁止し、かつ、その旨を見やすい箇所に表示しなければならない。

(5) 著しく暑熱又は多湿の作業場においては、坑内等特殊な作業場でやむを得ない事由がある場合を除き、休憩の設備を作業場外に設けなければならない。

【R2年10月／問6】

解説

(1) 定められていない。炭酸ガス（二酸化炭素）濃度による立入禁止場所は「0.15％」ではなく、「1.5％」を超える場所。安衛則第585条第1項第4号（立入禁止等）。

(2) 定められている。安衛則第592条の2第1項（ダイオキシン類の濃度及び含有率の測定）。

(3) 定められている。安衛則第608条（ふく射熱からの保護）。

(4) 定められている。安衛則第585条第1項第2号（立入禁止等）。

(5) 定められている。安衛則第614条（有害作業場の休憩設備）。

解答 (1)

問49 労働安全衛生規則に基づき、関係者以外の者が立ち入ることを禁止しなければならない場所に該当しないものは、次のうちどれか。

(1) ボイラー製造等強烈な騒音を発する場所

(2) 著しく寒冷な場所

(3) 病原体による汚染のおそれの著しい場所

(4) 多量の高熱物体を取り扱う場所

(5) 炭酸ガス(二酸化炭素)濃度が1.5%を超える場所

【R1年10月／問7】

解 説

　労働安全衛生規則において、有害な作業環境に関して立入禁止等を定めた条文は第585条である。

(1) 該当しない。安衛則第585条第1項各号のいずれにも該当しない。

(2) 該当する。安衛則第585条第1項第2号。

(3) 該当する。安衛則第585条第1項第7号。

(4) 該当する。安衛則第585条第1項第1号。

(5) 該当する。安衛則第585条第1項第4号。

解答 (1)

問50 　労働安全衛生規則に基づき、関係者以外の者が立ち入ることを禁止しな
□□ ければならない場所に該当しないものは、次のうちどれか。

(1) 多量の高熱物体を取り扱う場所

(2) 病原体による汚染のおそれの著しい場所

(3) ボイラー製造等強烈な騒音を発する場所

(4) 炭酸ガス（二酸化炭素）濃度が1.5％を超える場所

(5) 硫化水素濃度が10ppmを超える場所

【H31年4月／問7】

解説

　労働安全衛生規則において、有害な作業環境に関して立入禁止等を定めた条文
は第585条である。

(1) 該当する。安衛則第585条第1項第1号。

(2) 該当する。安衛則第585条第1項第7号。

(3) 該当しない。安衛則第585条第1項各号のいずれにも該当しない。

(4) 該当する。安衛則第585条第1項第4号。

(5) 該当する。安衛則第585条第1項第4号。

解答　(3)

解答にあたっての**ポイント**

○内燃機関の使用禁止（**安衛則第578条**）

　事業者は、坑、井筒、潜函、タンク又は船倉の内部その他の場所で、自然換気が不十分なところにおいては、内燃機関を有する機械を使用してはならない。

　ただし、当該内燃機関の排気ガスによる健康障害を防止するため当該場所を換気するときは、その限りではない。

○騒音伝ぱの防止（**安衛則第584条**）

　隔壁を設ける等必要な措置を講じなければならない。

○騒音の測定等（**安衛則第590条**）

　６月以内ごとに１回、定期に等価騒音レベルを測定しなければならない。

○立入禁止等（**安衛則第585条第１項**）

　次の場所には、関係者以外の者が立ち入ることを禁止し、かつ、その旨を見やすい箇所に表示しなければならない。

　第１号　多量の高熱物体を取り扱う場所又は著しく**暑熱**な場所

　第２号　多量の低温物体を取り扱う場所又は著しく**寒冷**な場所

　第３号　有害な**光線又は超音波**にさらされる場所

　第４号　**炭酸ガス濃度が1.5％を超える**場所、**酸素濃度が18％に満たない**場所又は**硫化水素濃度が100万分の10を超える**場所

　第５号　**ガス、蒸気又は粉じんを発散**する有害な場所

　第６号　**有害物**を取り扱う場所

　第７号　**病原体**による汚染のおそれの著しい場所

　※　**太字**はキーワード。

○ダイオキシン類の濃度及び含有率の測定（**安衛則第592条の２**）

　廃棄物焼却施設における焼却炉等におけるばいじん、焼却灰等の取扱業務及び保守点検等の業務を行う作業場については、６月以内ごとに１回、定期に、当該作業場における空気中のダイオキシン類の濃度を測定しなければならない。

○保護具の数等（**安衛則第596条**）

　保護具とは、呼吸用（**安衛則第593条**）、皮膚障害等防止用（**安衛則第594条、第594条の２**）、騒音障害防止用（**安衛則第595条第１項**）が挙げられる。

　同時に就業する労働者の人数と同数以上を備え、常時有効かつ清潔に保持しなければならない。

○ふく射熱からの保護（**安衛則第608条**）

　加熱された空気を直接屋外に排出し、又はその放射するふく射熱から労働者を保護する措置を講じなければならない。

○坑内の気温（**安衛則第611条**）

　坑内における気温を37度以下としなければならない。

○有害作業場の休憩設備（**安衛則第614条**）

　次に掲げる作業場においては、作業場外に休憩の設備を設けなければならない。

① 暑熱、寒冷又は多湿の作業場

② 有害なガス、蒸気又は粉じんを発散する作業場

③ その他有害な作業場（有害放射線、著しい振動、強烈な騒音、有害物取扱、病原体によって汚染のおそれの著しい場所）

12　有機溶剤中毒予防規則

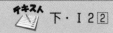 イキスん 下・Ⅰ2②

問51 有機溶剤等を取り扱う場合の措置について、有機溶剤中毒予防規則に違反しているものは次のうちどれか。

ただし、同規則に定める適用除外及び設備の特例はないものとする。

(1) 地下室の内部で第一種有機溶剤等を用いて作業を行わせるとき、その作業場所に局所排気装置を設け、有効に稼働させているが、作業者に送気マスクも有機ガス用防毒マスクも使用させていない。

(2) 屋内作業場で、第二種有機溶剤等が付着している物の乾燥の業務に労働者を従事させるとき、その作業場所に最大0.4m/sの制御風速を出し得る能力を有する側方吸引型外付け式フードの局所排気装置を設け、かつ、作業に従事する労働者に有機ガス用防毒マスクを使用させている。

(3) 屋内作業場に設けた空気清浄装置のない局所排気装置の排気口で、厚生労働大臣が定める濃度以上の有機溶剤を排出するものの高さを、屋根から1.5mとしている。

(4) 屋外作業場において有機溶剤含有物を用いて行う塗装の業務に常時従事する労働者に対し、1年以内ごとに1回、定期に、有機溶剤等健康診断を行っている。

(5) 有機溶剤等を入れてあった空容器で有機溶剤の蒸気が発散するおそれのあるものを、密閉して屋内の一定の場所に集積している。

【R5年10月／問6】

解説

(1) 違反していない。局所排気装置を設け、有効に稼働させているため、送気マスク及び有機ガス用防毒マスクを着用しなければならない業務に該当しない。有機則第5条、第32条、第33条。

(2) 違反している。側方吸引型外付け式フードの局所排気装置の場合は、0.5m/s以上の制御風速が求められる。有機則第16条（局所排気装置の性能）第1項。

110

(3)　違反していない。空気清浄装置のない局所排気装置の排気口で、厚生労働大臣が定める濃度以上の有機溶剤を排出する場合には、排気口の高さを屋根から1.5m以上としなければならない。有機則第15条の2（排気口）第2項。

(4)　違反していない。屋外作業場における有機溶剤業務については、1年以内ごとに1回、定期に、有機溶剤等健康診断を行うことでよい。有機則第29条（健康診断）第1項。

(5)　違反していない。有機溶剤等を入れたあった空容器で有機溶剤の蒸気が発散するおそれのあるものについては、当該容器を密閉するか、又は当該容器を屋外の一定の場所に集積しておかなければならない。有機則第36条（空容器の処理）。

解答　(2)

問52　屋内作業場において、第二種有機溶剤等を使用して常時洗浄作業を行う
□□　場合の措置として、法令上、誤っているものは次のうちどれか。

ただし、有機溶剤中毒予防規則に定める適用除外及び設備の特例はない
ものとする。

(1)　作業場所に設けた局所排気装置について、囲い式フードの場合は0.4m/sの
制御風速を出し得る能力を有するものにする。

(2)　有機溶剤等の区分の色分けによる表示を黄色で行う。

(3)　作業中の労働者が見やすい場所に、有機溶剤の人体に及ぼす作用、有機溶剤
等の取扱い上の注意事項及び有機溶剤による中毒が発生したときの応急処置を
掲示する。

(4)　作業に常時従事する労働者に対し、6か月以内ごとに1回、定期に、特別の
項目について医師による健康診断を行い、その結果に基づき作成した有機溶剤
等健康診断個人票を3年間保存する。

(5)　労働者が有機溶剤を多量に吸入したときは、速やかに、当該労働者に医師に
よる診察又は処置を受けさせる。

【R5年4月／問5】

解説

(1)　正しい。有機則第16条（局所排気装置の性能）第1項。

(2)　正しい。有機則第25条（有機溶剤等の区分の表示）第1項、同条第2項第2
号。

(3)　正しい。有機則第24条（掲示）。なお、令和4年厚生労働省令第82号により、
表示の事項のうち「有機溶剤の人体に及ぼす作用」は「有機溶剤により生ずる
おそれのある疾病の種類及びその症状」に改正されている。

(4)　誤り。有機溶剤等健康診断個人票の保存期間は「3年間」ではなく「5年間」
である。有機則29条（健康診断）第1項、同条第2項、同則第30条（健康診断
の結果）。

(5)　正しい。有機則第30条の4（緊急診断）。

解答　(4)

問53
□□ 有機溶剤等を取り扱う場合の措置について、有機溶剤中毒予防規則に違反しているものは次のうちどれか。

ただし、同規則に定める適用除外及び設備の特例はないものとする。

(1) 屋内作業場で、第二種有機溶剤等が付着している物の乾燥の業務に労働者を従事させるとき、その作業場所の空気清浄装置を設けていない局所排気装置の排気口で、厚生労働大臣が定める濃度以上の有機溶剤を排出するものの高さを、屋根から 2 m としている。

(2) 第三種有機溶剤等を用いて払しょくの業務を行う屋内作業場について、定期に、当該有機溶剤の濃度を測定していない。

(3) 屋内作業場で、第二種有機溶剤等が付着している物の乾燥の業務に労働者を従事させるとき、その作業場所に最大0.4m/sの制御風速を出し得る能力を有する側方吸引型外付け式フードの局所排気装置を設け、かつ、作業に従事する労働者に有機ガス用防毒マスクを使用させている。

(4) 屋内作業場で、第二種有機溶剤等を用いる試験の業務に労働者を従事させるとき、有機溶剤作業主任者を選任していない。

(5) 有機溶剤等を入れてあった空容器で有機溶剤の蒸気が発散するおそれのあるものを、屋外の一定の場所に集積している。

【R4年10月／問 9、R4年 4 月／問 6】

解説

(1) 違反していない。有機則第15条の 2 第 2 項（排気口）では、「排気口の高さを1.5m 以上」として規定している。

(2) 違反していない。有機則第28条第 1 項（測定）では、作業環境測定を行うべき有機溶剤業務について、「安衛令別表第 6 の 2 第 1 号から第47号までに掲げる有機溶剤」に係る業務と規定されている。第三種有機溶剤は同表第48号以下の有機溶剤なので、作業環境測定は行わなくとも法違反ではない。

(3) 違反。有機則第16条第 1 項（局所排気装置の性能）では、第二種有機溶剤作業の側方吸引型外付け式フードの局所排気装置は、制御風速を0.5m/s を出し得る能力を有するものでなければならないことが規定されている。

(4) 違反していない。有機則第19条第 1 項（有機溶剤作業主任者の選任）では、

「有機則第1条第1項第6号ルに掲げる業務（試験又は研究の業務）を除く、有機溶剤業務」で有機溶剤作業主任者の選任が必要とされている（ただし、有機溶剤使用量が少ない等の理由で、有機則第2条第1項及び第3条第1項により適用の除外がされた事業場は選任の必要がない。）。

(5)　違反していない。有機則第36条（空容器の処理）。

解答　(3)

問54 有機溶剤業務を行う場合等の措置について、有機溶剤中毒予防規則に違反しているものは次のうちどれか。

☐☐ ただし、同規則に定める適用除外及び設備の特例はないものとする。

(1) 屋内作業場で、第二種有機溶剤等が付着している物の乾燥の業務に労働者を従事させるとき、その作業場所の空気清浄装置を設けていない局所排気装置の排気口で、厚生労働大臣が定める濃度以上の有機溶剤を排出するものの高さを、屋根から２ｍとしている。

(2) 第三種有機溶剤等を用いて払しょくの業務を行う屋内作業場について、定期に、当該有機溶剤の濃度を測定していない。

(3) 有機溶剤業務に常時従事する労働者に対し、１年以内ごとに１回、定期に、有機溶剤等健康診断を行っている。

(4) 屋内作業場で、第二種有機溶剤等を用いる試験の業務に労働者を従事させるとき、有機溶剤作業主任者を選任していない。

(5) 有機溶剤等を入れてあった空容器で有機溶剤の蒸気が発散するおそれのあるものを、屋外の一定の場所に集積している。

【R2年10月／問９】

解説

(1) 違反していない。空気清浄装置を設けていない局所排気装置の排気口で、厚生労働大臣が定める濃度以上の有機溶剤を排出する場合には排気口の高さを屋根から1.5ｍ以上としなければならない。有機則第15条の２第２項（排気口）。

(2) 違反していない。第三種有機溶剤等を製造し、又は取り扱う業務を行う屋内作業場に該当しないので、作業環境測定の対象ではない。安衛令第21条第10号（作業環境を行うべき作業場）、同令別表第６の２（有機溶剤）。有機則第１条第５号（第三種有機溶剤等）、同第６号チ（有機溶剤業務）、同則第28条（測定）。

(3) 違反。有機溶剤等健康診断は「１年以内」ではなく、「６月以内」ごとに１回行わなければならない。有機則第29条第２項（健康診断）。p.125の※参照。

(4) 違反していない。有機溶剤等を用いて行う試験又は研究の業務は作業主任者の選任が不要。有機則第19条第１項（有機溶剤作業主任者の選任）。

(5) 違反していない。有機溶剤等を入れてあった空容器で有機溶剤の蒸気が発散

するおそれのあるものについては、当該容器を密閉するか、又は当該容器を屋外の一定の場所に集積しておかなければならない。有機則第36条（空容器の処理）。

解答　(3)

問55　有機溶剤業務を行う場合等の措置について、法令に違反しているものは次のうちどれか。

　　　　ただし、有機溶剤中毒予防規則に定める適用除外及び設備の特例はないものとする。

(1)　屋内作業場で、第二種有機溶剤等が付着している物の乾燥の業務に労働者を従事させるとき、その作業場所に設置した空気清浄装置を設けていない局所排気装置の排気口で、厚生労働大臣が定める濃度以上の有機溶剤を排出するものの高さを、屋根から1.5m としている。

(2)　第三種有機溶剤等を用いて払拭の業務を行う屋内作業場について、定期に、当該有機溶剤の濃度を測定していない。

(3)　屋内作業場で、第二種有機溶剤等が付着している物の乾燥の業務を労働者に行わせるとき、その作業場所に最大0.4m/s の制御風速を出し得る能力を有する側方吸引型外付け式フードの局所排気装置を設け、かつ、作業に従事する労働者に有機ガス用防毒マスクを使用させている。

(4)　屋内作業場で、第二種有機溶剤等を用いる試験の業務に労働者を従事させるとき、有機溶剤作業主任者を選任していない。

(5)　有機溶剤等を入れてあった空容器の処理として、有機溶剤の蒸気が発散するおそれのある空容器を屋外の一定の場所に集積している。

【H31年 4 月／問 5】

解説

(1)　違反していない。空気清浄装置を設けていない局所排気装置の排気口で、厚生労働大臣が定める濃度以上の有機溶剤を排出する場合には排気口の高さを屋根から1.5m 以上としなければならない。有機則第15条の 2 第 2 項。

(2)　違反していない。第三種有機溶剤等については作業環境測定の対象ではない。安衛令第21条第10号、有機則第28条。

(3)　違反。側方吸引型外付け式フードの場合は0.5m/s の制御風速が必要である。有機則第16条第 1 項。

(4)　違反していない。有機溶剤等を用いて行う試験又は研究の業務は作業主任者の選任が不要。有機則第19条第 1 項。

(5) 違反していない。有機溶剤等を入れたあった空容器で有機溶剤の蒸気が発散するおそれのあるものについては、当該容器を密閉するか、又は当該容器を屋外の一定の場所に集積しておかなければならない。有機則第36条。

解答　(3)

問56 屋内作業場において、第二種有機溶剤等を使用して常時洗浄作業を行う場合の措置として、有機溶剤中毒予防規則上、正しいものは次のうちどれか。

ただし、同規則に定める適用除外及び設備の特例はないものとする。

(1) 作業場所に設ける局所排気装置について、外付け式フードの場合は最大で0.4 m/s の制御風速を出し得る能力を有するものにする。

(2) 作業中の労働者が有機溶剤等の区分を容易に知ることができるよう、容器に青色の表示をする。

(3) 有機溶剤作業主任者に、有機溶剤業務を行う屋内作業場について、作業環境測定を実施させる。

(4) 作業場所に設けたプッシュプル型換気装置について、1年を超える期間使用しない場合を除き、1年以内ごとに1回、定期に、自主検査を行う。

(5) 作業に常時従事する労働者に対し、1年以内ごとに1回、定期に、有機溶剤等健康診断を行う。

【R3年10月／問7】

解説

(1) 誤り。外付け式フードの場合は、側方吸引型及び下方吸引型は0.5m/s、上方吸引型は1.0m/s の制御風速が必要である。0.4m/s は囲い式フードの場合である。有機則第16条第1項。

(2) 誤り。第二種有機溶剤等の色区分は「黄色」である。有機則第25条。

(3) 誤り。有機溶剤の作業環境測定は、作業主任者ではなく、作業環境測定士に実施させなければならない。作業環境測定法第3条、同令第1条第1号。

(4) 正しい。有機則第20条の2第2項。

(5) 誤り。「1年以内」ではなく「6月以内」ごとに1回行わなければならない。有機則第29条第2項。p.125の※参照。

解答 (4)

問57 屋内作業場において、第二種有機溶剤等を使用して常時洗浄作業を行う場合の措置として、法令上、正しいものは次のうちどれか。

ただし、有機溶剤中毒予防規則に定める適用除外及び設備の特例はないものとする。

(1) 作業場所に設ける局所排気装置について、外付け式フードの場合は0.4m/sの制御風速を出し得る能力を有するものにする。

(2) 作業中の労働者が有機溶剤等の区分を容易に知ることができるよう容器に赤色の表示をする。

(3) 作業場における空気中の有機溶剤の濃度を、1年以内ごとに1回、定期に、測定する。

(4) 作業に常時従事する労働者に対し、1年以内ごとに1回、定期に、有機溶剤等健康診断を行う。

(5) 作業場所に設けたプッシュプル型換気装置について、1年を超える期間使用しない場合を除き、1年以内ごとに1回、定期に、自主検査を行う。

【R2年4月／問5】

解説

(1) 誤り。外付け式フードの場合は、側方吸引型及び下方吸引型は0.5m/s、上方吸引型は1.0m/sの制御風速が必要である。0.4m/sは囲い式フードの場合である。有機則第16条第1項。

(2) 誤り。第二種有機溶剤等の色区分は「黄色」である。有機則第25条。

(3) 誤り。測定は、「1年以内」ではなく「6月以内」ごとに1回行わなければならない。有機則第28条第2項。

(4) 誤り。「1年以内」ではなく「6月以内」ごとに1回行わなければならない。有機則第29条第2項。p.125の※参照。

(5) 正しい。有機則第20条の2第2項。

解答 (5)

問58
□□
屋内作業場において、第二種有機溶剤等を使用して常時洗浄作業を行う場合の措置として、法令上、正しいものは次のうちどれか。

ただし、有機溶剤中毒予防規則に定める適用除外及び設備の特例はないものとする。

(1) 第一種衛生管理者免許を有する者のうちから有機溶剤作業主任者を選任する。

(2) 作業中の労働者が有機溶剤等の区分を容易に知ることができるよう容器に青色の表示をする。

(3) 作業場における空気中の有機溶剤の濃度を、1年以内ごとに1回、定期に測定する。

(4) 作業に常時従事する労働者に対し、1年以内ごとに1回、定期に、有機溶剤等健康診断を行う。

(5) 作業場所に設けたプッシュプル型換気装置について、1年を超える期間使用しない場合を除き、1年以内ごとに1回、定期に、自主検査を行う。

【R1年10月／問6】

解説

(1) 誤り。有機溶剤作業主任者は、「第一種衛生管理者免許」を有する者ではなく「有機溶剤作業主任者技能講習」を修了した者から選任する。有機則第19条第2項。

(2) 誤り。第二種有機溶剤等の色区分は「黄色」である。「青色」は第三種有機溶剤等の場合。有機則第25条。

(3) 誤り。「1年以内」ではなく「6月以内」。有機則第28条第2項。

(4) 誤り。「1年以内」ではなく「6月以内」。有機則第29条第2項。p.125の※参照。

(5) 正しい。有機則第20条の2第2項。

解答 (5)

問59 屋内作業場において、第二種有機溶剤等を使用して常時洗浄作業を行う
□□ 場合の措置として、法令上、誤っているものは次のうちどれか。

ただし、有機溶剤中毒予防規則に定める適用除外及び設備の特例はない
ものとする。

(1) 作業場所に設けた局所排気装置について、外付け式フードの場合は0.4m/s
の制御風速を出し得る能力を有するものにする。

(2) 有機溶剤等の区分の色分けによる表示を黄色で行う。

(3) 作業場における空気中の有機溶剤の濃度を、6か月以内ごとに1回、定期に
測定し、その測定結果等の記録を3年間保存する。

(4) 作業に常時従事する労働者に対し、6か月以内ごとに1回、定期に、特別の
項目について医師による健康診断を行い、その結果に基づき作成した有機溶剤
等健康診断個人票を5年間保存する。

(5) 作業場所に設けたプッシュプル型換気装置について、原則として、1年以内
ごとに1回、定期に、自主検査を行い、その検査の結果等の記録を3年間保存
する。

【R3年4月／問7】

解説

(1) 誤り。外付け式フードの場合は、側方吸引型及び下方吸引型は0.5m/s、上
方吸引型は1.0m/sの制御風速が必要である。0.4m/sは囲い式フードの場合
である。有機則第16条第1項。

(2) 正しい。有機則第25条第1項、同条第2項第2号。

(3) 正しい。有機則第28条第2項、同条第3項。

(4) 正しい。有機則第29条第1項、同条第2項、同則第30条。p.125の※参照。

(5) 正しい。有機則第20条の2第2項、同則第21条。

解答 (1)

解答にあたっての**ポイント**

＜有機溶剤＞

　有機溶剤含有物とは、有機溶剤と有機溶剤以外の物との混合物で、有機溶剤を当該混合物の重量の５％を超えて含有するものをいう（**有機則第１条第１項第２号**）。

　有機溶剤は、第一種、第二種、第三種と分けられ、それぞれ管理が異なるので注意する（**有機則第１条第１項第３号～第６号**）。

＜設備＞

　屋内作業場等（タンク等の内部など通風が不十分な場所）において、第一種又は第二種有機溶剤等を用いて、有機溶剤業務を行うにあたり、密閉設備、局所排気装置又はプッシュプル型換気装置を設置しなければならない（**有機則第５条**）。

　なお、一部特例として全体換気装置が認められている。

　タンク等の内部において、第三種有機溶剤等を用いて、吹付けによる有機溶剤業務を行うにあたり、密閉設備、局所排気装置又はプッシュプル型換気装置を設置しなければならない（**有機則第６条第２項**）。しかし、吹付けによるもの以外の作業ならば全体換気装置での作業も認められている（**有機則第６条第１項**）。ただし、送気マスク又は有機ガス用防毒マスクを着用させなければならない（**有機則第33条第１項第１号**）。

　この局所排気装置等は、フードの形状に応じて制御風速を満たさなければならない（**有機則第16条第１項**）。

型　　　式		制御風速（メートル／秒）
囲い式フード		0.4
外付け式フード	側方吸引型	0.5
	下方吸引型	0.5
	上方吸引型	1.0

局所排気装置、プッシュプル型換気装置又は全体換気装置の排気口は、直接外気に向かって開放しなければならない。また、空気清浄装置を設けていない局所排気装置又はプッシュプル型換気装置の排気口の高さは屋根から1.5m以上としなければならない（**有機則第15条の2第1項、第2項**）。

＜管理＞

・有機溶剤作業主任者は有機溶剤の種別に関係なく選任しなければならない（試験研究は除く）（**有機則第19条第1項**）。

　有機溶剤作業主任者技能講習を修了した者から選任しなければならない（**安衛則第16条第1項**）。

・屋内作業場等において労働者を有機溶剤業務に従事させる場合は、次の事項を、見やすい場所に掲示しなければならない（**有機則第24条第1項各号**）。

　　第1号　有機溶剤により生ずるおそれのある疾病の種類及びその症状

　　第2号　有機溶剤等の取扱い上の注意事項

　　第3号　有機溶剤による中毒が発生したときの応急処置

　　第4号　所定の場所にあっては、有効な保護具を使用しなければならない旨及び使用すべき呼吸用保護具

・有機溶剤等の区分を色分け及び色分け以外の方法により、見やすい場所に表示しなければならない（**有機則第25条第1項、第2項各号**）。

　　第一種有機溶剤等　赤　（**第2項第1号**）

　　第二種有機溶剤等　黄　（**第2項第2号**）

　　第三種有機溶剤等　青　（**第2項第3号**）

・局所排気装置及びプッシュプル型換気装置は1年以内ごとに1回、定期的に、定めた項目について自主検査を行わなければならない。ただし、1年を超える期間使用しないものにおいてはその限りではない（**安衛法第45条第1項、安衛令第15条第1項第9号、有機則第20条、第20条の2**）。

・有機溶剤等を入れてあった空容器で有機溶剤の蒸気が発散するおそれのある容器については、その容器を密閉するか、又は屋外の一定の場所に集積しておかなければならない（**有機則第36条**）。

＜健康診断＞

・屋内作業場等（第三種有機溶剤はタンク等の内部に限る。）の有機溶剤業務に常時従事する労働者に対し、6月以内ごとに1回、定期に、特別の項目について医師による健康診断を行わなければならない（**有機則第29条第2項**）。※令和5年4月1日より、当該特殊健康診断の実施頻度について、作業環境管理やばく露防止対策等が適切に実施されている場合には、事業者は、当該健康診断の実施頻度（通常は6月以内ごとに1回）を1年以内に1回に緩和できる制度が施行されている。

・健康診断結果の記録は、5年間の保存（**有機則第30条**）

＜保護具＞

・次に掲げる業務に労働者を従事させるときは、送気マスクを使用させなければならない（**有機則第32条第1項各号**）。

第1号　有機溶剤等を入れたことのあるタンクの内部における業務（**有機則第1条第1項第6号ヲ**）

第2号　短時間有機溶剤業務を行う場合、密閉設備、局所排気装置、プッシュプル型換気装置及び全体換気装置を設けないで行うタンク等の内部における業務（**有機則第9条第2項**）

・送気マスク、有機ガス用防毒マスクを着用しなければならない業務は定められているが、問題を解くにあたっては、一部特例や例外以外は、密閉設備、局所排気装置およびプッシュプル型換気装置があれば、着用しなくてもよいと考えてよい（**有機則第33条第1項各号**）。

13　特定化学物質障害予防規則

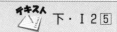

テキスト 下・I 2 ⑤

参考問題 次の文中の□内に入れる A 及び B の語句の組合せとして、正しいものは(1)〜(5)のうちどれか。

□□

「特定化学物質障害予防規則には、特定化学物質の用後処理として、除じん、排ガス処理、 A 、残さい物処理及びぼろ等の処理の規定がある。その中の A については、シアン化ナトリウムの場合には、 B 方式若しくは活性汚泥方式による A 装置又はこれらと同等以上の性能を有する A 装置を設けなければならないと規定されている。」

	A	B
(1)	浄化処理	中和
(2)	浄化処理	吸収
(3)	浄化処理	凝集沈殿
(4)	排液処理	吸着
(5)	排液処理	酸化・還元

【H30年10月／問 5 】

解 説

(1)　誤り。

(2)　誤り。

(3)　誤り。

(4)　誤り。

(5)　正しい。特化則第11条。

解答　(5)

特定化学物質の第一類物質に関する次の記述のうち、法令上、正しいものはどれか。

(1)　第一類物質は、「クロム酸及びその塩」をはじめとする７種の発がん性の認められた化学物質並びにそれらを一定量以上含有する混合物である。

(2)　第一類物質を製造しようとする者は、あらかじめ、物質ごとに、かつ、当該物質を製造するプラントごとに厚生労働大臣の許可を受けなければならない。

(3)　第一類物質を容器に入れ、容器から取り出し、又は反応槽等へ投入する作業を行うときは、発散源を密閉する設備、外付け式フードの局所排気装置又はプッシュプル型換気装置を設けなければならない。

(4)　第一類物質を取り扱う屋内作業場についての作業環境測定結果及びその評価の記録を保存すべき期間は３年である。

(5)　第一類物質を取り扱う業務に常時従事する労働者に係る特定化学物質健康診断個人票を保存すべき期間は５年である。

【H30年４月／問３】

解説

(1)　誤り。「クロム酸及びその塩」は第二類物質である。安衛令別表第３第２号11。

(2)　正しい。安衛法第56条第１項、安衛令第17条、同令別表第３第１号（第一類物質の製造許可）。

(3)　誤り。「外付け式」フードではなく、「囲い式」フードが正しい。特化則第3条第１項。

(4)　誤り。第一類物質のうち、塩素化ビフェニル（PCB）は３年間の保存でよいが、特別管理物質であるその他６物質は30年間保存しなければならない。特化則第36条。

(5)　誤り。第一類物質のうち、塩素化ビフェニル（PCB）は５年間の保存でよいが、特別管理物質であるその他６物質は30年間保存しなければならない。特化則第40条。

解答　(2)

解答にあたってのポイント

○製造等に係る措置（**特化則第3条**）

　塩素化ビフエニルを取り扱う作業場所に局所排気装置を設けた場合を除き、第一類物質を容器に入れ、容器から取り出し、又は反応槽等へ投入する作業を行うときは、当該作業場所に、第一類物質のガス、蒸気若しくは粉じんの発散源を密閉する設備、囲い式フードの局所排気装置又はプッシュプル型換気装置を設けること。

○用後処理

　特化則には、特定化学物質の用後処理として、除じん、排ガス処理、排液処理、残さい物処理及びぼろ等の処理の規定がある。

　・除じん（**特化則第9条第1項表**）

　（除じん装置）

粉じんの粒径 （単位　マイクロメートル）	除じん方式
5未満	ろ過除じん方式 電気除じん方式
5以上20未満	スクラバによる除じん方式 ろ過除じん方式 電気除じん方式
20以上	マルチサイクロン（処理風量が毎分20立方メートル以内ごとに1つのサイクロンを設けたものをいう。）による除じん方式 スクラバによる除じん方式 ろ過除じん方式 電気除じん方式
備考　この表における粉じんの粒径は、重量法で測定した粒径分布において最大頻度を示す粒径をいう。	

・排ガス処理（**特化則第10条第1項表**）

(排ガス処理装置)

物	処理方式
アクロレイン	吸収方式 直接燃焼方式
弗化水素	吸収方式 吸着方式
硫化水素	吸収方式 酸化・還元方式
硫酸ジメチル	吸収方式 直接燃焼方式

・排液処理（**特化則第11条第1項表**）

(排液処理装置)

物	処理方式
アルキル水銀化合物（アルキル基がメチル基又はエチル基である物に限る。以下同じ。）	酸化・還元方式
塩酸	中和方式
硝酸	中和方式
シアン化カリウム	酸化・還元方式 活性汚泥方式
シアン化ナトリウム	酸化・還元方式 活性汚泥方式
ペンタクロルフェノール（別名PCP）及びそのナトリウム塩	凝集沈でん方式
硫酸	中和方式
硫化ナトリウム	酸化・還元方式

・残さい物処理　アルキル水銀化合物を含有する残さい物については、除毒した後でなければ、廃棄してはならない（**特化則第12条**）。

・ぼろ等の処理　特化物により汚染されたぼろ、かみくず等については、労働者が汚染されることを防止するため、ふた又は栓をした不浸透性の容

130

器に納めておく等の措置を講じなければならない（**特化則第12条の2**）。

○立入禁止措置（**特化則第24条**）、喫煙等の禁止（**同則第38条の2第1項**）

　事業者は、第一類物質又は第二類物質を製造し、又は取り扱う作業場で関係者以外が立ち入ること、喫煙又は飲食することを禁止し、かつ、その旨を見やすい箇所に表示しなければならない。

○特定化学物質作業主任者

　試験研究の業務を除く、第一類～第三類物質全ての取扱い業務に対して、特定化学物質及び四アルキル鉛等作業主任者技能講習修了者より作業主任者を選任しなければならない。ただし、特別有機溶剤に係る作業は有機溶剤作業主任者技能講習修了者より選任（**安衛法第14条、安衛令第6条第18号、特化則第27条**）。

　作業主任者の職務（**特化則第28条各号**）

　　第1号　作業に従事する労働者が特化物により汚染され、又は吸入しないように、作業の方法を決定し、労働者を指揮すること

　　第2号　局所排気装置、プッシュプル型換気装置、除じん装置、排ガス処理装置、排液処理装置等を1月を超えない期間ごとに点検すること（定期自主検査とは異なる。）

　　第3号　保護具の使用状況を監視すること

○定期自主検査

　特化則第29条各号に掲げられる局所排気装置、プッシュプル型換気装置、除じん装置、排ガス処理装置、排液処理装置については、1年以内ごとに1回、定期に、自主検査を行わなければならない。ただし、1年を超える使用しない期間がある場合、この限りではない（**特化則第30条第1項**）。

前項ただし書きの装置については、その使用を再び開始する際には、自主検査を行わなければならない（**特化則第30条第2項**）。

　特定化学設備又は附属設備については、2年以内ごとに1回、定期に、自主検査を行わなければならない。ただし、2年を超える使用しない期間がある場合、この限りではない（**特化則第31条第1項**）。

　前項ただし書きの装置については、その使用を再び開始する際には、自主検査を行わなければならない（**特化則第31条第2項**）。

　定期自主検査を行ったときは、必要事項を記録し、3年間保存しなければならない（**特化則第32条**）。

○作業環境測定（**特化則第36条第1項**）

　特化物第一類、第二類物質は6月以内ごとに1回定期に、第一類物質又は第二類物質の空気中における濃度を測定しなければならない。

○作業の記録（**特化則第38条の4**）

　事業者は、特別管理物質を製造し、又は取り扱う作業場において常時作業に従事する労働者について、1月を超えない期間ごとに氏名、作業概要及び期間等を記録し、これを30年間保存するものとする。

○健康診断（**安衛令第22条第1項、第2項、特化則第39条第1項**）

　安衛令別表第3第1号（特化物第一類物質）、**第2号**（特化物第二類物質）に掲げられている特化物を製造し、若しくは取り扱う業務に常時従事する労働者に対し、雇入れ又は当該業務への配置換えの際及びその後6月以内ごとに1回（胸部エックス線撮影に関しては1年以内ごとに1回）、定期に、特別な項目について医師による健康診断を受けなければならない。※令和5年4月1日より、当該特殊健康診断の実施頻度について、作業環境管

理やばく露防止対策等が適切に実施されている場合には、事業者は、当該
健康診断の実施頻度（通常は6月以内ごとに1回）を1年以内に1回に緩
和できる制度が施行される。

　健康診断の結果の記録は、5年間（特別管理物質に係るものは30年間）
保存（**特化則第40条**）。

○事業の廃止（**特化則第53条**）
　次の記録等を所轄の労働基準監督署長に提出しなければならない。
　・作業環境測定の記録
　・作業の概要及び従事した期間等の記録
　・特殊健康診断個人票

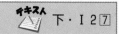
問60 管理区域内において放射線業務に従事する労働者の被ばく限度に関する次の文中の　　内に入れるAからDの語句又は数値の組合せとして、法令上、正しいものは⑴～⑸のうちどれか。

「男性又は妊娠する可能性がないと診断された女性が受ける実効線量の限度は、緊急作業に従事する場合を除き、 A 間につき B 、かつ、 C 間につき D である。」

	A	B	C	D
⑴	1年	50mSv	1か月	5mSv
⑵	3年	100mSv	3か月	10mSv
⑶	3年	100mSv	1年	50mSv
⑷	5年	100mSv	1年	50mSv
⑸	5年	200mSv	1年	100mSv

【R5年10月／問7】

解説

⑴ 誤り。

⑵ 誤り。

⑶ 誤り。

⑷ 正しい。電離則第4条第1項、第2項。

⑸ 誤り。

解答 ⑷

問61
□□
電離放射線障害防止規則に基づく管理区域に関する次の文中の〔　〕内に入れるＡからＣの語句又は数値の組合せとして、正しいものは(1)～(5)のうちどれか。

「①　管理区域とは、外部放射線による実効線量と空気中の放射性物質による実効線量との合計が〔Ａ〕間につき〔Ｂ〕を超えるおそれのある区域又は放射性物質の表面密度が法令に定める表面汚染に関する限度の10分の１を超えるおそれのある区域をいう。

②　①の外部放射線による実効線量の算定は、〔Ｃ〕線量当量によって行う。」

	Ａ	Ｂ	Ｃ
(1)	1か月	1.3mSv	70μm
(2)	1か月	5 mSv	1 cm
(3)	3か月	1.3mSv	70μm
(4)	3か月	1.3mSv	1 cm
(5)	3か月	5 mSv	70μm

【R4年4月／問8】

※ R2年4月／問7は類似問題

解 説

(1) 誤り。

(2) 誤り。

(3) 誤り。

(4) 正しい。電離則第3条第1項、第2項。

(5) 誤り。

解答 (4)

○管理区域の明示等（**電離則第3条**）

・管理区域とは以下のとおり。

① 外部放射線による実効線量と空気中の放射性物質による実効線量との合計が3か月間につき1.3mSv を超えるおそれのある区域

② 放射性物質の表面密度が法令に定める限度の10分の1を超えるおそれのある区域

・外部放射線による実効線量の算定は、1 cm線量当量によって行うものとする。

○放射線業務従事者の被ばく限度（**電離則第4条、第5条**）

・事業者は、管理区域内において放射線業務に従事する労働者（男性又は妊娠する可能性がないと診断された女性）の受ける実効線量が5年間につき100mSv を超えず、かつ、1年間につき50mSv を超えないようにしなければならない。

・妊娠可能な女性の実効線量の限度については、3か月間につき 5mSv を超えないようにしなければならない。

・事業者は、放射線業務従事者の受ける等価線量が、眼の水晶体に受けるものについては5年間につき100mSv 及び1年間につき50mSv を、皮膚に受けるものについては1年間につき500mSv を、それぞれ超えないようにしなければならない。

○緊急作業時における被ばく限度及び特例緊急被ばく限度（**電離則第7条、第7条の2**）

・放射性物質に汚染された廃棄物等の処分業務等の緊急作業を行う労働者の被ばく限度は実効線量100mSv を超えない値まで拡大。

・その緊急作業に係る事故の状況その他の事情を勘案し、250mSv を超えない範囲で被ばく限度を厚生労働大臣が別に定めることができることとされている。

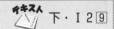

15　酸素欠乏症等防止規則

イキスン　下・Ⅰ2 9

問62　酸素欠乏症等防止規則に関する次の記述のうち、誤っているものはどれか。

(1) 酸素欠乏とは、空気中の酸素の濃度が18％未満である状態をいう。

(2) 海水が滞留したことのあるピットの内部における作業については、酸素欠乏危険作業主任者技能講習を修了した者のうちから、酸素欠乏危険作業主任者を選任しなければならない。

(3) 第一種酸素欠乏危険作業を行う作業場については、その日の作業を開始する前に、当該作業場における空気中の酸素の濃度を測定しなければならない。

(4) 酸素又は硫化水素の濃度が法定の基準を満たすようにするために酸素欠乏危険作業を行う場所を換気するときは、純酸素を使用してはならない。

(5) し尿を入れたことのあるポンプを修理する場合で、これを分解する作業に労働者を従事させるときは、指揮者を選任し、作業を指揮させなければならない。

【R5年4月／問6】

解説

(1) 正しい。酸欠則第2条（定義）。

(2) 誤り。海水が滞留しているピット内作業は、第二種酸素欠乏危険作業に該当するため、酸素欠乏・硫化水素危険作業主任者技能講習を修了した者のうちから、酸素欠乏危険作業主任者を選任しなければならない。酸欠則第2条第8号（定義）、同則第11条第1項（作業主任者）。安衛令別表第6第3号の3（酸素欠乏危険場所）。

(3) 正しい。酸欠則第3条第1項（作業環境測定等）。

(4) 正しい。酸欠則第5条第3項（換気）。

(5) 正しい。酸欠則第25条の2（設備の改造等の作業）。

解答　(2)

問63 酸素欠乏症等防止規則等に基づく措置に関する次の記述のうち、誤っているものはどれか。

(1) 汚水を入れたことのあるポンプを修理する場合で、これを分解する作業に労働者を従事させるときは、硫化水素中毒の防止について必要な知識を有する者のうちから指揮者を選任し、作業を指揮させなければならない。

(2) 酒類を入れたことのある醸造槽の内部における清掃作業の業務に労働者を就かせるときは、酸素欠乏危険作業に係る特別の教育を行わなければならない。

(3) 酸素欠乏危険作業を行う場所において、爆発、酸化等を防止するため換気を行うことができない場合には、送気マスク又は防毒マスクを備え、労働者に使用させなければならない。

(4) 酸素欠乏危険作業に労働者を従事させるときは、常時作業の状況を監視し、異常があったときに直ちに酸素欠乏危険作業主任者及びその他の関係者に通報する者を置く等異常を早期に把握するために必要な措置を講じなければならない。

(5) 第一鉄塩類を含有している地層に接する地下室の内部における作業に労働者を従事させるときは、酸素欠乏の空気が漏出するおそれのある箇所を閉そくし、酸素欠乏の空気を直接外部へ放出することができる設備を設ける等酸素欠乏の空気の流入を防止するための措置を講じなければならない。

【R4年10月／問8】

解説

(1) 正しい。酸欠則第25条の2。

(2) 正しい。酸欠則第12条第1項。

(3) 誤り。酸欠則第5条の2第1項では「酸素欠乏危険作業を行う場所において、爆発、酸化等を防止するため換気を行うことができない場合」においては、「空気呼吸器等（空気呼吸器、酸素呼吸器又は送気マスク）を備え、労働者に使用させなければならない。」ことが規定されている。

(4) 正しい。酸欠則第13条。

(5) 正しい。酸欠則第25条。「第一鉄塩類を含有している地層に接する地下室の内部」は安衛令別表第6第1号ロの酸素欠乏危険場所である。

解答 (3)

問64　　　酸素欠乏症等防止規則に関する次の記述のうち、誤っているものはどれ
□□　か。

(1)　し尿を入れたことのあるポンプを修理する場合で、これを分解する作業に労働者を従事させるときは、指揮者を選任し、作業を指揮させなければならない。

(2)　汚水を入れたことのあるピットの内部における清掃作業の業務に労働者を就かせるときは、第一種酸素欠乏危険作業に係る特別の教育を行わなければならない。

(3)　爆発、酸化等を防止するため、酸素欠乏危険作業を行う場所の換気を行うことができない場合には、空気呼吸器、酸素呼吸器又は送気マスクを備え、労働者に使用させなければならない。

(4)　タンクの内部その他通風が不十分な場所において、アルゴン等を使用して行う溶接の作業に労働者を従事させるときは、作業を行う場所の空気中の酸素の濃度を18％以上に保つように換気し、又は労働者に空気呼吸器、酸素呼吸器若しくは送気マスクを使用させなければならない。

(5)　第一種酸素欠乏危険作業を行う作業場については、その日の作業を開始する前に、当該作業場における空気中の酸素濃度を測定しなければならない。

【R2年10月／問7】
※ R1年10月／問8は類似問題

解説

(1)　正しい。酸欠則第25条の2。

(2)　誤り。酸欠則第2条第8号、安衛令別表第6第9号により第二種酸素欠乏危険作業に該当するため、「第一種」ではなく、第二種酸素欠乏危険作業に係る特別の教育が必要である。酸欠則第12条第2項。

(3)　正しい。酸欠則第5条の2。なお、防毒マスクは周囲の空気をろ過するのみで酸素は給気されないため、酸素欠乏の環境下では使用できない。

(4)　正しい。酸欠則第21条第1項。

(5)　正しい。酸欠則第3条第1項。なお、酸素濃度の測定は、作業開始後速やかにではなく、作業開始前に行うことが必要。

解答　(2)

問65 　酸素欠乏症等防止規則に関する次の記述のうち、法令上、誤っているものはどれか。

(1) 第一種酸素欠乏危険作業を行う作業場については、その日の作業を開始する前に、当該作業場における空気中の酸素の濃度を測定しなければならない。

(2) 第二種酸素欠乏危険作業を行う作業場については、その日の作業を開始する前に、当該作業場における空気中の酸素及び硫化水素の濃度を測定しなければならない。

(3) 海水が滞留したことのあるピットの内部における作業については、酸素欠乏危険作業主任者技能講習を修了した者のうちから、酸素欠乏危険作業主任者を選任しなければならない。

(4) 酸素又は硫化水素の濃度が法定の基準を満たすようにするため、酸素欠乏危険作業を行う場所の換気を行うときは、純酸素を使用してはならない。

(5) 爆発、酸化等を防止するため、酸素欠乏危険作業を行う場所の換気を行うことができない場合には、空気呼吸器、酸素呼吸器又は送気マスクを備え、労働者に使用させなければならない。

【R2年4月／問8】

解 説

(1) 正しい。酸欠則第3条第1項（作業環境測定等）。

(2) 正しい。酸欠則第3条第1項（作業環境測定等）。

(3) 誤り。海水が滞留しているピット内作業は、第二種酸素欠乏危険作業に該当するため、酸素欠乏・硫化水素危険作業主任者技能講習を修了した者のうちから、酸素欠乏危険作業主任者を選任しなければならない。酸欠則第2条第8号（定義）、同則第11条第1項（作業主任者）。安衛令別表第6第3号の3（酸素欠乏危険場所）。

(4) 正しい。酸欠則第5条第2項（換気）（令和5年4月1日より「第2項」は第3項となる。）。

(5) 正しい。酸欠則第5条の2第1項（保護具の使用等）。

解答 (3)

問66　　次の作業のうち、法令上、第二種酸素欠乏危険作業に該当するものはどれか。

(1)　雨水が滞留したことのあるピットの内部における作業

(2)　ヘリウム、アルゴン等の不活性の気体を入れたことのあるタンクの内部における作業

(3)　果菜の熟成のために使用している倉庫の内部における作業

(4)　酒類を入れたことのある醸造槽の内部における作業

(5)　汚水その他腐敗しやすい物質を入れたことのある暗きょの内部における作業

【R3年4月／問8】

解説

　酸欠則第2条第8号に定める第二種酸素欠乏危険作業は、酸素欠乏危険場所のうち、安衛令別表第6第3号の3、第9号、第12号で示す酸素欠乏危険場所における作業である。

(1)　該当しない。第一種酸素欠乏危険作業。安衛令別表第6第3号の2。

(2)　該当しない。第一種酸素欠乏危険作業。安衛令別表第6第11号。

(3)　該当しない。第一種酸素欠乏危険作業。安衛令別表第6第7号。

(4)　該当しない。第一種酸素欠乏危険作業。安衛令別表第6第8号。

(5)　該当する。安衛令別表第6第9号。

解答　(5)

解答にあたっての**ポイント**

○酸素欠乏危険場所とは、酸素濃度にかかわらず、**安衛令別表第6**に掲げる次のような場所をさす。（公表試験問題で出題された号の抜粋）

第1号ロ	第一鉄塩類を含有している地層に接するたて坑の内部
ホ	腐泥層に接した井戸の内部
第3号の3	海水が滞留したことのある（している）ピット、暗渠
第4号	相当期間密閉されていた鋼製のタンク
第5号	鋼材、くず鉄が入っている船倉、魚油を入れているタンク
第7号	飼料の貯蔵（サイロ）、バナナ（果菜）の熟成に使用している倉庫
第8号	酒類、醤油等醸造槽
第9号	汚水槽
第10号	ドライアイスを用いた冷蔵・冷凍庫
第11号	ヘリウム、アルゴン、窒素等の不活性気体を入れてあり、又は入れたことのある施設の内部

　第3号の3及び第9号は第二種酸素欠乏危険場所に該当し、酸素欠乏症のほか、硫化水素中毒にかかるおそれのある作業場である（**酸欠則第2条第8号**）。この第二種酸素欠乏危険場所はよく出題されるので覚えておきたい。その他は第一種酸素危険場所で、酸素欠乏症にかかるおそれのある作業場である（**酸欠則第2条第7号**）。

　なお、酸素欠乏症とは、酸素濃度が18%未満の空気を吸入することにより生じる症状の認められる状態をいい、硫化水素中毒とは、硫化水素の濃度が10ppmを超える空気を吸入することにより生ずる症状が認められる状態をいう（**酸欠則第2条第3号、第4号**）。

　第一種、第二種酸素欠乏危険作業に係る業務に労働者を就かせるときは、次の科目について特別の教育を行わなければならない（**酸欠則第12条第1項、第2項**）。

1　酸素欠乏（等）の発生の原因

2　酸素欠乏症（等）の症状

3　空気呼吸器等の使用の方法

4　事故の場合の退避及び救急そ生の方法

5　そのほか酸素欠乏症（等）の防止に関し必要な事項

○換気、保護具の使用

・酸素欠乏危険作業にあっては、酸素濃度を18％以上に、硫化水素の濃度を10ppm 以下に保つように換気しなければならない。ただし、爆発、酸化等を防止するため故意に酸素濃度を下げており換気することができない場合、又は長大横坑など連続換気を行っても酸素濃度が18％以上にならないといった、作業の性質上換気することが困難な場合においては、同時に就業する労働者の人数と同数以上の空気呼吸器等（指定防護係数が1,000以上の全面形のもの）を備え、これを使用させなければならない（**酸欠則第5条第1項、第5条の2**）。

・酸素濃度を上げるために行う換気は、爆発火災の防止及び酸素中毒の予防の見地から、純酸素を使用してはならない（**酸欠則第5条第3項**）。

○作業主任者

・酸素欠乏危険作業主任者は、**安衛法第14条、安衛令第6条第21号**で定める**同令別表第6**に掲げられる酸素欠乏症にかかるおそれのある場所、及び硫化水素中毒にかかるおそれのある場所における作業をさせる場合に選任しなければならない（**酸欠則第11条第1項**）。なお、酸素欠乏症のほか硫化水素中毒が発生するおそれのある第二種酸素欠乏危険場所において、作業主任者を選任する場合、酸素欠乏・硫化水素危険作業主任者技能講習を修了した者から選出する（**安衛則第16条第1項、同則別表第1**）。

○その他

・酸素欠乏危険作業を行う場所に労働者を入場させ、及び退場させるときに、人員を点検しなければならない（**酸欠則第8条**）。

・常時作業の状況を監視し、異常があったときに直ちにその旨を酸素欠乏危険作業主任者およびその他の関係者に通報する者（監視人等）を置く等異常を早期に把握するために必要な措置を講じなければならない（**酸欠則第13条**）。

・酸素欠乏危険作業を行う場所において酸素欠乏等のおそれが生じたときは、直ちに作業を中止し、作業に従事する者をその場所から退避させなければならない（**酸欠則第14条第1項**）。

・酸素欠乏症等にかかった作業に従事する者を酸素欠乏等の場所において救出する作業に労働者を従事させるときは、当該救出作業に従事する労働者に空気呼吸器等を使用させなければならない（**酸欠則第16条第1項**）。

・タンクの内部その他通風が不十分な場所において、アルゴン等を使用して行う溶接の作業に労働者を従事させるときは、作業を行う場所の空気中の酸素の濃度を18%以上に保つように換気し、又は労働者に空気呼吸器等を使用させなければならない（**酸欠則第21条第1項**）。

・労働者が酸素欠乏症等にかかったときは、遅滞なく、その旨を作業を行う場所を管轄する労働基準監督署長に報告しなければならない（**酸欠則第29条**）。

・設備の改造等の作業において、汚水等を入れたことのあるポンプ等施設を分解、修理する場合、内部に滞留している硫化水素が空気中に放出されることがあるため、当該作業に労働者を従事させるときは、指揮者を選任し、作業を指揮させなければならない（**酸欠則第25条の2第2号**）。

16　粉じん障害防止規則

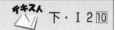

イキスト　下・I 2 ⑩

問67

□□　次のAからEの粉じん発生源について、法令上、特定粉じん発生源に該当するものの組合せは(1)～(5)のうちどれか。

　A　屋内において、耐火物を用いた炉を解体する箇所

　B　屋内の、ガラスを製造する工程において、原料を溶解炉に投げ入れる箇所

　C　屋内において、研磨材を用いて手持式動力工具により金属を研磨する箇所

　D　屋内において、粉状の炭素製品を袋詰めする箇所

　E　屋内において、固定の溶射機により金属を溶射する箇所

(1)　A，B

(2)　A，E

(3)　B，C

(4)　C，D

(5)　D，E

【R5年10月／問5】

解説

　特定粉じん発生源については、粉じん則第2条第1項第2号で定義され、同則別表第2にその箇所が規定されており、Dの箇所は別表第2第9号に、Eの箇所は同第15号に該当する。

　よって、解答は(5)である。

解答　(5)

問68 粉じん障害防止規則に基づく措置に関する次の記述のうち、誤っているものはどれか。

ただし、同規則に定める適用除外及び特例はないものとする。

(1) 屋内の特定粉じん発生源については、その区分に応じて密閉する設備、局所排気装置、プッシュプル型換気装置若しくは湿潤な状態に保つための設備の設置又はこれらと同等以上の措置を講じなければならない。

(2) 常時特定粉じん作業を行う屋内作業場については、6か月以内ごとに1回、定期に、空気中の粉じんの濃度の測定を行い、その測定結果等を記録して、これを7年間保存しなければならない。

(3) 特定粉じん発生源に係る局所排気装置に、法令に基づき設ける除じん装置は、粉じんの種類がヒュームである場合には、サイクロンによる除じん方式のものでなければならない。

(4) 特定粉じん作業以外の粉じん作業を行う屋内作業場については、全体換気装置による換気の実施又はこれと同等以上の措置を講じなければならない。

(5) 粉じん作業を行う屋内の作業場所については、毎日1回以上、清掃を行わなければならない。

【R3年10月／問9】

解説

(1) 正しい。粉じん則第4条。

(2) 正しい。粉じん則第26条第1項、同条第8項。

(3) 誤り。「サイクロンによる除じん方式」ではなく「ろ過除じん方式又は電気除じん方式」。粉じん則第13条第1項。

(4) 正しい。粉じん則第5条。

(5) 正しい。粉じん則第24条第1項。

解答 (3)

問69　次の粉じん作業のうち、法令上、特定粉じん作業に該当するものはどれか。

□□

(1)　屋内のガラスを製造する工程において、原料を溶解炉に投げ入れる作業

(2)　耐火物を用いた炉を解体する作業

(3)　屋内において、研磨材を用いて手持式動力工具により金属を研磨する箇所における作業

(4)　屋内において、フライアッシュを袋詰めする箇所における作業

(5)　タンクの内部において、金属をアーク溶接する作業

【H31年4月／問6】

解説

特定粉じん発生源は粉じん則第4条、同則別表第2に規定されている。

(1)　該当しない。粉じん則別表第2のいずれにも該当しない。

(2)　該当しない。粉じん則別表第2のいずれにも該当しない。

(3)　該当しない。粉じん則別表第2のいずれにも該当しない。

(4)　該当する。粉じん則第4条表中第8号、同則別表第2第9号。

(5)　該当しない。粉じん則別表第2のいずれにも該当しない。

解答　(4)

問70 粉じん作業に係る次の粉じん発生源のうち、法令上、特定粉じん発生源
□□ に該当するものはどれか。

(1) 屋内の、ガラスを製造する工程において、原料を溶解炉に投げ入れる箇所

(2) 屋内の、耐火物を用いた炉を解体する箇所

(3) 屋内の、研磨材を用いて手持式動力工具により金属を研磨する箇所

(4) 屋内の、粉状のアルミニウムを袋詰めする箇所

(5) 屋内の、金属をアーク溶接する箇所

解 説

特定粉じん発生源は粉じん則第4条、同則別表第2に規定されている。

(1) 該当しない。粉じん則別表第2のいずれにも該当しない。

(2) 該当しない。粉じん則別表第2のいずれにも該当しない。

(3) 該当しない。粉じん則別表第2のいずれにも該当しない。

(4) 該当する。粉じん則第4条表中第8号、同則別表第2第9号。

(5) 該当しない。粉じん則別表第2のいずれにも該当しない。

解答 (4)

⦿　解答にあたっての**ポイント**

○粉じん作業は、**粉じん則別表第1**のとおり第1号から第23号まで定められている。この中から、屋内、乾燥した状態、固定機器又は動力により稼働するといった粉じんの飛散が著しいと考えられる箇所を、**別表第2**の特定粉じん発生源と定めており、そこで行われる粉じん作業を特定粉じん作業として、作業環境測定などの実施が義務付けられている。

○特定粉じん作業に該当するものはどれか？　又は粉じん則で規制される作業はどれか？　といった問題に出た号とそのキーワードは次のとおりである。

粉じん則別表第1　※　作業列挙

第7号　動力により研磨材で研磨する作業

第12号　ガラスを製造する工程において、原料を溶解炉に投げ入れる作業

第15条　砂型を用いて鋳物を製造する工程

第19号　耐火物を用いた炉を解体する作業

第20号の2　アーク溶接する作業

粉じん則別表第2　※箇所列挙

第7号　動力（手持ち式、可搬式電動工具は除く）により研磨材で研磨する作業箇所

第9号　フライアッシュ、セメントを袋詰めする作業箇所

第11号　原料を混合する作業箇所

第14号　型ばらしをする作業箇所

○特定粉じん発生源については、その区分に応じて密閉する設備、局所排気装置、プッシュプル型換気装置若しくは湿潤な状態に保つための設備の設置又はこれらと同等以上の措置を講じなければならない（**粉じん則第4条**）。

○粉じん作業は、作業主任者や特別教育などについても出題される。

・粉じん作業は作業主任者を選任する必要がない。

・特定粉じん作業に係る業務に労働者を就かせるときは、特別の教育を行わなければならない（**安衛則第36条第29号、粉じん則第22条**）。

○特定粉じん作業以外の粉じん作業を行う屋内作業場については、全体換気装置による換気の実施又はこれと同等以上の措置を講じなければならない（**粉じん則第５条**）。

○粉じん作業に労働者を従事させるときは、粉じん作業を行う作業場以外の場所に休憩設備を設けなければならない（例外あり）（**粉じん則第23条第１項**）。

○粉じん作業（特定粉じん作業かどうかにかかわらない。）を行う屋内の作業場所については、毎日１回以上、清掃を行わなければならない。（**粉じん則第24条第１項**）。

○局所排気装置の定期自主検査は１年以内ごとに１回、定期に、実施し、その記録を３年間保存しなければならない（**粉じん則第17条第２項、第18条**）。

○作業環境測定で、気中の粉じん濃度を６月以内ごとに１回、定期に、測定を行い、その記録を７年間保存しなければならない（**粉じん則第25条、同則第26条第１項、第８項**）。

17　石綿障害予防規則

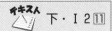

下・Ⅰ2⑪

問71　石綿障害予防規則に基づく措置に関する次の記述のうち、誤っているものはどれか。

(1)　石綿等を取り扱う屋内作業場については、6か月以内ごとに1回、定期に、作業環境測定を行うとともに、測定結果等を記録し、これを40年間保存しなければならない。

(2)　石綿等の粉じんが発散する屋内作業場に設けられた局所排気装置については、原則として、1年以内ごとに1回、定期に、自主検査を行うとともに、検査の結果等を記録し、これを3年間保存しなければならない。

(3)　石綿等の取扱いに伴い石綿の粉じんを発散する場所における業務に常時従事する労働者に対し、雇入れ又は当該業務への配置替えの際及びその後6か月以内ごとに1回、定期に、特別の項目について医師による健康診断を行い、その結果に基づき、石綿健康診断個人票を作成し、これを当該労働者が当該事業場において常時当該業務に従事しないこととなった日から40年間保存しなければならない。

(4)　石綿等の取扱いに伴い石綿の粉じんを発散する場所において、常時石綿等を取り扱う作業に従事する労働者については、1か月を超えない期間ごとに、作業の概要、従事した期間等を記録し、これを当該労働者が当該事業場において常時当該作業に従事しないこととなった日から40年間保存するものとする。

(5)　石綿等を取り扱う事業者が事業を廃止しようとするときは、石綿関係記録等報告書に、石綿等に係る作業の記録及び局所排気装置、除じん装置等の定期自主検査の記録を添えて所轄労働基準監督署長に提出しなければならない。

【R4年10月／問6、R4年4月／問5】

解説

(1)　正しい。石綿則第36条。

(2)　正しい。石綿則第22条第1項、同則第23条。

(3)　正しい。石綿則第40条第1項、同則第41条。

⑷　正しい。石綿則第35条。

⑸　誤り。作業の記録、作業環境測定の記録及び石綿健康診断個人票を所轄労働基準監督署長に提出しなければならない。石綿則第49条。

[解答　⑸]

問72 石綿障害予防規則に基づく措置に関する次の記述のうち、誤っているものはどれか。

(1) 石綿等を取り扱う屋内作業場については、6か月以内ごとに1回、定期に、空気中の石綿の濃度を測定するとともに、測定結果等を記録し、これを40年間保存しなければならない。

(2) 石綿等の粉じんが発散する屋内作業場に設けられた局所排気装置については、原則として、1年以内ごとに1回、定期に、自主検査を行うとともに、検査の結果等を記録し、これを3年間保存しなければならない。

(3) 石綿等の取扱いに伴い石綿の粉じんを発散する場所において、常時石綿等を取り扱う作業に従事した労働者については、1か月を超えない期間ごとに、作業の概要、従事した期間等を記録し、これを当該労働者が常時当該作業に従事しないこととなった日から40年間保存するものとする。

(4) 石綿等を常時取り扱う作業場の床等については、水洗する等粉じんの飛散しない方法によって、毎週1回以上、掃除を行わなければならない。

(5) 石綿等を試験研究のため製造する作業場で労働者が喫煙し、又は飲食することを禁止し、かつ、その旨を当該作業場の見やすい箇所に表示しなければならない。

【R1年10月／問5】

解説

(1) 正しい。石綿則第36条。

(2) 正しい。石綿則第22条第1項、同則第23条。

(3) 正しい。石綿則第35条。

(4) 誤り。毎週1回以上ではなく、毎日1回以上、掃除を行わなければならない。石綿則第30条。

(5) 正しい。石綿則第33条。

※なお、石綿則第33条第1項中の「労働者」は、改正により、令和5年4月1日より「作業に従事する者」となっている。

解答　(4)

🏷 解答にあたってのポイント

石綿とは繊維状を呈している鉱物の総称である。

○作業主任者（**安衛令第6条第23号、石綿則第19条**）

石綿を0.1％超えて含有する製剤その他の物を取り扱う作業（試験研究は除く）又は石綿等を試験研究のため製造する作業若しくは石綿分析用試料等を製造する作業等について、石綿作業主任者技能講習を修了した者のうちから、作業主任者を選任しなければならない。

○定期自主検査（**石綿則第22条第1項、同則第23条**）

石綿に係る局所排気装置、プッシュプル型換気装置及び除じん装置については、1年以内ごとに1回、定期に、自主検査を行い、その結果の記録を3年間保存しなければならない。

○建築物等の解体等の作業、吹き付けられた石綿等の封じ込め又は囲い込みの作業に係る業務

石綿使用建築物等解体等作業に係る業務（**安衛則第36条第37号、石綿則第4条第1項**）に労働者を就かせる時は、衛生のための特別教育を行わなければならない（**石綿則第27条第1項**）。

また、石綿等の湿潤状態に関わらず、石綿等の切断等の作業等については電動ファン付き呼吸用保護具又はこれと同等以上の性能を有する空気呼吸器、酸素呼吸器若しくは送気マスクを使用させなければならない（**石綿則第14条第1項**）。

事業者は、建築物等の解体等の作業を行うときは、あらかじめ石綿等の使用の有無を調査しなければならないが、その事前調査のうち、建築物に係るものについては、所定の場合を除き、適切に当該調査を実施するために必要な知識を有する者として厚生労働大臣が定めるものに行わせなけれ

ばならない（**石綿則第３条第４項**）。

○休憩室等各種設備等の管理について

　石綿を常時取り扱い、若しくは試験研究のため製造する作業場又は石綿
分析用試料等を製造する作業場及び作業場外に設けられた休憩室の床等に
ついては、水洗する等粉じんの飛散しない方法によって、毎日１回以上掃
除を行わなくてはならない（**石綿則第29条、同則第30条**）。

　事業者は、石綿を取り扱い、又は試験研究のため製造する作業場又は石
綿分析用試料等を製造する作業場での、作業に従事する者の喫煙、飲食を
禁止し、その旨を当該作業場の見やすい箇所に表示しなければならない（**石
綿則第33条**）。

○作業の記録（**石綿則第35条**）

　石綿等を取り扱う労働者等について、１月を超えない期間ごとに作業の
概要等を記録し、これを当該労働者が当該事業において常時当該作業に従
事しないこととなった日から40年間保存しなければならない。

○作業環境測定（**石綿則第36条第１項、第２項**）

　石綿等を取り扱い、若しくは試験研究のため製造する屋内作業場若しく
は石綿分析用試料等を製造する屋内作業場等については、６月以内に１回、
定期に、石綿の気中濃度を測定し、その記録を40年間保存しなければなら
ない。

○健康診断（**安衛法第66条第２項、安衛令第22条第１項第３号、同条第２項**）

　石綿等の取扱い等の業務に常時従事する労働者に対し、雇入れの際、当
該業務への配置替えの際、及びその６月以内ごとに１回、定期に、所定の

項目について健康診断を行わなければならない（**石綿則第40条第１項**）。

　過去に石綿等に係る業務に、常時従事したことのある在籍労働者に対し、６月以内ごとに１回、定期に、所定の項目の健康診断を行わなければならない（**石綿則第40条第２項**）。

　健康診断を行った結果に基づき、石綿健康診断個人票を作成し、これを当該労働者が当該事業において常時当該作業に従事しないこととなった日から40年間保存しなければならない（**石綿則第41条**）。

　受診した労働者に結果を通知しなければならない（**石綿則第42条の２**）。

　石綿健康診断結果報告書を所轄労働基準監督署長に提出しなければならない（**石綿則第43条**）。

○事業廃止時の報告（**石綿則第49条**）

　石綿等を取り扱い、又は試験研究のため製造する事業者は、事業を廃止しようとするときは、作業及び作業環境測定の記録、石綿健康診断個人票又はこれらの写しを添えて、所轄労働基準監督署長に提出するものとする。

○計画の届出（**安衛法第88条第３項、安衛則第90条第５号の２、第５号の３**）

　事業者は、建設業その他政令で定める業種に属する事業の所定の仕事で、厚生労働省令で定めるもの（「建築物、工作物又は船舶（鋼製の船舶に限る。）に吹き付けられている石綿等（石綿等が使用されている仕上げ用塗り材を除く。）の除去、封じ込め又は囲い込みの作業を行う仕事」「建築物、工作物又は船舶に張り付けられている石綿等が使用されている保温材、耐火被覆材（耐火性能を有する被覆材をいう。）等の除去、封じ込め又は囲い込みの作業（石綿等の粉じんを著しく発散するおそれのあるものに限る。）を行う仕事」）を開始しようとするときは、その計画を当該仕事の開始の日の14日前までに、労働基準監督署長に届け出なければならない。

18 その他

 下・Ⅰ

問73 事業者が、法令に基づく次の措置を行ったとき、その結果について所轄
□□ 労働基準監督署長に報告することが義務付けられているものはどれか。

(1) 雇入時の有機溶剤等健康診断

(2) 定期に行う特定化学物質健康診断

(3) 特定化学設備についての定期自主検査

(4) 高圧室内作業主任者の選任

(5) 鉛業務を行う屋内作業場についての作業環境測定

【R3年10月／問6】

解説

　事業者から所轄労働基準監督署長への報告は安衛法第100条第1項に規定され、
報告するべき事項は各省令に規定されている。

(1) 義務付けられていない。雇入時の健康診断の結果について、報告は不要。

(2) 義務付けられている。特殊健康診断の結果について、企業規模によらず報告
　　は必要。特化則第41条。

(3) 義務付けられていない。定期自主検査の結果について、報告は不要。

(4) 義務付けられていない。作業主任者の選任について、報告は不要。

(5) 義務付けられていない。作業環境測定の結果について、報告は不要。

解答 (2)

問74 事業者が、法令に基づく次の措置を行ったとき、その結果について所轄
□□ 労働基準監督署長に報告することが義務付けられているものはどれか。

(1) 高圧室内作業主任者の選任

(2) 特定化学設備についての定期自主検査

(3) 定期の有機溶剤等健康診断

(4) 雇入時の特定化学物質健康診断

(5) 鉛業務を行う屋内作業場についての作業環境測定

【R3年4月／問6】

解説

　　事業者から所轄労働基準監督署長への報告は安衛法第100条第1項に規定され、
報告するべき事項は各省令に規定されている。

(1) 義務付けられていない。作業主任者の選任について、報告は不要。

(2) 義務付けられていない。定期自主検査の結果について、報告は不要。

(3) 義務付けられている。特殊健康診断の結果について、企業規模によらず報告
　　が義務付けられている。有機則第30条の3。

(4) 義務付けられていない。雇入時の健康診断の結果について、報告は不要。

(5) 義務付けられていない。作業環境測定の結果について、報告は不要。

解答 (3)

解答にあたっての**ポイント**

　所轄労働基準監督署長への報告が必要なものは、

・選任届（総括安全衛生管理者、衛生管理者、産業医）

・健康診断結果（定期健康診断（50人以上の事業場のみ）、特定業務従事者の健康診断（定期のもの。50人以上の事業場のみ）、特殊健康診断、ストレスチェック実施結果（50人以上の事業場のみ））

・労働者死傷病報告

である。

じん肺法に関する次の記述のうち、法令上、誤っているものはどれか。

(1) じん肺管理区分の管理一は、じん肺健康診断の結果、じん肺の所見がないと認められるものをいう。

(2) じん肺管理区分の管理二は、じん肺健康診断の結果、エックス線写真の像が第一型でじん肺による著しい肺機能の障害がないと認められるものをいう。

(3) 常時粉じん作業に従事する労働者でじん肺管理区分が管理二であるものに対しては、1年以内ごとに1回、定期的に、じん肺健康診断を行わなければならない。

(4) 都道府県労働局長は、事業者から、法令に基づいて、じん肺の所見があると診断された労働者についてのエックス線写真等が提出されたときは、これらを基礎として、地方じん肺診査医の診断又は審査により、当該労働者についてじん肺管理区分の決定をするものとする。

(5) じん肺管理区分が管理三と決定された者及び合併症にかかっていると認められる者は、療養を要するものとする。

【R5年4月／問7】

解 説

(1) 正しい。じん肺法第4条（エックス線写真の像及びじん肺管理区分）第2項。

(2) 正しい。じん肺法第4条（エックス線写真の像及びじん肺管理区分）第2項。

(3) 正しい。じん肺法第8条（定期健康診断）第1項第2号。

(4) 正しい。じん肺法第13条（じん肺管理区分の決定手続等）第2項。

(5) 誤り。療養を要する者は、じん肺管理区分が管理四と決定された者及び合併症にかかっていると認められる者である。じん肺法第23条（療養）。

解答 (5)

問76 じん肺法に関する次の記述のうち、法令上、誤っているものはどれか。
☐☐

(1) 都道府県労働局長は、事業者等からじん肺健康診断の結果を証明する書面等が提出された労働者について、地方じん肺診査医の診断又は審査によりじん肺管理区分を決定する。

(2) 事業者は、常時粉じん作業に従事する労働者で、じん肺管理区分が管理一であるものについては、3年以内ごとに1回、定期的に、じん肺健康診断を行わなければならない。

(3) 事業者は、常時粉じん作業に従事する労働者で、じん肺管理区分が管理二又は管理三であるものについては、1年以内ごとに1回、定期的に、じん肺健康診断を行わなければならない。

(4) じん肺管理区分が管理四と決定された者は、療養を要する。

(5) 事業者は、じん肺健康診断に関する記録及びエックス線写真を5年間保存しなければならない。

【R4年10月／問7】

解説

(1) 正しい。じん肺法第13条第2項。

(2) 正しい。じん肺法第8条第1項第1号。同条文は「常時粉じん作業に従事する労働者は3年以内ごとに1回」の健診と規定されている。「管理一」のものという規定はされていないが、「管理二」及び「管理三」のものについては同条文から除かれるので、事実上「管理一」のものについての条文である。

(3) 正しい。じん肺法第8条第1項第2号。

(4) 正しい。じん肺法第23条。

(5) 誤り。じん肺法第17条第2項　事業者の、じん肺健康診断に関する記録及びエックス線写真の保存義務は7年間である。

解答 (5)

解答にあたってのポイント

○じん肺管理区分決定までの流れ（**じん肺法第12〜14条**）

| 労　働　者 |

↓　　　↑

| じん肺健診 |　労働者へ書面により通知（**じん肺法第14条第2項**）

↓　　　↑

| 事　業　者 |　通知した旨を記載した書面を3年間保存

（**じん肺法第14条第3項**）

管理区分の決定（**じん肺法第13条**）

| 都道府県労働局長 |

↓　　　↑　診断又は審査（**じん肺法第13条**）

| 地方じん肺診査医 |

○事業者がじん肺法の規定に基づいて実施するじん肺健康診断のほかに、常時粉じん作業に従事する労働者若しくは従事していた労働者又は事業者は、いつでもじん肺健康診断を受けて、又はこれを行い、都道府県労働局長に対してじん肺管理区分の決定をすべきことを申請することができる（**じん肺法第15条、じん肺法施行規則第16条**）。

○じん肺管理区分が管理四と決定された者及びじん肺管理区分が管理二又は管理三で合併症にかかっていると認められる者は、療養を要するとされている（**じん肺法第23条**）。

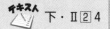

② 労働基準法

1 労働時間延長の制限業務

下・Ⅱ②4

問1
□□

次のAからDの業務について、労働基準法に基づく時間外労働に関する協定を締結し、これを所轄労働基準監督署長に届け出た場合においても、労働時間の延長が1日2時間を超えてはならないものの組合せは(1)～(5)のうちどれか。

A　病原体によって汚染された物を取り扱う業務

B　腰部に負担のかかる立ち作業の業務

C　多量の低温物体を取り扱う業務

D　鉛の粉じんを発散する場所における業務

(1)　A，B

(2)　A，C

(3)　B，C

(4)　B，D

(5)　C，D

【R3年4月／問10】

解説

　労基法に基づく時間外労働に関する協定を締結し、これを所轄労働基準監督署長に届け出た場合であっても、労働時間の延長が1日2時間を超えてはならない業務は、労基法第36条第6項第1号、労基則第18条各号に規定されている。

A　労基則第18条各号のいずれにも該当しない。

B　労基則第18条各号のいずれにも該当しない。

C　超えてはならない業務である。労基則第18条第2号に該当。

D　超えてはならない業務である。労基則第18条第9号に該当。

　よって、超えてはならない業務はC、Dであるので、解答は(5)である。

解答　(5)

問2 労働基準法に基づく時間外労働に関する協定を締結し、これを所轄労働基準監督署長に届け出る場合においても、労働時間の延長が1日2時間を超えてはならない業務は次のうちどれか。

(1) 異常気圧下における業務

(2) 多湿な場所における業務

(3) 腰部に負担のかかる立ち作業の業務

(4) 病原体によって汚染された物を取り扱う業務

(5) 鋼材やくず鉄を入れてある船倉の内部における業務

【R1年10月／問10】

解説

労基法に基づく時間外労働に関する協定を締結し、これを所轄労働基準監督署長に届け出た場合であっても、労働時間の延長が1日2時間を超えてはならない業務は、労基法第36条第6項第1号、労基則第18条各号に規定されている。

(1) 超えてはならない業務である。労基則第18条第5号に該当。

(2) 労基則第18条各号のいずれにも該当しない。

(3) 労基則第18条各号のいずれにも該当しない。

(4) 労基則第18条各号のいずれにも該当しない。

(5) 労基則第18条各号のいずれにも該当しない。

解答 (1)

解答にあたってのポイント

○労働時間延長の制限業務（**労基法第36条第6項第1号、労基則第18条**）

　労働時間の延長が2時間を超えてはならない業務として、健康上特に有害な業務について規制している。

第1号　多量の高熱物体を取り扱う業務及び著しく暑熱な場所における業務

第2号　多量の低温物体を取り扱う業務及び著しく寒冷な場所における業務

第4号　土石、獣毛等のじんあい又は粉末を著しく飛散する場所における業務

第5号　異常気圧下における業務

第7号　重量物の取扱い等重激なる業務

第8号　ボイラー製造等強烈な騒音を発する場所における業務

第9号　鉛、水銀、クロム、砒素、黄りん、弗素、塩素、塩酸、硝酸、亜硫酸、硫酸、一酸化炭素、二硫化炭素、青酸、ベンゼン、アニリン、その他これに準ずる有害物の粉じん、蒸気又はガスを発散する場所における業務

　など（抜粋）

［制限されない業務で出題される業務］※キーワードのみ抜粋

　超音波、レーザー、廃棄物、著しく多湿、病原体、果菜の熟成。

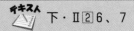

問3 労働基準法に基づく有害業務への就業制限に関する次の記述のうち、□□ 誤っているものはどれか。

(1) 満18歳未満の者は、多量の低温物体を取り扱う業務に就かせてはならない。

(2) 妊娠中の女性は、異常気圧下における業務に就かせてはならない。

(3) 満18歳以上で産後8週間を経過したが1年を経過しない女性から、著しく暑熱な場所における業務に従事しない旨の申出があった場合には、当該業務に就かせてはならない。

(4) 満18歳以上で産後8週間を経過したが1年を経過しない女性から、さく岩機、鋲打機等身体に著しい振動を与える機械器具を用いて行う業務に従事したい旨の申出があった場合には、当該業務に就かせることができる。

(5) 満18歳以上で産後1年を経過した女性は、多量の低温物体を取り扱う業務に就かせることができる。

【R5年4月／問10】

解説

年少者及び妊産婦の就業制限については、労基法第62条（危険有害業務の就業制限）、同法第64条の3（危険有害業務の就業制限）に規定され、年少則及び女性則でそれぞれ具体的な業務が定められている。

(1) 正しい。年少則第8条第37号。

(2) 正しい。女性則第2条第1項第23号。

(3) 正しい。女性則第2条第1項第20号。

(4) 誤り。女性則第2条第1項第24号であり、同条第2項により、本人の申し出の有無にかかわらず、就かせることはできない。

(5) 正しい。女性則第2条第1項第21号、同条第2項。

解答　(4)

問4　　労働基準法に基づき、全ての女性労働者について、就業が禁止されている業務は次のうちどれか。

(1)　異常気圧下における業務

(2)　多量の高熱物体を取り扱う業務

(3)　20kgの重量物を継続作業として取り扱う業務

(4)　さく岩機、鋲打機等身体に著しい振動を与える機械器具を用いて行う業務

(5)　病原体によって著しく汚染のおそれのある業務

【R2年10月／問10】

解説

(1)　禁止されていない。なお、妊娠中の女性、使用者に申し出た産後1年を経過しない女性を就かせてはならない。労基法第64条の3第1項、女性則第2条第1項第23号、女性則第2条第2項。

(2)　禁止されていない。なお、妊娠中の女性、使用者に申し出た産後1年を経過しない女性を就かせてはならない。労基法第64条の3第1項、女性則第2条第1項第19号、女性則第2条第2項。

(3)　禁止されている。労基法第64条の3第2項、女性則第3条、第2条第1項第1号。

(4)　禁止されていない。なお、妊娠中の女性、産後1年を経過しない女性を就かせてはならない。労基法第64条の3第1項、女性則第2条第1項第24号。

(5)　禁止されていない。

解答　(3)

問 5 　労働基準法に基づき、全ての女性労働者について、就業が禁止されている業務は次のうちどれか。

(1) 異常気圧下における業務

(2) 多量の高熱物体を取り扱う業務

(3) 20kg の重量物を継続作業として取り扱う業務

(4) さく岩機、鋲打機等身体に著しい振動を与える機械器具を用いて行う業務

(5) 著しく寒冷な場所における業務

【R2年 4 月／問10】

解 説

(1) 禁止されていない。なお、妊娠中の女性、使用者に申し出た産後 1 年を経過しない女性を就かせてはならない。労基法第64条の 3 第 1 項、女性則第 2 条第 1 項第23号、第 2 条第 2 項。

(2) 禁止されていない。なお、妊娠中の女性、使用者に申し出た産後 1 年を経過しない女性を就かせてはならない。労基法第64条の 3 第 1 項、女性則第 2 条第 1 項第19号、第 2 条第 2 項。

(3) 禁止されている。労基法第64条の 3 第 2 項、女性則第 3 条、第 2 条第 1 項第 1 号。

(4) 禁止されていない。なお、妊娠中の女性、産後 1 年を経過しない女性を就かせてはならない。労基法第64条の 3 第 1 項、女性則第 2 条第 1 項第24号。

(5) 禁止されていない。なお、妊娠中の女性、使用者に申し出た産後 1 年を経過しない女性を就かせてはならない。労基法第64条の 3 第 1 項、女性則第 2 条第 1 項第22号、第 2 条第 2 項。

解答 　(3)

問6 労働基準法に基づき、全ての女性労働者について、就業が禁止されている業務は次のうちどれか。

(1) 20kg 以上の重量物を継続的に取り扱う業務

(2) さく岩機等の使用によって身体に著しい振動を与える業務

(3) 異常気圧下における業務

(4) 著しく寒冷な場所における業務

(5) 病原体によって汚染された物の取扱いの業務

【H31年4月／問10】

解説

(1) 禁止されている。労基法第64条の3第2項、女性則第3条、第2条第1項第1号。

(2) 禁止されていない。なお、妊娠中の女性、産後1年を経過しない女性を就かせてはならない。労基法第64条の3第1項、女性則第2条。

(3) 禁止されていない。なお、妊娠中の女性、使用者に申し出た産後1年を経過しない女性を就かせてはならない。労基法第64条の3第1項、女性則第2条。

(4) 禁止されていない。なお、妊娠中の女性、使用者に申し出た産後1年を経過しない女性を就かせてはならない。労基法第64条の3第1項、女性則第2条。

(5) 禁止されていない。

解答 (1)

問7 労働基準法に基づき、満18歳に満たない者を就かせてはならない業務に該当しないものは次のうちどれか。

(1) さく岩機、鋲打機等身体に著しい振動を与える機械器具を用いて行う業務

(2) 著しく寒冷な場所における業務

(3) 20kgの重量物を継続的に取り扱う業務

(4) 超音波にさらされる業務

(5) 強烈な騒音を発する場所における業務

【R5年10月／問10】

解 説

年少者の就業制限については、労基法第62条（危険有害業務の就業制限）、年少則第8条に規定されている。また、重量物を取り扱う業務は、同則第7条に規定されている。

(1) 該当する。年少則第8条第39号。

(2) 該当する。年少則第8条第37号。

(3) 該当する。年少則第7条。

(4) 該当しない。年少則第8条各号のいずれにも該当しない。

(5) 該当する。年少則第8条第40号。

解答 (4)

問8　労働基準法に基づき、満17歳の女性を就かせてはならない業務に該当しないものは次のうちどれか。

(1)　異常気圧下における業務

(2)　20kgの重量物を断続的に取り扱う業務

(3)　多量の高熱物体を取り扱う業務

(4)　著しく寒冷な場所における業務

(5)　土石、獣毛等のじんあい又は粉末を著しく飛散する場所における業務

【R4年10月／問10】

解説

(1)　該当する。労基法62条第1項により、満18才に満たない者については、年少則第8条に規定された危険な業務には就かせることができない。設問の業務は年少則第8条第38号に該当する。

(2)　該当しない。労基法第62条第1項により、満18才に満たない者については、年少則第7条に規定された重量物を取扱う業務には就かせることがでない。「満16才以上満18才未満の女性の断続作業では25kg以上の重量物を取り扱う業務」が禁止されている。

(3)　該当する。年少則第8条第36号。

(4)　該当する。年少則第8条第37号。

(5)　該当する。年少則第8条第34号。

解答　(2)

　　労働基準法に基づき、満18歳に満たない者を就かせてはならない業務に
□□　該当しないものは次のうちどれか。

(1) 病原体によって著しく汚染のおそれのある業務

(2) 超音波にさらされる業務

(3) 多量の高熱物体を取り扱う業務

(4) 著しく寒冷な場所における業務

(5) 強烈な騒音を発する場所における業務

【R4年 4 月／問10】

解 説

　　年少者の就業制限業務は、年少則第 8 条に規定されている。

(1) 該当する。年少則第 8 条第41号。

(2) 該当しない。年少則第 8 条各号のいずれにも該当しない。

(3) 該当する。年少則第 8 条第36号。

(4) 該当する。年少則第 8 条第37号。

(5) 該当する。年少則第 8 条第40号。

解答　(2)

問10 女性については、労働基準法に基づく危険有害業務の就業制限により次の表の左欄の年齢に応じ右欄の重量以上の重量物を取り扱う業務に就かせてはならないとされているが、同表に入れる A から C の数値の組合せとして、正しいものは(1)～(5)のうちどれか。

年齢	重量（単位 kg）	
	断続作業の場合	継続作業の場合
満16歳未満	A	8
満16歳以上 満18歳未満	B	15
満18歳以上	30	C

	A	B	C
(1)	10	20	20
(2)	10	20	25
(3)	10	25	20
(4)	12	20	25
(5)	12	25	20

【R3年10月／問10】

解説

労基法第64条の3第1項を準用する同条第2項、女性則第2条第1項第1号により、重量物を取り扱う業務では、下表の重量以上の重量物を女性労働者が取り扱うことを禁止している。

年齢	重量（単位 kg）	
	断続作業の場合	継続作業の場合
満16歳未満	12	8
満16歳以上 満18歳未満	25	15
満18歳以上	30	20

よって、解答は(5)である。

解答　(5)

解答にあたってのポイント

○危険な業務や有害な業務(危険有害業務)には就業制限があり、特に年少者(**労基法第62条、年少則第7条、同則第8条**)及び女性(**労基法第64条の2、同法第64条の3、女性則第2条、同則第3条**)には就業制限がかけられている。

○年少者の就業制限の業務の範囲（**年少則第7条、第8条**）

※キーワードのみ抜粋

（制限業務）重量物（年齢、性別、継続性によって異なる）、土石・獣毛等のじんあい又は粉末、多量の高熱物体、多量の低温物体、異常気圧下、削岩機・鋲打機、強烈な騒音、病原体

病原体によって汚染のおそれのある業務が制限されるのは、年少者のみである。

（制限されない業務）赤外線又は紫外線、超音波、紡績・織布

○女性の危険有害業務の就業制限の範囲等（**女性則第2条**）

女性労働基準規則による就業制限業務
(女性則第2条第2項ただし書き関連)

就 業 制 限 業 務			妊　婦 (妊娠中の女性)	産　婦 (産後1年を経過しない女性)	その他の女性
1　次の表の左欄に掲げる年齢の区分に応じ、それぞれ同表の右欄に掲げる重量以上の重量物を取扱う業務			×	×	×
年　齢	重量（単位、キログラム）				
	断続作業の場合	継続作業の場合			
満16歳未満	12	8			
満16歳以上 満18歳未満	25	15			
満18歳以上	30	20			
2　ボイラー（労働安全衛生法施行令第1条第3号に規定するボイラーをいう。以下において同じ。）の取扱いの業務			×	△	○
3　ボイラーの溶接の業務			×	△	○
4　つり上げ荷重が5トン以上のクレーンもしくはデリックまたは制限荷重が5トン以上の揚貨装置の運転の業務			×	△	○
5　運転中の原動機または原動機から中間軸までの動力伝導装置の掃除、給油、検査、修理またはベルトの掛換えの業務			×	△	○
6　クレーン、デリックまたは揚貨装置の玉掛けの業務（2人以上の者によって行う玉掛けの業務における補助作業の業務を除く。）			×	△	○

7　動力により駆動される土木建築用機械または船舶荷扱用機械の運転の業務	×	△	○
8　直径が25センチメートル以上の丸のこ盤（横切用丸のこ盤および自動送り装置を有する丸のこ盤を除く。）またはのこ車の直径が75センチメートル以上の帯のこ盤（自動送り装置を有する帯のこ盤を除く。）に木材を送給する業務	×	△	○
9　操車場の構内における軌道車両の入換え、連結または解放の業務	×	△	○
10　蒸気または圧縮空気により駆動されるプレス機械または鍛造機械を用いて行う金属加工の業務	×	△	○
11　動力により駆動されるプレス機械、シヤー等を用いて行う厚さが8ミリメートル以上の鋼板加工の業務	×	△	○
12　岩石または鉱物の破砕機または粉砕機に材料を送給する業務	×	△	○
13　土砂が崩壊するおそれのある場所または深さが5メートル以上の地穴における業務	×	○	○
14　高さが5メートル以上の場所で、墜落により労働者が危害を受けるおそれのあるところにおける業務	×	○	○
15　足場の組立て、解体または変更の業務（地上または床上における補助作業の業務を除く。）	×	○	○
16　胸高直径が35センチメートル以上の立木の伐採の業務	×	△	○
17　機械集材装置、運材索道等を用いて行う木材の搬出の業務	×	△	○
18　特化則、鉛則、有機則の適用を受ける26の化学物質を扱う作業場のうち、作業環境測定を行った結果「第三管理区分」となった屋内作業場での業務、タンク内の業務など呼吸用保護具の着用が義務付けられている業務	×	×	×
19　多量の高熱物体を取り扱う業務	×	△	○
20　著しく暑熱な場所における業務	×	△	○
21　多量の低温物体を取り扱う業務	×	△	○
22　著しく寒冷な場所における業務	×	△	○
23　異常気圧下における業務	×	△	○
24　さく岩機、びょう打機等身体に著しい振動を与える機械器具を用いて行う業務	×	×	○

（注）　1　×…就かせてはならない業務、△…申し出た場合就かせてはならない業務、○…就かせても差し支えない業務を示す。
　　　2　坑内業務については、就業制限の定めがある。（労働基準法第64条の2、女性労働基準規則第1条）

○すべての女性について就業制限がかかる業務は、重量物を扱う業務（上の表の1）及び有害物のガス、蒸気又は粉じんを発散する場所における業務（上の表の18）である。

Ⅱ 労働衛生 （有害業務に係るもの）

1　有害物質の性状

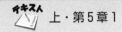

上・第5章1

問1　化学物質とその常温・常圧（25℃、1気圧）での空気中における状態との組合せとして、誤っているものは次のうちどれか。

　　ただし、ガスとは、常温・常圧で気体のものをいい、蒸気とは、常温・常圧で液体又は固体の物質が蒸気圧に応じて揮発又は昇華して気体となっているものをいうものとする。

(1)　アクリロニトリル…………………………ガス

(2)　アセトン……………………………………蒸気

(3)　アンモニア…………………………………ガス

(4)　ホルムアルデヒド…………………………ガス

(5)　硫酸ジメチル………………………………蒸気

【R5年10月／問11】

解説

(1)　誤り。アクリロニトリルは常温・常圧下では液体（沸点77℃）であり、空気中に発散すると、蒸気として存在する。

(2)　正しい。

(3)　正しい。

(4)　正しい。

(5)　正しい。

解答　(1)

問2 次の化学物質のうち、常温・常圧(25℃、1気圧)の空気中で蒸気として
□□ 存在するものはどれか。

　　　　ただし、蒸気とは、常温・常圧で液体又は固体の物質が蒸気圧に応じて
揮発又は昇華して気体となっているものをいうものとする。

(1)　塩化ビニル

(2)　ジクロロベンジジン

(3)　アクリロニトリル

(4)　エチレンオキシド

(5)　二酸化マンガン

【R5年4月／問12】

解 説
────────────────────────────

(1)　塩化ビニルは常温・常圧下では全量がガスとして存在する。

(2)　ジクロロベンジジンは粉じんとして存在する。

(3)　アクリロニトリルは常温・常圧下では液体（沸点77℃）であり、空気中に発
散すると、蒸気として存在する。

(4)　エチレンオキシドは常温・常圧下では全量がガスとして存在する。

(5)　二酸化マンガンは粉じんとして存在する。

　　よって、蒸気として存在するものは(3)である。

解答　(3)

問3
□□
次の化学物質のうち、常温・常圧（25℃、1気圧）の空気中で蒸気として存在するものはどれか。

ただし、蒸気とは、常温・常圧で液体又は固体の物質が蒸気圧に応じて揮発又は昇華して気体となっているものをいうものとする。

(1)　塩化ビニル

(2)　ジクロロベンジジン

(3)　アクリロニトリル

(4)　硫化水素

(5)　アンモニア

【R4年10月／問11】

解説

(1)　塩化ビニルは常温・常圧下では全量がガスとして存在する。

(2)　ジクロロベンジジンは粉じんとして存在する。

(3)　アクリロニトリルは常温・常圧下では液体（沸点77℃）であり、空気中に発散すると、蒸気として存在する。

(4)　硫化水素は常温・常圧下では全量がガスとして存在する。

(5)　アンモニアは常温・常圧下では全量がガスとして存在する。

よって、蒸気として存在するものは(3)である。

解答　(3)

問4 次の化学物質のうち、常温・常圧（25℃、1気圧）の空気中で蒸気として存在するものはどれか。

ただし、蒸気とは、常温・常圧で液体又は固体の物質が蒸気圧に応じて揮発又は昇華して気体となっているものをいうものとする。

(1) 塩化ビニル

(2) ホルムアルデヒド

(3) 二硫化炭素

(4) 二酸化硫黄

(5) アンモニア

【R3年10月／問12】

解説

(1) 塩化ビニルは常温・常圧下では全量がガスとして存在する。

(2) ホルムアルデヒドは常温・常圧下では全量がガスとして存在する。

(3) 二硫化炭素は有機溶剤であり、常温・常圧下では液体（沸点46.3℃）であり、空気中に発散すると、蒸気として存在する。

(4) 二酸化硫黄は常温・常圧下では全量がガスとして存在する。

(5) アンモニアは常温・常圧下では全量がガスとして存在する。

よって、蒸気として存在するものは(3)である。

解答 (3)

問5 　次の化学物質のうち、常温・常圧（25℃、1気圧）の空気中で蒸気として存在するものはどれか。

　ただし、蒸気とは、常温・常圧で液体又は固体の物質が蒸気圧に応じて揮発又は昇華して気体となっているものをいうものとする。

(1)　塩化ビニル

(2)　ジクロロベンジジン

(3)　トリクロロエチレン

(4)　二酸化硫黄

(5)　ホルムアルデヒド

【R3年4月／問12】

解　説

(1)　塩化ビニルは常温・常圧下では全量がガスとして存在する。

(2)　ジクロロベンジジンは粉じんとして存在する。

(3)　トリクロロエチレンは有機溶剤であり、常温・常圧下では液体（沸点87.2℃）であり、空気中に発散すると、蒸気として存在する。

(4)　二酸化硫黄は常温・常圧下では全量がガスとして存在する。

(5)　ホルムアルデヒドは常温・常圧下では全量がガスとして存在する。

　よって、蒸気として存在するものは(3)である。

解答　(3)

　　　化学物質とその常温・常圧（25℃、1気圧）の空気中における状態との組合せとして、誤っているものは次のうちどれか。

　　　ただし、「ガス」とは、常温・常圧で気体のものをいい、「蒸気」とは、常温・常圧で液体又は固体の物質が蒸気圧に応じて揮発又は昇華して気体となっているものをいうものとする。

(1)　ホルムアルデヒド‥‥‥‥‥‥‥‥ガス

(2)　塩化ビニル‥‥‥‥‥‥‥‥‥‥‥ガス

(3)　二硫化炭素‥‥‥‥‥‥‥‥‥‥‥蒸気

(4)　二酸化硫黄‥‥‥‥‥‥‥‥‥‥‥蒸気

(5)　アクリロニトリル‥‥‥‥‥‥‥蒸気

【R2年10月／問13】

解 説

(1)　正しい。

(2)　正しい。

(3)　正しい。

(4)　誤り。二酸化硫黄は常温・常圧下では全量がガスとして存在する。

(5)　正しい。

解答　(4)

問7　次の化学物質のうち、常温・常圧（25℃、1気圧）の空気中で蒸気として存在するものはどれか。

□□　ただし、蒸気とは、常温・常圧で液体又は固体の物質が蒸気圧に応じて揮発又は昇華して気体となっているものをいうものとする。

(1)　塩素

(2)　ジクロロベンジジン

(3)　アンモニア

(4)　クロム酸

(5)　アセトン

【R2年4月／問12】

解説

(1)　塩素は常温・常圧下では全量がガスとして存在する。

(2)　ジクロロベンジジンは粉じんとして存在する。

(3)　アンモニアは常温・常圧下では全量がガスとして存在する。

(4)　クロム酸は液体として存在するが、揮発性はないので、蒸気としては存在しない。

(5)　アセトンは有機溶剤であり、常温・常圧下では液体（沸点56℃）であり、空気中に発散すると、蒸気として存在する。

よって、蒸気として存在するものは(5)である。

解答　(5)

問 8 次の化学物質のうち、常温・常圧(25℃、1気圧)の空気中で蒸気として
□□ 存在するものはどれか。

ただし、蒸気とは、常温・常圧で液体又は固体の物質が蒸気圧に応じて
揮発又は昇華して気体となっているものをいうものとする。

(1) 塩化ビニル

(2) ジクロロベンジジン

(3) アセトン

(4) 二酸化硫黄

(5) アンモニア

【R1年10月／問12】

解 説

(1) 塩化ビニルは常温・常圧下では全量がガスとして存在する。

(2) ジクロロベンジジンは粉じんとして存在する。

(3) アセトンは有機溶剤であり、常温・常圧下では液体(沸点56℃)であり、空
気中に飛散すると、蒸気として存在する。

(4) 二酸化硫黄は常温・常圧下では全量がガスとして存在する。

(5) アンモニアは常温・常圧下では全量がガスとして存在する。

よって、蒸気として存在するものは(3)である。

解答 (3)

問9 □□ 次の化学物質のうち、常温・常圧(25℃、1気圧)の空気中で蒸気として存在するものはどれか。

ただし、蒸気とは、常温・常圧で液体又は固体の物質が蒸気圧に応じて揮発又は昇華して気体となっているものをいうものとする。

(1) 塩化ビニル

(2) ホルムアルデヒド

(3) 二硫化炭素

(4) 硫化水素

(5) アンモニア

【H31年4月／問11】

解 説 ────────────────────────────────

(1) 塩化ビニルは常温・常圧下では全量がガスとして存在する。

(2) ホルムアルデヒドは常温・常圧下では全量がガスとして存在する。

(3) 二硫化炭素は有機溶剤であり、常温・常圧下では液体(沸点46.3℃)であり、空気中に発散すると、蒸気として存在する。

(4) 硫化水素は常温・常圧下では全量がガスとして存在する。

(5) アンモニアは常温・常圧下では全量がガスとして存在する。

よって、蒸気として存在するものは(3)である。

解答　(3)

解答にあたってのポイント

・空気中の有害物質の分類と性状を把握する。

　代表例として、塩素、塩化ビニル、硫化水素、アンモニア、一酸化炭素、二酸化硫黄、ホルムアルデヒド、アクリロニトリル、ニッケルカルボニル、硫酸ジメチル、フェノール、アセトン、トリクロロエチレン、トルエン、二硫化炭素、クロム酸、硝酸、硫酸、ジクロロベンジジン、オルト−トリジン、石綿、無水クロム酸、酸化亜鉛、酸化鉛を覚えておく（**テキスト「衛生管理（上）」の「第5章1(2)」**参照）。

2 化学物質管理

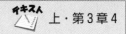 上・第3章4

問10 　化学物質等による疾病のリスクの低減措置について、法令に定められた
□□ 措置以外の措置を検討する場合、優先度の最も高いものは次のうちどれか。

(1) 化学物質等に係る機械設備等の密閉化

(2) 化学物質等に係る機械設備等への局所排気装置の設置

(3) 化学反応のプロセス等の運転条件の変更

(4) 化学物質等の有害性に応じた有効な保護具の使用

(5) 作業手順の改善

【R5年10月／問13】

※ R5年4月／問11は類似問題

解説

　有害物質等による疾病のリスクの低減措置には、次のものがある。丸数字が若いものほど、大きな効果が得られることが多いとされている。

① 有害物質の製造・使用の中止、有害性の少ない物質への転換

② 工法・工程等の改良による有害物質の発散の防止

③ 有害物質を取り扱う設備等の密閉化と自動化

④ 有害物質を取り扱う生産工程の隔離と遠隔操作の採用

⑤ 局所排気装置の設置又はプッシュプル型換気装置の設置

⑥ 全体換気装置の設置

⑦ 作業行動、作業方法等の改善

よって、解答は(3)である。

　なお、保護具の使用は、リスク低減ではなくリスク回避にすぎず、上記の対策におけるあくまでも補完的な対策であることを理解していなければならない。また、一つの方法に全面的に依存するよりも、いくつかの方法を併用する方が効果的である。

解答 (3)

問11　厚生労働省の「化学物質等による危険性又は有害性等の調査等に関する指針」において示されている化学物質等による健康障害に係るリスクを見積もる方法として、適切でないものは次のうちどれか。

(1) 発生可能性及び重篤度を相対的に尺度化し、それらを縦軸と横軸として、あらかじめ発生可能性及び重篤度に応じてリスクが割り付けられた表を使用する方法

(2) 取り扱う化学物質等の年間の取扱量及び作業時間を一定の尺度によりそれぞれ数値化し、それらを加算又は乗算等する方法

(3) 発生可能性及び重篤度を段階的に分岐していく方法

(4) ILO の化学物質リスク簡易評価法（コントロール・バンディング）を用いる方法

(5) 対象の化学物質等への労働者のばく露の程度及び当該化学物質等による有害性を相対的に尺度化し、それらを縦軸と横軸とし、あらかじめばく露の程度及び有害性の程度に応じてリスクが割り付けられた表を使用する方法

【R4年10月／問12】

※ R3年10月／問15は類似問題

解説

リスクアセスメントにおける代表的なリスクの見積もり手法の説明である。

(1) 適切。マトリクス法。

(2) 適切でない。「化学物質等による危険性又は有害性等の調査等に関する指針」に示されている方法ではない。同指針に示されている数値化法は、発生可能性と重篤度を一定の尺度によりそれぞれ数値化し、それらを加算又は乗算等する方法である。

(3) 適切。枝分かれ図を用いた方法。

(4) 適切。コントロール・バンディング。

(5) 適切。あらかじめ尺度化した表を使用する方法。

＊令和5年4月27日の「化学物質等による危険性又は有害性等の調査等に関する指針」の改正により、本指針中「化学物質等」は「リスクアセスメント対象物」と言い換えられる（令和6年4月1日施行）。

解答　(2)

問12 厚生労働省の「化学物質等による危険性又は有害性等の調査等に関する
□□　指針」に基づくリスクアセスメントに関する次の記述のうち、誤っている
ものはどれか。

(1)　リスクアセスメントは、化学物質等を原材料等として新規に採用し、又は変
更するとき、化学物質等を製造し、又は取り扱う業務に係る作業の方法又は手
順を新規に採用し、又は変更するときなどに実施する。

(2)　化学物質等による危険性又は有害性の特定は、リスクアセスメント等の対象
となる業務を洗い出した上で、原則として国連勧告の「化学品の分類及び表示
に関する世界調和システム（GHS）」などで示されている危険性又は有害性の
分類等に即して行う。

(3)　リスクの見積りは、化学物質等が当該業務に従事する労働者に危険を及ぼし、
又は化学物質等により当該労働者の健康障害を生ずるおそれの程度（発生可能
性）及び当該危険又は健康障害の程度（重篤度）を考慮して行う。

(4)　化学物質等による疾病のリスクについては、化学物質等への労働者のばく露
濃度等を測定し、測定結果を厚生労働省の「作業環境評価基準」に示されてい
る「管理濃度」と比較することにより見積もる方法が確実性が高い。

(5)　リスクアセスメントの実施に当たっては、化学物質等に係る安全データシー
ト、作業標準、作業手順書、作業環境測定結果等の資料を入手し、その情報を
活用する。

【R3年4月／問11】

※ H31年4月／問14は類似問題

解説

(1)　正しい。

(2)　正しい。

(3)　正しい。

(4)　誤り。管理濃度とは、作業環境管理を進める上で、有害物質に関する作業環
境の状態を評価するために、作業環境測定基準に従って実施した作業環境測定
の結果から作業環境管理の良否を判断する際の管理区分を決定するための指標
である。個々の労働者のばく露濃度と比較することを前提として設定されてい

るばく露限界（日本産業衛生学会の「許容濃度」や米国産業衛生専門家会議（ACGIH）の「TLV-TWA」等）とは異なる。したがって、設問の労働者のばく露濃度と比較すべきものは、管理濃度ではなくばく露限界であるので、誤りである。

(5)　正しい。

＊令和5年4月27日の「化学物質等による危険性又は有害性等の調査等に関する指針」の改正により、本指針中「化学物質等」は「リスクアセスメント対象物」と言い換えられる（令和6年4月1日施行）。

解答　(4)

問13　厚生労働省の「化学物質等による危険性又は有害性等の調査等に関する
□□　指針」に関する次の記述のうち、誤っているものはどれか。

(1)　リスクアセスメントの基本的手順のうち最初に実施するのは、労働者の就業
　　に係る化学物質等による危険性又は有害性を特定することである。

(2)　ハザードは、労働災害発生の可能性と負傷又は疾病の重大性（重篤度）の組
　　合せであると定義される。

(3)　化学物質等による疾病のリスク低減措置の検討では、化学物質等の有害性に
　　応じた有効な保護具の使用よりも局所排気装置の設置等の衛生工学的対策を優
　　先する。

(4)　化学物質等による疾病のリスク低減措置の検討では、法令に定められた事項
　　を除けば、危険性又は有害性のより低い物質への代替等を最優先する。

(5)　新たに化学物質等の譲渡又は提供を受ける場合には、その化学物質を譲渡し、
　　又は提供する者から、その化学物質等の SDS（安全データシート）を入手する。

【R2年4月／問15】

解説

(1)　正しい。

(2)　誤り。これは、「ハザード」ではなく、「リスク」の説明である。ハザードと
　　は、そのものが持つ有害性や危険性である。

(3)　正しい。

(4)　正しい。

(5)　正しい。

＊令和5年4月27日の「化学物質等による危険性又は有害性等の調査等に関する
　指針」の改正により、本指針中「化学物質等」は「リスクアセスメント対象物」
　と言い換えられる（令和6年4月1日施行）。

解答　(2)

　　厚生労働省の「化学物質等による危険性又は有害性等の調査等に関する
□□　　指針」において示されている化学物質等による疾病に係るリスクを見積も
　　　　る方法として、適切でないものは次のうちどれか。

(1)　発生可能性及び重篤度を相対的に尺度化し、それらを縦軸と横軸として、あ
　らかじめ発生可能性及び重篤度に応じてリスクが割り付けられた表を使用する
　方法

(2)　発生可能性及び重篤度を一定の尺度によりそれぞれ数値化し、それらを加算
　又は乗算等する方法

(3)　発生可能性及び重篤度を段階的に分岐していく方法

(4)　対象の化学物質等への労働者のばく露の程度及び当該化学物質等による有害
　性を相対的に尺度化し、それらを縦軸と横軸とし、あらかじめばく露の程度及
　び有害性の程度に応じてリスクが割り付けられた表を使用する方法

(5)　調査の対象とした化学物質等への労働者の個人ばく露濃度を測定し、測定結
　果を厚生労働省の「作業環境評価基準」に示されている当該化学物質の管理濃
　度と比較する方法

【R2年10月／問11】

解説

　　リスクアセスメントにおける代表的なリスクの見積もり手法の説明である。

(1)　適切。マトリクス法。

(2)　適切。加算法、乗算法（積算法）。

(3)　適切。枝分かれ図を用いた方法。

(4)　適切。あらかじめ尺度化した表を使用する方法。

(5)　適切でない。管理濃度とは、作業環境管理を進める上で、有害物質に関する
　作業環境の状態を評価するために、作業環境測定基準に従って実施した作業環
　境測定の結果から作業環境管理の良否を判断する際の管理区分を決定するため
　の指標である。個々の労働者のばく露濃度と比較することを前提として設定さ
　れているばく露限界（日本産業衛生学会の「許容濃度」や米国産業衛生専門家
　会議（ACGIH）の「TLV-TWA」等）とは異なる。したがって、設問の労働者
　のばく露濃度と比較すべきものは、管理濃度ではなくばく露限界であるので、
　不適切である。

＊令和5年4月27日の「化学物質等による危険性又は有害性等の調査等に関する

指針」の改正により、本指針中「化学物質等」は「リスクアセスメント対象物」
と言い換えられる（令和6年4月1日施行）。

解答　(5)

問15 化学物質等による疾病のリスクの低減措置を検討する場合、次のアから□□ エの対策について、優先度の高い順に並べたものは(1)〜(5)のうちどれか。

　　ア　化学反応のプロセス等の運転条件の変更

　　イ　作業手順の改善

　　ウ　化学物質等に係る機械設備等の密閉化

　　エ　化学物質等の有害性に応じた有効な保護具の使用

(1)　ア − ウ − イ − エ

(2)　ア − エ − ウ − イ

(3)　イ − ア − ウ − エ

(4)　ウ − ア − イ − エ

(5)　ウ − ア − エ − イ

【R4年 4 月／問11】

解 説

　有害物質等による疾病のリスクの低減措置には、次のものがある。丸数字が若いものほど、大きな効果が得られることが多いとされている。

① 有害物質の製造・使用の中止、有害性の少ない物質への転換

② 工法・工程等の改良による有害物質の発散の防止

③ 有害物質を取り扱う設備等の密閉化と自動化

④ 有害物質を取り扱う生産工程の隔離と遠隔操作の採用

⑤ 局所排気装置の設置又はプッシュプル型換気装置の設置

⑥ 全体換気装置の設置

⑦ 作業行動、作業方法等の改善

　よって、解答は(1)である。

　なお、保護具の使用は、リスク低減ではなくリスク回避にすぎず、上記の対策におけるあくまでも補完的な対策であることを理解していなければならない。また、一つの方法に全面的に依存するよりも、いくつかの方法を併用する方が効果的である。

解答　(1)

解答にあたっての**ポイント**

○化学物質の危険性・有害性等の調査等については、リスクアセスメントの実施が安衛法第28条の2により努力義務とされていたところであるが、同法第57条第1項と第57条の2第1項で定められている表示義務対象物、通知対象物となっている化学物質については危険性または有害性等のリスクアセスメントを実施することが、平成28年6月より、義務化されている（調査結果に基づく労働者の健康障害防止措置等は努力義務）（同法第57条の3）。

○化学物質のリスクアセスメントについては、「化学物質等による危険性又は有害性等の調査等に関する指針」に次の事項等が示されている。

・リスクアセスメントの実施内容

① リスクアセスメント対象物による危険性又は有害性の特定

② 特定された危険性又は有害性並びに当該リスクアセスメント対象物を取り扱う作業方法、設備等により業務に従事する労働者に危険を及ぼし、又は当該労働者の健康障害を生ずるおそれの程度及び当該危険又は健康障害の程度の見積り

③ 見積もりに基づくリスク低減措置の内容の検討

④ リスク低減措置の実施

⑤ リスクアセスメント結果の労働者への周知

・実施体制等

衛生管理者にはリスクアセスメント等の実施を管理させることとされている。

・実施時期

① リスクアセスメント対象物を原材料等として新規に採用し、又は変更するとき

② リスクアセスメント対象物を製造し、又は取り扱う業務に係る作業の方法又は手順を新規に採用し、又は変更するとき

③ リスクアセスメント対象物による危険性又は有害性等について変化が生じ、又は生ずるおそれがあるとき

II 労働衛生（有害）

○設問の解説に示したリスク低減措置の優先度、その他詳細は、**テキスト「衛生管理（上）」の「第3章4(4)」**を参照して、理解しておく。

○化学物質による休業4日以上の労働災害の原因となった化学物質の多くは、化学物質関係の特別規則の規制の対象外の物質である。このため、これら規制の対象外であった有害な化学物質を主な対象として、国によるばく露の上限となる基準の策定、危険性・有害性情報の伝達の整備拡充等を踏まえ、事業者が、リスクアセスメントの結果に基づき、ばく露防止のための措置を適切に実施する制度の導入による、事業場規模や業種を限定しない自律的な管理に向けた安衛則等の一部改正が令和4年5月31日にされた。具体的には、「化学物質管理者の選任の義務化」、「保護具着用管理責任者の選任の義務化」、「雇入れ時教育の拡充」、「リスクアセスメントに基づく自律的な化学物質管理の強化」、「SDS（化学物質の安全データシート）等による通知事項の拡充」等となっている（令和6年4月施行。一部令和4年5月、令和5年4月施行）。

3　化学物質による健康障害

上・第4章2

問16　化学物質による健康障害に関する次の記述のうち、正しいものはどれか。
□□

(1)　一酸化炭素による中毒では、ヘモグロビン合成の障害による貧血、溶血などがみられる。

(2)　弗化水素による中毒では、脳神経細胞が侵され、幻覚、錯乱などの精神障害がみられる。

(3)　シアン化水素による中毒では、細胞内の酸素の利用の障害による呼吸困難、けいれんなどがみられる。

(4)　塩化ビニルによる慢性中毒では、慢性気管支炎、歯牙酸蝕症などがみられる。

(5)　塩素による中毒では、再生不良性貧血、溶血などの造血機能の障害がみられる。　　　　　【R5年10月／問14】

解　説

(1)　誤り。一酸化炭素中毒は、赤血球中のヘモグロビンと一酸化炭素が結合することにより、血液の酸素運搬能力が低下した状態であり、息切れ、頭痛、意識障害などが生じる。

(2)　誤り。弗化水素は腐食性が強く、また、刺激性が非常に強い。そのため、弗化水素による中毒では、眼や鼻、気道に粘膜刺激症状を生じ、高濃度では肺炎や肺水腫を生じることもある。皮膚に付着した場合は、強度の化学熱傷を引き起こし、皮膚から吸収されると低カルシウム血症を引き起こす。また、慢性中毒では、骨の硬化、斑状歯、歯牙酸蝕症がみられる。

(3)　正しい。

(4)　誤り。塩化ビニルは、高濃度の急性ばく露では脳に麻酔症状を生じる。低濃度の慢性ばく露では、レイノー症状、指の骨の溶解（指端骨溶解）、皮膚の硬化、肝障害がみられる。がんの一種である肝血管肉腫を生じる。

(5)　誤り。塩素は刺激臭の強いガスで、流涙、咽頭痛、咳などの粘膜刺激症状のほか、高濃度では肺水腫を生じる。

解答　(3)

問17 　　　化学物質による健康障害に関する次の記述のうち、正しいものはどれか。
□□

(1) 塩素による中毒では、再生不良性貧血、溶血などの造血機能の障害がみられる。

(2) シアン化水素による中毒では、細胞内の酸素の利用の障害による呼吸困難、けいれんなどがみられる。

(3) 弗化水素による中毒では、脳神経細胞が侵され、幻覚、錯乱などの精神障害がみられる。

(4) 酢酸メチルによる慢性中毒では、微細動脈瘤を伴う脳卒中などがみられる。

(5) 二酸化窒素による慢性中毒では、骨の硬化、斑状歯などがみられる。

【R5年4月／問17】

解説

(1) 誤り。塩素は刺激臭の強いガスで、流涙、咽頭痛、咳などの粘膜刺激症状のほか、高濃度では肺水腫を生じる。

(2) 正しい。

(3) 誤り。弗化水素は腐食性が強く、また、刺激性が非常に強い。そのため、弗化水素による中毒では、眼や鼻、気道に粘膜刺激症状を生じ、高濃度では肺炎や肺水腫を生じることもある。皮膚に付着した場合は、強度の化学熱傷を引き起こし、皮膚から吸収されると低カルシウム血症を引き起こす。また、慢性中毒では、骨の硬化、斑状歯、歯牙酸蝕症がみられる。

(4) 誤り。酢酸メチルは体内でメタノールに代謝され、メタノールと同様の視神経障害を生じる。

(5) 誤り。二酸化窒素は赤褐色の気体で水に溶けて硝酸と亜硝酸となる。慢性中毒では、歯牙酸蝕症、慢性気管支炎、胃腸障害がみられる。なお、急性中毒では亜硝酸による粘膜刺激症状がみられる。

解答 (2)

問18　化学物質による健康障害に関する次の記述のうち、誤っているものはどれか。

(1)　一酸化炭素は、赤血球中のヘモグロビンと強く結合し、体内組織の酸素欠乏状態を起こす。

(2)　シアン化水素による中毒では、細胞内での酸素利用の障害による呼吸困難、けいれんなどがみられる。

(3)　硫化水素による中毒では、意識消失、呼吸麻痺などがみられる。

(4)　塩化ビニルによる慢性中毒では、慢性気管支炎、歯牙酸蝕症などがみられる。

(5)　弗化水素による慢性中毒では、骨の硬化、斑状歯などがみられる。

【R4年10月／問16】

解説

(1)　正しい。

(2)　正しい。

(3)　正しい。

(4)　誤り。塩化ビニルは、高濃度の急性ばく露では脳に麻酔症状を生じる。低濃度の慢性ばく露では、レイノー症状、指の骨の溶解（指端骨溶解）、皮膚の硬化、肝障害がみられる。がんの一種である肝血管肉腫を生じる。

(5)　正しい。なお、弗化水素は、高濃度では、肺炎、肺水腫を生じることがある。

解答　(4)

問19　化学物質による健康障害に関する次の記述のうち、誤っているものはど □□ れか。

(1)　ノルマルヘキサンによる健康障害では、末梢神経障害がみられる。

(2)　シアン化水素による中毒では、細胞内での酸素利用の障害による呼吸困難、痙攣などがみられる。

(3)　硫化水素による中毒では、意識消失、呼吸麻痺などがみられる。

(4)　塩化ビニルによる慢性中毒では、気管支炎、歯牙酸蝕症などがみられる。

(5)　弗化水素による慢性中毒では、骨の硬化、斑状歯などがみられる。

【R3年 4 月／問17】

解説

(1)　正しい。

(2)　正しい。

(3)　正しい。

(4)　誤り。塩化ビニルは、高濃度の急性ばく露では脳に麻酔症状を生じる。低濃度の慢性ばく露では、レイノー症状、指の骨の溶解（指端骨溶解）、皮膚の硬化、肝障害がみられる。がんの一種である肝血管肉腫を生じる。

(5)　正しい。なお、弗化水素は、高濃度では、肺炎、肺水腫を生じることがある。

解答　(4)

問20 　化学物質による健康障害に関する次の記述のうち、誤っているものはどれか。

(1) 硫化水素による中毒では、意識消失、呼吸麻痺などがみられる。

(2) ノルマルヘキサンによる健康障害では、末梢神経障害などがみられる。

(3) *N,N*－ジメチルホルムアミドによる健康障害では、頭痛、肝機能障害などがみられる。

(4) 弗化水素による健康障害では、貧血、溶血、メトヘモグロビン形成によるチアノーゼなどがみられる。

(5) ベンゼンによる健康障害では、再生不良性貧血、白血病などがみられる。

【R2年10月／問17】

解説

(1) 正しい。

(2) 正しい。

(3) 正しい。

(4) 誤り。弗化水素は腐食性が強く、また、刺激性が非常に強い。そのため、弗化水素による中毒では、眼や鼻、気道に粘膜刺激症状を生じ、高濃度では肺炎や肺水腫を生じることもある。皮膚に付着した場合は、強度の化学熱傷を引き起こし、皮膚から吸収されると低カルシウム血症を引き起こす。また、慢性中毒では、骨の硬化、斑状歯、歯牙酸蝕症がみられる。設問の貧血、溶血、メトヘモグロビン形成によるチアノーゼを引き起こす物質としては、芳香族ニトロ化合物や芳香族アミノ化合物があげられる。

(5) 正しい。

解答　(4)

　　　化学物質による健康障害に関する次の記述のうち、誤っているものはどれか。

(1)　二酸化窒素による中毒では、末梢神経障害などがみられる。

(2)　シアン化水素による中毒では、細胞内での酸素利用の障害による呼吸困難、けいれんなどがみられる。

(3)　硫化水素による中毒では、意識消失、呼吸麻痺などがみられる。

(4)　二酸化硫黄による慢性中毒では、慢性気管支炎、歯牙酸蝕症などがみられる。

(5)　弗化水素による慢性中毒では、骨の硬化、斑状歯などがみられる。

【R1年10月／問17】

解説

(1)　誤り。二酸化窒素は赤褐色の気体で水に溶けて硝酸と亜硝酸となる。慢性中毒では、歯牙酸蝕症、慢性気管支炎、胃腸障害がみられる。なお、急性中毒では亜硝酸による粘膜刺激症状がみられる。

(2)　正しい。

(3)　正しい。

(4)　正しい。

(5)　正しい。なお、弗化水素は、高濃度では、肺炎、肺水腫を生じることがある。

解答　(1)

問22 化学物質による健康障害に関する次の記述のうち、誤っているものはどれか。

(1) 無機水銀による健康障害では、腎障害などがみられる。

(2) ノルマルヘキサンによる健康障害では、末梢神経障害などがみられる。

(3) N,N-ジメチルホルムアミドによる健康障害では、頭痛、肝機能障害などがみられる。

(4) 弗化水素による中毒では、脳神経細胞が侵され、幻覚、錯乱などの精神障害などがみられる。

(5) ベンゼンによる健康障害では、長期間のばく露によって造血器障害が現れ、再生不良性貧血を生じる。

【H31年 4 月／問17】

解 説

(1) 正しい。

(2) 正しい。

(3) 正しい。

(4) 誤り。弗化水素は腐食性が強く、また、刺激性が非常に強い。そのため、弗化水素による中毒では、眼や鼻、気道に粘膜刺激症状を生じ、高濃度では肺炎や肺水腫を生じることもある。皮膚に付着した場合は、強度の化学熱傷を引き起こし、皮膚から吸収されると低カルシウム血症を引き起こす。また、慢性中毒では、骨の硬化、斑状歯、歯牙酸蝕症がみられる。

(5) 正しい。

解答 (4)

問23 化学物質と、それにより発症するおそれのある主たるがんとの組合せとして、正しいものは次のうちどれか。

(1) ベンゼン……………………………白血病

(2) ベンジジン……………………………胃がん

(3) ベンゾトリクロリド………………膀胱がん

(4) コールタール………………………肝血管肉腫

(5) 石綿……………………………………皮膚がん

【R2年4月／問13】

> 解説

(1) 正しい。

(2) 誤り。ベンジジンにより発症するおそれのある主たるがんは、膀胱がんである。

(3) 誤り。ベンゾトリクロリドにより発症するおそれのある主たるがんは、肺がん、鼻腔がんである。

(4) 誤り。コールタールにより発症するおそれのある主たるがんは、肺がん、皮膚がん、膀胱がん、陰嚢がんである。

(5) 誤り。石綿により発症するおそれのある主たるがんは、肺がん、胸膜中皮腫である。

解答 (1)

問24　　化学物質と、それにより発症するおそれのある主たるがんとの組合せと
□□　　して、正しいものは次のうちどれか。

(1)　塩化ビニル……………………………肝血管肉腫

(2)　ベンジジン………………………………胃がん

(3)　ベータ-ナフチルアミン　…………肺がん

(4)　コールタール………………………………白血病

(5)　クロム酸……………………………………皮膚がん

【H31年4月／問18】

II 労働衛生〈有害〉

解説

(1)　正しい。

(2)　誤り。ベンジジンにより発症するおそれのある主たるがんは、膀胱（ぼうこう）がんである。

(3)　誤り。ベータ-ナフチルアミンにより発症するおそれのある主たるがんは、膀胱（ぼうこう）がんである。

(4)　誤り。コールタールにより発症するおそれのある主たるがんは、肺がん、皮膚がん、膀胱（ぼうこう）がん、陰嚢がんである。

(5)　誤り。クロム酸により発症するおそれのある主たるがんは、肺がん、上気道がんである。

解答　(1)

問25　　　有害化学物質とその生物学的モニタリング指標として用いられる尿中の
□□　代謝物等との組合せとして、誤っているものは次のうちどれか。

(1)　鉛……………………………………デルタアミノレブリン酸

(2)　スチレン…………………………メチルホルムアミド

(3)　トルエン…………………………馬尿酸

(4)　ノルマルヘキサン……………2,5 − ヘキサンジオン

(5)　トリクロロエチレン…………トリクロロ酢酸

【R3年 4 月／問20】

解 説

(1)　正しい。

(2)　誤り。スチレンの尿中代謝物はマンデル酸である。

(3)　正しい。

(4)　正しい。

(5)　正しい。

解答　(2)

問26　有害化学物質とその生物学的モニタリング指標として用いられる尿中の
□□　代謝物等との組合せとして、誤っているものは次のうちどれか。

(1) 鉛……………………………………デルタアミノレブリン酸

(2) スチレン…………………………馬尿酸

(3) キシレン…………………………メチル馬尿酸

(4) ノルマルヘキサン………………2,5－ヘキサンジオン

(5) トリクロロエチレン……………トリクロロ酢酸

【R2年10月／問15（一部修正）】

解説

(1) 正しい。

(2) 誤り。スチレンの尿中代謝物はマンデル酸である。馬尿酸はトルエンの尿中
代謝物である。

(3) 正しい。

(4) 正しい。

(5) 正しい。

解答　(2)

解答にあたってのポイント

・化学物質とそれが原因により発生する健康障害の出題は、それぞれの化学物質による健康障害の発生機序とその特徴を把握しておく（**テキスト「衛生管理（上）」の「第4章2」**参照）。

・化学物質のばく露経路や生体内での吸収、排泄、蓄積に関する知識は、労働衛生管理を進める上で基礎的な知識となるので、その内容について理解しておく。また、生物学的半減期という用語について、理解しておく。

　　生物学的半減期…体内に取り込まれた有害物質が代謝・排出されて半分の量になるまでの期間をいう。

4　粉じんによる健康障害

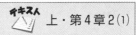 上・第4章2(1)

問27　粉じん（ヒュームを含む。）による健康障害に関する次の記述のうち、誤っ
□□　ているものはどれか。

(1)　じん肺は、粉じんを吸入することによって肺に生じた炎症性病変を主体とする疾病で、その種類には、けい肺、間質性肺炎、慢性閉塞性肺疾患（COPD）などがある。

(2)　じん肺は、肺結核のほか、続発性気管支炎、続発性気胸、原発性肺がんなどを合併することがある。

(3)　アルミニウムやその化合物によってじん肺を起こすことがある。

(4)　溶接工肺は、溶接の際に発生する酸化鉄ヒュームのばく露によって発症するじん肺である。

(5)　炭素を含む粉じんは、じん肺を起こすことがある。

【R4年10月／問13】

解説

(1)　誤り。じん肺は、粉じんを吸入することによって肺に生じた線維増殖性変化を主体とする疾病で、けい肺、石綿肺などがある。線維増殖性変化は線維化ともいい、線維化した組織は酸素と二酸化炭素の交換には役立たず、進行すると肺の酸素交換が十分にできなくなる。

(2)　正しい。

(3)　正しい。

(4)　正しい。鉄、アルミニウムなどの金属粉じんが原因で発症するじん肺には、溶接工肺、アルミニウム肺などがある。

(5)　正しい。なお、炭素が原因で発症したじん肺を炭素肺、黒鉛肺などと呼ぶことがある。

解答　(1)

粉じん(ヒュームを含む。)による健康障害に関する次の記述のうち、誤っ
□□　ているものはどれか。

(1)　じん肺は、粉じんを吸入することによって肺に生じた線維増殖性変化を主体
とする疾病である。

(2)　鉱物性粉じんに含まれる遊離けい酸（SiO_2）は、石灰化を伴う胸膜肥厚や胸
膜中皮腫を生じさせるという特徴がある。

(3)　じん肺は、肺結核のほか、続発性気管支炎、続発性気胸、原発性肺がんなど
を合併することがある。

(4)　溶接工肺は、溶接の際に発生する酸化鉄ヒュームのばく露によって発症する
じん肺である。

(5)　アルミニウムやその化合物によるじん肺は、アルミニウム肺と呼ばれている。

【R4年 4 月／問15】

解　説

(1)　正しい。線維増殖性変化は線維化ともいい、線維化した組織は酸素と二酸化
炭素の交換には役立たず、進行すると肺の酸素交換が十分にできなくなる。

(2)　誤り。鉱物性粉じんに含まれる遊離けい酸は、肺の線維増殖性変化（線維化）
を起こす作用が強く、じん肺を引き起こす。遊離けい酸が原因で発症したじん
肺をけい肺と呼ぶ。なお、胸膜の肥厚や石灰化、中皮腫を引き起こすものは石
綿繊維の粉じんである。石綿繊維を吸引し、胸膜の肥厚や石灰化などがみられ
るようになると石綿肺と診断される。

(3)　正しい。

(4)　正しい。

(5)　正しい。

解答　(2)

問29　粉じんによる健康障害に関する次の記述のうち、誤っているものはどれ
□□　か。

(1)　じん肺は、粉じんを吸入することによって肺に生じた線維増殖性変化を主体
とする疾病である。

(2)　じん肺の自覚症状は、初期にはあまりみられないが、進行すると咳、痰、呼
吸困難などがみられる。

(3)　じん肺の合併症には、間質性肺炎、慢性閉塞性肺疾患（COPD）などがある。

(4)　石綿粉じんは、肺がん、胸膜中皮腫などの重篤な疾病を起こすおそれがある。

(5)　米杉、ラワンなどの木材粉じんは、ぜんそくを起こすことがある。

【R2年10月／問14】

解説

(1)　正しい。線維増殖性変化は線維化ともいい、線維化した組織は酸素と二酸化
炭素の交換には役立たず、進行すると肺の酸素交換が十分にできなくなる。

(2)　正しい。

(3)　誤り。じん肺の合併症には、肺結核、続発性気管支炎、続発性気胸、原発性
肺がんなどがある。

(4)　正しい。

(5)　正しい。アレルギー性疾患として、木材粉やそば粉はぜんそくを引き起こし、
セメント粉はアレルギー性接触皮膚炎を引き起こす。

解答　(3)

問30 　粉じんによる健康障害に関する次の記述のうち、誤っているものはどれ
□□　か。

(1) 　じん肺は、粉じんを吸入することによって肺に生じた線維増殖性変化を主体
とする疾病である。

(2) 　じん肺は、ある程度進行すると、粉じんへのばく露を中止しても肺に生じた
病変は治らず、更に進行することがある。

(3) 　鉱物性粉じんに含まれる遊離けい酸は、石灰化を伴う胸膜の肥厚である胸膜
中皮腫を生じさせるという特徴がある。

(4) 　アルミニウムを含む粉じんや炭素を含む粉じんも、じん肺を起こすことがあ
る。

(5) 　じん肺は、続発性気管支炎や肺結核を合併することがある。

【H31年4月／問15】

解説

(1) 　正しい。線維増殖性変化は線維化ともいい、線維化した組織は酸素と二酸化
炭素の交換には役立たず、進行すると肺の酸素交換が十分にできなくなる。

(2) 　正しい。

(3) 　誤り。鉱物性粉じんに含まれる遊離けい酸は、肺の線維増殖性変化（線維化）
を起こす作用が強く、じん肺を引き起こす。遊離けい酸が原因で発症したじん
肺をけい肺と呼ぶ。なお、胸膜の肥厚や石灰化、中皮腫を引き起こすものは石
綿繊維の粉じんである。石綿繊維を吸引し、胸膜の肥厚や石灰化などがみられ
るようになると石綿肺と診断される。

(4) 　正しい。

(5) 　正しい。

解答　(3)

問31　じん肺に関する次の記述のうち、正しいものはどれか。

☐☐

(1) じん肺は、粉じんを吸入することによって肺に生じた炎症性病変を主体とする疾病で、その種類には、けい肺、間質性肺炎、慢性閉塞性肺疾患（COPD）などがある。

(2) じん肺は、続発性気管支炎、肺結核などを合併することがある。

(3) 鉱物性粉じんに含まれる遊離けい酸（SiO_2）は、石灰化を伴う胸膜肥厚や胸膜中皮腫を生じさせるという特徴がある。

(4) じん肺の有効な治療方法は、既に確立されている。

(5) じん肺がある程度進行しても、粉じんへのばく露を中止すれば、症状が更に進行することはない。

【R3年4月／問16】

＜II 労働衛生（有害）＞

解　説

(1) 誤り。じん肺は、粉じんを吸入することによって肺に生じた線維増殖性変化を主体とする疾病で、けい肺、石綿肺などがある。線維増殖性変化は線維化ともいい、線維化した組織は酸素と二酸化炭素の交換には役立たず、進行すると肺の酸素交換が十分にできなくなる。

(2) 正しい。

(3) 誤り。鉱物性粉じんに含まれる遊離けい酸は、肺の線維増殖性変化（線維化）を起こす作用が強く、じん肺を引き起こす。遊離けい酸が原因で発症したじん肺をけい肺と呼ぶ。なお、胸膜肥厚や石灰化、中皮腫を引き起こすものは石綿繊維の粉じんである。石綿繊維を吸引し、胸膜の肥厚や石灰化などがみられるようになると石綿肺と診断される。

(4) 誤り。現在、じん肺の有効な治療法は確立されていない。

(5) 誤り。じん肺は、ある程度進行すると、粉じんへのばく露を中止しても肺に生じた病変は治らず、さらに進行することがある。

解答　(2)

問32　じん肺に関する次の記述のうち、誤っているものはどれか。
☐☐

(1)　じん肺は、粉じんを吸入することによって肺に生じた炎症性病変を主体とする疾病で、けい肺、間質性肺炎などがある。

(2)　けい肺は、遊離けい酸の粉じんを吸入することにより起こるじん肺であり、その自覚症状は、進行してから、咳や痰が始まり、やがて呼吸困難に陥る。

(3)　じん肺は、続発性気管支炎、肺結核などを合併することがある。

(4)　アルミニウムやその化合物によるじん肺をアルミニウム肺という。

(5)　じん肺がある程度進行すると、粉じんへのばく露を中止しても肺の病変が進行する。

【R2年4月／問16】

解説

(1)　誤り。じん肺は、粉じんを吸入することによって肺に生じた線維増殖性変化を主体とする疾病で、けい肺、石綿肺などがある。線維増殖性変化は線維化ともいい、線維化した組織は酸素と二酸化炭素の交換には役立たず、進行すると肺の酸素交換が十分にできなくなる。

(2)　正しい。鉱物性粉じんに含まれる遊離けい酸は、肺の線維増殖性変化（線維化）を起こす作用が強く、じん肺を引き起こす。遊離けい酸が原因で発症したじん肺をけい肺と呼ぶ。

(3)　正しい。

(4)　正しい。

(5)　正しい。

解答　(1)

解答にあたってのポイント

・粉じんによる健康障害に関する問題は、じん肺の名称と原因物質、特徴的な症状を把握する。

・じん肺は、ある程度進行するとばく露を中止しても肺の線維化が進行する性質を持つ。また、じん肺は、肺結核や肺がんといった合併症を伴うことがある。

・木材粉やそば粉といった植物性の粉じんは、吸引するとぜんそくを引き起こすことがある。

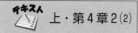
問33　　金属などによる健康障害に関する次の記述のうち、誤っているものはどれか。

(1)　ベリリウム中毒では、接触皮膚炎、肺炎などの症状がみられる。

(2)　マンガン中毒では、歩行障害、発語障害、筋緊張亢進こうなどの症状がみられる。

(3)　クロム中毒では、低分子蛋白尿、歯への黄色の色素沈着、視野狭窄などの症状がみられる。

(4)　カドミウム中毒では、上気道炎、肺炎、腎機能障害などがみられる。

(5)　金属水銀中毒では、感情不安定、幻覚などの精神障害、手指の震えなどの症状がみられる。

【R5年10月／問16】

解説

(1)　正しい。

(2)　正しい。

(3)　誤り。クロム中毒では鼻中隔穿孔せん、肺がん、上気道がんや皮膚障害（充血、水疱、潰瘍）などがみられる。

(4)　正しい。

(5)　正しい。

解答　(3)

問34　金属などによる健康障害に関する次の記述のうち、誤っているものはどれか。

(1)　金属水銀中毒では、感情不安定、幻覚などの精神障害、手指の震えなどの症状がみられる。

(2)　鉛中毒では、貧血、末梢神経障害、腹部の疝痛などの症状がみられる。

(3)　マンガン中毒では、指の骨の溶解、肝臓の血管肉腫などがみられる。

(4)　カドミウム中毒では、上気道炎、肺炎、腎機能障害などがみられる。

(5)　砒素中毒では、角化症、黒皮症などの皮膚障害、鼻中隔穿孔などがみられる。

【R4年10月／問18】

解説

(1)　正しい。

(2)　正しい。

(3)　誤り。マンガンの標的臓器は脳で、この中毒では、神経質になるといった精神症状や歩行障害、発語障害、筋緊張亢進といったパーキンソン病に似た症状（パーキンソニズム）がみられる。指の骨の溶解、肝臓の血管肉腫は塩化ビニルによる症状の1つである。

(4)　正しい。

(5)　正しい。

解答　(3)

金属による健康障害に関する次の記述のうち、誤っているものはどれか。

□□

(1) カドミウム中毒では、上気道炎、肺炎、腎機能障害などがみられる。

(2) 鉛中毒では、貧血、末梢神経障害、腹部の疝痛などがみられる。

(3) マンガン中毒では、筋のこわばり、震え、歩行困難などのパーキンソン病に
　　似た症状がみられる。

(4) ベリリウム中毒では、溶血性貧血、尿の赤色化などの症状がみられる。

(5) 金属水銀中毒では、感情不安定、幻覚などの精神障害や手指の震えなどの症
　　状・障害がみられる。

【R3年10月／問14】

解 説

(1) 正しい。

(2) 正しい。

(3) 正しい。

(4) 誤り。ベリリウム中毒では、慢性中毒では肺に肉芽腫を生じる慢性ベリリウ
　　ム肺を生じ、急性中毒では接触性皮膚炎、皮膚潰瘍、肺炎などがみられる。

(5) 正しい。

解答 (4)

問36 　金属による健康障害に関する次の記述のうち、誤っているものはどれか。
□□

(1) カドミウム中毒では、上気道炎、肺炎、腎機能障害などがみられる。

(2) 鉛中毒では、貧血、末梢神経障害、腹部の疝痛などがみられる。

(3) マンガン中毒では、筋のこわばり、ふるえ、歩行困難などのパーキンソン病に似た症状がみられる。

(4) ベリリウム中毒では、溶血性貧血、尿の赤色化などの症状がみられる。

(5) クロム中毒では、肺がん、上気道がんなどがみられる。

【R2年10月／問20】

解説

(1) 正しい。

(2) 正しい。

(3) 正しい。

(4) 誤り。ベリリウム中毒では、慢性中毒では肺に肉芽腫を生じる慢性ベリリウム肺を生じ、急性中毒では接触性皮膚炎、皮膚潰瘍、肺炎などがみられる。

(5) 正しい。

解答 (4)

問37 　金属による中毒に関する次の記述のうち、正しいものはどれか。

□□

(1) 鉛中毒では、貧血、伸筋麻痺、腹部の疝痛などの症状がみられる。

(2) ベリリウム中毒では、溶血性貧血、尿の赤色化などの症状がみられる。

(3) マンガン中毒では、指の骨の溶解、皮膚の硬化などの症状がみられる。

(4) クロム中毒では、低分子蛋白尿、歯への黄色の色素沈着、視野狭窄などの症状がみられる。

(5) 金属水銀中毒では、骨軟化症、鼻中隔穿孔などの症状がみられる。

【R1年10月／問15】

解説

(1) 正しい。

(2) 誤り。ベリリウム中毒では、慢性中毒では肺に肉芽腫を生じる慢性ベリリウム肺を生じ、急性中毒では接触性皮膚炎、皮膚潰瘍、肺炎などがみられる。

(3) 誤り。マンガンの標的臓器は脳であり、この中毒では、神経質になるといった精神症状や歩行障害、発語障害、筋緊張亢進といったパーキンソン病に似た症状（パーキンソニズム）がみられる。指の骨の溶解、皮膚の硬化、肝臓の血管肉腫などは塩化ビニルの中毒症状の１つである。

(4) 誤り。クロム中毒では鼻中隔穿孔、肺がん、上気道がんや皮膚障害（充血、水疱、潰瘍）などがみられる。

(5) 誤り。金属水銀の標的臓器は脳で、この中毒では、慢性ばく露では感情不安定、判断力低下、幻覚などの精神障害や手指のふるえといった症状が、急性ばく露では肺炎様の症状がみられる。

解答 (1)

解答にあたっての**ポイント**

・金属による健康障害に関する問題では、個々の金属と特徴的な健康障害の組み合わせを把握する。特に次のものは重要である。

表 主な金属と健康障害

金 属	特徴的な健康障害
鉛	貧血、末梢神経障害、腹部の疝痛
金 属 水 銀	精神障害、手指のふるえ
マ ン ガ ン	精神症状やパーキンソン病に似た症状
ク ロ ム	鼻中隔穿孔、肺がん、上気道がん、皮膚障害
カドミウム	肺炎や上気道炎、腎障害、肺気腫、犬歯・門歯の黄色環
ベリリウム	慢性ベリリウム肺、接触性皮膚炎、皮膚潰瘍、肺炎
砒 素	黒皮症、角化症、鼻中隔穿孔、溶血性貧血、肺がん

Ⅱ労働衛生（有害）

6 　有機溶剤による健康障害

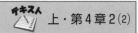

上・第4章2⑵

問38　有機溶剤に関する次の記述のうち、正しいものはどれか。

□□

⑴　有機溶剤の多くは、揮発性が高く、その蒸気は空気より軽い。

⑵　有機溶剤は、脂溶性が低いため、脂肪の多い脳などには入りにくい。

⑶　ノルマルヘキサンによる障害として顕著なものには、白血病や皮膚がんがある。

⑷　二硫化炭素は、動脈硬化を進行させたり、精神障害を生じさせることがある。

⑸　N,N-ジメチルホルムアミドによる障害として顕著なものには、視力低下を伴う視神経障害がある。

【R5年4月／問14】

解説

⑴　誤り。通常、有機溶剤の蒸気は、空気より重い。

⑵　誤り。有機溶剤は、脂溶性が高いため、脂肪の多い脳などに入りやすい。

⑶　誤り。ノルマルヘキサンは多発性神経炎を引き起こす。

⑷　正しい。

⑸　誤り。N,N-ジメチルホルムアミドは頭痛、消化不良、肝機能障害等を引き起こす。

解答　⑷

問39 有機溶剤に関する次の記述のうち、正しいものはどれか。
☐☐

(1) 有機溶剤の多くは、揮発性が高く、その蒸気は空気より軽い。

(2) 有機溶剤は、全て脂溶性を有するが、脳などの神経系には入りにくい。

(3) メタノールによる障害として顕著なものには、網膜の微細動脈瘤（りゅう）を伴う脳血管障害がある。

(4) テトラクロロエチレンのばく露の生物学的モニタリングの指標としての尿中代謝物には、トリクロロ酢酸がある。

(5) 二硫化炭素による中毒では、メトヘモグロビン形成によるチアノーゼがみられる。

【R4年4月／問14】

解説

(1) 誤り。通常、有機溶剤の蒸気は、空気より重い。

(2) 誤り。有機溶剤は、脂溶性が高いため、脂肪の多い脳などに入りやすい。

(3) 誤り。メタノールは視神経障害を引き起こす。なお、網膜の微細動脈瘤（りゅう）を引き起こすものは、二硫化炭素である。

(4) 正しい。

(5) 誤り。二硫化炭素による障害の顕著なものとして、高濃度の急性ばく露では精神障害があり、低濃度の長期ばく露では動脈硬化を進行させ、眼底検査において網膜細動脈瘤（りゅう）を認めることがある。

解答 (4)

問40　有機溶剤に関する次の記述のうち、誤っているものはどれか。☐☐

(1)　有機溶剤は、呼吸器から吸収されやすいが、皮膚から吸収されるものもある。

(2)　メタノールによる障害として顕著なものは、網膜細動脈瘤を伴う脳血管障害である。

(3)　キシレンのばく露の生物学的モニタリングの指標としての尿中代謝物は、メチル馬尿酸である。

(4)　有機溶剤による皮膚又は粘膜の症状としては、皮膚の角化、結膜炎などがある。

(5)　低濃度の有機溶剤の繰り返しばく露では、頭痛、めまい、物忘れ、不眠などの不定愁訴がみられる。

【R3年4月／問13】

解説

(1)　正しい。

(2)　誤り。メタノールは、視神経障害を引き起こす。なお、網膜細動脈瘤を引き起こすものは、二硫化炭素である。

(3)　正しい。

(4)　正しい。

(5)　正しい。

解答　(2)

問41　有機溶剤に関する次の記述のうち、正しいものはどれか。
□□

(1)　有機溶剤は、水溶性と脂溶性を共に有し、その蒸気は空気より軽い。

(2)　有機溶剤は、揮発性が高いため呼吸器から吸収されやすいが、皮膚から吸収されることはない。

(3)　ノルマルヘキサンのばく露の生物学的モニタリングの指標としての尿中代謝物は、2,5-ヘキサンジオンである。

(4)　メタノールによる健康障害として顕著なものは、網膜細動脈瘤を伴う脳血管障害である。

(5)　二硫化炭素による中毒では、メトヘモグロビン形成によるチアノーゼがみられる。

【R2年4月／問14】

解説

(1)　誤り。有機溶剤は、水溶性と脂溶性をともに有しているものもあるが、主として脂溶性である。また、通常、有機溶剤の蒸気は、空気より重い。

(2)　誤り。アセトンなど水溶性と脂溶性をともに有している（両親媒性）有機溶剤は皮膚や粘膜から吸収されやすい。

(3)　正しい。

(4)　誤り。メタノールは、視神経障害を引き起こす。なお、網膜細動脈瘤を引き起こすものは、二硫化炭素である。

(5)　誤り。二硫化炭素による障害の顕著なものとして、高濃度の急性ばく露では精神障害があり、低濃度の長期ばく露では動脈硬化を進行させ、眼底検査において網膜細動脈瘤を認めることがある。

解答　(3)

227

問42 　有機溶剤に関する次の記述のうち、正しいものはどれか。
□□

(1) 有機溶剤の多くは、揮発性が高く、その蒸気は空気より軽い。

(2) 有機溶剤は、脂溶性が低いため、脂肪の多い脳などには入りにくい。

(3) メタノールによる障害として顕著なものには、網膜の微細動脈瘤を伴う脳血管障害がある。

(4) 二硫化炭素は、精神障害や意識障害を起こすことがある。

(5) N,N - ジメチルホルムアミドによる障害として顕著なものには、視力低下を伴う視神経障害がある。

【R1年10月／問13】

解　説

(1) 誤り。通常、有機溶剤の蒸気は、空気より重い。

(2) 誤り。有機溶剤は、脂溶性が高いため、脂肪の多い脳などに入りやすい。

(3) 誤り。メタノールは視神経障害を引き起こす。なお、網膜の微細動脈瘤を引き起こすものは、二硫化炭素である。

(4) 正しい。

(5) 誤り。N,N-ジメチルホルムアミドは頭痛、消化不良、肝機能障害等を引き起こす。

解答 （4）

問43 有機溶剤に関する次の記述のうち、正しいものはどれか。
□□

(1) 有機溶剤は、水溶性と脂溶性を共に有し、その蒸気は空気より軽い。

(2) 有機溶剤は、揮発性が高いため呼吸器から吸収されやすく、皮膚から吸収されることはない。

(3) トルエンのばく露の生物学的モニタリングの指標としての尿中代謝物は、馬尿酸である。

(4) メタノールによる健康障害として顕著なものは、網膜細動脈瘤を伴う脳血管障害である。

(5) 二硫化炭素による中毒では、メトヘモグロビン形成によるチアノーゼがみられる。

【H31年4月／問13】

解説

(1) 誤り。有機溶剤は、水溶性と脂溶性をともに有しているものもあるが、主として脂溶性である。また、通常、有機溶剤の蒸気は、空気より重い。

(2) 誤り。アセトンなど水溶性と脂溶性をともに有している（両親媒性）有機溶剤は皮膚や粘膜から吸収されやすい。

(3) 正しい。

(4) 誤り。メタノールは、視神経障害を引き起こす。なお、網膜細動脈瘤を引き起こすものは、二硫化炭素である。

(5) 誤り。二硫化炭素による障害の顕著なものとして、高濃度の急性ばく露では精神障害があり、低濃度の長期ばく露では動脈硬化を進行させ、眼底検査において網膜細動脈瘤を認めることがある。

解答 (3)

問44 有機溶剤の人体に対する影響に関する次の記述のうち、誤っているもの
□□ はどれか。

(1) 脂溶性があり、脂肪の多い脳などに入りやすい。

(2) 高濃度ばく露による急性中毒では、中枢神経系抑制作用により酩酊状態をきたし、重篤な場合は死に至る。

(3) 低濃度の繰り返しばく露による慢性中毒では、頭痛、めまい、記憶力減退、不眠などの不定愁訴がみられる。

(4) 皮膚や粘膜に対する症状には、黒皮症、鼻中隔穿孔などがある。

(5) 一部の有機溶剤は、肝機能障害や腎機能障害を起こす。

【R2年10月／問18】

解説

(1) 正しい。

(2) 正しい。

(3) 正しい。

(4) 誤り。皮膚や粘膜に対する症状には、結膜炎、湿疹、皮膚の角化、亀裂などがある。

(5) 正しい。

解答 (4)

解答にあたっての**ポイント**

・有機溶剤による健康障害は、有機溶剤の一般的な性質やばく露の特徴、中毒症状と、生物学的モニタリングの検査項目や個々の有機溶剤の特異的な健康障害を把握しておく。特に次のものは重要である。

表　有機溶剤による健康障害

有機溶剤	特異的な健康障害
ノルマルヘキサン	多発性神経炎
トリクロロエチレン※	肝障害
メタノール、酢酸メチル	視神経障害
ト　ル　エ　ン	中枢神経障害
ベ　ン　ゼ　ン※	再生不良性貧血
二　硫　化　炭　素	精神障害、網膜の微細動脈瘤
N,N-ジメチルホルムアミド	頭痛、消化不良、肝機能障害

※は、法令上は、有機則上の有機溶剤ではなく、特定化学物質。

7 ガスによる健康障害

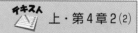

上・第4章2(2)

問45 一酸化炭素に関する次の記述のうち、誤っているものはどれか。

(1) 一酸化炭素は、無色・無臭の気体であるため、吸入しても気が付かないことが多い。

(2) 一酸化炭素は、エンジンの排気ガス、たばこの煙などに含まれる。

(3) 一酸化炭素中毒は、血液中のグロブリンと一酸化炭素が強く結合し、体内の各組織が酸素欠乏状態を起こすことにより発生する。

(4) 一酸化炭素は、炭素を含有する物が不完全燃焼した際に発生する。

(5) 一酸化炭素中毒の後遺症として、健忘やパーキンソン症状がみられることがある。

【R4年4月／問13】

解説

(1) 正しい。

(2) 正しい。

(3) 誤り。一酸化炭素中毒は、一酸化炭素が血液中の赤血球に含まれるヘモグロビンの酸素運搬能力を低下させ、体内の各組織に酸素欠乏状態を引き起こすことにより発生する。

(4) 正しい。

(5) 正しい。

解答 (3)

参考問題 一酸化炭素中毒に関する次の記述のうち、誤っているものはどれか。
□□

(1)　一酸化炭素は、空気より重い無色の気体で、刺激性が強く、極めて毒性が高い。

(2)　一酸化炭素中毒は、一酸化炭素が血液中の赤血球に含まれるヘモグロビンの酸素運搬能力を低下させ、体内の各組織に酸素欠乏状態を引き起こすことにより発生する。

(3)　一酸化炭素とヘモグロビンの親和性は、酸素とヘモグロビンの親和性の200倍以上にも及ぶ。

(4)　一酸化炭素中毒では、息切れ、頭痛から始まり、虚脱や意識混濁がみられる。

(5)　喫煙者の血液中のヘモグロビンは、非喫煙者と比べて一酸化炭素と結合しているものの割合が高い。

【H22年4月／問14】

解説

(1)　誤り。一酸化炭素は、物が不完全燃焼したとき必ず発生するが、空気とほぼ同じ重さで、無臭、無色、無刺激の気体であるため、吸入しても気づかないことが多い。

(2)　正しい。一酸化炭素中毒は、一酸化炭素が血液中の赤血球に含まれるヘモグロビンの酸素運搬能力を低下させ、体内の各組織に酸素欠乏状態を引き起こすことにより発生する。

(3)　正しい。一酸化炭素とヘモグロビンの親和性は、酸素とヘモグロビンの親和性よりも高いため、ヘモグロビンによる酸素の運搬に障害を生じる。

(4)　正しい。

(5)　正しい。

解答　(1)

解答にあたってのポイント

・燃焼に際し酸素が不足して不完全燃焼を起こすと一酸化炭素が発生する。

・一酸化炭素は、空気とほぼ同じ重さで、無臭、無色、無刺激の気体であるため、吸入しても気づかないことが多い。

・一酸化炭素は赤血球中のヘモグロビンとの親和性が酸素の200倍以上と高い。

・一酸化炭素濃度が高く、ばく露時間が長く、呼吸量が多いほど、息切れ、頭痛、判断力低下、意識障害などを生じ、重症例では、死亡する。急性中毒が治療により回復した場合も、健忘やパーキンソン症状などの後遺症が残ることがある。

8　作業環境における騒音 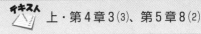 上・第4章3(3)、第5章8(2)

問46　作業環境における騒音及びそれによる健康障害に関する次の記述のうち、誤っているものはどれか。

(1)　騒音レベルの測定は、通常、騒音計の周波数重み付け特性Aで行い、その大きさはdBで表す。

(2)　騒音性難聴は、初期には気付かないことが多く、また、不可逆的な難聴であるという特徴がある。

(3)　騒音は、自律神経系や内分泌系へも影響を与えるため、騒音ばく露により、交感神経の活動の亢進や副腎皮質ホルモンの分泌の増加が認められることがある。

(4)　騒音性難聴では、通常、会話音域より高い音域から聴力低下が始まる。

(5)　等価騒音レベルは、中心周波数500Hz、1,000Hz、2,000Hz及び4,000Hzの各オクターブバンドの騒音レベルの平均値で、変動する騒音に対する人間の生理・心理的反応とよく対応する。

【R5年10月／問15】

解　説

(1)　正しい。

(2)　正しい。

(3)　正しい。

(4)　正しい。

(5)　誤り。等価騒音レベルとは、変動している騒音レベルを一定時間内の平均値として表した値のことであり、人間の生理・心理反応とよく対応する。

解答　(5)

問47　作業環境における騒音及びそれによる健康障害に関する次の記述のうち、誤っているものはどれか。

(1)　人が聴くことができる音の周波数は、およそ20〜20,000Hz である。

(2)　音圧レベルは、通常、その音圧と人間が聴くことができる最も小さな音圧（20μPa）との比の常用対数を20倍して求められ、その単位はデシベル（dB）で表される。

(3)　等価騒音レベルは、単位時間（1時間）について10分間ごとのピーク値の騒音レベルを平均化した評価値で、変動する騒音に対して適用される。

(4)　騒音性難聴では、通常、会話音域より高い音域から聴力低下が始まる。

(5)　騒音性難聴は、音を神経に伝達する内耳の聴覚器官の有毛細胞の変性によって起こる。

【R5年4月／問15】

解　説

(1)　正しい。

(2)　正しい。

(3)　誤り。等価騒音レベルとは、変動している騒音レベルを一定時間内の平均値として表した値のことであり、人間の生理・心理反応とよく対応する。

(4)　正しい。

(5)　正しい。

解答　(3)

問48　作業環境における騒音及びそれによる健康障害に関する次の記述のうち、誤っているものはどれか。

(1)　音圧レベルは、その音圧と、通常、人間が聴くことができる最も小さな音圧（20μPa）との比の常用対数を20倍して求められ、その単位はデシベル（dB）で表される。

(2)　等価騒音レベルは、単位時間（1分間）における音圧レベルを10秒間ごとに平均化した幾何平均値で、変動する騒音レベルの平均値として表した値である。

(3)　騒音レベルの測定は、通常、騒音計の周波数重み付け特性 A で行う。

(4)　騒音性難聴の初期に認められる4,000Hz 付近を中心とする聴力低下の型をc⁵dip という。

(5)　騒音は、自律神経系や内分泌系へも影響を与え、交感神経の活動の亢進や副腎皮質ホルモンの分泌の増加が認められることがある。

【R3年10月／問16】

解説

(1)　正しい。

(2)　誤り。等価騒音レベルとは、変動している騒音レベルを一定時間内の平均値として表した値のことであり、人間の生理・心理反応とよく対応する。

(3)　正しい。

(4)　正しい。

(5)　正しい。

解答　(2)

参考問題 作業環境における騒音及びそれによる健康障害に関する次の記述のうち、誤っているものはどれか。

(1) 騒音レベルの測定は、通常、騒音計の周波数補正回路の A 特性で行い、その大きさは dB（A）で表示する。

(2) 騒音性難聴は、感音性の難聴で、耳鳴りを伴うことが多い。

(3) 騒音は、自律神経系や内分泌系へも影響を与える。

(4) 騒音性難聴は、騒音により中耳の有毛細胞が変性することにより生じる。

(5) 等価騒音レベルは、時間的に変動する騒音レベルのエネルギー的な平均値を表す量で、変動する騒音に対する人間の生理・心理的反応とよく対応している。

【H30年10月／問16】

解 説

(1) 正しい。

(2) 正しい。

(3) 正しい。

(4) 誤り。騒音性難聴は、内耳の有毛細胞の変性により生じる。

(5) 正しい。

解答 (4)

解答にあたっての**ポイント**

・騒音による健康障害では、音の一般的な性質や測定に用いる指標（等価
騒音レベル、A特性による補正）、騒音性難聴などの健康障害の特徴等を
把握しておく。

［騒音性難聴の特徴］
・会話音域の聴力には影響がなく、初期には自覚しづらい。
・4,000Hz 付近の聴力が低下する。これを c^5dip（ディップ）という。
・内耳にある蝸牛の有毛細胞が変性することにより生じ、治りにくい。

Ⅱ 労働衛生（有害）

9　有害光線等による健康障害 上・第4章3(5)、(6)、第5章8(4)

問49 レーザー光線に関する次の記述のうち、誤っているものはどれか。

(1) レーザー光線は、おおむね1nmから180nmまでの波長域にある。

(2) レーザー光線は、単一波長で位相のそろった人工光線である。

(3) レーザー光線の強い指向性や集束性を利用し、高密度のエネルギーを発生させることができる。

(4) 出力パワーが最も弱いクラス1又はクラス2のレーザー光線は、可視光のレーザーポインタとして使用されている。

(5) レーザー光線にさらされるおそれのある業務は、レーザー機器の出力パワーなどに基づくクラス分けに応じた労働衛生上の対策を講じる必要がある。

【R5年10月／問17】

解説

(1) 誤り。レーザー光線は180nmから1mmまでの波長域にあり、単一波長で位相のそろった指向性の強いものである。(「レーザー光線による障害の防止対策について」基発第0325002号　平成17年3月25日)

(2) 正しい。

(3) 正しい。

(4) 正しい。

(5) 正しい。

解答　(1)

問50　電離放射線などに関する次の記述のうち、誤っているものはどれか。

□□

(1)　電離放射線には、電磁波と粒子線がある。

(2)　エックス線は、通常、エックス線装置を用いて発生させる人工の電離放射線であるが、放射性物質から放出されるガンマ線と同様に電磁波である。

(3)　エックス線は、紫外線より波長の長い電磁波である。

(4)　電離放射線の被ばくによる白内障は、晩発障害に分類され、被ばく後、半年〜30年後に現れることが多い。

(5)　電離放射線を放出してほかの元素に変わる元素を放射性同位元素（ラジオアイソトープ）という。

【R4年10月／問14、R3年10月／問17】

解説

(1)　正しい。

(2)　正しい。

(3)　誤り。エックス線は、通常、エックス線装置を用いて発生させる人工の電離放射線であるが、放射性物質から放出されるガンマ線と同様に電磁波である。波長は紫外線より短い。

(4)　正しい。

(5)　正しい。

解答　(3)

問51　電離放射線に関する次の記述のうち、誤っているものはどれか。

□□

(1)　電離放射線の被ばくによる生体への影響には、身体的影響と遺伝的影響がある。

(2)　電離放射線の被ばくによる身体的影響のうち、白内障は晩発障害に分類される。

(3)　電離放射線の被ばくによる発がんと遺伝的影響は、確定的影響に分類され、その発生には、しきい値があり、しきい値を超えると発生率及び症状の程度は線量に依存する。

(4)　電離放射線に被ばく後、数週間程度までに現れる造血器系障害は、急性障害に分類される。

(5)　造血器、消化管粘膜など細胞分裂の頻度の高い細胞が多い組織・臓器は、一般に、電離放射線の影響を受けやすい。

【R1年10月／問14】

解 説

(1)　正しい。

(2)　正しい。

(3)　誤り。電離放射線の被ばくによる発がんと遺伝的影響は、確率的影響に分類される。

(4)　正しい。

(5)　正しい。

解答　(3)

解答にあたっての**ポイント**

・有害光線（電磁波）による健康障害では、非電離放射線（赤外線、紫外線、マイクロ波、レーザー光線）及び電離放射線（エックス線、ガンマ線）それぞれの性質とこれらが引き起こす健康障害や症状を把握しておく。

表　有害光線と主な健康障害

種　類	主な健康障害
赤　外　線	網膜障害、白内障、皮膚火傷、熱中症
紫　外　線	電光性眼炎、皮膚炎、皮膚がん
マ イ ク ロ 波	白内障、組織壊死
レ ー ザ ー 光 線	網膜火傷、皮膚火傷、熱凝固
電 離 放 射 線	白内障、白血病、突然変異、悪性腫瘍

・電磁波の波長の長短

←短い　　　　　　　　　　　　　　　　　　　　　　　　　　　　　　長い→

電離放射線	紫外線	可視光線	赤外線	マイクロ波

・放射線被ばくによる影響

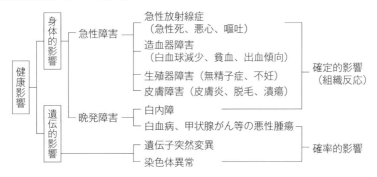

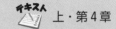
問52　作業環境における有害要因による健康障害に関する次の記述のうち、正しいものはどれか。

(1)　潜水業務における減圧症は、浮上による減圧に伴い、血液中に溶け込んでいた酸素が気泡となり、血管を閉塞したり組織を圧迫することにより発生する。

(2)　熱けいれんは、高温環境下での労働において、皮膚の血管に血液がたまり、脳への血液の流れが少なくなることにより発生し、めまい、失神などの症状がみられる。

(3)　全身振動障害では、レイノー現象などの末梢循環障害や手指のしびれ感などの末梢神経障害がみられ、局所振動障害では、関節痛などの筋骨格系障害がみられる。

(4)　低体温症は、低温下の作業で全身が冷やされ、体の中心部の温度が35℃程度以下に低下した状態をいう。

(5)　マイクロ波は、赤外線より波長が短い電磁波で、照射部位の組織を加熱する作用がある。　　　　　　　　　　　　　　　　　　　　　　　【R5年10月／問18】

解説

(1)　誤り。減圧症は、高圧の環境下で血液や組織中に溶解した窒素ガスなどが、減圧時に気泡化し、血液循環を障害したり組織を圧迫したりして生じる。酸素によるものではない。

(2)　誤り。熱けいれんは、多量の発汗があった場合、水のみを補給し、塩分の補給が不十分なときに生じ、血液中の塩分濃度が低下し、筋肉けいれんを起こす。めまい、失神などの症状がみられるのは熱失神である。

(3)　誤り。全身振動障害では、腰痛や頸部痛などの脊柱障害を起こし、局所振動障害では、末梢循環障害や末梢神経障害、筋骨格系障害を起こす。

(4)　正しい。

(5)　誤り。マイクロ波は、紫外線や赤外線よりさらに波長の長い電磁波で、熱傷や組織壊死を起こすことがある。

解答　(4)

問53　潜水作業、高圧室内作業などの作業における高圧の影響又は高圧環境下から常圧に戻る際の減圧の影響により、直接には発症しない健康障害は次のうちどれか。

(1)　酸素中毒

(2)　一酸化炭素中毒

(3)　炭酸ガス（二酸化炭素）中毒

(4)　窒素酔い

(5)　減圧症

【R5年 4 月／問13】

解 説

　高圧環境下では、圧力に応じて血液や組織の中に酸素、窒素、二酸化炭素（炭酸ガス）が溶解するため、酸素中毒、窒素酔い、炭酸ガス中毒を起こすことがある。また、減圧症は、高圧の環境下で血液や組織中に溶解した窒素ガスなどが、減圧時に気泡化し、血液循環を障害したり組織を圧迫したりして生じる。

　よって、解答は(2)である。

解答　(2)

問54　作業環境における有害要因による健康障害に関する次の記述のうち、正しいものはどれか。

(1)　レイノー現象は、振動工具などによる末梢循環障害で、冬期に発生しやすい。

(2)　けい肺は、鉄、アルミニウムなどの金属粉じんによる肺の線維増殖性変化で、けい肺結節という線維性の結節が形成される。

(3)　金属熱は、鉄、アルミニウムなどの金属を溶融する作業などに長時間従事した際に、高温環境により体温調節機能が障害を受けることにより発生する。

(4)　電離放射線による造血器障害は、確率的影響に分類され、被ばく線量がしきい値を超えると発生率及び重症度が線量に対応して増加する。

(5)　熱けいれんは、高温環境下での労働において、皮膚の血管に血液がたまり、脳への血液の流れが少なくなることにより発生し、めまい、失神などの症状がみられる。

【R5年4月／問16】

解説

(1)　正しい。

(2)　誤り。けい肺は遊離けい酸が原因で発症したじん肺である。鉱物性粉じんに含まれる遊離けい酸は、肺の線維増殖性変化（線維化）を起こす作用が強く、じん肺を引き起こす。

(3)　誤り。金属熱は、主として亜鉛や銅のヒュームが空気中で酸化された酸化亜鉛や酸化銅などを吸入して数時間後に悪寒、発熱、関節痛などのアレルギー反応が起こることである。

(4)　誤り。確率的影響は、ばく露量が多いほど健康障害を起こしやすいが、ばく露量が少なくても起こらないとは限らない。被ばく線量がしきい値を超えると発生率及び重症度が線量に対応して増加するのは、確定的影響である。

(5)　誤り。熱けいれんは、多量の発汗があった場合、水のみを補給し、塩分の補給が不十分なときに生じ、血液中の塩分濃度が低下し、筋肉けいれんを起こす。めまい、失神などの症状がみられるのは熱失神である。

解答　(1)

問55　作業環境における有害要因による健康障害に関する次の記述のうち、正しいものはどれか。

(1)　低温の環境下では、手や足の指などの末梢部において組織の凍結を伴わない凍瘡を起こすことがある。

(2)　電離放射線による造血器障害は、確率的影響に分類され、被ばく線量がしきい値を超えると発生率及び重症度が線量に対応して増加する。

(3)　金属熱は、金属の溶融作業において、高温環境により体温調節中枢が麻痺することにより発生し、数時間にわたり発熱、関節痛などの症状がみられる。

(4)　窒素ガスで置換したタンク内の空気など、ほとんど無酸素状態の空気を吸入すると徐々に窒息の状態になり、この状態が5分程度継続すると呼吸停止する。

(5)　減圧症は、潜函作業者や潜水作業者が高圧下作業からの減圧に伴い、血液中や組織中に溶け込んでいた炭酸ガスの気泡化が関与して発生し、皮膚のかゆみ、関節痛、神経の麻痺などの症状がみられる。

【R4年10月／問15】

解説

(1)　正しい。凍瘡は、いわゆる「しもやけ」のことで寒冷による血行障害が原因で起こる。凍傷は、0℃以下の寒冷による組織の凍結壊死をいう。なお、凍傷と凍瘡は、成因も症状も異なる疾患である。

(2)　誤り。確率的影響は、ばく露量が多いほど健康障害を起こしやすいが、ばく露量が少なくても起こらないとは限らない。被ばく線量がしきい値を超えると発生率及び重症度が線量に対応して増加するのは、確定的影響である。

(3)　誤り。金属熱は、主として亜鉛や銅のヒュームが空気中で酸化された酸化亜鉛や酸化銅などを吸入して数時間後に悪寒、発熱、関節痛などのアレルギー反応が起こることである。

(4)　誤り。酸素濃度6％以下では、一呼吸で死亡することが多い。

(5)　誤り。減圧症は、高圧の環境下で血液や組織中に溶解した窒素ガスなどが、減圧時に気泡化し、血液循環を障害したり組織を圧迫したりして生じる。炭酸ガスによるものではない。

解答　(1)

問56　作業環境における有害要因による健康障害に関する次の記述のうち、正しいものはどれか。

(1)　全身振動障害では、レイノー現象などの末梢循環障害や手指のしびれ感などの末梢神経障害がみられ、局所振動障害では、関節痛などの筋骨格系障害がみられる。

(2)　減圧症は、潜函作業者、潜水作業者などに発症するもので、高圧下作業からの減圧に伴い、血液中や組織中に溶け込んでいた窒素の気泡化が関与して発生し、皮膚のかゆみ、関節痛、神経の麻痺などの症状がみられる。

(3)　凍瘡は、皮膚組織の凍結壊死を伴うしもやけのことで、0℃以下の寒冷にばく露することによって発生する。

(4)　電離放射線による中枢神経系障害は、確率的影響に分類され、被ばく線量がしきい値を超えると発生率及び重症度が線量の増加に応じて増加する。

(5)　金属熱は、金属の溶融作業において、高温環境により体温調節中枢が麻痺することにより発生し、長期間にわたる発熱、関節痛などの症状がみられる。

【R4年4月／問16】

解説

(1)　誤り。全身振動障害では、腰痛や頸部痛などの脊柱障害を起こし、局所振動障害では、末梢循環障害や末梢神経障害、筋骨格系障害を起こす。

(2)　正しい。

(3)　誤り。凍瘡は、いわゆる「しもやけ」のことで寒冷による血行障害が原因で起こる。設問は凍傷の説明で、0℃以下の寒冷による組織の凍結壊死をいう。なお、凍傷と凍瘡は、成因も症状も異なる疾患である。

(4)　誤り。中枢神経障害は高線量を短時間内に被ばくした場合に発生する急性障害で、ある一定のばく露量以上で症状が出現する確定的影響である。確率的影響は発がんや遺伝的影響でばく露量が多いほど健康障害を起こしやすいが、ばく露量が少なくても起こらないとは限らない。

(5)　誤り。金属熱は、主として亜鉛や銅のヒュームが空気中で酸化された酸化亜鉛や酸化銅などを吸入して数時間後に悪寒、発熱、関節痛などのアレルギー反応が起こることである。

解答　(2)

問57
□□ 作業環境における有害要因による健康障害に関する次の記述のうち、正しいものはどれか。

(1) 電離放射線による中枢神経系障害は、確率的影響に分類され、被ばく線量がしきい値を超えると発生率及び重症度が線量の増加に応じて増加する。

(2) 金属熱は、鉄、アルミニウムなどの金属を溶融する作業などに長時間従事した際に、高温により体温調節機能が障害を受けたことにより発生する。

(3) 潜水業務における減圧症は、浮上による減圧に伴い、血液中に溶け込んでいた酸素が気泡となり、血管を閉塞したり組織を圧迫することにより発生する。

(4) 振動障害は、チェーンソーなどの振動工具によって生じる障害で、手のしびれなどの末梢神経障害やレイノー現象などの末梢循環障害がみられる。

(5) 凍瘡は、皮膚組織の凍結壊死を伴うしもやけのことで、0℃以下の寒冷にばく露することによって発生する。

【R3年10月／問13】

解説

(1) 誤り。中枢神経障害は高線量を短時間内に被ばくした場合に発生する急性障害で、ある一定のばく露量以上で症状が出現する確定的影響である。確率的影響は発がんや遺伝的影響でばく露量が多いほど健康障害を起こしやすいが、ばく露量が少なくても起こらないとは限らない。

(2) 誤り。金属熱は、主として亜鉛や銅のヒュームが空気中で酸化された酸化亜鉛や酸化銅などを吸入して数時間後に悪寒と発熱、関節痛などのアレルギー反応が起こることである。

(3) 誤り。減圧症は、高圧の環境下で血液や組織中に溶解した窒素ガスなどが、減圧時に、血液循環を障害したり組織を圧迫したりして生じる。酸素によるものではない。

(4) 正しい。

(5) 誤り。凍瘡は、いわゆる「しもやけ」のことで寒冷による血行障害が原因で起こる。設問は凍傷の説明で、0℃以下の寒冷による組織の凍結壊死をいう。なお、凍傷と凍瘡は、成因も症状も異なる疾患である。

解答 (4)

問58　作業環境における有害要因による健康障害に関する次の記述のうち、誤っているものはどれか。

(1)　窒素ガスで置換したタンク内の空気など、ほとんど無酸素状態の空気を吸入すると徐々に窒息の状態になり、この状態が5分程度継続すると呼吸停止する。

(2)　減圧症は、潜函作業者、潜水作業者などに発症するもので、高圧下作業からの減圧に伴い、血液中や組織中に溶け込んでいた窒素の気泡化が関与して発生し、皮膚のかゆみ、関節痛、神経の麻痺などの症状がみられる。

(3)　金属熱は、金属の溶融作業などで亜鉛、銅などの金属の酸化物のヒュームを吸入することにより発生し、悪寒、発熱、関節痛などの症状がみられる。

(4)　低体温症は、低温下の作業で全身が冷やされ体の中心部の温度が35℃程度以下に低下した状態をいい、意識消失、筋の硬直などの症状がみられる。

(5)　振動障害は、チェーンソーなどの振動工具によって生じる障害で、手のしびれなどの末梢神経障害やレイノー現象などの末梢循環障害がみられる。

【R3年4月／問15】
※ R1年10月／問16は類似問題

解説

(1)　誤り。酸素濃度6％以下では、一呼吸で死亡することが多い。

(2)　正しい。

(3)　正しい。

(4)　正しい。

(5)　正しい。

解答　(1)

問59　作業環境における有害要因による健康障害に関する次の記述のうち、誤っているものはどれか。

(1)　窒素ガスで置換したタンク内の空気など、ほとんど無酸素状態の空気を吸入すると徐々に窒息の状態になり、この状態が5分程度継続すると呼吸停止する。

(2)　減圧症は、潜函作業者、潜水作業者などに発症するもので、高圧下作業からの減圧に伴い、血液中や組織中に溶け込んでいた窒素の気泡化が関与して発生し、皮膚のかゆみ、関節痛、神経の麻痺などの症状がみられる。

(3)　金属熱は、金属の溶融作業などで亜鉛、銅などの金属の酸化物のヒュームを吸入することにより発生し、悪寒、発熱、関節痛などの症状がみられる。

(4)　電離放射線による中枢神経系障害は、確定的影響に分類され、被ばく線量がしきい値を超えると重篤度が線量の増加に応じて増加する。

(5)　振動障害は、チェーンソー、削岩機などの振動工具によって生じる障害で、手のしびれなどの末梢神経障害やレイノー現象などの末梢循環障害がみられる。

【R2年10月／問16】

解説

(1)　誤り。酸素濃度6％以下では、一呼吸で死亡することが多い。

(2)　正しい。

(3)　正しい。

(4)　正しい。

(5)　正しい

解答　(1)

　　作業環境における有害要因による健康障害に関する次の記述のうち、誤っているものはどれか。

(1)　窒素ガスで置換したタンク内の空気など、ほとんど無酸素状態の空気を吸入すると徐々に窒息の状態になり、この状態が5分程度継続すると呼吸停止する。

(2)　騒音性難聴は、騒音にばく露され続けた結果、内耳の有毛細胞が変性し、永久的に聴力が障害を受けるもので、初期には4kHz付近の聴力が低下する。

(3)　金属熱は、金属の溶融作業などで亜鉛、銅などの金属の酸化物のヒュームを吸入したときに発生し、悪寒、発熱、関節痛などの症状がみられる。

(4)　低体温症は、低温下の作業で全身が冷やされ、体の中心部の温度が35℃程度以下に低下した状態をいい、意識消失、筋の硬直などの症状がみられる。

(5)　振動障害は、チェーンソー、削岩機などの振動工具によって生じる障害で、手のしびれなどの末梢神経障害やレイノー現象などの末梢循環障害がみられる。

【R2年4月／問17】

解　説

(1)　誤り。酸素濃度6％以下では、一呼吸で死亡することが多い。

(2)　正しい。

(3)　正しい。

(4)　正しい。

(5)　正しい。

解答　(1)

問61　作業環境における有害因子による健康障害に関する次の記述のうち、正しいものはどれか。

(1)　電離放射線による中枢神経系障害は、確率的影響に分類され、被ばく線量がしきい値を超えると、発生率及び重症度が線量に対応して増加する。

(2)　熱けいれんは、高温環境下での労働において、皮膚の血管に血液がたまり、脳への血液の流れが少なくなることにより発生し、めまいや失神などの症状がみられる。

(3)　金属熱は、金属の溶融作業などで亜鉛や銅のヒュームを吸入したときに発生し、悪寒、発熱、関節痛などの症状がみられる。

(4)　凍瘡は、皮膚組織の凍結壊死を伴うしもやけのことで、0℃以下の寒冷にばく露することによって発生する。

(5)　潜水業務における減圧症は、浮上による減圧に伴い、血液中に溶け込んでいた酸素が気泡となり、血管を閉塞したり組織を圧迫することにより発生する。

【H31年4月／問16】

解説

(1)　誤り。中枢神経障害は高線量を短時間内に被ばくした場合に発生する急性障害で、ある一定のばく露量以上で症状が出現する確定的影響である。確率的影響は発がんや遺伝的影響でばく露量が多いほど健康障害を起こしやすいが、ばく露量が少なくても起こらないとは限らない。

(2)　誤り。熱けいれんは、多量の発汗があった場合、水のみを補給し、塩分の補給が不十分なときに生じ、血液中の塩分濃度が低下し、筋肉けいれんを起こす。めまい、失神などの症状がみられるのは熱失神である。

(3)　正しい。

(4)　誤り。凍瘡は、いわゆる「しもやけ」のことで寒冷による血行障害が原因で起こる。設問は凍傷の説明で、0℃以下の寒冷による組織の凍結壊死をいう。なお、凍傷と凍瘡は、成因も症状も異なる疾患である。

(5)　誤り。減圧症は、高圧の環境下で血液や組織中に溶解した窒素ガスなどが、減圧時に気泡化し、血液循環を障害したり組織を圧迫したりして生じる。酸素によるものではない。

解答　(3)

解答にあたってのポイント

・作業環境における有害因子には、粉じんや金属、有機溶剤といった化学的な因子や騒音や振動、電離放射線といった物理的な因子などさまざまなものが存在している。

・それぞれの有害因子による健康障害の発生機序と典型的な症状を把握しておく。

・熱中症とは、暑熱環境によって生じる身体の適応障害の総称で、病態として熱失神、熱けいれん、熱疲労、熱射病がある。それぞれの発生原因と症状は下表のとおり。

表 熱中症の発生原因と症状

名 称	発 生 原 因	主な症状
熱失神	発汗による脱水などのために身体を循環する血液の量が減少し、脳に血液を十分に送ることができなくなることにより生じる。	一時的な脳虚血による立ちくらみ
熱けいれん	多量に発汗したとき、水分だけが補給され血液中の塩分濃度が低下した場合に生じる。	筋肉けいれん
熱疲労	高温による発汗状態が長時間継続すると、体内の塩分や水分が失われ、このバランスが崩れることにより生じる。	ショック症状
熱射病	高温環境下において、上記症状がさらに重症化すると発症し、体温調節機能が破たんし、皮膚が乾燥（発汗が停止）し、体温が急激に上昇する。また、発汗による放熱以上に熱を受けた場合、熱が身体にこもってしまう状態となり、これも熱射病の原因の一つとなる。	意識障害 死亡のおそれあり

11　有害物質の作業環境管理　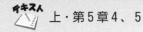 上・第5章4、5

問62　　有害物質を発散する屋内作業場の作業環境改善に関する次の記述のうち、正しいものはどれか。

(1)　有害物質を取り扱う装置を構造上又は作業上の理由で完全に密閉できない場合は、装置内の圧力を外気圧より高くする。

(2)　局所排気装置を設置する場合は、給気量が不足すると排気効果が低下するので、排気量に見合った給気経路を確保する。

(3)　有害物質を発散する作業工程では、局所排気装置の設置を密閉化や自動化より優先して検討する。

(4)　局所排気装置を設ける場合、ダクトが細すぎると搬送速度が不足し、太すぎると圧力損失が増大することを考慮して、ダクト径を決める。

(5)　局所排気装置に設ける空気清浄装置は、一般に、ダクトに接続された排風機を通過した後の空気が通る位置に設置する。

【R5年10月／問19】

解説

(1)　誤り。装置内の圧力を外気圧より低くする。

(2)　正しい。

(3)　誤り。有害物質等による疾病のリスクの低減措置には、次のものがある。丸数字が若いものほど、大きな効果が得られることが多いとされている。

① 　有害物質の製造・使用の中止、有害性の少ない物質への転換

② 　工法・工程等の改良による有害物質の発散の防止

③ 　有害物質を取り扱う設備等の密閉化と自動化

④ 　有害物質を取り扱う生産工程の隔離と遠隔操作の採用

⑤ 　局所排気装置の設置又はプッシュプル型換気装置の設置

⑥ 　全体換気装置の設置

⑦ 　作業行動、作業方法等の改善

よって、局所排気装置の設置を検討する前に、有害性の少ない物質への転換、

密閉化や自動化など、より大きな効果が得られる措置を検討する。

　なお、保護具の使用は、リスク低減ではなくリスク回避にすぎず、上記の対策におけるあくまでも補完的な対策であることを理解していなければならない。また、一つの方法に全面的に依存するよりも、いくつかの方法を併用する方が効果的である。

(4)　誤り。ダクトの圧力損失は、その断面積を小さくするほど増大する。なお、ダクトが太すぎると空気の流速（搬送速度）が不足することにより、粉じんがダクト内に堆積するおそれがある。

(5)　誤り。局所排気装置に設ける空気清浄装置は排風機の前に設置する必要がある。

解答　(2)

II 労働衛生〈有害〉

参考問題 有害物質を発散する屋内作業場の作業環境改善に関する次の記述のうち、誤っているものはどれか。

(1) 粉じんを発散する作業工程では、密閉化や湿式化を局所排気装置などの設置に優先して検討する。

(2) 局所排気装置を設ける場合、ダクトが太すぎると搬送速度が不足し、細すぎると圧力損失が増大することを考慮して、ダクト径を決める。

(3) 局所排気装置に設ける空気清浄装置は、原則として、ダクトに接続された排風機を通過した後の空気が通る位置に設置する。

(4) 有害物質を取り扱う装置を構造上又は作業上の理由で完全に密閉できない場合は、装置内の圧力を外気圧よりわずかに低くする。

(5) 局所排気装置を設置する場合は、給気量が不足すると排気効果が低下するので、排気量に見合った給気経路を確保する。

【H27年10月／問13】

解説

(1) 正しい。

(2) 正しい。

(3) 誤り。局所排気装置に設ける空気清浄装置は排風機の前に設置する必要がある。

(4) 正しい。

(5) 正しい。

解答 (3)

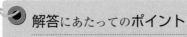

解答にあたってのポイント

・有害物質を発散する作業場の環境改善の手法には、有害物質の製造・使用の中止や設備の密閉化と自動化、局所排気装置の設置といったさまざまなものがある。設問はこれらを実施する場合の注意点に関する問題であり、以下の点をあわせて、**テキスト「衛生管理（上）」の「第5章4、5」**の内容を理解しておく。

・設備を密閉化する際、完全に密閉できない場合には、設備の内部の気圧を外部の気圧より少し低くすることにより、隙間からの有害物質の発散を防止できる。

・局所排気装置を設置する際、ダクト径が細すぎると圧力損失が増大し、太すぎると搬送速度が不足する。また、局所排気装置に設ける空気清浄装置は、排風機が粉じんなどの有害物質により汚れないように、排風機の前に設置する必要がある。

・局所排気装置を設置する場合、給気量が不足すると排気効果が極端に低下する。

・粉じんの発散が問題となる場合、作業工程を検討し、作業性や品質に悪影響がなければ湿式や与湿する方法を採用する。

12　作業環境測定

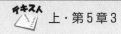 上・第5章3

問63 　厚生労働省の「作業環境測定基準」及び「作業環境評価基準」に基づく
□□ 　作業環境測定及びその結果の評価に関する次の記述のうち、正しいものは
　　どれか。

(1)　A測定における測定点の高さの範囲は、床上100cm以上150cm以下である。

(2)　許容濃度は、有害物質に関する作業環境の状態を単位作業場所の作業環境測
　　定結果から評価するための指標として設定されたものである。

(3)　A測定の第二評価値とは、単位作業場所における気中有害物質の算術平均濃
　　度の推定値である。

(4)　A測定の第二評価値及びB測定の測定値がいずれも管理濃度に満たない単
　　位作業場所は、第一管理区分になる。

(5)　A測定においては、得られた測定値の算術平均値及び算術標準偏差を、また、
　　B測定においてはその測定値そのものを評価に用いる。

【R4年4月／問12】

解説

(1)　誤り。A測定における測定点の高さの範囲は、床上50cm以上150cm以下（騒
　　音の場合は120cm以上150cm以下）である。

(2)　誤り。許容濃度は個々の労働者のばく露濃度との対比を前提として設定され
　　ているものであり、設問は、管理濃度の説明である。

(3)　正しい。

(4)　誤り。第一管理区分と評価されるのは、A測定の第一評価値及びB測定の
　　測定値がいずれも管理濃度に満たない単位作業場所である。第二評価値は、第
　　二管理区分または第三管理区分の評価に用いる。

(5)　誤り。A測定においては、得られた測定値の幾何平均値及び幾何標準偏差を
　　評価に用いる。

解答　(3)

問64 厚生労働省の「作業環境測定基準」及び「作業環境評価基準」に基づく
□□ 作業環境測定及びその結果の評価に関する次の記述のうち、正しいものは
どれか。

(1) 管理濃度は、有害物質に関する作業環境の状態を単位作業場所の作業環境測
定結果から評価するための指標として設定されたものである。

(2) 原材料を反応槽へ投入する場合など、間欠的に有害物質の発散を伴う作業に
よる気中有害物質の最高濃度は、A測定の結果により評価される。

(3) 単位作業場所における気中有害物質濃度の平均的な分布は、B測定の結果に
より評価される。

(4) A測定の第二評価値及びB測定の測定値がいずれも管理濃度に満たない単位
作業場所は、第一管理区分になる。

(5) B測定の測定値が管理濃度を超えている単位作業場所は、A測定の結果に関
係なく第三管理区分に区分される。

【R3年10月／問18、R3年4月／問19】

解 説

(1) 正しい。

(2) 誤り。気中有害物質の最高濃度は、B測定の結果により評価される。

(3) 誤り。気中有害物質濃度の平均的な分布は、A測定の結果により評価される。

(4) 誤り。第一管理区分と評価されるのは、A測定の第一評価値及びB測定の測
定値がいずれも管理濃度に満たない単位作業場所である。第二評価値は、第二
管理区分または第三管理区分の評価に用いる。

(5) 誤り。A測定の結果に関係なく第三管理区分に区分されるのは、B測定の測
定値が管理濃度の1.5倍を超えている単位作業場所である。

解答 (1)

問65　厚生労働省の「作業環境測定基準」及び「作業環境評価基準」に基づく作業環境測定及びその結果の評価に関する次の記述のうち、正しいものはどれか。

(1)　管理濃度は、有害物質に関する作業環境の状態を単位作業場所の作業環境測定結果から評価するための指標として設定されたものである。

(2)　A測定は、原材料を反応槽へ投入する場合など、間欠的に大量の有害物質の発散を伴う作業における最高濃度を知るために行う測定である。

(3)　B測定は、単位作業場所における気中有害物質濃度の平均的な分布を知るために行う測定である。

(4)　A測定の第二評価値及びB測定の測定値がいずれも管理濃度に満たない単位作業場所は、第一管理区分になる。

(5)　B測定の測定値が管理濃度を超えている単位作業場所の管理区分は、A測定の結果に関係なく第三管理区分となる。

【R2年10月／問12、R2年4月／問18】

解説

(1)　正しい。

(2)　誤り。最高濃度を知るために行う測定は、B測定である。

(3)　誤り。気中有害物質濃度の平均的な分布を知るために行う測定は、A測定である。

(4)　誤り。第一管理区分と評価されるのは、A測定の第一評価値及びB測定の測定値がいずれも管理濃度に満たない単位作業場所である。第二評価値は、第二管理区分または第三管理区分の評価に用いる。

(5)　誤り。A測定の結果に関係なく第三管理区分に区分されるのは、B測定の測定値が管理濃度の1.5倍を超えている単位作業場所である。

解答　(1)

問66 　厚生労働省の「作業環境測定基準」及び「作業環境評価基準」に基づく
□□ 　作業環境測定及びその結果の評価に関する次の記述のうち、誤っているも
　　　のはどれか。

(1) 　管理濃度は、有害物質に関する作業環境の状態を単位作業場所の作業環境測
　　定結果から評価するための指標として設定されたものである。

(2) 　A測定は、単位作業場所における有害物質の気中濃度の平均的な分布を知る
　　ために行う測定である。

(3) 　B測定は、単位作業場所中の有害物質の発散源に近接する場所で作業が行わ
　　れる場合において、有害物質の気中濃度の最高値を知るために行う測定である。

(4) 　A測定の第二評価値は、単位作業場所における気中有害物質の幾何平均濃度
　　の推定値である。

(5) 　A測定の第二評価値が管理濃度を超えている単位作業場所の管理区分は、B
　　測定の結果に関係なく第三管理区分となる。

【H31年4月／問12】

解 説

(1) 　正しい。

(2) 　正しい。

(3) 　正しい。

(4) 　誤り。A測定の第二評価値は単位作業場所における気中有害物質の算術平均
　　濃度の推定値である。

(5) 　正しい。

解答 (4)

解答にあたってのポイント

- ・作業環境測定及びその評価に関する問題である。知っておくべきポイントは次の項目である。

   単位作業場所、A測定、B測定、第一評価値、第二評価値、管理濃度
- ・A測定（作業場の空気中の平均的な有害物の分布状態を把握するための測定）、B測定（高濃度ばく露を把握するための測定）を実施した場合は、悪い方の区分をその単位作業場所の管理区分とする。
- ・管理区分の決定は、A測定では測定結果より計算で求められる第一評価値及び第二評価値と管理濃度を、B測定では測定値そのものと管理濃度を比較することである。また、下記の表を参考に、管理区分の決定方法を理解しておく。
- ・A測定の測定結果より計算で求められる第一評価値及び第二評価値は、単位作業場所における空間及び時間による変動の大きさも加味された有害物質の濃度の推定値であることに留意しておく。
- ・作業環境測定の結果が第一管理区分に該当しても、その後の作業環境測定を省略することはできず、定期的に測定を実施して作業環境の状態を確認し、その状態を維持するように努めなければならない。

- ・なお、令和3年4月より、A測定・B測定の定点測定または個人サンプラーを用いた測定（C測定（作業場の空気中の平均的な有害物の分布状態を把握するための測定）・D測定（高濃度ばく露を把握するための測定））のいずれかを選択できることになっている。
- ・C・D測定を選択できるのは、管理濃度が低い特定化学物質（ベリリウムおよびその化合物、インジウム化合物、マンガンおよびその化合物等）または鉛等を製造し、または取り扱う作業と、有機溶剤および特別有機溶剤（有機溶剤等）の取扱い作業のうち塗装作業等有機溶剤等の発散源の場所が一定しない作業である。

表　作業環境測定の結果の評価と管理区分

1　A 測定（C 測定）のみを実施した場合

A 測定（C 測定）		
第一評価値＜管理濃度	第二評価値≦管理濃度≦第一評価値	第二評価値＞管理濃度
第一管理区分	第二管理区分	第三管理区分

2　A 測定（C 測定）及び B 測定（D 測定）を実施した場合

		A 測定（C 測定）		
		第一評価値＜ 管理濃度	第二評価値≦管理濃度 ≦第一評価値	第二評価値＞ 管理濃度
B測定（D測定）	B 測定値＜管理濃度	第一管理区分	第二管理区分	第三管理区分
	管理濃度≦B 測定値 ≦管理濃度×1.5	第二管理区分	第二管理区分	第三管理区分
	B 測定値＞ 管理濃度×1.5	第三管理区分	第三管理区分	第三管理区分

13 局所排気装置

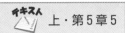

上・第5章5

問67 局所排気装置に関する次の記述のうち、正しいものはどれか。

□□

(1) ダクトの形状には円形、角形などがあり、その断面積を大きくするほど、ダクトの圧力損失が増大する。

(2) フード開口部の周囲にフランジがあると、フランジがないときに比べ、気流の整流作用が増すため、大きな排風量が必要となる。

(3) キャノピ型フードは、発生源からの熱による上昇気流を利用して捕捉するもので、レシーバ式フードに分類される。

(4) スロット型フードは、作業面を除き周りが覆われているもので、囲い式フードに分類される。

(5) 空気清浄装置を付設する局所排気装置を設置する場合、排風機は、一般に、フードに接続した吸引ダクトと空気清浄装置の間に設ける。

【R5年4月／問20】

解説

(1) 誤り。ダクトの圧力損失は、その断面積を小さくするほど増大する。なお、ダクトが太すぎると空気の流速（搬送速度）が不足することにより、粉じんがダクト内に堆積するおそれがある。

(2) 誤り。少ない排風量で所定の効果を上げるこができる。

(3) 正しい。

(4) 誤り。スロット型フードは、外付け式フードに分類される。

(5) 誤り。排風機は、空気清浄装置後の空気が通る位置に設置する。

解答 (3)

問68　　局所排気装置に関する次の記述のうち、正しいものはどれか。

☐☐

(1)　ダクトの形状には円形、角形などがあり、その断面積を大きくするほど、ダクトの圧力損失が増大する。

(2)　フード開口部の周囲にフランジがあると、フランジがないときに比べ、効率良く吸引することができる。

(3)　ドラフトチェンバ型フードは、発生源からの飛散速度を利用して捕捉するもので、外付け式フードに分類される。

(4)　スロット型フードは、作業面を除き周りが覆われているもので、囲い式フードに分類される。

(5)　空気清浄装置を付設する局所排気装置を設置する場合、排風機は、一般に、フードに接続した吸引ダクトと空気清浄装置の間に設ける。

【R4年10月／問19】

解　説

(1)　誤り。ダクトの圧力損失は、その断面積を小さくするほど増大する。なお、ダクトが太すぎると空気の流速（搬送速度）が不足することにより、粉じんがダクト内に堆積するおそれがある。

(2)　正しい。

(3)　誤り。ドラフトチェンバ型フードは囲い式フードに分類される。

(4)　誤り。スロット型フードは、外付け式フードに分類される。

(5)　誤り。排風機は、空気清浄装置後の空気が通る位置に設置する。

解答　(2)

問69 局所排気装置に関する次の記述のうち、正しいものはどれか。

□□

(1) ダクトの形状には円形、角形などがあり、その断面積を大きくするほど、ダクトの圧力損失が増大する。

(2) フード開口部の周囲にフランジがあると、フランジがないときに比べ、気流の整流作用が増すため、大きな排風量が必要となる。

(3) スロット型フードは、発生源からの飛散速度を利用して捕捉するもので、レシーバ式フードに分類される。

(4) キャノピ型フードは、発生源からの熱による上昇気流を利用して捕捉するもので、レシーバ式フードに分類される。

(5) 空気清浄装置を付設する局所排気装置を設置する場合、排風機は、一般に、フードに接続した吸引ダクトと空気清浄装置の間に設ける。

【R4年4月／問18】

解説

(1) 誤り。ダクトの圧力損失は、その断面積を小さくするほど増大する。なお、ダクトが太すぎると空気の流速（搬送速度）が不足することにより、粉じんがダクト内に堆積するおそれがある。

(2) 誤り。少ない排風量で所定の効果を上げるこができる。

(3) 誤り。スロット型フードは、外付け式フードに分類される。

(4) 正しい。

(5) 誤り。排風機は、空気清浄装置後の空気が通る位置に設置する。

解答 (4)

問70 局所排気装置に関する次の記述のうち、正しいものはどれか。
☐☐

(1) ダクトの形状には円形、角形などがあるが、その断面積を大きくするほど、ダクトの圧力損失が増大する。

(2) フード開口部の周囲にフランジがあると、フランジがないときに比べ、気流の整流作用が増し、大きな排風量が必要となる。

(3) ドラフトチェンバ型フードは、発生源からの飛散速度を利用して捕捉するもので、外付け式フードに分類される。

(4) 建築ブース型フードは、作業面を除き周りが覆われているもので、囲い式フードに分類される。

(5) ダクトは、曲がり部分をできるだけ少なくするように配管し、主ダクトと枝ダクトとの合流角度は60°を超えないようにする。

【R2年10月／問19】

解説

(1) 誤り。ダクトの圧力損失は、その断面積を小さくするほど増大する。なお、ダクトが太すぎると空気の流速（搬送速度）が不足することにより、粉じんがダクト内に堆積するおそれがある。

(2) 誤り。少ない排風量で所定の効果を上げることができる。

(3) 誤り。ドラフトチェンバ型フードは囲い式フードに分類される。

(4) 正しい。

(5) 誤り。主ダクトと枝ダクトとの合流角度は45°を超えないようにする。

解答 (4)

問71　局所排気装置に関する次の記述のうち、正しいものはどれか。

□□

(1)　ダクトの形状には円形、角形などがあるが、その断面積を大きくするほど、ダクトの圧力損失が増大する。

(2)　フード開口部の周囲にフランジがあると、フランジがないときに比べ、気流の整流作用が増し、大きな排風量が必要となる。

(3)　ドラフトチェンバ型フードは、発生源からの飛散速度を利用して捕捉するもので、外付け式フードに分類される。

(4)　建築ブース型フードは、作業面を除き周りが覆われているもので、外付け式フードに分類される。

(5)　ダクトは、曲がり部分をできるだけ少なくするように配管し、主ダクトと枝ダクトとの合流角度は45°を超えないようにする。

【R2年4月／問11、R1年10月／問18、H31年4月／問19（一部修正）】

解　説

(1)　誤り。ダクトの圧力損失は、その断面積を小さくするほど増大する。なお、ダクトが太すぎると空気の流速（搬送速度）が不足することにより、粉じんがダクト内に堆積するおそれがある。

(2)　誤り。少ない排風量で所定の効果を上げることができる。

(3)　誤り。ドラフトチェンバ型フードは囲い式フードに分類される。

(4)　誤り。建築ブース型フードは、作業面を除き周りが覆われているもので、囲い式フードに分類される。

(5)　正しい。

解答　(5)

問72 局所排気装置のフードの型式について、排気効果の大小関係として、正しいものは次のうちどれか。

(1) 囲い式カバー型＞囲い式建築ブース型＞外付け式ルーバ型

(2) 囲い式建築ブース型＞囲い式グローブボックス型＞外付け式ルーバ型

(3) 囲い式ドラフトチェンバ型＞外付け式ルーバ型＞囲い式カバー型

(4) 外付け式ルーバ型＞囲い式ドラフトチェンバ型＞囲い式カバー型

(5) 外付け式ルーバ型＞囲い式建築ブース型＞囲い式グローブボックス型

【R3年4月／問14】

解説

　囲い式フードには、①発生源がフードにほぼ完全に囲い込まれていて、隙間程度の開口部しかないものとして、カバー型及びグローブボックス型が、②発生源はフードに囲い込まれているが、作業の都合上、囲いの1面が開口しているものとして、ドラフトチェンバ型及び建築ブース型がある。外付け式フード（ルーバ型（ルーバー型）等）は、囲い式とすることができず、やむを得ず有害物質の発生源の近くに設置するフードをいう。外付け式フードは有害物質を吸い込み気流によりフードまで吸引するため、囲い式フードと比較して、余分な空気を吸い込まねばならず、吸引風量を大きくする必要がある。

　よって、解答は(1)である。

解答 (1)

解答にあたってのポイント

・局所排気装置に関する問題では、下記の図を参考に、局所排気装置フードの型式と形状を把握する。

カバー型（EE）
ホッパー投入

グローブボックス型（EX）
アイソトープ取扱い

ドラフトチェンバ型（ED）
化学分析

つり下げグラインダ
ドラフトチェンバ型（ED）
研磨

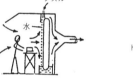
建築ブース型（EB）
噴霧塗装

建築ブース型（EB）
噴霧塗装

図　囲い式フードの例

スロット型（OS）
めっき槽

スロット型（OS）
脱脂槽

ルーバー型（OL）
溶解・混合

グリッド型（OG）
換気作業台

長方形型（OR）
鋳物砂落とし

長方形型（OR）
溶接

図　外付け式フードの例

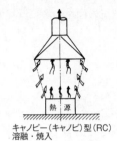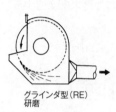

キャノピー（キャノビ）型 (RC)　　　　グラインダ型 (RE)
溶融・焼入　　　　　　　　　　　　　研磨

図　レシーバー式フードの例

・局所排気装置フードの型式と吸引（排気）効果の優劣の順（下記の囲み
　参照）、ダクトの圧力損失、捕捉点における吸引気流とフード開口面まで
　の距離の関係を把握する。

```
                      吸引効果
              大　　←──────────　　小
【フードの型式】　囲い式　＞ 外付け式 ＞ レシーバー式
【囲い式フード】　カバー型
　　　　　　　　　グローブボックス型 ＞ ドラフトチェンバ型
【外付け式フード】側方及び下方吸引型 ＞ 上方吸引型　※

                          ※ただし、上昇気流がある場合は除く
```

図　フードの型式と吸引効果の優劣

・フランジとは、フード開口面の周囲に設ける帽子のつばのようなもので
　ある（下記の図参照）。フランジを設けると、少ない排風量で所要の効果
　を上げることができる。

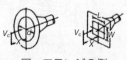

図　フランジの例

14　労働衛生保護具（呼吸用保護具等） 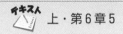 上・第6章5

問73　労働衛生保護具に関する次の記述のうち、誤っているものはどれか。

□□

(1)　ガス又は蒸気状の有害物質が粉じんと混在している作業環境中で防毒マスクを使用するときは、防じん機能を有する防毒マスクを選択する。

(2)　防毒マスクの吸収缶の色は、一酸化炭素用は赤色で、有機ガス用は黒色である。

(3)　送気マスクは、清浄な空気をボンベに詰めたものを空気源として作業者に供給する自給式呼吸器である。

(4)　遮光保護具には、遮光度番号が定められており、溶接作業などの作業の種類に応じて適切な遮光度番号のものを使用する。

(5)　騒音作業における防音保護具として、耳覆い（イヤーマフ）又は耳栓のどちらを選ぶかは、作業の性質や騒音の特性で決まるが、非常に強烈な騒音に対しては両者の併用も有効である。

【R5年4月／問18、R2年4月／問20】

解説

(1)　正しい。

(2)　正しい。

(3)　誤り。送気マスクは、清浄な空気をパイプ、ホースなどにより作業者に供給する呼吸用保護具である。設問は空気呼吸器の説明である。

(4)　正しい。

(5)　正しい。

解答　(3)

問74　労働衛生保護具に関する次の記述のうち、正しいものはどれか。
□□

(1)　保護めがねは、紫外線などの有害光線による眼の障害を防ぐ目的で使用するもので、飛散粒子、薬品の飛沫などによる障害を防ぐ目的で使用するものではない。

(2)　保護クリームは、皮膚の露出部に塗布して、作業中に有害な物質が直接皮膚に付着しないようにする目的で使用するものであるので、有害性の強い化学物質を直接素手で取り扱うときには、必ず使用する。

(3)　防じんマスクは作業に適したものを選択し、高濃度の粉じんのばく露のおそれがあるときは、できるだけ粉じんの捕集効率が高く、かつ、排気弁の動的漏れ率が低いものを選ぶ。

(4)　複数の種類の有毒ガスが混在している場合には、そのうち最も毒性の強いガス用の防毒マスクを使用する。

(5)　エアラインマスクは、清浄な空気をボンベに詰めたものを空気源として供給する呼吸用保護具で、自給式呼吸器の一種である。

【R4年10月／問17】

解説

(1)　誤り。保護めがねは、飛散粒子、薬品の飛沫などによる眼の障害を防ぐ目的で使用するものであり、紫外線などの有害光線による眼の障害を防ぐ目的で使用するものは遮光保護具である。

(2)　誤り。保護クリームを塗布していても、有害性の強い化学物質に直接触れたり乱暴粗雑な作業をして皮膚障害などを起こすことがあるので、正しい使用方法を徹底する必要がある。

(3)　正しい。

(4)　誤り。2種類以上の有害ガスが混在している場合、いずれの有害ガスにも有効な防毒マスクがない場合には、防毒マスクは使用してはならない。その場合は、送気マスクか自給式呼吸器を使用する。

(5)　誤り。エアラインマスクは、清浄な圧縮空気を空気源とし、パイプ、ホース等により作業者に給気する呼吸保護具である。設問は、空気呼吸器の説明である。

解答　(3)

問75 呼吸用保護具に関する次の記述のうち、正しいものはどれか。

☐☐

(1) 防毒マスクの吸収缶の色は、一酸化炭素用は黒色で、硫化水素用は黄色である。

(2) 防じん機能を有する防毒マスクには、吸収缶のろ過材がある部分に白線が入れてある。

(3) 型式検定合格標章のある防じんマスクでも、ヒュームのような微細な粒子に対しては効果がない。

(4) 防じんマスクの手入れの際、ろ過材に付着した粉じんは圧搾空気などで吹き飛ばして除去する。

(5) 直結式防毒マスクは、隔離式防毒マスクよりも有害ガスの濃度が高い大気中で使用することができる。

【R4年4月／問19】

Ⅱ 労働衛生（有害）

解説

(1) 誤り。一酸化炭素用防毒マスクの吸収缶の色は、赤色である。

(2) 正しい。

(3) 誤り。型式検定合格標章のある防じんマスクは粉じん、ミスト、ヒューム等の粒子状物質に対して有効である。

(4) 誤り。防じんマスクを手入れする際、ろ過材を破損するおそれがあるため、ろ過材に付着した粉じんを圧縮空気で吹き飛ばしたり、ろ過材を強くたたいて払い落としたりしてはならない。

(5) 誤り。防毒マスクの使用範囲は、ガス又は蒸気の濃度が直結式で1%以下（アンモニア1.5%）、隔離式で2%以下（アンモニア3%）とされている。したがって、直結式防毒マスクは、隔離式防毒マスクよりも有害ガスの濃度が低い大気中で使用することになる。

解答 (2)

問76　呼吸用保護具に関する次の記述のうち、正しいものはどれか。

☐☐

(1) 防毒マスクの吸収缶の色は、一酸化炭素用は黒色で、有機ガス用は赤色である。

(2) 高濃度の有害ガスに対しては、防毒マスクではなく、送気マスクか自給式呼吸器を使用する。

(3) 型式検定合格標章のある防じんマスクでも、ヒュームのような微細な粒子に対して使用してはならない。

(4) 防じんマスクの手入れの際、ろ過材に付着した粉じんは圧縮空気で吹き飛ばすか、ろ過材を強くたたいて払い落として除去する。

(5) 防じんマスクは作業に適したものを選択し、顔面とマスクの面体の高い密着性が要求される有害性の高い物質を取り扱う作業については、使い捨て式のものを選ぶ。

【R3年10月／問20】

解説

(1) 誤り。防毒マスクの吸収缶の色は、一酸化炭素用は赤色で、有機ガス用は黒色である。

(2) 正しい。

(3) 誤り。型式検定合格標章のある防じんマスクは粉じん、ミスト、ヒューム等の粒子状物質に対して有効である。

(4) 誤り。防じんマスクを手入れする際、ろ過材を破損するおそれがあるため、ろ過材に付着した粉じんを圧縮空気で吹き飛ばしたり、ろ過材を強くたたいて払い落としたりしてはならない。

(5) 誤り。顔面とマスクの面体の高い密着性が要求される場合、使い捨て式のものは使用できない。石綿およびダイオキシン類などの有害性の高い物質を取り扱う作業については、防じん機能を有する電動ファン付き呼吸用保護具（漏れ率0.1%以下、フィルタの粒子捕集効率99.97%以上）またはこれと同等以上の呼吸用保護具を着用する必要がある。

解答　(2)

問77　呼吸用保護具に関する次の記述のうち、正しいものはどれか。
□□

(1)　防じんマスクは作業に適したものを選択し、顔面とマスクの面体の高い密着性が要求される有害性の高い物質を取り扱う作業については、使い捨て式のものを選ぶ。

(2)　防じんマスクの面体の接顔部に接顔メリヤスを使用すると、マスクと顔面との密着性が良くなる。

(3)　2種類以上の有害ガスが混在している場合には、そのうち最も毒性の強いガス用の防毒マスクを使用する。

(4)　吸収缶が、除毒能力を喪失するまでの時間を破過時間という。

(5)　ハロゲンガス用防毒マスクの吸収缶の色は、黄色である。

【R1年10月／問19】

解説

(1)　誤り。顔面とマスクの面体の高い密着性が要求される場合、使い捨て式のものは使用できない。石綿およびダイオキシン類などの有害性の高い物質を取り扱う作業については、防じん機能を有する電動ファン付き呼吸用保護具（漏れ率0.1%以下、フィルタの粒子捕集効率99.97%以上）またはこれと同等以上の呼吸用保護具を着用する必要がある。

(2)　誤り。タオル等を当てた上から防じんマスクを付けたり、面体に接顔メリヤスを付けることにより、顔面への密着性を悪化させ、有害物質が面体の接顔部の隙間から面体内へ漏れ込むおそれを生じる。

(3)　誤り。2種類以上の有害ガスが混在している場合、いずれの有害ガスにも有効な防毒マスクがない場合には、防毒マスクは使用してはならない。その場合は、送気マスクか自給式呼吸器を使用する。

(4)　正しい。

(5)　誤り。ハロゲンガス用防毒マスクの吸収缶の色は、灰/黒である。

解答　(4)

問78 呼吸用保護具に関する次の記述のうち、誤っているものはどれか。

□□

(1) 有機ガス用防毒マスクの吸収缶の色は黒色であり、一酸化炭素用防毒マスクの吸収缶の色は赤色である。

(2) ガス又は蒸気状の有害物質が粉じんと混在している作業環境中で防毒マスクを使用するときは、防じん機能を有する防毒マスクを選択する。

(3) 酸素濃度18%未満の場所で使用できる呼吸用保護具には、送気マスク、空気呼吸器のほか、電動ファン付き呼吸用保護具がある。

(4) 使い捨て式防じんマスクは、面体ごとに、型式検定合格標章の付されたものを使用する。

(5) 防じんマスクは、面体と顔面との間にタオルなどを当てて着用してはならない。

【R3年4月／問18】

解説

(1) 正しい。

(2) 正しい。

(3) 誤り。電動ファン付き呼吸用保護具は、酸素濃度18%以上の場所で使用する。環境中に浮遊する粉じん、ミスト、ヒューム等の粒子状物質をろ過材（フィルタ）によって除去し、清浄化した空気を電動ファンにより作業者に給気する呼吸用保護具である。なお、厚生労働省通達「防じんマスク、防毒マスク及び電動ファン付き呼吸用保護具の選択、使用等について」（令和5年5月25日基発0525第3号）により、送気マスク、空気呼吸器であっても、酸素濃度18%未満の場所で使用できるのは、指定防護係数が1,000以上の全面形面体を有するものとされている。

(4) 正しい。

(5) 正しい。面体と顔面との間にタオルなどを当ててのち着用は、顔面へのフィッティングを悪化させ、有害物質が面体の接顔部の隙間から面体内へ漏れ込むおそれがある。

解答 (3)

問79　呼吸用保護具に関する次の記述のうち、誤っているものはどれか。

（1）　有機ガス用防毒マスクの吸収缶の色は黒色であり、シアン化水素用防毒マスクの吸収缶の色は青色である。

（2）　ガス又は蒸気状の有害物質が粉じんと混在している作業環境中で防毒マスクを使用するときは、防じん機能を有する防毒マスクを選択する。

（3）　酸素濃度18％未満の場所で使用できる呼吸用保護具には、送気マスク、空気呼吸器のほか、電動ファン付き呼吸用保護具がある。

（4）　送気マスクは、清浄な空気をパイプ、ホースなどにより作業者に供給する呼吸用保護具である。

（5）　空気呼吸器は、ボンベに充てんされた清浄空気を作業者に供給する自給式呼吸器である。

【H31年4月／問20】

Ⅱ　労働衛生（有害）

解説

（1）　正しい。

（2）　正しい。

（3）　誤り。電動ファン付き呼吸用保護具は、酸素濃度18％以上の場所で使用する。環境中に浮遊する粉じん、ミスト、ヒューム等の粒子状物質をろ過材（フィルタ）によって除去し、清浄化した空気を電動ファンにより作業者に給気する呼吸用保護具である。なお、厚生労働省通達「防じんマスク、防毒マスク及び電動ファン付き呼吸用保護具の選択、使用等について」（令和5年5月25日基発0525第3号）により、送気マスク、空気呼吸器であっても、酸素濃度18％未満の場所で使用できるのは、指定防護係数が1,000以上の全面形面体を有するものとされている。

（4）　正しい。

（5）　正しい。

解答　（3）

15 特殊健康診断

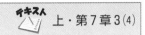 上・第7章3(4)

問80 有害化学物質とその生物学的モニタリング指標として用いられる尿中の
□□ 代謝物との組合せとして、正しいものは次のうちどれか。

(1) トルエン………………………………トリクロロ酢酸

(2) キシレン………………………………メチル馬尿酸

(3) スチレン………………………………馬尿酸

(4) N,N–ジメチルホルムアミド ………デルタ–アミノレブリン酸

(5) 鉛………………………………………マンデル酸

【R5年10月／問20】

解説

(1) 誤り。トルエンの尿中代謝物は馬尿酸である。

(2) 正しい。

(3) 誤り。スチレンの尿中代謝物はマンデル酸である。

(4) 誤り。N,N–ジメチルホルムアミドの尿中代謝物は N–メチルホルムアミド
である。

(5) 誤り。鉛の尿中代謝物はデルタ–アミノレブリン酸である。

解答 (2)

問81 特殊健康診断に関する次の文中の ［ ］ 内に入れるAからCの語句の組
□□ 合せとして、正しいものは(1)〜(5)のうちどれか。

「特殊健康診断において有害物の体内摂取量を把握する検査として、生
物学的モニタリングがあり、スチレンについては、尿中の ［A］ 及びフェ
ニルグリオキシル酸の総量を測定し、［B］ については、［C］ 中のデルタ
アミノレブリン酸の量を測定する。」

	A	B	C
(1)	馬尿酸	鉛	尿
(2)	馬尿酸	水銀	血液
(3)	メチル馬尿酸	鉛	血液
(4)	マンデル酸	水銀	血液
(5)	マンデル酸	鉛	尿

【R5年4月／問19】

解 説

特殊健康診断において有害物の体内摂取量を把握する検査として、生物学的モ
ニタリングがあり、スチレンについては、尿中のマンデル酸を測定し、鉛につい
ては、尿中のデルタ-アミノレブリン酸を測定する。

よって、解答は(5)である。

解答 (5)

問82　特殊健康診断に関する次の記述のうち、正しいものはどれか。

□□

(1) 有害物質による健康障害は、多くの場合、諸検査の異常などの他覚的所見より、自覚症状が先に出現するため、特殊健康診断では問診の重要性が高い。

(2) 特殊健康診断における生物学的モニタリングによる検査は、有害物の体内摂取量や有害物による健康影響の程度を把握するための検査である。

(3) 体内に取り込まれた鉛の生物学的半減期は、数時間と短いので、鉛健康診断における採尿及び採血の時期は、厳重にチェックする必要がある。

(4) 振動工具の取扱い業務に係る健康診断において、振動障害の有無を評価するためには、夏季における実施が適している。

(5) 情報機器作業に係る健康診断では、眼科学的検査などとともに、上肢及び下肢の運動機能の検査を行う。

【R4年 4 月／問20】

解説

(1) 誤り。有害物質による健康障害は、急性中毒を除き、多くの場合、自覚症状より諸検査結果の異常値などの他覚的所見が先に出現する。

(2) 正しい。

(3) 誤り。設問は、有機溶剤健康診断における採尿及び採血の時期についての記述である。鉛の生物学的半減期は、数カ月と長い。

(4) 誤り。機械的な振動に寒冷のばく露が重なると、血管が強く収縮し、振動障害を起こしやすいので、健康診断は冬季における実施が適している。

(5) 誤り。情報機器作業に係る健康診断では、眼科学的検査などとともに、筋骨格系に関する検査で上肢の運動機能の検査を行う。下肢の運動機能の検査は項目にない。

解答　(2)

問83　特殊健康診断に関する次の文中の ［　］ 内に入れる A から C の語句の組合せとして、正しいものは(1)～(5)のうちどれか。

「特殊健康診断において有害物の体内摂取量を把握する検査として、生物学的モニタリングがあり、ノルマルヘキサンについては、尿中の ［A］ の量を測定し、［B］ については、［C］ 中のデルタアミノレブリン酸の量を測定する。」

	A	B	C
(1)	2,5-ヘキサンジオン	鉛	尿
(2)	2,5-ヘキサンジオン	鉛	血液
(3)	シクロヘキサノン	鉛	尿
(4)	シクロヘキサノン	水銀	尿
(5)	シクロヘキサノン	水銀	血液

【R4年10月／問20】

解　説

　特殊健康診断において有害物の体内摂取量を把握する検査として、生物学的モニタリングがあり、ノルマルヘキサンについては、尿中の2,5-ヘキサンジオンの量を測定し、鉛については、尿中のデルタアミノレブリン酸の量を測定する。

　よって、解答は(1)である。

解答　(1)

問84　特殊健康診断に関する次の文中の＿＿内に入れるAからCの語句の組
□□　合せとして、正しいものは(1)～(5)のうちどれか。

　「特殊健康診断において有害物の体内摂取量を把握する検査として、生
物学的モニタリングがあり、トルエンについては、尿中の A を測定し、
B については、 C 中のデルタアミノレブリン酸を測定する。」

	A	B	C
(1)	馬尿酸	鉛	尿
(2)	馬尿酸	鉛	血液
(3)	マンデル酸	鉛	尿
(4)	マンデル酸	水銀	尿
(5)	マンデル酸	水銀	血液

【R3年10月・R2年4月／問19、R1年10月／問20】

解　説

　特殊健康診断において有害物の体内摂取量を把握する検査として、生物学的モ
ニタリングがあり、トルエンについては、尿中の馬尿酸を測定し、鉛については、
尿中のデルタアミノレブリン酸を測定する。

　よって、解答は(1)である。

解答　(1)

解答にあたってのポイント

・特殊健康診断に関する問題は、次の項目の内容を理解しておく。

特殊健康診断の目的と検査項目、生物学的ばく露モニタリング（生物学的モニタリング）、生物学的半減期

生物学的ばく露モニタリング…有害物質の体内摂取量を把握するための
（生物学的モニタリング）　　　　検査で、尿中や血液中の有害物質やその
　　　　　　　　　　　　　　　　　代謝物の濃度を測定する。

生物学的半減期…………………体内に取り込まれた有害物質が代謝・排
　　　　　　　　　　　　　　　　出され半分の量になるまでの期間をいう。

・鉛の生物学的半減期は長い（数週間〜数か月）ので、採尿・採血は任意の時期でよい。

・有機溶剤の生物学的半減期は短い（数時間〜数日）ので、採尿時期は厳重に管理する必要がある。

・有害物質による健康障害の大部分のものは、急性中毒を除き、他覚的所見が自覚症状に先行して出現する。

・情報機器（VDT）作業や、振動工具を取り扱う作業による健康障害は、他覚的所見より自覚症状が先行する。

16 作業管理

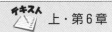 上・第6章

問85

労働衛生対策を進めていくに当たっては、作業環境管理、作業管理及び健康管理が必要であるが、次のAからEの対策例について、作業管理に該当するものの組合せは(1)〜(5)のうちどれか。

A 座位での情報機器作業における作業姿勢は、椅子に深く腰をかけて背もたれに背を十分あて、履き物の足裏全体が床に接した姿勢を基本とする。

B 有機溶剤業務を行う作業場所に設置した局所排気装置のフード付近の気流の風速を測定する。

C 放射線業務を行う作業場所において、外部放射線による実効線量を算定し、管理区域を設定する。

D ずい道建設工事の掘削作業において、土石又は岩石を湿潤な状態に保つための設備を稼働する。

E 介護作業等腰部に著しい負担のかかる作業に従事する労働者に対し、腰痛予防体操を実施する。

(1) A，B

(2) A，C

(3) B，C

(4) C，D

(5) D，E

【R5年10月／問12】

解説

作業環境管理とは、作業環境に起因する労働者の健康障害を予防することが目的であり、そのためには、危険有害要因によるリスク低減対策を講じる必要がある。設問では、BとDが該当する。作業管理とは、作業内容や作業方法等を適切に管理することにより、作業から発生する有害要因を排除し、作業負荷の軽減を図り、労働者への健康影響を少なくすることである。設問では、AとCが該当す

る。健康管理とは、個々の労働者の健康状態を把握し、労働者の健康状態を維持し、さらに健康増進を図るために、健康診断、健康相談、職場体操等が行われるものである。設問ではEが該当する。

よって、解答は(2)である。

解答 (2)

問86　労働衛生対策を進めていくに当たっては、作業環境管理、作業管理及び健康管理が必要であるが、次のAからEの対策例について、作業環境管理に該当するものの組合せは(1)～(5)のうちどれか。

A　粉じん作業を行う場所に設置した局所排気装置のフード付近の気流の風速を測定する。

B　アーク溶接作業を行う労働者に防じんマスクなどの保護具を使用させることによって、有害物質に対するばく露量を低減する。

C　鉛健康診断の結果、鉛業務に従事することが健康の保持のために適当でないと医師が認めた者を配置転換する。

D　放射線業務において、管理区域を設定し、必要のある者以外の者を立入禁止とする。

E　有機溶剤を使用する塗装方法を、有害性の低い水性塗料の塗装に変更する。

(1)　A，D

(2)　A，E

(3)　B，C

(4)　B，D

(5)　C，E　　　　　　　　　　　　　　　　　　　【R4年4月／問17】

解説

　作業環境管理とは、作業環境に起因する労働者の健康障害を予防することが目的であり、そのためには、危険有害要因によるリスク低減対策を講じる必要がある。設問では、AとEが該当する。作業管理とは、作業内容や作業方法等を適切に管理することにより、作業から発生する有害要因を排除し、作業負荷の軽減を図り、労働者への健康影響を少なくすることである。設問では、BとDが該当する。健康管理とは、個々の労働者の健康状態を把握し、労働者の健康状態を維持し、さらに健康増進を図るために、健康診断、健康相談、職場体操等が行われるものである。設問では、Cが該当する。

　よって、解答は(2)である。

解答　(2)

問87 　労働衛生対策を進めていくに当たっては、作業管理、作業環境管理及び
□□ 　健康管理が必要であるが、次のAからEの対策例について、作業管理に該
当するものの組合せは(1)〜(5)のうちどれか。

　　A 　振動工具の取扱い業務において、その振動工具の周波数補正振動加
　　　　速度実効値の3軸合成値に応じた振動ばく露時間の制限を行う。
　　B 　有機溶剤業務を行う作業場所に設置した局所排気装置のフード付近
　　　　の吸い込み気流の風速を測定する。
　　C 　強烈な騒音を発する場所における作業において、その作業の性質や
　　　　騒音の性状に応じた耳栓や耳覆いを使用する。
　　D 　有害な化学物質を取り扱う設備を密閉化する。
　　E 　鉛健康診断の結果、鉛業務に従事することが健康の保持のために適
　　　　当でないと医師が認めた者を配置転換する。

(1) 　A，B
(2) 　A，C
(3) 　B，C
(4) 　C，D
(5) 　D，E

解説

　作業管理とは、作業内容や作業方法等を適切に管理することにより、作業から
発生する有害要因を排除し、作業負荷の軽減を図り、労働者への健康影響を少な
くすることである。設問では、AとCが該当する。
　作業環境管理とは、作業環境に起因する労働者の健康障害を予防することが目
的であり、そのためには、危険有害要因によるリスク低減対策を講じる必要があ
る。設問では、BとDが該当する。
　健康管理とは、個々の労働者の健康状態を把握し、労働者の健康状態を維持し、
さらに健康増進を図るために、健康診断、健康相談、職場体操等が行われるもの
である。設問では、Eが該当する。
　よって、解答は(2)である。

解答 (2)

問88
□□　労働衛生対策を進めるに当たっては、作業管理、作業環境管理及び健康管理が必要であるが、次のAからEの対策例について、作業管理に該当するものの組合せは(1)～(5)のうちどれか。

A　情報機器(VDT)作業における作業姿勢は、椅子に深く腰をかけて背もたれに背を十分あて、履き物の足裏全体が床に接した姿勢を基本とする。

B　有機溶剤業務を行う作業場所に設置した局所排気装置のフード付近の気流の風速を測定する。

C　放射線業務において管理区域を設定し、当該場所に立ち入る必要のある者以外の者を立ち入らせない。

D　ずい道建設工事の掘削作業において、土石又は岩石を湿潤な状態に保つための設備を設ける。

E　じん肺健康診断の結果、粉じん業務に従事することが健康の保持のために適当でないと医師が認めた者を配置転換する。

(1)　A，B

(2)　A，C

(3)　B，D

(4)　C，E

(5)　D，E　　　　　　　　　　　　　　　　【R1年10月／問11（一部修正）】

解説

　作業管理とは、作業内容や作業方法等を適切に管理することにより、作業から発生する有害要因を排除し、作業負荷の軽減を図り、労働者への健康影響を少なくすることである。設問では、AとCが該当する。

　作業環境管理とは、作業環境に起因する労働者の健康障害を予防することが目的であり、そのためには、危険有害要因によるリスク低減対策を講じる必要がある。設問では、BとDが該当する。

　健康管理とは、個々の労働者の健康状態を把握し、労働者の健康状態を維持し、さらに健康増進を図るために、健康診断、健康相談、職場体操等が行われるものである。設問では、Eが該当する。

　よって、解答は(2)である。

解答　(2)

○労働衛生対策を進めるうえでの核となる次のものを 3 管理という。

・**作業環境管理**：作業環境に起因する健康障害を予防するための管理（例：設備の密閉化・自動化、局所排気装置の設置等工学的対策の実施）

・**作業管理**：作業に伴う有害要因を排除したり、当該要因の影響を最少にするための作業の管理（例：作業強度の軽減、作業姿勢の改善）

・**健康管理**：労働者の健康状況の把握、その結果に基づく措置による健康障害の発生・増悪を防止するための管理（例：健康診断、面接指導、メンタルヘルス対策の実施）

Ⅲ 関係法令 （有害業務に係るもの以外のもの）

1　労働安全衛生法

1　総括安全衛生管理者 ✐テキスト 上・第2章2(1)、下・I 1②3

問1
常時使用する労働者数が100人で、次の業種に属する事業場のうち、法令
□□　上、総括安全衛生管理者の選任が義務付けられていないものの業種はどれ
か。

(1)　林業

(2)　清掃業

(3)　燃料小売業

(4)　建設業

(5)　運送業

【R5年4月／問21】

解説

　総括安全衛生管理者の選任を要する事業場の業種・規模は、安衛令第2条に規定されている。第1号の業種は常時使用する労働者数が100人以上、第2号は300人以上、第3号は1,000人以上の場合に総括安全衛生管理者の選任が義務付けられている。

(1)　義務付けられている。安衛令第2条第1号。

(2)　義務付けられている。安衛令第2条第1号。

(3)　義務付けられていない。安衛令第2条第2号。

(4)　義務付けられている。安衛令第2条第1号。

(5)　義務付けられている。安衛令第2条第1号。

解答　(3)

問 2 常時使用する労働者数が300人で、次の業種に属する事業場のうち、法令□□ 上、総括安全衛生管理者の選任が義務付けられていない業種はどれか。

(1) 通信業

(2) 各種商品小売業

(3) 旅館業

(4) ゴルフ場業

(5) 医療業

【R3年10月・R2年4月・H31年4月／問21】

解説

　　総括安全衛生管理者の選任を要する事業場の業種・規模は、安衛令第2条に規定されている。第1号の業種は常時使用する労働者数が100人以上、第2号は300人以上、第3号は1,000人以上の場合に総括安全衛生管理者の選任が義務付けられている。

(1) 義務付けられている。安衛令第2条第2号。

(2) 義務付けられている。安衛令第2条第2号。

(3) 義務付けられている。安衛令第2条第2号。

(4) 義務付けられている。安衛令第2条第2号。

(5) 義務付けられていない。安衛令第2条第3号。

解答 (5)

問3 総括安全衛生管理者に関する次の記述のうち、法令上、誤っているもの
□□ はどれか。

(1) 総括安全衛生管理者は、事業場においてその事業の実施を統括管理する者又
はこれに準ずる者を充てなければならない。

(2) 都道府県労働局長は、労働災害を防止するため必要があると認めるときは、
総括安全衛生管理者の業務の執行について事業者に勧告することができる。

(3) 総括安全衛生管理者は、選任すべき事由が発生した日から14日以内に選任し
なければならない。

(4) 総括安全衛生管理者を選任したときは、遅滞なく、選任報告書を、所轄労働
基準監督署長に提出しなければならない。

(5) 危険性又は有害性等の調査及びその結果に基づき講ずる措置に関すること
は、総括安全衛生管理者が統括管理する業務のうちの一つである。

【R4年10月／問21】

Ⅲ 11 労働安全衛生法
関係法令（除く有害）

解説

(1) 誤り。安衛法第10条第2項で「総括安全衛生管理者は、当該事業場において
その事業の実施を統括管理する者をもつて充てなければならない。」と規定さ
れている。間違いやすいものとして次の条文がある。「安衛法第17条第2項第
1号　安全委員会の委員は次の者をもって構成する。『総括安全衛生管理者又
は総括安全衛生管理者以外の者で当該事業場においてその事業の実施を統括管
理するもの若しくはこれに準ずる者のうちから事業者が指名した者』」この、安
衛法第17条（安全委員会）の条文は、安衛法第18条（衛生委員会）に準用され
ている。

(2) 正しい。安衛法第10条第3項。

(3) 正しい。安衛法第10条第1項、安衛則第2条第1項。

(4) 正しい。安衛法第10条第1項、安衛則第2条第2項。

(5) 正しい。安衛法第10条第1項、安衛則第3条の2第2号。

解答 (1)

問4 総括安全衛生管理者又は産業医に関する次の記述のうち、法令上、誤っているものはどれか。

ただし、産業医の選任の特例はないものとする。

(1) 総括安全衛生管理者は、事業場においてその事業の実施を統括管理する者をもって充てなければならない。

(2) 都道府県労働局長は、労働災害を防止するため必要があると認めるときは、総括安全衛生管理者の業務の執行について事業者に勧告することができる。

(3) 総括安全衛生管理者が旅行、疾病、事故その他やむを得ない事由によって職務を行うことができないときは、代理者を選任しなければならない。

(4) 産業医は、衛生委員会を開催した都度作成する議事概要を、毎月1回以上、事業者から提供されている場合には、作業場等の巡視の頻度を、毎月1回以上から2か月に1回以上にすることができる。

(5) 事業者は、産業医から労働者の健康管理等について勧告を受けたときは、当該勧告の内容及び当該勧告を踏まえて講じた措置の内容（措置を講じない場合にあっては、その旨及びその理由）を記録し、これを3年間保存しなければならない。

【R4年4月／問22】

解説

(1) 正しい。安衛法第10条第2項。

(2) 正しい。安衛法第10条第3項。

(3) 正しい。安衛法第10条第1項、安衛則第3条。

(4) 誤り。安衛法第13条第1項、安衛則第15条により、産業医は毎月1回以上事業場を巡視する必要があるが、①安衛則第11条第1項の規定により衛生管理者が行う少なくとも毎週1回の作業場等を巡視した結果、及び ②労働者の健康障害を防止し、又は労働者の健康を保持するために必要な情報であって、衛生委員会又は安全衛生委員会における調査審議を経て事業者が産業医に提供することとしたもの、の情報の提供を受けていて、事業者の同意を得ているときは、少なくとも2か月に1回でもよい。

(5) 正しい。安衛法第13条第5項、安衛則第14条の3第2項。　　　解答 (4)

🔖 解答にあたってのポイント

○総括安全衛生管理者の選任を要する事業場は、業種や使用する労働者の規模で異なる（**安衛令第2条各号**）。

第1号	林業、鉱業、建設業、運送業、清掃業	100人以上
第2号	製造業（物の加工業を含む。）、各種商品卸売業・小売業、旅館業など	300人以上
第3号	その他の業種（銀行、金融業、商社、事務所など）	1,000人以上

○都道府県労働局長は、労働災害を防止するため必要があると認めるときは、総括安全衛生管理者の業務の執行について事業者に勧告することができる（**安衛法第10条第3項**）。

○総括安全衛生管理者の選任は、選任すべき事由が発生した日から14日以内に行わなければならない（**安衛則第2条第1項**）。

○総括安全衛生管理者を選任したときは、遅滞なく選任報告を、所轄労働基準監督署長に提出しなければならない（**安衛則第2条第2項**）。なお、総括安全衛生管理者が、旅行、疾病、事故その他やむを得ない事由によって職務を行うことができないときは、代理者を選任しなければならない（**安衛則第3条**）。

○総括安全衛生管理者は、当該事業場においてその事業の実施を統括管理するものをもって充てなければならない（**安衛法第10条第2項**）。

○安全管理者、衛生管理者等技術的な事項を管理する者の指揮をさせるとともに次の業務を統括管理させなければならない。

安衛法第10条第1項

第1号　労働者の危険又は健康障害を防止するための措置に関すること。

第2号　労働者の安全又は衛生のための教育の実施に関すること。

第3号　健康診断の実施その他健康の保持増進のための措置に関すること。

第4号　労働災害の原因の調査及び再発防止対策に関すること。

第5号　安衛則第3条の2に定めるもの。

安衛則第3条の2

第1号　安全衛生に関する方針の表明に関すること。

第2号　危険性又は有害性等の調査及びその結果に基づき講ずる措置に関すること。

第3号　安全衛生に関する計画の作成、実施、評価及び改善に関すること。

2　衛生管理者

上・第2章2(2)、下・I 1②3

問5　衛生管理者の職務又は業務として、法令上、定められていないものは次のうちどれか。

ただし、次のそれぞれの業務は衛生に関する技術的事項に限るものとする。

(1)　健康診断の実施その他健康の保持増進のための措置に関すること。

(2)　労働災害の原因の調査及び再発防止対策に関すること。

(3)　安全衛生に関する方針の表明に関すること。

(4)　少なくとも毎週1回作業場等を巡視し、衛生状態に有害のおそれがあるときは、直ちに、労働者の健康障害を防止するため必要な措置を講ずること。

(5)　労働者の健康を確保するため必要があると認めるとき、事業者に対し、労働者の健康管理等について必要な勧告をすること。

【R3年4月／問21】

解説

(1)　定められている。安衛法第12条第1項、同法第10条第1項第3号。

(2)　定められている。安衛法第12条第1項、同法第10条第1項第4号。

(3)　定められている。安衛法第12条第1項、同法第10条第1項第5号、安衛則第3条の2第1号。

(4)　定められている。安衛法第12条第1項、同法第10条第1項第5号、安衛則第11条第1項。

(5)　定められていない。産業医の職務。安衛法第13条第5項。

解答　(5)

問6 事業者が衛生管理者に管理させるべき業務として、法令上、誤っている
□□ ものは次のうちどれか。

　　　ただし、次のそれぞれの業務のうち衛生に係る技術的事項に限るものと
する。

(1) 安全衛生に関する方針の表明に関すること。

(2) 労働者の健康管理等について、事業者に対して行う必要な勧告に関すること。

(3) 安全衛生に関する計画の作成、実施、評価及び改善に関すること。

(4) 労働災害の原因の調査及び再発防止対策に関すること。

(5) 健康診断の実施その他健康の保持増進のための措置に関すること。

【R2年10月／問21】

※ R1年・H30年10月／問21は類似問題

解説

(1) 正しい。安衛法第12条第1項、同法第10条第1項第5号、安衛則第3条の2
　　第1号。

(2) 誤り。産業医の職務である。安衛法第13条第5項。

(3) 正しい。安衛法第12条第1項、同法第10条第1項第5号、安衛則第3条の2
　　第3号。

(4) 正しい。安衛法第12条第1項、同法第10条第1項第4号。

(5) 正しい。安衛法第12条第1項、同法第10条第1項第3号。

解答　(2)

参考問題 事業者が衛生管理者に行わせるべき業務として、法令上、誤っているものは次のうちどれか。

(1) 安全衛生に関する方針の表明に関する業務のうち、衛生に係る技術的事項を管理すること。

(2) 健康診断の実施その他健康の保持増進のための措置に関する業務のうち、衛生に係る技術的事項を管理すること。

(3) 労働者の安全又は衛生のための教育の実施に関する業務のうち、衛生に係る技術的事項を管理すること。

(4) 労働災害の原因の調査及び再発防止対策に関する業務のうち、衛生に係る技術的事項を管理すること。

(5) 労働者の健康を確保するため必要があると認めるとき、事業者に対し、労働者の健康管理等について必要な勧告をすること。

【H30年4月／問21】

解説

(1) 正しい。安衛法第12条第1項、同法第10条第1項第5号より安衛則第3条の2第1号。

(2) 正しい。安衛法第12条第1項、同法第10条第1項第3号。

(3) 正しい。安衛法第12条第1項、同法第10条第1項第2号。

(4) 正しい。安衛法第12条第1項、同法第10条第1項第4号。

(5) 誤り。産業医の職務。安衛法第13条第5項。

解答 (5)

● 解答にあたってのポイント

○衛生管理者

・職務は、総括安全衛生管理者の業務（p.300。**安衛法第10条第１項**、**安衛則第３条の２参照**）のうち、衛生に係る技術的事項を管理すること（**安衛法第12条第１項**）のほか、少なくとも毎週１回作業場等を巡視し、設備、作業方法又は衛生状態に有害のおそれがあるときは、直ちに必要な措置を講ずることである（**安衛則第11条第１項**）。

・50人以上の事業場は衛生管理者を選任する（**安衛令第４条**）。

・使用する労働者が増えると選任しなければならない衛生管理者数が増える（**安衛則第７条第１項第４号の表**）。

・衛生管理者は、事業場に専属の者を選任すること。ただし、衛生管理者を２人以上選任する場合、その中に労働衛生コンサルタントがいるときは、労働衛生コンサルタントのうち１人は専属でなくともよい（**安衛則第７条第１項第２号**）。

・次に掲げる業種の衛生管理者は、第二種衛生管理者免許を有するものは選任できない。第一種衛生管理者若しくは衛生工学衛生管理者免許を有する者又は**安衛則第10条各号**に掲げる者（医師、歯科医師、労働衛生コンサルタント等）のうちから選任しなければならない（**安衛則第７条第１項第３号イ**）。

　　建設業、製造業、運送業、医療業、清掃業等

・**安衛則第７条第１項第３号ロ**の業種（金融業、事務所、商社、小売業、卸売業等）については、第二種衛生管理者免許を有する者も選任することができる。

・次に掲げる事業場にあっては、衛生管理者のうち少なくとも１人は専任の衛生管理者とする（**安衛則第７条第１項第５号**）。

　　イ　常時1,000人を超える労働者を使用する事業場

　　ロ　常時500人を超える労働者を使用する事業場で、次に掲げる業務

　　に常時30人以上従事させる事業場

　　　坑内労働又は労基則第18条に掲げる以下の業務

　　　　暑熱　寒冷　放射線　粉じん　異常気圧　振動

　　　　重量物　騒音　有害な化学物質（キーワードのみ抜粋）

・次に掲げる事業場にあっては、衛生管理者のうち１人を衛生工学衛生管理者免許を有する者から選任しなければならない（**安衛則第７条第１項第６号**）。

　　　常時500人を超える労働者を使用する事業場で、労基則第18条に掲げる業務のうち、暑熱、放射線、粉じん、異常気圧、有害な化学物質（キーワードのみ抜粋）に常時30人以上従事させる事業場

・10人以上50人未満の労働者を使用する規模の事業場は、衛生管理者ではなく、事業場の業種に応じて、安全衛生推進者又は衛生推進者を選任する（**安衛則第12条の２**）。

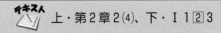
問7　産業医に関する次の記述のうち、法令上、誤っているものはどれか。
ただし、産業医の選任の特例はないものとする。

⑴　産業医を選任しなければならない事業場は、常時50人以上の労働者を使用する事業場である。

⑵　常時使用する労働者数が2,000人を超える事業場では、産業医を2人以上選任しなければならない。

⑶　重量物の取扱い等重激な業務に常時500人以上の労働者を従事させる事業場では、その事業場に専属の産業医を選任しなければならない。

⑷　産業医が、事業者から、毎月1回以上、所定の情報の提供を受けている場合であって、事業者の同意を得ているときは、産業医の作業場等の巡視の頻度を、毎月1回以上から2か月に1回以上にすることができる。

⑸　産業医は、労働者に対する衛生教育に関することであって、医学に関する専門的知識を必要とする事項について、総括安全衛生管理者に対して勧告することができる。

【R5年10月／問21】

解説

⑴　正しい。安衛法第13条第1項、安衛令第5条。

⑵　誤り。産業医を2人以上選任しなければならないのは、常時使用する労働者数が3,000人を超える事業場である。安衛法第13条第1項、安衛則第13条第1項第4号。

⑶　正しい。安衛法第13条第1項、安衛則第13条第1項第3号ト。

⑷　正しい。安衛法第13条第1項、安衛則第15条。

⑸　正しい。安衛法第13条第1項、安衛則第14条第1項及び第3項。

解答　⑵

問 8　産業医に関する次の記述のうち、法令上、誤っているものはどれか。
□□　　ただし、産業医の選任の特例はないものとする。

(1) 常時使用する労働者数が50人以上の事業場において、厚生労働大臣の指定する者が行う産業医研修の修了者等の所定の要件を備えた医師であっても、当該事業場においてその事業の実施を統括管理する者は、産業医として選任することはできない。

(2) 産業医が、事業者から、毎月1回以上、所定の情報の提供を受けている場合であって、事業者の同意を得ているときは、産業医の作業場等の巡視の頻度を、毎月1回以上から2か月に1回以上にすることができる。

(3) 事業者は、産業医が辞任したとき又は産業医を解任したときは、遅滞なく、その旨及びその理由を衛生委員会又は安全衛生委員会に報告しなければならない。

(4) 事業者は、専属の産業医が旅行、疾病、事故その他やむを得ない事由によって職務を行うことができないときは、代理者を選任しなければならない。

(5) 事業者が産業医に付与すべき権限には、労働者の健康管理等を実施するために必要な情報を労働者から収集することが含まれる。

【R4年10月／問22】

※ R3年4月／問22は類似問題

解説

(1) 正しい。安衛法第13条第1項、安衛則第13条第1項第2号ハ。

(2) 正しい。安衛法第13条第1項、安衛則第15条。

(3) 正しい。安衛法第13条第1項、安衛則第13条第4項。

(4) 誤り。代理者を選任しなければならないのは、産業医ではなく、総括安全衛生管理者が対象。安衛法第10条第1項、安衛則第3条。

(5) 正しい。安衛法第13条第1項、安衛則第14条第1項、安衛則第14条の4第2項第2号

解答　(4)

　　　産業医に関する次の記述のうち、法令上、誤っているものはどれか。
□□

(1)　産業医を選任した事業者は、産業医に対し、労働者の業務に関する情報であって産業医が労働者の健康管理等を適切に行うために必要と認めるものを提供しなければならない。

(2)　産業医を選任した事業者は、その事業場における産業医の業務の具体的な内容、産業医に対する健康相談の申出の方法、産業医による労働者の心身の状態に関する情報の取扱いの方法を、常時各作業場の見やすい場所に掲示し、又は備え付ける等の方法により、労働者に周知させなければならない。

(3)　産業医は、衛生委員会に対して労働者の健康を確保する観点から必要な調査審議を求めることができる。

(4)　産業医は、衛生委員会を開催した都度作成する議事概要を、毎月1回以上、事業者から提供されている場合には、作業場等の巡視の頻度を、毎月1回以上から2か月に1回以上にすることができる。

(5)　事業者は、産業医から労働者の健康管理等について勧告を受けたときは、当該勧告の内容及び当該勧告を踏まえて講じた措置の内容（措置を講じない場合にあっては、その旨及びその理由）を記録し、これを3年間保存しなければならない。
【R3年10月／問22】

解 説

(1)　正しい。安衛法第13条第4項、安衛則第14条の2。

(2)　正しい。安衛法第101条第2項、安衛則第98条の2。

(3)　正しい。安衛則第23条第5項。

(4)　誤り。「衛生委員会を開催した都度作成する議事概要を、毎月1回以上、事業者から提供されている場合」ではなく「衛生管理者が行う巡視の結果等の提供を受け、事業者の同意を得ている場合」。安衛則第15条。

(5)　正しい。安衛法第13条第5項、安衛則第14条の3第2項。

解答　(4)

問10 産業医の職務として、法令に定められていない事項は次のうちどれか。
□□ ただし、次のそれぞれの事項のうち医学に関する専門的知識を必要とするものに限るものとする。

(1) 衛生教育に関すること。

(2) 作業環境の維持管理に関すること。

(3) 作業の管理に関すること。

(4) 労働者の健康障害の原因の調査及び再発防止のための措置に関すること。

(5) 安全衛生に関する方針の表明に関すること。

【H31年4月／問22】

解説

(1) 定められている。安衛則第14条第1項第8号。

(2) 定められている。安衛則第14条第1項第4号。

(3) 定められている。安衛則第14条第1項第5号。

(4) 定められている。安衛則第14条第1項第9号。

(5) 定められていない。方針の表明は、総括安全衛生管理者の職務である。安衛則第3条の2第1号。

解答 (5)

解答にあたってのポイント

○産業医の選任

・産業医は、常時使用する労働者が50人以上の事業場ならば業種に関わらず（**安衛令第5条**）、選任すべき事由が発生した日から14日以内に選任しなければならない（**安衛則第13条第1項第1号**）。

・その選任報告は、所轄労働基準監督署長に提出しなければならない（**安衛則第13条第2項**（**同則第2条第2項**の準用））。

・産業医は、事業場の規模が常時1,000人以上又は次に掲げる業務に常時500人以上の労働者を従事させる場合は、その事業場に専属の者を選任すること（**安衛則第13条第1項第3号**）。

暑熱	寒冷	有害放射線	粉じん
異常気圧下	振動	重量物	騒音
坑内	深夜業	有害物	病原体

（キーワードのみ抜粋）

・常時3,000人を超える労働者を使用する事業場にあっては、2人以上の産業医を選任すること（**安衛則第13条第1項第4号**）。

・事業者は、産業医が辞任したとき又は産業医を解任したときは、遅滞なくその旨及びその理由を衛生委員会等に報告しなければならない（**安衛則第13条第4項**）。

○産業医の職務

労働者の健康管理のほか、**安衛則第14条第1項各号**に掲げられた事項を行わせなければならない（**安衛法第13条第1項**）。

・**安衛則第14条第1項**以下各号の事項で医学に関する専門的知識を必要とするもの。

　　第1号　健康診断の実施及びその結果に基づく労働者の健康を保持するための措置に関すること

第2号　長時間労働者の面接指導の実施及びその結果に基づく労働者の健康を保持するための措置に関すること

第3号　ストレスチェックの実施並びに面接指導の実施及びその結果に基づく労働者の健康を保持するための措置に関すること

第4号　作業環境の維持管理に関すること

第5号　作業の管理に関すること

第6号　労働者の健康管理に関すること

第7号　健康教育、健康相談その他労働者の健康の保持増進を図るための措置に関すること

第8号　衛生教育に関すること

第9号　労働者の健康障害の原因の調査及び再発防止のための措置に関すること

・職務に、安全衛生に関する方針の表明（総括安全衛生管理者の職務）や衛生委員会の議長を務めるといった規定はないので注意する。ほかに、衛生委員会の委員に指名された産業医は、衛生委員会に出席するなどがある（**安衛法第18条第2項第3号**）。

○　産業医に対する情報の提供

・産業医を選任した事業者は、産業医に対して以下の情報を提供しなければならない（**安衛法第13条第4項、安衛則第14条の2**）。

ア　①健康診断、②長時間労働者に対する面接指導、③ストレスチェックに基づく面接指導実施後の既に講じた措置又は講じようとする措置（措置を講じない場合は、その旨・その理由）

イ　時間外・休日労働時間が1月当たり80時間を超えた労働者の氏名・超過時間

ウ　労働者の労働時間に関する情報等（産業医が労働者の健康管理等を
　　適切に行うために必要な情報）

○　産業医の勧告

・労働者の健康を確保するため必要があると認めるときは、事業者に対し、
　労働者の健康管理等について必要な勧告をすることができる（**安衛法第
　13条第5項**）。

・産業医が勧告をしようとするときは、あらかじめ、その内容について事
　業者の意見を求めるものとする（**安衛則第14条の3第1項**）。

・事業者は産業医から勧告を受けたときは、その内容、当該勧告を踏まえ
　て講じた措置の内容（措置を講じない場合にはその理由）を記録し、3
　年間保存しなければならない（**安衛則第14条の3第2項**）。

・事業者は産業医から勧告を受けたときは、その内容等を衛生委員会等に
　報告しなければならない（**安衛法第13条第6項**、**安衛則第14条の3第4
　項**）。

○　産業医の権限

・事業者は、産業医に対し、職務をなし得るための権限を与えなければな
　らない（**安衛則第14条の4第1項**）。

・産業医の権限には、次のものが含まれる。

ア　事業者又は総括安全衛生管理者に対して意見を述べること。

イ　労働者の健康管理等を実施するために必要な情報を労働者から収集
　　すること。

ウ　労働者の健康を確保するため緊急の必要がある場合において、労働
　　者に対して必要な措置をとるべきことを指示すること。

○　産業医の定期巡視

・月に1回以上（産業医が事業者から毎月1回以上、衛生管理者の巡視結果、健康障害を防止し、又は健康を保持するために必要な情報の提供を受けている場合であって、事業者の同意を得ているときは、少なくとも2月に1回）作業場等を巡視し、作業方法又は衛生状態に有害のおそれがあるときは、直ちに労働者の健康障害を防止するため必要な措置を講じなければならない（**安衛則第15条**）。

Ⅲ ①労働安全衛生法
関係法令（除く有害）

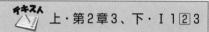
問11 衛生委員会に関する次の記述のうち、法令上、誤っているものはどれか。
□□

(1) 衛生委員会の議長を除く委員の半数については、事業場に労働者の過半数で組織する労働組合がないときは、労働者の過半数を代表する者の推薦に基づき指名しなければならない。

(2) 衛生委員会の議長は、原則として、総括安全衛生管理者又は総括安全衛生管理者以外の者で事業場においてその事業の実施を統括管理するもの若しくはこれに準ずる者のうちから事業者が指名した委員がなるものとする。

(3) 事業場に専属ではないが、衛生管理者として選任している労働衛生コンサルタントを、衛生委員会の委員として指名することができる。

(4) 作業環境測定を外部の作業環境測定機関に委託して実施している場合、当該作業環境測定を実施している作業環境測定士を、衛生委員会の委員として指名することができる。

(5) 衛生委員会の付議事項には、長時間にわたる労働による労働者の健康障害の防止を図るための対策の樹立に関することが含まれる。

【R5年10月／問22】

解説

(1) 正しい。安衛法第18条第4項（同法第17条第4項を準用）。

(2) 正しい。安衛法第18条第2項第1号。

(3) 正しい。安衛法第18条第2項第2号、安衛則第7条第1項第2号。

(4) 誤り。作業環境測定士は、事業場の労働者である必要がある。安衛法第18条第3項。

(5) 正しい。安衛法第18条第1項、安衛則第22条第9号。

解答　(4)

問12　衛生委員会に関する次の記述のうち、法令上、正しいものはどれか。
□□

(1)　衛生委員会の議長は、衛生管理者である委員のうちから、事業者が指名しなければならない。

(2)　産業医のうち衛生委員会の委員として指名することができるのは、当該事業場に専属の産業医に限られる。

(3)　衛生管理者として選任しているが事業場に専属でない労働衛生コンサルタントを、衛生委員会の委員として指名することはできない。

(4)　当該事業場の労働者で、作業環境測定を実施している作業環境測定士を衛生委員会の委員として指名することができる。

(5)　衛生委員会は、毎月1回以上開催するようにし、議事で重要なものに係る記録を作成して、これを5年間保存しなければならない。

【R5年4月／問22】

解説

(1)　誤り。衛生委員会の議長は、原則として、総括安全衛生管理者又は総括安全衛生管理者以外の者で事業場においてその事業の実施を統括管理するもの若しくはこれに準ずる者のうちから事業者が指名した委員がなる。安衛法第18条第2項第1号、同条第4項（同法第17条第3項を準用）。

(2)　誤り。産業医の指名について専属の産業医に限られるとの定めはない。安衛法第18条第2項第3号。

(3)　誤り。指名することは可能。安衛法第18条第2項第2号、安衛則第7条第1項第2号。

(4)　正しい。安衛法第18条第3項。

(5)　誤り。保存期間は「5年間」ではなく「3年間」。安衛則第23条第4項。

解答　(4)

　　　衛生委員会に関する次の記述のうち、法令上、正しいものはどれか。

□□

(1)　衛生委員会の議長は、衛生管理者である委員のうちから、事業者が指名しなければならない。

(2)　衛生委員会の議長を除く委員の半数は、事業場に労働者の過半数で組織する労働組合があるときにおいてはその労働組合、労働者の過半数で組織する労働組合がないときにおいては労働者の過半数を代表する者が指名しなければならない。

(3)　衛生管理者として選任しているが事業場に専属でない労働衛生コンサルタントを、衛生委員会の委員として指名することはできない。

(4)　衛生委員会の付議事項には、労働者の精神的健康の保持増進を図るための対策の樹立に関することが含まれる。

(5)　衛生委員会は、毎月1回以上開催するようにし、議事で重要なものに係る記録を作成して、これを5年間保存しなければならない。

【R4年4月／問21】

解説

(1)　誤り。衛生委員会の議長は、原則として、総括安全衛生管理者又は総括安全衛生管理者以外の者で事業場においてその事業の実施を統括管理するもの若しくはこれに準ずる者のうちから事業者が指名した委員がなる。安衛法第18条第2項第1号、同条第4項（同法第17条第3項を準用）。

(2)　誤り。議長を除く衛生委員会委員の半数については、当該事業場に労働者の過半数で組織する労働組合があるときにおいてはその労働組合、労働者の過半数で組織する労働組合がないときにおいては労働者の過半数を代表する者の推薦に基づき、事業者が指名しなければならない。安衛法第18条第4項（同法第17条第4項を準用）。

(3)　誤り。衛生管理者は衛生委員会の委員となることができるので、安衛則第7条第1項第2号により衛生管理者として選任しているが事業場に専属でない労働衛生コンサルタントを衛生委員会の委員として指名することはできる。安衛法第18条第2項第2号。

⑷　正しい。安衛法第18条第 1 項、安衛則第22条第10号。

⑸　誤り。安衛法第103条第 1 項、安衛則第23条第 4 項には、「衛生委員会の記録
　　は 3 年間保存しなければならない。」と規定されている。

解答　⑷

問14 衛生委員会に関する次の記述のうち、法令上、正しいものはどれか。

☐ ☐

(1) 衛生委員会の議長は、衛生管理者である委員のうちから、事業者が指名しなければならない。

(2) 衛生委員会の議長を除く全委員は、事業場に労働者の過半数で組織する労働組合がないときは、労働者の過半数を代表する者の推薦に基づき指名しなければならない。

(3) 衛生管理者として選任しているが事業場に専属ではない労働衛生コンサルタントを、衛生委員会の委員として指名することはできない。

(4) 当該事業場の労働者で、衛生に関し経験を有するものを衛生委員会の委員として指名することができる。

(5) 作業環境測定を作業環境測定機関に委託している場合、衛生委員会の委員として、当該機関に所属する作業環境測定士を指名しなければならない。

【R2年10月／問23】

解 説

(1) 誤り。衛生委員会の議長は、原則として、総括安全衛生管理者又は総括安全衛生管理者以外の者で事業場においてその事業の実施を統括管理するもの若しくはこれに準ずる者のうちから事業者が指名した委員がなる。安衛法第18条第2項第1号、同条第4項（同法第17条第3項を準用）。

(2) 誤り。衛生委員会の議長を除く「全委員」ではなく「半数」。安衛法第18条第4項（同法第17条第4項を準用）。

(3) 誤り。指名することは可能。安衛則第7条第1項第2号。安衛法第18条第2項第2号。

(4) 正しい。安衛法第18条第2項第4号。

(5) 誤り。安衛法第18条第3項。

解答 (4)

<u>問15</u>　衛生委員会に関する次の記述のうち、法令上、正しいものはどれか。
☐☐

(1)　衛生委員会の議長は、衛生管理者である委員のうちから、事業者が指名しなければならない。

(2)　衛生委員会の議長を除く全委員は、事業場に労働者の過半数で組織する労働組合がないときは、労働者の過半数を代表する者の推薦に基づき指名しなければならない。

(3)　衛生管理者として選任しているが事業場に専属ではない労働衛生コンサルタントを、衛生委員会の委員として指名することはできない。

(4)　当該事業場の労働者で、衛生に関し経験を有するものを衛生委員会の委員として指名することができる。

(5)　衛生委員会は、毎月1回以上開催するようにし、重要な議事に係る記録を作成して、これを5年間保存しなければならない。

【R2年4月／問23】

解説

(1)　誤り。衛生委員会の議長は、原則として、総括安全衛生管理者又は総括安全衛生管理者以外の者で事業場においてその事業の実施を統括管理するもの若しくはこれに準ずる者のうちから事業者が指名した委員がなる。安衛法第18条第2項第1号、同条第4項（同法第17条第3項を準用）。

(2)　誤り。衛生委員会の議長を除く「全委員」ではなく「半数」。安衛法第18条第4項（同法第17条第4項を準用）。

(3)　誤り。指名することは可能。安衛法第18条第2項第2号、安衛則第7条第1項第2号。

(4)　正しい。安衛法第18条第2項第4号。

(5)　誤り。保存期間は「5年間」ではなく「3年間」。安衛則第23条第4項。

解答　(4)

問16　　衛生委員会に関する次の記述のうち、法令上、正しいものはどれか。
□□

(1)　衛生委員会の議長は、衛生管理者である委員のうちから、事業者が指名しなければならない。

(2)　衛生委員会の議長を除く全委員は、事業場の労働組合又は労働者の過半数を代表する者の推薦に基づき指名しなければならない。

(3)　衛生委員会の委員として、事業場に専属でない産業医を指名することはできない。

(4)　衛生委員会の付議事項には、労働者の精神的健康の保持増進を図るための対策の樹立に関することが含まれる。

(5)　衛生委員会は、毎月1回以上開催するようにし、重要な議事に係る記録を作成して、これを5年間保存しなければならない。

【R1年10月／問22】

解説

(1)　誤り。衛生委員会の議長は、原則として、総括安全衛生管理者又は総括安全衛生管理者以外の者で事業場においてその事業の実施を統括管理するもの若しくはこれに準ずる者のうちから事業者が指名した委員がなる。安衛法第18条第2項第1号、同条第4項（同法第17条第3項を準用）。

(2)　誤り。「全委員」ではなく「半数」。安衛法第18条第4項（同法第17条第4項を準用）。

(3)　誤り。事業者が指名した産業医であれば、規模によっては専属でなくてもよい。安衛法第18条第2項第3号。

(4)　正しい。安衛則第22条第10号。

(5)　誤り。保存年限は「5年間」ではなく「3年間」。安衛則第23条第4項。

解答　(4)

🔵 解答にあたってのポイント

○衛生委員会は、工業的、非工業的の区別なく、業種を問わず、常時50人以上の労働者を使用する事業場において設置しなければならない（**安衛法第18条第１項、安衛令第９条**）。

○安全委員会、衛生委員会の設置に代えて、安全衛生委員会を設置することができる（**安衛法第19条第１項**）。

○衛生委員会の委員の構成は、

・総括安全衛生管理者又は総括安全衛生管理者以外の者で当該事業場においてその事業の実施を統括管理するもの若しくはこれに準ずる者のうちから事業者が指名した者（**安衛法第18条第２項第１号**）

・衛生管理者（選任されていれば事業場に専属でない労働衛生コンサルタントも含む）のうちから事業者が指名した者（**安衛法第18条第２項第２号**）

・産業医のうちから事業者が指名した者（**安衛法第18条第２項第３号**）

・当該事業場の労働者で、衛生に関し経験を有する者のうちから事業者が指名した者（**安衛法第18条第２項第４号**）

・衛生委員会の委員の半数は、労働組合又は労働者の過半数を代表する者の推薦に基づき指名された者（**安衛法第18条第４項、同法第17条第４項の準用**）

○衛生委員会の議長は、総括安全衛生管理者又は総括安全衛生管理者以外の者で当該事業場においてその事業の実施を統括管理するもの若しくはこれに準ずる者のうちから事業者が指名した者がなる（**安衛法第18条第２項第１号、第4項（同法第17条第3項の準用）**）。

・当該事業場の労働者で、作業環境測定を実施している作業環境測定士であるものを衛生委員会の委員として指名することができる（**安衛法**

第18条第3項)。

○衛生委員会は次のことを調査審議し、事業者に対し意見を述べなければ
ならない。

安衛法第18条第1項第1号～第4号
　　第1号　労働者の健康障害を防止するための基本となるべき対策
　　第2号　労働者の健康の保持増進を図るための基本となるべき対策
　　第3号　労働災害の原因及び再発防止対策で、衛生に係るもの
　　第4号　労働者の健康障害の防止及び健康の保持増進に関する重要事項
　　第4号の重要事項は**安衛則第22条第1号～第12号**で規定されている。

○衛生委員会は、毎月1回以上開催しなければならない(**安衛則第23条第1項**)。

○産業医が辞任又は解任したときは、事業者は、その旨と理由を報告しな
ければならない(**安衛則第13条第4項**)。

○議事で重要なものに係る記録を作成して、これを3年間保存しなければ
ならない(**安衛則第23条第4項**)。

○産業医は衛生委員会に対して労働者の健康を確保する観点から必要な調
査審議を求めることができる(**安衛則第23条第5項**)。

5　健康診断

 上・第7章3、下・I 1 ② 7

問17 　労働安全衛生規則に基づく医師による健康診断に関する次の記述のうち、誤っているものはどれか。

(1)　雇入時の健康診断において、医師による健康診断を受けた後3か月を経過しない者が、その健康診断結果を証明する書面を提出したときは、その健康診断の項目に相当する項目を省略することができる。

(2)　雇入時の健康診断の項目のうち、聴力の検査は、1,000Hz及び4,000Hzの音について行わなければならない。

(3)　深夜業を含む業務に常時従事する労働者に対し、6か月以内ごとに1回、定期に、健康診断を行わなければならないが、胸部エックス線検査については、1年以内ごとに1回、定期に、行うことができる。

(4)　定期健康診断を受けた労働者に対し、健康診断を実施した日から3か月以内に、当該健康診断の結果を通知しなければならない。

(5)　定期健康診断の結果に基づき健康診断個人票を作成して、これを5年間保存しなければならない。

【R5年10月／問23】

※ R5年4月／問23と類似問題

解説

(1)　正しい。安衛則第43条ただし書。

(2)　正しい。安衛則第43条第3号。

(3)　正しい。安衛則第45条第1項後段。

(4)　誤り。安衛則第51条の4では、健康診断の結果の通知は、遅滞なく通知しなければならないと規定されている。

(5)　正しい。安衛則第51条。

解答　(4)

問18　労働安全衛生規則に基づく医師による健康診断について、法令に違反しているものは次のうちどれか。

(1)　雇入時の健康診断において、医師による健康診断を受けた後3か月を経過しない者が、その健康診断結果を証明する書面を提出したときは、その健康診断の項目に相当する項目を省略している。

(2)　雇入時の健康診断の項目のうち、聴力の検査は、35歳及び40歳の者並びに45歳以上の者に対しては、1,000Hz及び4,000Hzの音について行っているが、その他の年齢の者に対しては、医師が適当と認めるその他の方法により行っている。

(3)　深夜業を含む業務に常時従事する労働者に対し、6か月以内ごとに1回、定期に、健康診断を行っているが、胸部エックス線検査は、1年以内ごとに1回、定期に、行っている。

(4)　事業場において実施した定期健康診断の結果、健康診断項目に異常所見があると診断された労働者については、健康を保持するために必要な措置について、健康診断が行われた日から3か月以内に、医師から意見聴取を行っている。

(5)　常時50人の労働者を使用する事業場において、定期健康診断の結果については、遅滞なく、所轄労働基準監督署長に報告を行っているが、雇入時の健康診断の結果については報告を行っていない。

【R3年10月／問23、R2年10月・4月／問22、R1年10月／問23（一部修正）】

解説

(1)　違反していない。安衛則第43条ただし書。

(2)　違反。雇入時の健康診断においては、聴力の検査について医師が適当と認める検査をもって代えることができる規定はない。安衛則第43条第3号。

(3)　違反していない。安衛則第45条第1項後段。

(4)　違反していない。安衛法第66条の4、安衛則第51条の2第1項第1号。

(5)　違反していない。雇入時の健康診断結果を報告する規定はない。安衛則第52条で定期健康診断結果の提出を求められているが、雇入時の健康診断結果の提出は求められていない。

解答　(2)

問19　労働安全衛生規則に規定されている医師による健康診断について、法令
□□　に違反しているものは次のうちどれか。

(1)　雇入時の健康診断において、医師による健康診断を受けた後、3か月を経過
しない者がその健康診断結果を証明する書面を提出したときは、その健康診断
の項目に相当する項目を省略している。

(2)　雇入時の健康診断の項目のうち、聴力の検査は、35歳及び40歳の者並びに45
歳以上の者に対しては、1,000Hz及び4,000Hzの音について行っているが、そ
の他の年齢の者に対しては、医師が適当と認めるその他の方法により行ってい
る。

(3)　海外に6か月以上派遣して帰国した労働者について、国内の業務に就かせる
とき、一時的な就業の場合を除いて、海外派遣労働者健康診断を行っている。

(4)　常時50人の労働者を使用する事業場において、雇入時の健康診断の結果につ
いて、所轄労働基準監督署長に報告を行っていない。

(5)　常時40人の労働者を使用する事業場において、定期健康診断の結果について、
所轄労働基準監督署長に報告を行っていない。

【R3年4月／問23】

解説

(1)　違反していない。安衛則第43条ただし書。

(2)　違反。雇入時の健康診断においては、聴力の検査について医師が適当と認め
る検査をもって代えることができる規定はない。安衛則第43条第3号。

(3)　違反していない。安衛則第45条の2第1項。

(4)　違反していない。雇入時の健康診断結果を報告する規定はない。安衛則第52
条で定期健康診断結果の提出を求められているが、雇入時の健康診断結果の提
出は求められていない。

(5)　違反していない。報告を要するのは常時「50人以上」の労働者を使用する事
業場である。安衛則第52条第1項。

解答　(2)

問20 労働安全衛生規則に基づく次の定期健康診断項目のうち、厚生労働大臣
□□ が定める基準に基づき、医師が必要でないと認めるときは、省略すること
ができる項目に該当しないものはどれか。

(1) 自覚症状の有無の検査

(2) 腹囲の検査

(3) 胸部エックス線検査

(4) 心電図検査

(5) 血中脂質検査

【R4年10月／問23】

解説

　安衛則第44条第1項に定期健康診断項目が規定されている。それは「1　既往歴及び業務歴の調査」「2　自覚症状及び他覚症状の有無の検査」「3　身長、体重、腹囲、視力及び聴力の検査」「4　胸部エックス線検査及び喀痰検査」「5　血圧の測定」「6　貧血検査」「7　肝機能検査」「8　血中脂質検査」「9　血糖検査」「10　尿検査」「11　心電図検査」である。安衛則第44条第2項には、そのうち医師が必要でないと認めるときは、省略することができる項目が規定されている。それは、「第3号、第4号、第6号から第9号まで及び第11号」である。つまり「3　身長、体重、腹囲、視力及び聴力の検査」「4　胸部エックス線検査及び喀痰検査」「6　貧血検査」「7　肝機能検査」「8　血中脂質検査」「9　血糖検査」「11　心電図検査」である。

　従って、(1)は省略できない。

　よって、解答は(1)である。

解答 (1)

<u>問21</u>　労働安全衛生規則に基づく医師による雇入時の健康診断に関する次の記
□□　述のうち、誤っているものはどれか。

(1)　医師による健康診断を受けた後 3 か月を経過しない者を雇い入れる場合、その健康診断の結果を証明する書面の提出があったときは、その健康診断の項目に相当する雇入時の健康診断の項目は省略することができる。

(2)　雇入時の健康診断では、40歳未満の者について医師が必要でないと認めるときは、貧血検査、肝機能検査等一定の検査項目を省略することができる。

(3)　事業場において実施した雇入時の健康診断の項目に異常の所見があると診断された労働者については、その結果に基づき、健康を保持するために必要な措置について、健康診断が行われた日から 3 か月以内に、医師の意見を聴かなければならない。

(4)　雇入時の健康診断の結果に基づき、健康診断個人票を作成して、これを 5 年間保存しなければならない。

(5)　常時50人以上の労働者を使用する事業場であっても、雇入時の健康診断の結果については、所轄労働基準監督署長に報告する必要はない。

【R4年 4 月／問23】

<u>解説</u>

(1)　正しい。安衛則第43条ただし書。

(2)　誤り。雇入時の健診項目で省略できるものの規定はない。

(3)　正しい。安衛法第66条の 4 、安衛則第51条の 2 第 1 項第 1 号。

(4)　正しい。安衛則第51条。

(5)　正しい。雇入時の健康診断結果を報告する規定はない。安衛則第52条で定期健康診断結果の提出を求められているが、雇入時の健康診断結果の提出は求められていない。

解答　(2)

　　　労働安全衛生規則に基づく医師による雇入時の健康診断に関する次の記述のうち、誤っているものはどれか。

(1)　医師による健康診断を受けた後、3か月を経過しない者を雇い入れる場合、その健康診断の結果を証明する書面の提出があったときは、その健康診断の項目に相当する雇入時の健康診断の項目を省略することができる。

(2)　雇入時の健康診断における聴力の検査は、1,000ヘルツ及び3,000ヘルツの音に係る聴力について行わなければならない。

(3)　雇入時の健康診断の項目には、血糖検査が含まれているが、血液中の尿酸濃度の検査は含まれていない。

(4)　雇入時の健康診断の結果に基づき、健康診断個人票を作成して、これを5年間保存しなければならない。

(5)　雇入時の健康診断の結果については、事業場の規模にかかわらず、所轄労働基準監督署長に報告する必要はない。

【H31年4月／問23】

解 説

(1)　正しい。安衛則第43条ただし書。

(2)　誤り。聴力の検査は、1,000ヘルツ及び「4,000ヘルツ」の音に係る聴力について行わなければならない。安衛則第43条第3号。

(3)　正しい。安衛則第43条第9号。なお、血液中の尿酸の量の検査は、雇入時の健康診断でも定期健康診断でも検査項目とはなっていない。

(4)　正しい。安衛則第51条。

(5)　正しい。雇入時の健康診断結果を報告する規定はない。安衛則第52条で定期健康診断結果の提出を求められているが、雇入時の健康診断結果の提出は求められていない。

解答　(2)

🔘 解答にあたっての**ポイント**

＜全般及び共通部分＞

○健康診断（**安衛法第66条第１項**）

　事業者は、労働者に対し、医師による健康診断を行わなければならない。

○健康診断結果の記録の作成（**安衛則第51条**）

　健康診断個人票を作成して、５年間保存しなければならない。

○健康診断の結果の通知（**安衛法第66条の６、安衛則第51条の４**）

　健康診断を受けた労働者に対し、遅滞なく、当該健康診断の結果を通知しなければならない。

○健康診断の結果についての医師等からの意見聴取（**安衛法第66条の４、安衛則第51条の２第１項各号**）

　事業者は、健康診断の結果に基づき、当該労働者の健康を保持するために必要な措置について、健康診断が行われた日から３月以内に医師又は歯科医師の意見を聞かなければならない。また、聴取した医師又は歯科医師の意見を健康診断個人票に記載する。

○健康診断実施後の措置（**安衛法第66条の５第１項**）

　事業者は、医師又は歯科医師の意見を勘案し、その必要があると認めるときは、当該労働者の事情を考慮して、就業場所の変更、作業の転換、労働時間の短縮、深夜業の回数の減少等の措置を講ずる。

○保健指導等（**安衛法第66条の７第１項**）

　健康診断の結果、特に健康の保持に努める必要があると認める労働者に対し、医師又は保健師による保健指導を行うように努めなければならない。

○給食従業員の検便（**安衛則第47条**）

　事業に附属する食堂又は炊事場における給食の業務に従事する労働者に対し、その雇入れの際又は当該業務への配置替えの際、検便による健康診断を行わなければならない。

＜雇入時健康診断＞ （安衛則第43条）

・事業者は、常時使用する労働者を雇い入れるときは、次の項目について
医師による健康診断を行わなければならない。ただし、医師による健康
診断を受けた後、3か月を経過しない者を雇い入れる場合において、そ
の結果を証明する書面を提出したときは、当該健康診断の項目に相当す
る項目については省略できる。

1　既往歴及び業務歴の調査
2　自覚症状及び他覚症状の有無の検査
3　身長、体重、腹囲、視力及び聴力の検査
4　胸部エックス線検査
5　血圧の測定
6　貧血検査（血色素量及び赤血球数）
7　肝機能検査（GOT　GPT　γ – GTP）
8　血中脂質検査（LDL – C　HDL – C　血清トリグリセライド）
9　血糖検査
10　尿検査（糖、蛋白）
11　心電図検査

・雇入時健康診断は、健康管理の最も基礎となるデータであることから、
定期健診とは異なり、上記のとき以外の健診項目の省略は認められてい
ない。

・雇入時健康診断の結果は、健康診断結果報告書を所轄労働基準監督署長
に提出する必要はない。

＜定期健康診断＞（安衛則第44条第1項）

・事業者は、常時使用する労働者に対し、1年以内ごとに1回、定期に、次の項目について医師による健康診断を行わなければならない。

1　既往歴及び業務歴の調査

2　自覚症状及び他覚症状の有無の調査

3　<u>身長</u>、体重、<u>腹囲</u>、視力及び<u>聴力</u>の検査

4　<u>胸部エックス線検査及び喀痰検査</u>

5　血圧の測定

6　<u>貧血検査（血色素量及び赤血球数）</u>

7　<u>肝機能検査（GOT　GPT　γ-GTP）</u>

8　<u>血中脂質検査（LDL-C　HDL-C　血清トリグリセライド）</u>

9　<u>血糖検査</u>

10　尿検査（糖、蛋白）

11　<u>心電図検査</u>

・下線の項目については、厚生労働大臣が定める基準（次頁）に基づき、医師が必要でないと認めるときは省略することができる（**安衛則第44条第2項**）。

・聴力の検査については、医師が適当と認める方法に代えることができる（**安衛則第44条第4項**）。

・健診項目の省略する条件が雇入時健診と異なるので注意する。

・常時50人以上の労働者を使用する事業者は、定期健康診断を行ったときは、遅滞なく、定期健康診断結果報告書を所轄労働基準監督署長に提出しなければならない（**安衛則第52条第1項**）。

厚生労働大臣が定める基準（平成10年6月24日労働省告示第88号、平成22年1月25日改正厚生労働省告示第25号）

項目	省略することができる者
身長の検査	20歳以上の者
腹囲の検査	① 35歳を除く40歳未満の者 ② 妊娠中の女性その他の者であって、その腹囲が内臓脂肪の蓄積を反映していないと診断されたもの ③ BMI（体重\<kg>／身長\<m>の二乗）が20未満である者 ④ 自ら腹囲を測定し、その値を申告したもの（BMIが22未満である者に限る）
胸部エックス線検査	20歳、25歳、30歳及び35歳の者を除く40歳未満の者で、次のア～イのいずれにも該当しないもの。 ア 感染症法で結核に係る定期の健康診断の対象とされている施設等で働いている者 イ じん肺法で3年に1回のじん肺健康診断の対象とされている者
喀痰<ruby>喀痰<rt>かくたん</rt></ruby>検査	① 胸部エックス線検査によって病変の発見されない者 ② 胸部エックス線検査によって結核発病のおそれがないと診断された者 ③ 胸部エックス線検査の省略できる者に該当する者
貧血検査 肝機能検査 血中脂質検査 血糖検査 心電図検査	35歳を除く40歳未満の者

＜特定業務従事者の健康診断＞

・事業者は、**安衛則第13条第1項第3号**に掲げる業務に常時従事する労働者に対し、当該業務への配置替えの際及び6か月以内に1回、定期に、定期健康診断と同じ項目について医師による健康診断を行わなければならない。この場合において、胸部エックス線検査は1年以内に1回、定期に、行えば足りるものとする（**同則第45条第1項**）。

安衛則第13条第１項第３号（キーワードのみ抜粋）

高熱物体・暑熱	低温物体・寒冷	有害放射線	粉じん
異常気圧	振動	重量物	騒音
坑内	深夜業	有害物	病原体

・特定業務従事者の健康診断の項目（定期健康診断と同じ）では、一定の項目のうち、前回の健康診断において受けた項目については、医師が必要でないと認めたときは、省略することができる（**安衛則第45条第２項**）。また、一定の項目について、厚生労働大臣が定める基準に基づき、医師が必要でないと認めるときは、省略することができる（**安衛則第45条第３項**）。

・特定業務従事者の健康診断を受診する労働者数が50人に満たなくても、事業場規模が50人以上ならば、特定業務従事者の健康診断を行ったときは、遅滞なく、定期健康診断結果報告書を所轄労働基準監督署長に届出しなければならない（**安衛則第52条第１項**）。

＜海外派遣労働者の健康診断＞

・定期健康診断（**安衛則第44条第１項**）の項目と、厚生労働大臣が定める項目のうち医師が必要であると認める項目を、労働者を本邦外の地域に６か月以上派遣するとき（**同則第45条の２第１項**）、並びに本邦外の地域に６か月以上派遣した労働者を本邦の地域内における業務に就かせるとき（**同則第45条の２第２項**）に実施しなければならない。

・ただし、雇入時（**安衛則第43条**）、定期（**同則第44条**）、特定業務従事者（**同則第45条**）健康診断又は有害な業務に係る健康診断（**安衛法第66条第２項**）を受けたものについては、健康診断実施日から６か月間に限り、その者が受けた当該健康診断の項目に相当する項目を省略して行うことができる（**同則第45条の２第３項**）。

Ⅲ　関係法令（除く有害）
①労働安全衛生法

6　医師による面接指導

上・第7章7⑷、下・Ⅰ1②7

問23 　労働時間の状況等が一定の要件に該当する労働者に対して、法令により
□□　実施することが義務付けられている医師による面接指導に関する次の記述
　　　のうち、正しいものはどれか。

　　　　ただし、新たな技術、商品又は役務の研究開発に係る業務に従事する者
　　　及び高度プロフェッショナル制度の対象者はいないものとする。

⑴　面接指導の対象となる労働者の要件は、原則として、休憩時間を除き1週間
　当たり40時間を超えて労働させた場合におけるその超えた時間が1か月当たり
　80時間を超え、かつ、疲労の蓄積が認められる者であることとする。

⑵　事業者は、面接指導を実施するため、タイムカードによる記録等の客観的な
　方法その他の適切な方法により、監督又は管理の地位にある者を除き、労働者
　の労働時間の状況を把握しなければならない。

⑶　面接指導を行う医師として事業者が指定することのできる医師は、当該事業
　場の産業医に限られる。

⑷　事業者は、面接指導の対象となる労働者の要件に該当する労働者から面接指
　導を受ける旨の申出があったときは、申出の日から3か月以内に、面接指導を
　行わなければならない。

⑸　事業者は、面接指導の結果に基づき、当該面接指導の結果の記録を作成して、
　これを3年間保存しなければならない。

【R5年4月／問24】

解説

⑴　正しい。安衛則第52条の2第1項。

⑵　誤り。面接指導の対象となる労働者について、監督又は管理の地位にある者
　を除くとの規定はない。安衛法第66条の8の3。

⑶　誤り。当該事業場の産業医でなければならないとの規定はない。安衛法第66
　条の8第1項。

⑷　誤り。「申出の日から3か月以内」ではなく「遅滞なく」行わなければならな

い。安衛法第66条の8第4項、安衛則第52条の3。

(5) 誤り。「3年間」ではなく「5年間」保存しなければならない。安衛則第52条
の6第1項。

解答 (1)

問24 労働時間の状況等が一定の要件に該当する労働者に対して、法令により実施することとされている医師による面接指導の結果に基づく記録に記載しなければならない事項として定められていないものは、次のうちどれか。

(1) 面接指導を行った医師の氏名

(2) 面接指導を受けた労働者の氏名

(3) 面接指導を受けた労働者の家族の状況

(4) 面接指導を受けた労働者の疲労の蓄積の状況

(5) 面接指導の結果に基づき、労働者の健康を保持するために必要な措置について医師から聴取した意見

【H31年4月／問24】

解説

(1) 定められている。安衛則第52条の6第2項、第52条の5第3号。

(2) 定められている。安衛則第52条の6第2項、第52条の5第2号。

(3) 定められていない。安衛則第52条の6第2項に規定されていない。

(4) 定められている。安衛則第52条の6第2項、第52条の5第4号。

(5) 定められている。安衛則第52条の6第2項。

解答 (3)

問25　労働時間の状況等が一定の要件に該当する労働者に対して、法令により
□□　実施することが義務付けられている医師による面接指導に関する次の記述
　　　のうち、正しいものはどれか。

　　　ただし、新たな技術、商品又は役務の研究開発に係る業務に従事する者
　　　及び高度プロフェッショナル制度の対象者はいないものとする。

(1)　面接指導の対象となる労働者の要件は、原則として、休憩時間を除き1週間
　　当たり40時間を超えて労働させた場合におけるその超えた時間が1か月当たり
　　100時間を超え、かつ、疲労の蓄積が認められる者であることとする。

(2)　事業者は、面接指導を実施するため、タイムカードによる記録等の客観的な
　　方法その他の適切な方法により、労働者の労働時間の状況を把握しなければな
　　らない。

(3)　面接指導の結果は、健康診断個人票に記載しなければならない。

(4)　事業者は、面接指導の結果に基づき、労働者の健康を保持するために必要な
　　措置について、原則として、面接指導が行われた日から3か月以内に、医師の
　　意見を聴かなければならない。

(5)　事業者は、面接指導の結果に基づき、当該面接指導の結果の記録を作成して、
　　これを3年間保存しなければならない。

【R4年10月／問24】

解説

(1)　誤り。面接指導の対象となる労働者の要件は、原則として、休憩時間を除き
　　1週間当たり40時間を超えて労働させた場合におけるその超えた時間が1か月
　　当たり80時間を超え、かつ、疲労の蓄積が認められる者であることとする。安
　　衛法第66条の8第1項、安衛則第52条の2第1項。

(2)　正しい。安衛法第66条の8の3、安衛則第52条の7の3第1項。

(3)　誤り。事業者は、安衛法第66条の8の面接指導の結果に基づき、当該面接指
　　導の結果の記録を作成して、これを5年間保存しなければならない。設問の「健
　　康診断個人票」とは安衛則第51条により規定された、定期健康診断（安衛則第
　　44条）等の結果に基づき作成される安衛則様式第5号の書類であり、安衛則第
　　52条の6に基づく書類ではない。

(4) 誤り。面接指導の結果に基づき、労働者の健康を保持するために必要な措置について、遅滞なく、医師の意見を聴かなければならない。安衛法第66条の8第4項、安衛則第52条の7。

(5) 誤り。事業者は、面接指導の結果に基づき、当該面接指導の結果の記録を作成して、これを5年間保存しなければならない。安衛則第52条の6。

解答 (2)

問26　労働安全衛生法に基づく労働者の心理的な負担の程度を把握するための
□□　検査（以下「ストレスチェック」という。）及びその結果等に応じて実施され
る医師による面接指導に関する次の記述のうち、法令上、正しいものは
どれか。

⑴　ストレスチェックを受ける労働者について解雇、昇進又は異動に関して直接
の権限を持つ監督的地位にある者は、ストレスチェックの実施の事務に従事し
てはならない。

⑵　事業者は、ストレスチェックの結果が、衛生管理者及びストレスチェックを
受けた労働者に通知されるようにしなければならない。

⑶　面接指導を行う医師として事業者が指名できる医師は、当該事業場の産業医
に限られる。

⑷　面接指導の結果は、健康診断個人票に記載しなければならない。

⑸　事業者は、面接指導の結果に基づき、当該労働者の健康を保持するため必要
な措置について、面接指導が行われた日から3か月以内に、医師の意見を聴か
なければならない。

【R5年10月／問25】

解説

⑴　正しい。安衛則第52条の10第2項。

⑵　誤り。ストレスチェックの結果は本人に直接通知する必要がある。また、事
業者（衛生管理者を含む）に提供するには本人の同意が必要である。安衛法第
66条の10第2項、安衛則第52条の12。

⑶　誤り。当該事業場の産業医に限るとの規定はない。安衛法第66条の10第3
項。

⑷　誤り。面接指導の結果を「健康診断個人票に記載」ではなく、「面接指導結果
の記録を作成」しなければならない。安衛則第52条の18第1項。

⑸　誤り。「面接指導が行われた日から3か月以内」ではなく「遅滞なく」行わな
ければならない。安衛法第66条の10第5項、安衛則第52条の19。

解答　⑴

労働安全衛生法に基づく労働者の心理的な負担の程度を把握するための
□□ 検査 (以下「ストレスチェック」という。) 及びその結果等に応じて実施さ
れる医師による面接指導に関する次の記述のうち、法令上、正しいものは
どれか。

(1) 常時50人以上の労働者を使用する事業場においては、6か月以内ごとに1回、
定期に、ストレスチェックを行わなければならない。

(2) 事業者は、ストレスチェックの結果が、衛生管理者及びストレスチェックを
受けた労働者に通知されるようにしなければならない。

(3) 労働者に対して行うストレスチェックの事項は、「職場における当該労働者
の心理的な負担の原因」、「当該労働者の心理的な負担による心身の自覚症状」
及び「職場における他の労働者による当該労働者への支援」に関する項目であ
る。

(4) 事業者は、ストレスチェックの結果、心理的な負担の程度が高い労働者全員
に対し、医師による面接指導を行わなければならない。

(5) 事業者は、医師による面接指導の結果に基づき、当該面接指導の結果の記録
を作成して、これを3年間保存しなければならない。

【R4年4月／問25】

※ R3年10月／問24は類似問題

解説

(1) 誤り。「6か月以内」ではなく「1年以内」。安衛法第66条の10第1項、安衛
則第52条の9。

(2) 誤り。ストレスチェックの結果は本人に直接通知する必要がある。また、事
業者 (衛生管理者を含む) に提供するには本人の同意が必要である。安衛法第
66条の10第2項、安衛則第52条の12。

(3) 正しい。安衛則第52条の9。

(4) 誤り。全員にではなく、心理的な負担の程度が高い者であって一定の要件に
該当する労働者からの申出があった場合に行う。安衛法第66条の10第3項。

(5) 誤り。「3年」ではなく「5年」。安衛則第52条の18第1項。

解答 (3)

問28　労働安全衛生法に基づく心理的な負担の程度を把握するための検査（以下「ストレスチェック」という。）の結果に基づき実施する医師による面接指導に関する次の記述のうち、正しいものはどれか。

(1) 面接指導を行う医師として事業者が指名できる医師は、当該事業場の産業医に限られる。

(2) 面接指導の結果は、健康診断個人票に記載しなければならない。

(3) 事業者は、ストレスチェックの結果、心理的な負担の程度が高い労働者であって、面接指導を受ける必要があると当該ストレスチェックを行った医師等が認めたものが面接指導を受けることを希望する旨を申し出たときは、当該申出をした労働者に対し、面接指導を行わなければならない。

(4) 事業者は、面接指導の対象となる要件に該当する労働者から申出があったときは、申出の日から3か月以内に、面接指導を行わなければならない。

(5) 事業者は、面接指導の結果に基づき、当該労働者の健康を保持するため必要な措置について、面接指導が行われた日から3か月以内に、医師の意見を聴かなければならない。

【R3年 4 月／問24】

解説

(1) 誤り。当該事業場の産業医でなければならないとの規定はない。安衛法第66条の10第 3 項。

(2) 誤り。面接指導の結果を「健康診断個人票に記載」ではなく、「面接指導結果の記録を作成」しなければならない。安衛則第52条の18第 1 項。

(3) 正しい。安衛法第66条の10第 3 項、安衛則第52条の15。

(4) 誤り。「申出の日から 3 か月以内」ではなく「遅滞なく」。安衛法第66条の10第 3 項、安衛則第52条の16第 1 項。

(5) 誤り。「面接指導が行われた日から 3 か月以内」ではなく「遅滞なく」。安衛法第66条の10第 5 項、安衛則第52条の19。

解答　(3)

問29 労働安全衛生法に基づく心理的な負担の程度を把握するための検査（以下「ストレスチェック」という。）の結果に基づき実施する面接指導に関する次の記述のうち、正しいものはどれか。

(1) 面接指導を行う医師として、当該事業場の産業医を指名しなければならない。

(2) 面接指導の結果は、健康診断個人票に記載しなければならない。

(3) 労働者に対するストレスチェックの事項は、「職場における当該労働者の心理的な負担の原因」、「当該労働者の心理的な負担による心身の自覚症状」及び「職場における他の労働者による当該労働者への支援」に関する項目である。

(4) 面接指導の対象となる要件に該当する労働者から申出があったときは、申出の日から3か月以内に、面接指導を行わなければならない。

(5) ストレスチェックと面接指導の実施状況について、面接指導を受けた労働者数が50人以上の場合に限り、労働基準監督署長へ報告しなければならない。

【R2年10月／問24】

解説

(1) 誤り。当該事業場の産業医でなければならないとの規定はない。安衛法第66条の8第1項。

(2) 誤り。面接指導の結果を「健康診断個人票に記載」ではなく、「面接指導結果の記録を作成」しなければならない。安衛則第52条の18第1項。

(3) 正しい。安衛則第52条の9。

(4) 誤り。「申出の日から3か月以内」ではなく「遅滞なく」。安衛法第66条の10第3項、安衛則第52条の16第1項。

(5) 誤り。「面接指導を受けた労働者数」ではなく、「常時使用する労働者数」が50人以上である場合。安衛則第52条の21。

解答 (3)

問30 労働安全衛生法に基づく心理的な負担の程度を把握するための検査について、医師及び保健師以外の検査の実施者として、次のAからDの者のうち正しいものの組合せは(1)～(5)のうちどれか。

ただし、実施者は、法定の研修を修了した者とする。

A 公認心理師

B 歯科医師

C 衛生管理者

D 産業カウンセラー

(1) A，B

(2) A，D

(3) B，C

(4) B，D

(5) C，D

【R5年4月／問25】

Ⅲ ① 労働安全衛生法
関係法令（除く有害）

解説

当該検査の実施者は、医師、保健師、法定の研修を修了した歯科医師、看護師、精神保健福祉士、公認心理師である。安衛法第66条の10第1項、安衛則第52条の10第1項。

よって、解答は(1)である。

解答 (1)

　労働安全衛生法に基づく心理的な負担の程度を把握するための検査について、医師及び保健師以外の検査の実施者として、次のAからDの者のうち正しいものの組合せは(1)～(5)のうちどれか。

　　　ただし、実施者は、法定の研修を修了した者とする。

　　　A　産業カウンセラー

　　　B　看護師

　　　C　衛生管理者

　　　D　精神保健福祉士

(1)　A，B

(2)　A，D

(3)　B，C

(4)　B，D

(5)　C，D

【R2年4月／問25、R1年10月／問24】

解説

　当該検査の実施者は、医師、保健師、法定の研修を修了した歯科医師、看護師、精神保健福祉士、公認心理師である。安衛法第66条の10第1項、安衛則第52条の10。

　よって、解答は(4)である。

解答　(4)

解答にあたってのポイント

○面接指導等（**安衛法第66条の8各項**）

第1項（要旨）　事業者は、その労働時間の状況その他の事項が労働者の健康の保持を考慮して、安衛則第52条の2第1項の要件に該当する労働者に対し、医師による面接指導（問診その他の方法により心身の状況を把握し、これに応じて面接により必要な指導を行うこと）を行わなければならない。

第2項（要旨）　この面接指導は、事業者が指定した医師が行う面接指導を希望しない場合において、他の医師の行う同項の規定による面接指導に相当する面接指導を受け、その結果を証明する書面を事業者に提出したときは、この限りではない。

※　その面接指導の結果の記録は5年間保存しなければならない（**安衛則第52条の6第1項**）。また、面接指導を実施した後遅滞なく医師の意見を聴かなければならない（**同則第52条の7**）。

○面接指導の対象となる労働者の要件等（**安衛則第52条の2第1項、同則第52条の3第1項**）

・休憩時間を除き1週間当たり40時間を超えて労働させた場合におけるその超えた時間が1月当たり80時間を超え、かつ、疲労の蓄積が認められる者の申出により行うものとする。※一般的には、申出がない場合、実施義務はない。

・時間外労働の上限が適用されない、新たな技術、商品又は役務の研究開発に係る業務（**労基法第36条第11項**）、労働時間法制が適用されない、高度プロフェッショナル制度（**労基法第41条の2**）の対象者は、1週間当たり40時間を超えた労働時間又は健康管理時間が100時間を超えた場合、当該労働者による申出なしに医師による面接指導の対象となる（**安衛則第52条の7の2、同則第52条の7の4**）。

・事業者は、面接指導を実施するため、タイムカードによる記録、パーソナルコンピュータ等の電子計算機の使用時間の記録等の客観的な方法等により、労働時間の状況を把握しなければならない（**安衛法第66条の8の3、安衛則第52条の7の3**）。

・時間外・休日労働時間の算定は、毎月1回以上、一定の期日を定めて行わなければならない（**安衛則第52条の2第2項**）。事業者は、時間外・休日労働時間の算定を行ったときは、当該超えた時間が1月当たり80時間を超えた労働者本人に対して、速やかに当該超えた時間に関する情報を通知しなければならない（**同則第52条の2第3項**）。

○面接指導における確認事項（**安衛則第52条の4**）

面接指導の確認事項は、勤務の状況、疲労の蓄積の状況その他心身の状況についてである。

○この面接指導は、事業者が指定した医師が行う面接指導を希望しない場合において、他の医師の行う同項の規定による面接指導に相当する面接指導を受け、その結果を証明する書面を事業者に提出することができる（**安衛法第66条の8第2項**）。

<＜心理的な負担の程度を把握するための検査(ストレスチェック)等＞（安
衛法第66条の10）

・常時50人以上の労働者を使用する事業者は、１年以内ごとに１回、定期
　に、ストレスチェックを行わなければならない（それ以外の事業場につ
　いては、当分の間、努力義務）（**安衛法第66条の10第１項、同法附則第４
　条**）。

・労働者に対するストレスチェックの事項は、

　　　当該労働者の心理的な負担の原因

　　　当該労働者の心理的な負担による心身の自覚症状

　　　他の労働者による当該労働者への支援

　に関する項目である（**安衛則第52条の９**）。

・事業者は、ストレスチェックを行った医師等から、遅滞なく、検査を受
　けた労働者に当該検査結果を通知されるようにしなければならない（**安
　衛法第66条の10第２項、安衛則第52条の12**）。

・事業者は、ストレスチェックの結果心理的な負担の程度が高い労働者で、
　医師が面接指導を受ける必要があると認め、かつ当該労働者が面接指導
　を受けることを希望する旨を申し出たときは、医師による面接指導を行
　わなければならない（**安衛法第66条の10第３項、安衛則第52条の15**）。

・事業者は、医師による面接指導の結果に基づき、当該面接指導の結果の
　記録を作成し、これを５年間保存しなければならない（**安衛法第66条の
　10第４項、安衛則第52条の18第１項**）。

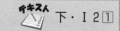
問32	事業場の建築物、施設等に関する措置について、労働安全衛生規則の衛

□□ 生基準に違反していないものは次のうちどれか。

(1) 常時男性35人、女性10人の労働者を使用している事業場で、労働者が臥床することのできる男女別々の休養室又は休養所を設けていない。

(2) 常時50人の労働者を就業させている屋内作業場の気積が、設備の占める容積及び床面から４ｍを超える高さにある空間を除き450m³となっている。

(3) 日常行う清掃のほか、毎年１回、12月下旬の平日を大掃除の日と決めて大掃除を行っている。

(4) 事業場に附属する食堂の床面積を、食事の際の１人について、0.5m²としている。

(5) 労働衛生上の有害業務を有しない事業場において、窓その他の開口部の直接外気に向かって開放することができる部分の面積が、常時床面積の25分の１である屋内作業場に、換気設備を設けていない。

【R5年10月／問24】

解説

(1) 違反していない。臥床することのできる休養室又は休養所を、男性用と女性用を区別して設けなければならないのは、常時50人以上又は常時女性30人以上の労働者を使用する場合。安衛則第618条。

(2) 違反。床からの高さ「４ｍ以下」の気積は１人当たり「10m³以上」必要であり、常時50人の労働者を就業させている屋内作業場は「500m³以上」の気積が必要。安衛則第600条。

(3) 違反。安衛則第619条第１号では、「日常行う清掃のほか、大掃除を、６月以内ごとに１回、定期に、統一的に行うこと」と規定されている。

(4) 違反。安衛則第630条第２号では、「食堂の床面積を、食事の際の一人について、1.0m²以上とすること」と規定されている。

(5) 違反。安衛則第601条第１項では、換気設備を設けていない屋内作業場では、

「窓その他の開口部の直接外気に向かって開放することができる部分の面積が、常時床面積の20分の１以上となるようにしなければならない」と規定されている。

解答　(1)

問33　事業場の建築物、施設等に関する措置について、労働安全衛生規則の衛生基準に違反していないものは次のうちどれか。

(1)　日常行う清掃のほか、1年以内ごとに1回、定期に、統一的に大掃除を行っている。

(2)　男性25人、女性25人の労働者を常時使用している事業場で、労働者が臥床することのできる休養室又は休養所を男性用と女性用に区別して設けていない。

(3)　60人の労働者を常時就業させている屋内作業場の気積が、設備の占める容積及び床面から4mを超える高さにある空間を除き、500m³となっている。

(4)　事業場に附属する食堂の床面積を、食事の際の1人について、0.8m²としている。

(5)　労働衛生上の有害業務を有しない事業場において、窓その他の開口部の直接外気に向かって開放することができる部分の面積が、常時床面積の15分の1である屋内作業場に、換気設備を設けていない。　【R4年4月／問24】

解説

(1)　違反。安衛則第619条第1号では、「日常行う清掃のほか、大掃除を、6月以内ごとに1回、定期に、統一的に行うこと」と規定されている。

(2)　違反。安衛則第618条では、「常時50人以上又は常時女性30人以上の労働者を使用するときは、労働者が臥床することのできる休養室又は休養所を、男性用と女性用に区別して設けなければならない」と規定されている。

(3)　違反。安衛則第600条では、「屋内作業場の気積を、設備の占める容積及び床面から4mを超える高さにある空間を除き、労働者一人について、10m³以上としなければならない」と規定されている。設問では500m³に60人就業していることになるので、1名当たりの気積は約8.3m³となるので違反である。

(4)　違反。安衛則第630条第2号では、「食堂の床面積を、食事の際の一人について、1.0m²以上とすること」と規定されている。

(5)　違反していない。安衛則第601条第1項では、換気設備を設けていない屋内作業場では、「窓その他の開口部の直接外気に向かって開放することができる部分の面積が、常時床面積の20分の1以上となるようにしなければならない」と規定されている。

解答　(5)

問34　　事業場の建築物、施設等に関する措置について、労働安全衛生規則の衛
□□　　生基準に違反していないものは次のうちどれか。

⑴　日常行う清掃のほか、1年に1回、定期に、統一的に大掃除を行っている。

⑵　男性25人、女性25人の労働者を常時使用している事業場で、労働者が臥床することのできる休養室又は休養所を男性用と女性用に区別して設けていない。

⑶　坑内等特殊な作業場以外の作業場において、男性用小便所の箇所数は、同時に就業する男性労働者50人以内ごとに1個以上としている。

⑷　事業場に附属する食堂の床面積を、食事の際の1人について、0.8m^{2}としている。

⑸　労働衛生上の有害業務を有しない事業場において、窓その他の開口部の直接外気に向かって開放することができる部分の面積が、常時床面積の15分の1である屋内作業場に、換気設備を設けていない。

【R3年10月／問25】

解説

⑴　違反。「1年」ではなく「6か月以内」。安衛則第619条第1号。

⑵　違反。常時50人以上又は常時女性30人以上の労働者を使用するときは、労働者が臥床することのできる休養室又は休養所を、男性用と女性用に区別して設けなければならない。安衛則第618条。

⑶　違反。「50人以内」ではなく「30人以内」。30人以内に1箇所以上、30人超のときは、それに加え、30人を超える30人またはその端数を増すごとに1を加えた箇所以上。安衛則第628条第1項第3号。

⑷　違反。1人あたり「1m^{2}以上」なければならない。安衛則第630条第2号。

⑸　違反していない。開口部の面積が床面積の「20分の1以上」あれば換気設備を設けていなくともよいが、「15分の1」は「20分の1」よりも大きいため、換気設備を設けなくてもよい。安衛則第601条第1項。

解答　⑸

問35 事業場の建築物、施設等に関する措置について、労働安全衛生規則の衛生基準に違反しているものは次のうちどれか。

(1) 常時50人の労働者を就業させている屋内作業場の気積が、設備の占める容積及び床面から4mを超える高さにある空間を除き400m³となっている。

(2) ねずみ、昆虫等の発生場所、生息場所及び侵入経路並びにねずみ、昆虫等による被害の状況について、6か月以内ごとに1回、定期に、統一的に調査を実施し、その調査結果に基づき、必要な措置を講じている。

(3) 常時男性5人と女性25人の労働者が就業している事業場で、女性用の臥床できる休養室を設けているが、男性用には、休養室の代わりに休憩設備を利用させている。

(4) 事業場に附属する食堂の床面積を、食事の際の1人について、1.1m²となるようにしている。

(5) 労働者を常時就業させる場所の作業面の照度を、精密な作業については750ルクス、粗な作業については200ルクスとしている。　　　　【R2年10月／問25】

解 説

(1) 違反。床からの高さ「4m以下」の気積は1人当たり「10m³以上」必要であり、常時50人の労働者を就業させている屋内作業場は「500m³以上」の気積が必要。安衛則第600条。

(2) 違反していない。安衛則第619条第2号。

(3) 違反していない。臥床することのできる休養室又は休養所を、男性用と女性用を区別して設けなければならないのは、常時50人以上又は常時女性30人以上の労働者を使用する場合。安衛則第618条。

(4) 違反していない。1人あたり「1m²以上」であればよい。安衛則第630条第2号。

(5) 違反していない。安衛則第604条。

解答 (1)

問36　事業場の建築物、施設等に関する措置について、労働安全衛生規則の衛
□□　生基準に違反していないものは次のうちどれか。

(1)　事業場に附属する食堂の床面積を、食事の際の1人について、0.5m²として
いる。

(2)　男性5人及び女性30人の労働者を常時使用している事業場で、休憩の設備を
設けているが、労働者が臥床することのできる休養室又は休養所を男女別に設
けていない。

(3)　事業場に附属する食堂の炊事従業員について、専用の便所を設けているほか、
一般従業員と共用の休憩室を設けている。

(4)　60人の労働者を常時就業させている屋内作業場の気積を、設備の占める容積
及び床面から3mを超える高さにある空間を除き600m³としている。

(5)　日常行う清掃のほか、1年ごとに1回、定期に、統一的に大掃除を行ってい
る。

【R1年10月／問25】

解説

(1)　違反。1人あたり「1m²以上」とすることが必要。安衛則第630条第2号。

(2)　違反。常時50人以上又は常時女性30人以上の労働者を使用するときは、労働
者が臥床することのできる休養室又は休養所を、男性用と女性用に区別して設
けなければならない。安衛則第618条。

(3)　違反。便所に加え休憩室も共用でなく専用のものを設けなければならない。
安衛則第630条第11号。

(4)　違反していない。高さ「4m以下」の空間の気積が1人当たり「10m³以上」
であればよい。安衛則第600条。

(5)　違反。「1年」ではなく「6か月以内」。安衛則第619条第1号。

解答　(4)

問37　事業場の建築物、施設等に関する措置について、労働安全衛生規則の衛生基準に違反していないものは次のうちどれか。

(1)　日常行う清掃のほか、大掃除を、1年以内ごとに1回、定期に、統一的に行っている。

(2)　男性20人、女性25人の労働者を常時使用している事業場で、労働者が臥床することのできる休養室又は休養所を、男性用と女性用に区別して設けていない。

(3)　事業場に附属する食堂の炊事従業員について、専用の便所を設けているほか、一般の労働者と共用の休憩室を備えている。

(4)　事業場に附属する食堂の床面積を、食事の際の1人について、0.8m²としている。

(5)　労働衛生上の有害業務を有しない事業場において、窓その他の開口部の直接外気に向って開放することができる部分の面積が、常時床面積の25分の1である屋内作業場に、換気設備を設けていない。

【H31年4月／問25】

解説

(1)　違反。「1年」ではなく「6か月以内」。安衛則第619条第1号。

(2)　違反していない。労働者が臥床することのできる休養室又は休養所を、男性用と女性用に区別して設けなければならないのは、常時50人以上又は常時女性30人以上の労働者を使用するときである。安衛則第618条。

(3)　違反。便所に加え休憩室も共用でなく専用のものを設けなければならない。安衛則第630条第11号。

(4)　違反。1人あたり「1m²以上」なければならない。安衛則第630条第2号。

(5)　違反。開口部の面積が床面積の「20分の1以上」あれば換気設備を設けていなくともよいが、「25分の1」は「20分の1」よりも小さいため、換気設備を設けなければならない。安衛則第601条第1項。

解答　(2)

問38　ある屋内作業場の床面から4mをこえない部分の容積が150m³であり、かつ、このうちの設備の占める分の容積が55m³であるとき、法令上、常時就業させることのできる最大の労働者数は次のうちどれか。

(1)　4人

(2)　9人

(3)　10人

(4)　15人

(5)　19人

【R3年4月／問25】

解説

　屋内作業場の床面からの高さ「4m以下」の気積は、設備の占める容積を除き、1人当たり「10m³以上」必要。安衛則第600条。

（150m³－55m³）／10m³ ＝ 9.5人　となるため、9人。

よって、解答は(2)である。

解答　(2)

解答にあたってのポイント

○気積（**安衛則第600条**）

屋内作業場の気積は1人あたり10m³以上としなければならない。ただし、設備の占める容積及び床面から4mを超える高さにある空間の気積は除く。

○換気（**安衛則第601条第1項**）

屋内作業場において、窓その他の開口部の直接外気に向かって開放することができる部分の面積が、常時床面積の20分の1以上になるようにしなければならない。

○照度（**安衛則第604条**）

常時従事させる場所の照度を作業の区分に応じて基準に適合させなければならない。

作業の区分	基　準
精密な作業	300ルクス以上
普通の作業	150ルクス以上
粗な作業	70ルクス以上

○採光及び照明（**安衛則第605条第2項**）

常時就業させる場所の照明設備について、6月以内ごとに1回、定期に、点検しなければならない。

○休養室等（**安衛則第618条**）

常時50人以上又は常時女性30人以上の労働者を使用するときは、労働者が臥床することのできる休養室又は休養所を、男性用と女性用に区分して設けなければならない。

○清掃等の実施（**安衛則第619条**）

第1号　大掃除は、6月以内ごとに1回、定期に、統一的に行うこと。

第2号　ねずみ、昆虫等の発生場所、生息場所及び侵入経路並びにねずみ、昆虫等による被害の状況について、6月以内ごとに1回、定期に、統一的に調査を実施し、当該調査の結果に基づき、ねずみ、昆虫等の発生を防止するため必要な措置を講ずること。

○食堂及び炊事場（**安衛則第630条（抜粋）**）

第2号　食堂の床面積は、食事の際1人あたり1㎡以上とすること。

第11号　炊事従業員専用の休憩室及び便所を設けること。

8 事務所衛生基準規則 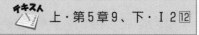 上・第5章9、下・I 2⑫

問39 事務室の空気環境の測定、設備の点検等に関する次の記述のうち、法令
□□ 上、誤っているものはどれか。

(1) 中央管理方式の空気調和設備を設けた建築物内の事務室については、空気中
の一酸化炭素及び二酸化炭素の含有率を、6か月以内ごとに1回、定期に、測
定しなければならない。

(2) 事務室の建築、大規模の修繕又は大規模の模様替を行ったときは、その事務
室における空気中のホルムアルデヒドの濃度を、その事務室の使用を開始した
日以後所定の時期に1回、測定しなければならない。

(3) 燃焼器具を使用するときは、発熱量が著しく少ないものを除き、毎日、異常
の有無を点検しなければならない。

(4) 事務室において使用する機械による換気のための設備については、2か月以
内ごとに1回、定期に、異常の有無を点検しなければならない。

(5) 空気調和設備内に設けられた排水受けについては、原則として、1か月以内
ごとに1回、定期に、その汚れ及び閉塞の状況を点検しなければならない。

【R4年10月／問25】

解説

(1) 誤り。中央管理方式の空気調和設備を設けた建築物内の事務室については、
空気中の一酸化炭素及び二酸化炭素の含有率を、原則2か月以内ごとに1回、
定期に、測定しなければならない。安衛令第21条第5号、事務所則第7条第1
項第1号。

(2) 正しい。事務所則第7条の2、同則第5条第1項第3号。

(3) 正しい。事務所則第6条第2項。

(4) 正しい。事務所則第9条。

(5) 正しい。事務所則第9条の2第4号。

解答 (1)

358

問40

□□ 事務室の空気環境の調整に関する次の文中の □ 内に入れるA及びB
の数値の組合せとして、法令上、正しいものは(1)～(5)のうちどれか。

「①　空気調和設備又は機械換気設備を設けている場合は、室に供給され
る空気が、１気圧、温度25℃とした場合の当該空気中に占める二酸化炭
素の含有率が100万分の □A 以下となるように、当該設備を調整しなけ
ればならない。

②　①の設備により室に流入する空気が、特定の労働者に直接、継続し
て及ばないようにし、かつ室の気流を □B m/s 以下としなければなら
ない。」

	A	B
(1)	1,000	0.3
(2)	1,000	0.5
(3)	2,000	0.5
(4)	5,000	0.3
(5)	5,000	0.5

【R2年４月／問24】

解説

事務室の空気調和設備、機械換気設備を設けている場合には、事務所則第５条
に基づき、室に供給される空気を調整することが規定されている。

①　当該空気中に占める二酸化炭素の含有率は100万分の1,000以下であること。
事務所則第５条第１項第２号。

②　①の設備により室に流入する空気が、特定の労働者に直接、継続して及ばな
いようにし、かつ室の気流は0.5m/s 以下であること。事務所則第５条第２項。
よって、解答は(2)である。

解答　(2)

解答にあたってのポイント

○空気調和設備等による調整（**事務所則第5条**）

　室に供給される空気が次の各号に適合するように調整しなければならない（第1項）。

　　　第1号　浮遊粉じん量　0.15mg/m^3

　　　第2号　一酸化炭素含有率　100万分の10（10ppm）以下

　　　　　　　二酸化炭素含有率　100万分の1000（1000ppm）以下

　　　第3号　ホルムアルデヒド量　0.1mg/m^3

　空気調和設備を設けている場合は、室温及び相対湿度が次の範囲になるよう努めなければならない（第3項）。

　　　室の気温　18℃以上　28℃以下

　　　　　　　　（令和4年3月までは「17℃以上」28℃以下であった。）

　　　相対湿度　40%以上　70%以下

○燃焼器具（**事務所則第6条**）

　燃焼器具を使用するときは、毎日、当該器具の異常の有無を点検しなければならない（第2項）。

○作業環境測定等（**事務所則第7条**）

　中央管理方式の空気調和設備を有し、事務に供している室については、2月以内ごとに1回、定期に、一酸化炭素、二酸化炭素等を測定しなければならない（第1項）。測定の結果は3年間保存しなければならない（第2項）。

○点検等（**事務所則第9条**）

　空調機を含む機械による換気のための設備について、2月以内ごとに1回、定期に、異常の有無を点検し、その結果を3年間保存しなければならない。

○空気調和設備の点検等（**事務所則第9条の2各号**）

　病原体によって室の内部の空気が汚染されることを防止するため次の各

号に掲げる措置を講じなければならない。

第2号 冷却塔及び冷却水について、1月以内ごとに1回、定期に、その汚れの状況を点検し、その必要に応じ、その清掃及び換水等を行うこと。

第3号 加湿装置について、1月以内ごとに1回、定期に、その汚れの状況を点検し、その必要に応じ、その清掃等を行うこと。

第4号 排水受けについて、1月以内ごとに1回、定期に、その汚れ及び閉塞の状況を点検し、その必要に応じ、その清掃等を行うこと。

第5号 冷却塔、冷却水の水管及び加湿装置の清掃を、それぞれ1年以内ごとに1回、定期に行うこと。

(公表試験問題で出題されたものを抜粋)

○照度等（**事務所則第10条**）

室の作業面の照度については、次表のとおり作業の区分に応じてそれぞれの基準に適合させなければならない（第1項）。

作業の区分	基 準
一般的な事務作業	300ルクス
付随的な事務作業	150ルクス

また、照明設備については、6月以内ごとに1回、定期に、点検しなければならない（第3項）。

1 労働時間等

イキスト 下・Ⅱ②4

問1　労働基準法における労働時間等に関する次の記述のうち、正しいものは
□□　どれか。

(1)　1日8時間を超えて労働させることができるのは、時間外労働の協定を締結
し、これを所轄労働基準監督署長に届け出た場合に限られている。

(2)　労働時間が8時間を超える場合においては、少なくとも45分の休憩時間を労
働時間の途中に与えなければならない。

(3)　機密の事務を取り扱う労働者に対する労働時間に関する規定の適用の除外に
ついては、所轄労働基準監督署長の許可を受けなければならない。

(4)　フレックスタイム制の清算期間は、3か月以内の期間に限られる。

(5)　満20歳未満の者については、時間外・休日労働をさせることはできない。

【R5年4月／問26】

解説

(1)　誤り。労基法第32条の2から第32条の5の変形労働時間制や同法第36条の時
間外及び休日の労働に係る協定を結ばなくても、労働時間等に関する規定の適
用除外（同法第41条）等があるので、所轄労働基準監督署長に届け出た場合に
限られているわけではない。

(2)　誤り。労働時間が8時間を超える場合には、少なくとも1時間の休憩時間を
与えなければならない。労基法第34条第1項。

(3)　誤り。機密の事務を取り扱う労働者については、所轄労働基準監督署長の許
可を受ける必要はない。労基法第41条第2号。

(4)　正しい。労基法第32条の3第1項第2号。

(5)　誤り。時間外・休日労働をさせることができないのは、「満20歳未満」ではな
く「満18歳未満」の者である。労基法第60条第1項。

解答　(4)

問2 労働基準法における労働時間等に関する次の記述のうち、正しいものはどれか。

(1) 1日8時間を超えて労働させることができるのは、時間外労働の協定を締結し、これを所轄労働基準監督署長に届け出た場合に限られている。

(2) 労働時間に関する規定の適用については、事業場を異にする場合は労働時間を通算しない。

(3) 労働時間が8時間を超える場合においては、少なくとも45分の休憩時間を労働時間の途中に与えなければならない。

(4) 機密の事務を取り扱う労働者については、所轄労働基準監督署長の許可を受けなくても労働時間に関する規定は適用されない。

(5) 監視又は断続的の労働に従事する労働者については、所轄労働基準監督署長の許可を受ければ、労働時間及び年次有給休暇に関する規定は適用されない。

【R3年10月／問26】

解説

(1) 誤り。労基法第32条の2から第32条の5の変形労働時間制や同法第36条の時間外及び休日の労働に係る協定を結ばなくても、労働時間等に関する規定の適用除外（同法第41条）等があるので、所轄労働基準監督署長に届け出た場合に限られているわけではない。

(2) 誤り。労働時間を通算する。労基法第38条。

(3) 誤り。労働時間が8時間を超える場合には、少なくとも1時間の休憩時間を与えなければならない。労基法第34条第1項。

(4) 正しい。労基法第41条第2号。

(5) 誤り。「労働時間及び年次有給休暇」ではなく「労働時間、休憩及び休日」。労基法第41条第3号。

解答 (4)

問3 労働基準法における労働時間等に関する次の記述のうち、正しいものはどれか。

ただし、労使協定とは、「労働者の過半数で組織する労働組合（その労働組合がない場合は労働者の過半数を代表する者）と使用者との書面による協定」をいうものとする。

(1) 1日8時間を超えて労働させることができるのは、時間外労働の労使協定を締結し、これを所轄労働基準監督署長に届け出た場合に限られている。

(2) 労働時間に関する規定の適用については、事業場を異にする場合は労働時間を通算しない。

(3) 所定労働時間が7時間30分である事業場において、延長する労働時間が1時間であるときは、少なくとも45分の休憩時間を労働時間の途中に与えなければならない。

(4) 監視又は断続的労働に従事する労働者であって、所轄労働基準監督署長の許可を受けたものについては、労働時間、休憩及び休日に関する規定は適用されない。

(5) フレックスタイム制の清算期間は、6か月以内の期間に限られる。

【R3年4月・R2年10月／問26】

解説

(1) 誤り。労基法第32条の2から第32条の5の変形労働時間制や同法第36条の時間外及び休日の労働に係る協定を結ばなくても、労働時間等に関する規定の適用除外（同法第41条）等があるので、所轄労働基準監督署長に届け出た場合に限られているわけではない。

(2) 誤り。労働時間を通算する。労基法第38条。

(3) 誤り。労働時間が8時間を超える場合には、少なくとも1時間の休憩時間を与えなければならない。労基法第34条第1項。

(4) 正しい。労基法第41条第3号。

(5) 誤り。フレックスタイム制の清算期間は「6か月以内」ではなく「3か月以内」。労基法第32条の3第1項第2号。

解答 (4)

参考問題 労働基準法に基づくフレックスタイム制に関する次の記述のうち、誤っ
□□ ているものはどれか。

　　　ただし、常時使用する労働者数が10人以上の規模の事業場におけるフ
レックスタイム制とし、以下の文中において労使協定とは、「労働者の過半
数で組織する労働組合（その労働組合がない場合は労働者の過半数を代表
する者）と使用者との書面による協定」をいう。

⑴　フレックスタイム制を採用するためには、就業規則により始業及び終業の時
　刻を労働者の決定に委ねる旨を定め、かつ、労使協定により対象となる労働者
　の範囲、清算期間、清算期間における総労働時間等を定める必要がある。

⑵　フレックスタイム制を採用した場合には、清算期間を平均し1週間当たりの
　労働時間が40時間を超えない範囲内において、1日8時間又は1週40時間を超
　えて労働させることができる。

⑶　清算期間が1か月以内のフレックスタイム制に係る労使協定は、所轄労働基
　準監督署長に届け出る必要はない。

⑷　フレックスタイム制の清算期間は、3か月以内の期間に限るものとする。

⑸　妊娠中又は産後1年を経過しない女性については、フレックスタイム制によ
　る労働をさせることはできない。　【H30年4月／問27（一部修正）】

解説

⑴　正しい。労基法第32条の3。

⑵　正しい。労基法第32条の3。

⑶　正しい。清算期間が1か月を超える場合にはフレックスタイム制に係る労使
　協定を行政官庁（所轄労働基準監督署長）に届け出なければならない。労基法
　第32条の3第4項。p.412参照。

⑷　正しい。労基法第32条の3第1項第2号。p.412参照。

⑸　誤り。フレックスタイム制は妊産婦保護のため採用してはならない労働時間
　制に含まれていない。これは、フレックスタイム制を採用しても1日8時間、
　週所定労働時間40時間での労働が可能であるためである。労基法第66条第1
　項。

解答　⑸

○法定労働時間を超えて労働させる際には、**労基法第32条の２から第32条の5や同法第36条**の協定を結ぶ必要がある。

○上記の協定を結ばずに働かせることができる法令の規定として、災害時による臨時の必要がある場合（**労基法第33条**）や、商業、映画、演劇等の業務は、１週間について44時間まで働かせることができる特例（**同法第40条**）、監督若しくは管理の地位の者又は機密の事務を取り扱う者に対する適用除外（**同法第41条第２号**）があるので、「いかなる場合も協定がないと時間外労働させられない」という設問は間違いとなる。

　　注意：**同法第41条第３号**の監視又は断続的労働に従事する者は、行政官庁（所轄労働基準監督署長）の許可が必要。

○休憩時間に関しては、**労基法第34条**に規定があり、労働時間が６時間を超える場合においては少なくとも45分、８時間を超える場合においては少なくとも１時間の休憩時間を労働時間の途中に与えなければならない。

○時間外労働の上限については、月45時間・年360時間を原則とし、臨時的な特別な事情がある場合でも、年720時間、単月100時間未満（休日労働を含む）、複数月平均80時間（休日労働を含む）を上限と、罰則付きで、設定されている。また、一定日数の年次有給休暇の確実な取得についても定められている（**労基法第39条**）。

解答にあたっての**ポイント**

フレックスタイム（**労基法第32条の３**）

・清算期間（その期間を平均し１週間当たりの労働時間が40時間を超えない範囲内において労働させる期間）は、３か月以内となっている（**同法第32条の３第１項第２号**）。

・完全週休二日制（週５日労働）の場合、労使協定に定めのある場合には所定労働日数に８時間を乗じた時間数を清算期間における法定労働時間の総枠とする（**同法第32条の３第３項**）。

・清算期間が１か月を超える場合、

　・１か月ごとに区分した各期間ごとに、１週間当たりの労働時間は50時間を超えないものとする（**同法第32条の３第２項**）。

　・労使協定に有効期間の定めをする（**同法第32条の３第１項第４号、労基則第12条の３第１項第４号**）。

　・清算期間が１か月を超える場合には当該労使協定を所轄労働基準監督署長に届け出る（**同法第32条の３第４項**）。

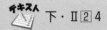

問 4
□□ 　週所定労働時間が25時間、週所定労働日数が4日である労働者であって、雇入れの日から起算して5年6か月継続勤務したものに対して、その後1年間に新たに与えなければならない年次有給休暇日数として、法令上、正しいものは次のうちどれか。

　ただし、その労働者はその直前の1年間に全労働日の8割以上出勤したものとする。

(1) 12日

(2) 13日

(3) 14日

(4) 15日

(5) 16日

【R5年10月／問27】

解 説

　週の所定労働時間が30時間未満の者の有給休暇の付与日数は次表のとおりである。なお、所定労働時間が週30時間以上の者は、一般労働者と同様である。労基法第39条第3項、労規則第24条の3第3項。

週所定労働日数	1年間の所定労働日数	雇入れの日から起算した継続勤務期間						
		6か月	1年6か月	2年6か月	3年6か月	4年6か月	5年6か月	6年6か月以上
4日	169日から216日まで	7日	8日	9日	10日	12日	13日	15日
3日	121日から168日まで	5日	6日	6日	8日	9日	10日	11日
2日	73日から120日まで	3日	4日	4日	5日	6日	6日	7日
1日	48日から72日まで	1日	2日	2日	2日	3日	3日	3日

　よって、解答は(2)である。

解答 (2)

問5 週所定労働時間が25時間、週所定労働日数が4日である労働者であって、雇入れの日から起算して4年6か月継続勤務したものに対して、その後1年間に新たに与えなければならない年次有給休暇日数として、法令上、正しいものは次のうちどれか。

ただし、その労働者はその直前の1年間に全労働日の8割以上出勤したものとする。

(1)　9日

(2)　10日

(3)　11日

(4)　12日

(5)　13日

【R5年4月／問27】

Ⅲ ②労働基準法 関係法令（除く有害）

解説

週の所定労働時間が30時間未満の者の有給休暇の付与日数は次表のとおりである。なお、所定労働時間が週30時間以上の者は、一般労働者と同様である。労基法第39条第3項、労規則第24条の3第3項。

週所定労働日数	1年間の所定労働日数	雇入れの日から起算した継続勤務期間						
		6か月	1年6か月	2年6か月	3年6か月	4年6か月	5年6か月	6年6か月以上
4日	169日から216日まで	7日	8日	9日	10日	<u>12日</u>	13日	15日
3日	121日から168日まで	5日	6日	6日	8日	9日	10日	11日
2日	73日から120日まで	3日	4日	4日	5日	6日	6日	7日
1日	48日から72日まで	1日	2日	2日	2日	3日	3日	3日

よって、解答は(4)である。

解答 (4)

週所定労働時間が25時間、週所定労働日数が 4 日である労働者であって、雇入れの日から起算して 3 年 6 か月継続勤務したものに対して、その後 1 年間に新たに与えなければならない年次有給休暇日数として、法令上、正しいものは次のうちどれか。

ただし、その労働者はその直前の 1 年間に全労働日の 8 割以上出勤したものとする。

(1)　8 日
(2)　10日
(3)　12日
(4)　14日
(5)　16日

【R4年10月／問27、R4年 4 月／問26】
※ R3年10月／問27は類似問題

解 説

週の所定労働時間が30時間未満の者の有給休暇の付与日数は次表のとおりである。なお、所定労働時間が週30時間以上の者は、一般労働者と同様である。労基法第39条第 3 項、労規則第24条の 3 第 3 項。

週所定労働日数	1 年間の所定労働日数	雇入れの日から起算した継続勤務期間						
		6 か月	1 年 6 か月	2 年 6 か月	3 年 6 か月	4 年 6 か月	5 年 6 か月	6 年 6 か月以上
4 日	169 日から216日まで	7 日	8 日	9 日	10日	12日	13日	15日
3 日	121 日から168日まで	5 日	6 日	6 日	8 日	9 日	10日	11日
2 日	73日から120日まで	3 日	4 日	4 日	5 日	6 日	6 日	7 日
1 日	48日から72日まで	1 日	2 日	2 日	2 日	3 日	3 日	3 日

よって、解答は(2)である。

解答　(2)

解答にあたってのポイント

○年次有給休暇に関する労基法の規定（抜粋）

・年次有給休暇は、雇入れの日から起算して6か月間継続勤務し全労働日の8割以上出勤した一般労働者に対して、継続し、又は分割した10労働日の有給休暇を与えなければならない（**労基法第39条第1項**）。

・一般労働者の年次有給休暇の付与日数は、次表のとおりである（**労基法第39条第1項、第2項**）。

継続勤務期間	6か月	1年6か月	2年6か月	3年6か月	4年6か月	5年6か月	6年6か月以上
付与日数（日）	10	11	12	14	16	18	20

・週所定労働時間が30時間未満の者の年次有給休暇については、週所定労働日数及び雇入れ日からの継続勤務期間に応じて付与日数が定められている（労基法第39条第3項、労基則第24条の3第3項）。

・使用者は、有給休暇を労働者の請求する時季に与えなければならないが、請求された時季に有給休暇を与えることが事業の正常な運営を妨げる場合においては、他の時季にこれを与えることができる（**労基法第39条第5項**）。

・使用者は、労働者の過半数を代表する者との書面による協定により、有給休暇を与える時季に関する定めをしたときは、これらの規定による有給休暇の日数のうち5日を超える部分については、その定めにより有給休暇を与えることができる（**労基法第39条第6項**）。

・年次有給休暇の取得期間に対する賃金の支払いについては、①平均賃金、②通常の賃金、③標準報酬日額（健康保険法。労使協定で定めた場合）の3方式がある（**労基法第39条第9項、労基則第25条**）。

・出勤した日数の 8 割の計算にあたっては、業務上の傷病での休業期間、育児休業期間、介護休業期間、産前産後の女性の休業期間は、出勤したものとみなす（**労基法第39条10項**）。

・年次有給休暇の権利は、 2 年間行使しなければ時効により消滅する（**労基法第115条**）。

・労使協定により、時間単位で年次有給休暇を与える対象労働者の範囲、その日数（ 5 日以内に限る。）等を定めた場合において、対象労働者が請求したときは、年次有給休暇の日数のうち当該協定で定める日数について時間単位で与えることができる（**労基法第39条第 4 項**）。

・使用者が労働者の希望を聴き、希望を踏まえて時季を指定することで、年 5 日は有給休暇を取得させる（付与日数が10労働日以上である場合）（**労基法第39条第 7 項、第 8 項**）。

3　妊産婦の保護等

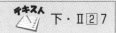

下・Ⅱ②7

問7　労働基準法に定める妊産婦等に関する次の記述のうち、法令上、誤っているものはどれか。

ただし、常時使用する労働者数が10人以上の規模の事業場の場合とし、管理監督者等とは、「監督又は管理の地位にある者等、労働時間、休憩及び休日に関する規定の適用除外者」をいうものとする。

(1)　時間外・休日労働に関する協定を締結し、これを所轄労働基準監督署長に届け出ている場合であっても、妊産婦が請求した場合には、管理監督者等の場合を除き、時間外・休日労働をさせてはならない。

(2)　フレックスタイム制を採用している場合であっても、妊産婦が請求した場合には、管理監督者等の場合を除き、1週40時間、1日8時間を超えて労働させてはならない。

(3)　妊産婦が請求した場合には、深夜業をさせてはならない。

(4)　妊娠中の女性が請求した場合においては、他の軽易な業務に転換させなければならない。

(5)　原則として、産後8週間を経過しない女性を就業させてはならない。

【R5年10月／問26】

解説

(1)　正しい。労基法第66条第2項の規定により、妊産婦が請求した場合には、労基法第36条第1項（時間外・休日労働に関する協定を締結）に基づく妊産婦の時間外労働は禁止されている。ただし、当該条文は労基法第41条第2号に規定される管理監督者には適用されない。

(2)　誤り。労基法第66条第1項の規定により妊産婦に禁止されている労働時間制度等は、第32条の2第1項（1か月単位の変形労働時間制）、第32条の4第1項（1年単位の変形労働時間制）、第32条の5第1項（1週間単位の変形労働時間制）であり、第32条の3第1項で規定されるフレックスタイム制度は規制されない。

(3)　正しい。労基法第66条第3項。

(4)　正しい。労基法第66条第3項。

(5)　正しい。産後8週間を経過しない女性を就業させてはならない。ただし、産後6週間を経過した女性が請求した場合において、その者について医師が支障がないと認めた業務に就かせることは、差し支えない。

解答　(2)

<u>問8</u>　　　労働基準法に定める妊産婦等に関する次の記述のうち、法令上、誤って
☐☐　　いるものはどれか。

　　　　　ただし、常時使用する労働者数が10人以上の規模の事業場の場合とし、
　　　管理監督者等とは、「監督又は管理の地位にある者等、労働時間、休憩及び
　　　休日に関する規定の適用除外者」をいうものとする。

(1)　時間外・休日労働に関する協定を締結し、これを所轄労働基準監督署長に届
　け出ている場合であっても、妊産婦が請求した場合には、管理監督者等の場合
　を除き、時間外・休日労働をさせてはならない。

(2)　1か月単位の変形労働時間制を採用している場合であっても、妊産婦が請求
　した場合には、管理監督者等の場合を除き、1週40時間、1日8時間を超えて
　労働させてはならない。

(3)　1年単位の変形労働時間制を採用している場合であっても、妊産婦が請求し
　た場合には、管理監督者等の場合を除き、1週40時間、1日8時間を超えて労
　働させてはならない。

(4)　妊娠中の女性が請求した場合には、管理監督者等の場合を除き、他の軽易な
　業務に転換させなければならない。

(5)　生理日の就業が著しく困難な女性が休暇を請求したときは、その者を生理日
　に就業させてはならない。

【R4年10月／問26】

解説

(1)　正しい。労基法第66条第2項の規定により、妊産婦が請求した場合には、労
　基法第36条第1項（時間外・休日労働に関する協定を締結）に基づく妊産婦の
　時間外労働は禁止されている。ただし、当該条文は労基法第41条第2号に規定
　される管理監督者には適用されない。

(2)　正しい。労基法第66条第1項の規定により、妊産婦が請求した場合には労基
　法第32条の2第1項（1か月単位の変形労働時間制）に基づく1週40時間、1
　日8時間を超える変形労働時間制度は妊産婦では禁止されている。ただし、当
　該条文は労基法第41条第2号に規定される管理監督者には適用されない。

(3)　正しい。労基法第66条第1項の規定により、妊産婦が請求した場合には労基

法第32条の４第１項（１年単位の変形労働時間制）に基づく１週40時間、１日８時間を超える変形労働時間制度は妊産婦では禁止されている。ただし、当該条文は労基法第41条第２号に規定される管理監督者には適用されない。

(4)　誤り。労基法第65条第３項の規定により、妊娠中の女性が請求した場合には、他の軽易な業務に転換させなければならない。労基法第41条第２号に規定される管理監督者は、「労働時間、休憩及び休日に関する規定」については適用除外されるが、当該条文のような業務転換等については適用除外されない。

(5)　正しい。労基法第68条。

$\boxed{\text{解答}\quad (4)}$

問9　労働基準法に定める妊産婦等に関する次の記述のうち、法令上、誤っているものはどれか。

□□

　　　　ただし、常時使用する労働者数が10人以上の規模の事業場の場合とし、管理監督者等とは、「監督又は管理の地位にある者等、労働時間、休憩及び休日に関する規定の適用除外者」をいうものとする。

⑴　妊産婦とは、妊娠中の女性及び産後1年を経過しない女性をいう。

⑵　妊娠中の女性が請求した場合においては、他の軽易な業務に転換させなければならない。

⑶　1年単位の変形労働時間制を採用している場合であっても、妊産婦が請求した場合には、管理監督者等の場合を除き、1週40時間、1日8時間を超えて労働させてはならない。

⑷　フレックスタイム制を採用している場合であっても、妊産婦が請求した場合には、管理監督者等の場合を除き、1週40時間、1日8時間を超えて労働させてはならない。

⑸　生理日の就業が著しく困難な女性が休暇を請求したときは、その者を生理日に就業させてはならない。

【R4年4月／問27】

解説

⑴　正しい。労基法第64条の3第1項。

⑵　正しい。労基法第65条第3項の規定により、妊娠中の女性が請求した場合には、他の軽易な業務に転換させなければならない。労基法第41条第2号に規定される管理監督者は、「労働時間、休憩及び休日に関する規定」については適用除外されるが、当該条文のような業務転換等については適用除外されない。

⑶　正しい。労基法第66条第1項の規定により、妊産婦が請求した場合には労基法第32条の4第1項（1年単位の変形労働時間制）に基づく1週40時間、1日8時間を超える変形労働時間制度は妊産婦では禁止されている。ただし、当該条文は労基法第41条第2号に規定される管理監督者には適用されない。

⑷　誤り。労基法第66条第1項の規定により妊産婦に禁止されている労働時間制度等は、第32条の2第1項（1か月単位の変形労働時間制）、第32条の4第1項

（1年単位の変形労働時間制）、第32条の5第1項（1週間単位の変形労働時間制）であり、第32条の3第1項で規定されるフレックスタイム制度は規制されない。

(5)　正しい。労基法第68条。

　　　　　　　　　　　　　　　　　　　　　　　　　　　　| 解答　(4) |

問10 労働基準法に定める妊産婦に関する次の記述のうち、法令上、誤っているものはどれか。

ただし、労使協定とは、「労働者の過半数で組織する労働組合(その労働組合がない場合は労働者の過半数を代表する者)と使用者との書面による協定」をいい、また、管理監督者等とは、「監督又は管理の地位にある者等、労働時間、休憩及び休日に関する規定の適用除外者」をいう。

(1) 時間外・休日労働に関する労使協定を締結し、これを所轄労働基準監督署長に届け出ている場合であっても、妊産婦が請求した場合には、管理監督者等の場合を除き、時間外・休日労働をさせてはならない。

(2) 1か月単位の変形労働時間制を採用している場合であっても、妊産婦が請求した場合には、管理監督者等の場合を除き、1週40時間及び1日8時間を超えて労働させてはならない。

(3) 1年単位の変形労働時間制を採用している場合であっても、妊産婦が請求した場合には、管理監督者等の場合を除き、1週40時間及び1日8時間を超えて労働させてはならない。

(4) フレックスタイム制を採用している場合であっても、妊産婦が請求した場合には、管理監督者等の場合を除き、フレックスタイム制による労働をさせてはならない。

(5) 妊産婦が請求した場合には、管理監督者等の場合であっても、深夜業をさせてはならない。

【H31年4月／問26】

解説

(1) 正しい。労基法第66条第2項、同法第36条第1項。

(2) 正しい。労基法第66条第1項、同法第32条の2第1項。

(3) 正しい。労基法第66条第1項、同法第32条の4第1項。

(4) 誤り。労基法第66条第1項に、同法第32条の3のフレックスタイム制は規定されていないので、妊産婦であっても、フレックスタイム制による労働をさせることができる。

(5) 正しい。労基法第66条第3項。

解答 (4)

問11 労働基準法に定める妊産婦等に関する次の記述のうち、法令上、誤っているものはどれか。

□□

ただし、労使協定とは、「労働者の過半数で組織する労働組合（その労働組合がない場合は労働者の過半数を代表する者）と使用者との書面による協定」をいい、また、管理監督者等とは、「監督又は管理の地位にある者等、労働時間、休憩及び休日に関する規定の適用除外者」をいう。

(1) 時間外・休日労働に関する労使協定を締結し、これを所轄労働基準監督署長に届け出ている場合であっても、妊産婦が請求した場合には、管理監督者等の場合を除き、時間外・休日労働をさせてはならない。

(2) 1か月単位の変形労働時間制を採用している場合であっても、妊産婦が請求した場合には、管理監督者等の場合を除き、1週40時間、1日8時間を超えて労働させてはならない。

(3) 1年単位の変形労働時間制を採用している場合であっても、妊産婦が請求した場合には、管理監督者等の場合を除き、1週40時間、1日8時間を超えて労働させてはならない。

(4) 妊産婦が請求した場合には、管理監督者等の場合を除き、深夜業をさせてはならない。

(5) 生理日の就業が著しく困難な女性が休暇を請求したときは、その者を生理日に就業させてはならない。

【R1年10月／問26】

解説

(1) 正しい。労基法第66条第2項、同法第36条第1項。

(2) 正しい。労基法第66条第1項、同法第32条の2第1項。

(3) 正しい。労基法第66条第1項、同法第32条の4第1項。

(4) 誤り。深夜業は働く時刻の問題であり、働く時間の長さを問題とする労働時間法制の対象と異なるため、労基法第41条による適用除外に該当しない。そのため、その者が管理監督者であっても、妊産婦が請求した場合には深夜業をさせてはならない。労基法第66条第3項。

(5) 正しい。労基法第68条。

解答 (4)

問12 常時10人以上の労働者を使用する事業場において、労働基準法に基づく
□□ 妊産婦に関する次の記述のうち、誤っているものはどれか。

　　　ただし、労使協定とは、「労働者の過半数で組織する労働組合（その労働
組合がない場合は労働者の過半数を代表する者）と使用者との書面による
協定」をいい、また、管理監督者等とは、「監督又は管理の地位にある者等、
労働時間、休憩及び休日に関する規定の適用除外者」をいうものとする。

(1) 時間外・休日労働に関する労使協定を締結し、これを所轄労働基準監督署長
に届け出ている場合であって、妊産婦が請求した場合には、管理監督者等の場
合を除き、時間外・休日労働をさせてはならない。

(2) 1か月単位の変形労働時間制を採用している場合であって、妊産婦が請求し
た場合には、管理監督者等の場合を除き、1週40時間、1日8時間を超えて労
働させてはならない。

(3) フレックスタイム制を採用している場合には、1週40時間、1日8時間を超
えて労働させることができる。

(4) 1年単位の変形労働時間制を採用している場合であって、妊産婦が請求した
場合には、管理監督者等の場合を除き、1週40時間、1日8時間を超えて労働
させてはならない。

(5) 妊産婦が請求した場合には、管理監督者等の場合を除き、深夜業をさせては
ならない。

【R2年4月／問27】

Ⅲ ②労働基準法
関係法令（除く有害）

解説

(1) 正しい。労基法第66条第2項、同法第36条第1項。

(2) 正しい。労基法第66条第1項、同法第32条の2第1項。

(3) 正しい。フレックスタイム制の規定には、同法第66条第1項の妊産婦保護に
関するものがない。労基法第32条の3。

(4) 正しい。労基法第66条第1項、同法第32条の4第1項。

(5) 誤り。妊産婦が請求した場合には、深夜業をさせてはならず（労基法第66条
第3項）、その者が管理監督者であっても同様である。同法第41条（労働時間に
関する規定の適用除外）の中に深夜業は含まれていない。

解答 (5)

🔴 解答にあたってのポイント

　労基法第66条第１項により妊産婦が請求した場合には、１か月単位、１年単位及び１週間単位の変形労働時間制等を採用していても、法定労働時間を超えて労働させてはならない。

　注１：フレックスタイム制（**労基法第32条の３**）は、**同法第66条第１項**の妊産婦保護の条文に含まれていない。

　注２：監督又は管理の地位にある者は**労基法第66条第１項**が適用されない（**同法第41条第２号**）。「１　労働時間等」の「解答にあたってのポイント」（p.366）参照）。

問13 労働基準法に定める育児時間に関する次の記述のうち、誤っているもの
□□ はどれか。

(1) 生後満１年を超え、満２年に達しない生児を育てる女性労働者は、育児時間
を請求することができる。

(2) 育児時間は、必ずしも有給としなくてもよい。

(3) 育児時間は、１日２回、１回当たり少なくとも30分の時間を請求することが
できる。

(4) 育児時間を請求しない女性労働者に対しては、育児時間を与えなくてもよい。

(5) 育児時間は、育児時間を請求できる女性労働者が請求する時間に与えなけれ
ばならない。

【R3年４月／問27】

※ R2年４月／問26、R1年10月／問27、H31年４月／問27は類似問題

解説

(1) 誤り。育児時間を請求できるのは生後満１年に達しない生児を育てる女性で
ある。労基法第67条第１項。

(2) 正しい。育児時間に対して賃金を支払う必要があるとする規定はない。労基
法第67条。

(3) 正しい。労基法第67条第１項。

(4) 正しい。育児時間は請求できる権利である。労基法第67条第１項。

(5) 正しい。労基法第67条。

解答 (1)

労働基準法に定める育児時間に関する次の記述のうち、誤っているもの
□□ はどれか。

(1) 生後満1年を超え、満2年に達しない生児を育てる女性労働者は、育児時間を請求することができる。

(2) 育児時間は、必ずしも有給としなくてもよい。

(3) 育児時間は、1日2回、1回当たり少なくとも30分の時間を請求することができる。

(4) 育児時間を請求しない女性労働者に対しては、育児時間を与えなくてもよい。

(5) 育児時間中は、育児時間を請求した女性労働者を使用してはならない。

【R2年10月／問27】

解説

(1) 誤り。育児時間を請求できるのは生後満1年に達しない生児を育てる女性である。労基法第67条第1項。

(2) 正しい。育児時間に対して賃金を支払う必要があるとする規定はない。労基法第67条。

(3) 正しい。労基法第67条第1項。

(4) 正しい。育児時間は請求できる権利である。労基法第67条第1項。

(5) 正しい。労基法第67条第2項。

解答 (1)

解答にあたってのポイント

＜産前産後の休業期間＞

　産前産後の休業期間については、**労基法第65条**のとおりであるが、その期間についての穴埋め問題が公表試験問題で多く出題されているため、6週間、14週間、8週間及び6週間という期間はセットで覚える必要がある。

＜育児時間＞

・生後満1年に達しない生児を育てる女性は、休憩時間のほか、1日2回まで各々少なくとも30分、その生児を育てるための時間を請求することができる（**労基法第67条第1項**）。

・使用者は、育児時間中はその女性労働者を使用してはならない（**労基法第67条第2項**）。

＜解雇に関する事項の規定（抜粋）＞

○解雇制限

　使用者は、労働者が業務上負傷し、又は疾病にかかり療養のために休業する期間並びに産前産後の女性が休業する期間（**労基法第65条**）及びその後30日間は、解雇してはならない（**同法第19条第1項**）。

○解雇の予告

・使用者は、労働者を解雇しようとする場合においては、少なくとも30日前にその予告をしなければならない。30日前に予告をしない使用者は、30日分以上の平均賃金を支払わなければならない（**労基法第20条第1項**）。

・前項の予告の日数は、1日について平均賃金を支払った場合においては、その日数を短縮することができる（**労基法第20条第2項**）。

○解雇予告の特例

　試みの使用期間中の者等については、解雇の予告を要しない。しかし、試用期間の者が14日を超えて引き続き使用されるに至った場合においては、この限りではない（**労基法第21条**）。

Ⅲ②
関係法令（除く有害）
労働基準法

IV 労働衛生 （有害業務に係るもの以外のもの）

1　温熱条件、採光、照明等

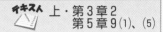

上・第3章2
第5章9(1)、(5)

参考問題　温熱条件に関する次の記述のうち、正しいものはどれか。

☐☐

(1)　温熱環境は、気温、湿度及び放射熱（ふく射熱）の三つの温熱要素によって決定される。

(2)　実効温度は、気温、湿度及び放射熱の総合効果を一つの指標で表したものである。

(3)　不快指数は、温熱環境の不快度を表す指標で、乾球温度及び黒球温度の測定値から算出される。

(4)　WBGTは、暑熱環境のリスクを評価するための指標で、屋外で太陽照射がある場合は、自然湿球温度、黒球温度及び乾球温度の測定値から算出される。

(5)　至適温度は、作業中の温度感覚を表す指標として、作業に対応するエネルギー代謝率と職場の平均気温から求められ、感覚温度ともいわれる。

【H24年4月／問29】

解説

(1)　誤り。温熱環境は、気温、湿度、気流、放射熱（ふく射熱）の4つの要素によって決まる。

(2)　誤り。実効温度は、気温、湿度、気流の総合効果を温度目盛で表したものである。

(3)　誤り。不快指数は、乾球温度と湿球温度より計算で求める。

(4)　正しい。屋内及び屋外で太陽照射がない場合は、自然湿球温度及び黒球温度の測定値から算出される。※なお、厚生労働省「職場における熱中症予防基本対策要綱」（令和3年4月）では、これにより廃止された「職場における熱中症の予防について」（平成21年6月）で、「屋外で太陽照射がある場合」とされていたのを「日射がある場合」と、「屋内の場合及び屋外で太陽照射のない場合」とされていたのを「日射がない場合」と変更されている。

(5)　誤り。至適温度は、暑からず、寒からずという温度感覚を伴う温度のことで、実効温度を用いて管理される。実効温度は感覚温度ともいわれる。　　解答　(4)

採光、照明に関する次の記述のうち、誤っているものはどれか。

☐☐

(1) 天井や壁に光を当てて、反射光が作業面を照らすようにした照明方法を全般照明という。

(2) 局部照明は、検査作業などのように、特に手元が高照度であることが必要な場合に用いられる。

(3) 前方から明かりをとるとき、眼と光源を結ぶ線と視線とが作る角度は、30°以上になるようにする。

(4) 全般照明と局部照明を併用する場合、全般照明の照度は、局部照明による照度の1／10以上であることが望ましい。

(5) 部屋の彩色として、目より上方の壁や天井は、照明効果を良くするため明るい色にし、目の高さ以下の壁面は、まぶしさを防ぎ安定感を出すために濁色にする。

【H19年10月／問32】

解 説

(1) 誤り。天井や壁に光を当てて、反射光が作業面を照らすようにした照明方法を間接照明という。全般照明は、作業室全体を明るくする照明方法である。

(2) 正しい。

(3) 正しい。視野内に光源があると過度のまぶしさ（グレア）が生じ、不快感や疲労を生じる。そのため、光源が視野に入らないように、眼と光源を結ぶ線と視線とが作る角度は30°以上とする必要がある。

(4) 正しい。

(5) 正しい。

解答 (1)

解答にあたってのポイント

・温熱環境は、気温、湿度、気流、及び放射熱（ふく射熱）の4つの要素によって決定することや、健康障害を発生させる条件、職場の温熱環境を評価する指標（実効温度、至適温度、WBGT、相対湿度など）の決定要素について、理解しておく。

・温熱環境の**至適温度**とは、暑からず寒からずの温度感覚を実効温度（感覚温度）で示したもので、作業強度が強かったり、作業時間が長いと至適温度は低くなる。また、季節、被服、飲食物、年齢、性別などで異なる。

・温熱環境の**実効温度**とは、至適温度を管理する際に用いられ、気温、湿度、気流の総合効果を温度目盛で表したものである。

・作業場の採光、照明、彩色などは快適性や作業能率に大きな影響を与える。照度、まぶしさ（グレア）、彩色、照明方法について、理解しておく。

2 事務室の作業環境

上・第5章 9(4)

参考問題 在室者が12人の事務室において、二酸化炭素濃度を1,000ppm 以下に保
□□ つために最小限必要な換気量の値（m³/h）に最も近いものは次のうちどれ
か。

　ただし、在室者が呼出する二酸化炭素量は1人当たり0.018m³/h、外気
の二酸化炭素濃度は400ppm とする。

(1)　160

(2)　220

(3)　260

(4)　360

(5)　390

【H30年10月／問28】

解説

事務室における必要換気量は以下の式より求める。

$$必要換気量（m³/h）＝\frac{在室者全員が呼出する二酸化炭素量（m³/h）}{室内二酸化炭素基準濃度（ppm）－外気の二酸化炭素濃度（ppm）}$$

$$＝\frac{0.018×12}{1,000－400}×1,000,000＝360$$

よって、解答は(4)である。

　二酸化炭素の濃度の単位が「ppm」の場合、計算の最後に100倍するのではな
く、100万倍することに注意する。

解答　(4)

参考問題 事務室における必要換気量Q（m³/h）を算出する式として、正しいもの
□□ は⑴〜⑸のうちどれか。

　　　ただし、AからDは次のとおりとする。

　　　A　外気の二酸化炭素濃度

　　　B　室内二酸化炭素基準濃度

　　　C　室内二酸化炭素濃度の測定値

　　　D　在室者全員が呼出する二酸化炭素量（m³/h）

⑴　$Q = \dfrac{D}{B - A}$

⑵　$Q = \dfrac{D}{C - A}$

⑶　$Q = \dfrac{D}{C - B}$

⑷　$Q = D \times \dfrac{B}{A}$

⑸　$Q = D \times \dfrac{C}{B}$

【H22年4月／問28】

解説

事務室における必要換気量は以下の式より求める。

$$必要換気量（m³/h）= \frac{在室者全員が呼出する二酸化炭素量（m³/h）}{室内二酸化炭素基準濃度 - 外気の二酸化炭素濃度}$$

よって、解答は⑴である。

なお、二酸化炭素の濃度が、「％」であった場合は「100倍」、「ppm」であった
場合は100万倍する。

解答　⑴

解答にあたってのポイント

・事務室の換気に関する問題では、空気の組成、人間の呼気の成分、必要換気量の意味と求め方、必要換気量を求める際に用いる数値について、理解をしておく。

・事務室における必要換気量の求め方の問題は、分母は室内二酸化炭素（CO_2）基準濃度から外気の二酸化炭素濃度を差し引いた値であることに注意して以下の式を覚える。

$$必要換気量(m^3/h) = \frac{在室者全員が呼出する二酸化炭素量(m^3/h)}{室内二酸化炭素基準濃度 - 外気の二酸化炭素濃度}$$

なお、計算の最後に、二酸化炭素濃度の単位が「%」であった場合は100倍、「ppm」であった場合は100万倍することに注意する。
（ 1 ％ ＝0.01、 1 ppm ＝0.000001）

・必要換気量を求める式のうち、以下の数値はほぼ定数となっており、この数値は覚えておく必要がある。

　　◇室内 CO_2 基準濃度‥‥‥‥‥‥‥‥‥‥‥‥‥‥‥‥0.1%
　　◇外気の CO_2 濃度‥‥‥‥‥‥‥‥‥‥‥‥‥‥‥‥0.03～0.04%
　　◇在室者の 1 時間あたりの呼出 CO_2 量を求める
　　　ために用いる呼気中の CO_2 濃度‥‥‥‥‥‥‥‥ 4 ％

3　作業管理

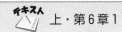

上・第6章1

参考問題　労働衛生対策における作業管理に関する次の記述のうち、不適切なもの□□　はどれか。

(1)　作業管理とは、換気設備の改善等の工学的な対策によって、作業環境を良好な状態に維持することをいう。

(2)　作業管理の内容は、広い範囲にわたり、作業強度、作業密度、作業姿勢などが含まれる。

(3)　作業管理を進める手順としては、労働負荷の程度、作業手順、作業姿勢など作業そのものの分析から始める。

(4)　作業管理を進める際、職場の実状を把握することが基本であり、衛生管理者が作業者とともに、改善方法を検討していくことが有効である。

(5)　作業管理を進めていくうえで無視することができない産業疲労は、生体に対する労働負荷が大きすぎることによって引き起こされるが、疲労の回復には日常生活も大きくかかわっている。

【H21年10月／問29】

解説

(1)　不適切。作業環境管理についての説明である。作業管理とは、作業内容や作業方法等、作業によって労働者に及ぼす影響が異なるため、これらを適正に管理することにより、作業から発生する有害要因を排除し、作業負荷の低減を図り、労働者の健康を守ることである。

(2)　適切。

(3)　適切。

(4)　適切。

(5)　適切。

解答　(1)

解答にあたってのポイント

・労働衛生対策を進めるうえで核となる「**作業環境管理**」、「**作業管理**」及び「**健康管理**」を労働衛生の「**3管理**」という。それぞれの管理の区別とともに、各管理の目的や対象、進め方について理解しておく（p.325参照）。また、産業疲労に関わる作業管理について理解しておく。

4 健康診断

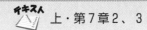
上・第7章2、3

問1 健康診断における検査項目に関する次の記述のうち、誤っているものは
□□ どれか。

(1) HDL コレステロールは、善玉コレステロールとも呼ばれ、低値であることは
動脈硬化の危険因子となる。

(2) γ-GTP は、正常な肝細胞に含まれている酵素で、肝細胞が障害を受けると
血液中に流れ出し、特にアルコールの摂取で高値を示す特徴がある。

(3) ヘモグロビン A1c は、血液1 μL 中に含まれるヘモグロビンの数を表す値で
あり、貧血の有無を調べるために利用される。

(4) 尿素窒素(BUN)は、腎臓から排泄される老廃物の一種で、腎臓の働きが低下
すると尿中に排泄されず、血液中の値が高くなる。

(5) 血清トリグリセライド(中性脂肪)は、食後に値が上昇する脂質で、内臓脂肪
が蓄積している者において、空腹時にも高値が持続することは動脈硬化の危険
因子となる。

【R5年10月／問28】

```
解説
```

(1) 正しい。

(2) 正しい。

(3) 誤り。ヘモグロビン A1c は、ヘモグロビンにグルコース（血糖）が非酵素的
に結合したもので、ヘモグロビン全体に対する割合（%）として表される。過
去2～3カ月の平均的な血糖値を表す数値であり、直前の食事に影響されない
ため、糖尿病の早期発見や血糖コントロール状態の評価に有用な検査指標であ
る。

(4) 正しい。

(5) 正しい。

解答 (3)

Ⅳ 労働衛生（除く有害）

問2　身長175cm、体重80kg、腹囲88cm の人の BMI に最も近い値は、次のうちどれか。

(1) 21

(2) 26

(3) 29

(4) 37

(5) 40

【R5年10月／問34】

解説

　身長を m 単位に変換すると、1.75m であることから、BMI を計算すると、$80 \div (1.75)^2 = 26.1$ となり、最も近い値は26となるので、解答は(2)である。

解答　(2)

問3　メタボリックシンドロームの診断基準に関する次の文中の　[　]　内に入れるAからCの語句の組合せとして、正しいものは(1)〜(5)のうちどれか。

「日本では、内臓脂肪の蓄積があり、かつ、血中脂質(中性脂肪、HDLコレステロール)、[A]、[B] の三つのうち [C] が基準値から外れている場合にメタボリックシンドロームと診断される。」

	A	B	C
(1)	血圧	空腹時血糖	いずれか一つ
(2)	血圧	空腹時血糖	二つ以上
(3)	γ-GTP	空腹時血糖	二つ以上
(4)	γ-GTP	尿蛋白	いずれか一つ
(5)	γ-GTP	尿蛋白	二つ以上

【R4年10月／問32】

解説

日本人のメタボリックシンドローム診断基準（日本内科学会等、2005年）は、腹部肥満（内臓脂肪量）に加えて、以下の項目のうち、2項目以上が基準値から外れている場合となっている。

① トリグリセライド≧150mg/dL かつ／又は HDL コレステロール＜40mg/dL

② 収縮期血圧≧130mmHg かつ／又は 拡張期血圧≧85mmHg

③ 空腹時血糖≧110mg/dL

よって、解答は(2)である。

解答　(2)

問 4 メタボリックシンドローム診断基準に関する次の文中の[　]内に入れるA
□□　からDの語句又は数値の組合せとして、正しいものは⑴～⑸のうちどれか。

　　「日本人のメタボリックシンドローム診断基準で、腹部肥満（[A] 脂肪
　　の蓄積）とされるのは、腹囲が男性では [B] cm 以上、女性では [C] cm
　　以上の場合であり、この基準は、男女とも [A] 脂肪面積が [D] cm²以上
　　に相当する。」

	A	B	C	D
⑴	内臓	85	90	100
⑵	内臓	85	90	200
⑶	内臓	90	85	100
⑷	皮下	90	85	200
⑸	皮下	100	90	200

【R4年 4 月／問32】

解 説

　皮下脂肪と異なり、腹腔内に溜まる脂肪を内臓脂肪と呼ぶ。この内臓脂肪の量
が多いことと心疾患や脳卒中の発生とが関連していることが指摘され、メタボ
リックシンドロームと呼ばれている。

　腹囲は、内臓脂肪を推定する簡便な指標である。日本人では、立位で、軽く息
を吐いたときに、臍の高さで測定した腹囲が、男性85cm、女性90cm のときに、
CT スキャン検査により臍の位置で測定した内臓脂肪の断面積が100cm²に相当
すると考えられている。

　よって、解答は⑴である。

解答　⑴

問5　メタボリックシンドローム診断基準に関する次の文中の□□内に入れるAからCの語句又は数値の組合せとして、正しいものは(1)～(5)のうちどれか。

「日本人のメタボリックシンドローム診断基準で、腹部肥満（ A 脂肪の蓄積）とされるのは、腹囲が男性では B cm 以上、女性では C cm以上の場合である。」

	A	B	C
(1)	内臓	85	90
(2)	内臓	90	85
(3)	皮下	85	90
(4)	皮下	90	85
(5)	体	95	90

【R2年10月／問29、R2年4月／問32】

解説

皮下脂肪と異なり、腹腔内に溜まる脂肪を内臓脂肪と呼ぶ。この内臓脂肪の量が多いことと心疾患や脳卒中の発生とが関連していることが指摘され、メタボリックシンドロームと呼ばれている。

腹囲は、内臓脂肪を推定する簡便な指標である。日本人では、立位で、軽く息を吐いたときに、臍の高さで測定した腹囲が、男性85cm、女性90cmのときに、CTスキャン検査により臍の位置で測定した内臓脂肪の断面積が100cm^{2}に相当すると考えられている。

よって、解答は(1)である。

解答　(1)

解答にあたってのポイント

○日本人のメタボリックシンドローム診断基準（日本内科学会等、2005年）

1　腹部肥満（内臓脂肪量）

　　ウエスト周囲径（腹囲）　男性≧85cm、女性≧90cm（内臓脂肪面積≧100cm^{2}に相当）

2　上記に加え以下のうちの2項目以上

　1)　トリグリセライド≧150mg/dL　かつ／又は　HDLコレステロール<40mg/dL

　2)　収縮期血圧≧130mmHg　かつ／又は　拡張期血圧≧85mmHg

　3)　空腹時血糖≧110mg/dL

（注）・ウエスト周囲径は、立体、軽呼気時に臍レベルで測定する。脂肪蓄積が著明で臍が下方に偏位している場合は、肋骨下縁と前上腸骨棘の中点の高さで測定する。

　　　・高トリグリセライド血症、低HDLコレステロール血症、高血圧、糖尿病に対する薬物治療を受けている場合は、それぞれの項目に含める。

　　　・メタボリックシンドロームと診断された場合、糖負荷試験が勧められるが診断には必須ではない。

○BMIについては、次の式で計算する。

$$BMI = \frac{体重W(kg)}{(身長H(m))^2} = \frac{W}{H^2}$$

なお、BMIの一般的な基準範囲は18.5以上25.0未満である。

また、標準体重は、BMI＝22として計算する。

　　　標準体重(kg) ＝ 身長(m)^2×22

解答にあたってのポイント

○健康診断の検査項目については、従来より、法令上の規制について、関
　係法令(「Ⅲ　関係法令(有害業務に係るもの以外のもの)」の「①　労働
　安全衛生法」の「6　健康診断」)のとおり出題されているが、健康診断
　の血液検査の検査項目の数値の意味についても出題されている。主な項
　目としては、次のようなものがある。

・GOT（AST）（血清グルタミックオキサロアセチックトランスアミナー
　ゼ）、GPT（ALT）（血清グルタミックピルビックトランスアミナーゼ）、
　γ-GTP（ガンマ－グルタミルトランスペプチダーゼ）は、肝細胞が障害
　を受けると血中に流れ出し、高値を示す。γ-GTP は、アルコールの摂
　取で高値を示す特徴がある。

・HDL コレステロールは、善玉コレステロールとも呼ばれ、これが低値で
　あることが動脈硬化の危険因子となる。

・LDL コレステロールは、悪玉コレステロールとも呼ばれ、これが高値で
　あることが動脈硬化の危険因子となる。

・中性脂肪（血清トリグリセライド）は、食後に値が上昇する脂質である
　が、食後に異常な高値になることや空腹時にも高値が持続することが動
　脈硬化の危険因子となる。

・血糖値は、食後に異常な高値になることや、空腹時にも高値が持続する
　ことが、糖尿病を発見する手がかりとなる。

・ヘモグロビン A1c は、過去 2 ～ 3 カ月の平均的な血糖値を表す数値で、
　糖尿病のコントロールの経過を見るために用いられる。

・尿酸は、体内のプリン体と呼ばれる物質の代謝物で、血中の尿酸値が高
　くなる高尿酸血症は、関節の痛風発作や尿路結石の原因となるほか、動
　脈硬化とも関連すると考えられている。

・BUN（尿素窒素）は、腎臓でろ過される老廃物の一種で、腎臓の働きが
　低下するとろ過しきれず、血液中での値が高くなる。

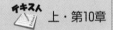

問 6　労働衛生管理に用いられる統計に関する次の記述のうち、誤っているものはどれか。

(1)　生体から得られたある指標が正規分布である場合、そのばらつきの程度は、平均値や最頻値によって表される。

(2)　集団を比較する場合、調査の対象とした項目のデータの平均値が等しくても分散が異なっていれば、異なった特徴をもつ集団であると評価される。

(3)　健康管理統計において、ある時点での検査における有所見者の割合を有所見率といい、このようなデータを静態データという。

(4)　健康診断において、対象人数、受診者数などのデータを計数データといい、身長、体重などのデータを計量データという。

(5)　ある事象と健康事象との間に、統計上、一方が多いと他方も多いというような相関関係が認められても、それらの間に因果関係がないこともある。

【R5年10月／問30】

※ R5年 4 月／問30、R3年10月／問28は類似問題

解 説

(1)　誤り。生体から得られたある指標が正規分布である場合、そのばらつきの程度は、分散や標準偏差によって表される。

(2)　正しい。

(3)　正しい。

(4)　正しい。

(5)　正しい。

解答　(1)

問7　労働衛生管理に用いられる統計に関する次の記述のうち、誤っているものはどれか。

(1) ある事象と健康事象との間に、統計上、一方が多いと他方も多いというような相関関係が認められたとしても、それらの間に因果関係があるとは限らない。

(2) 集団を比較する場合、調査の対象とした項目のデータの平均値が等しくても分散が異なっていれば、異なった特徴をもつ集団であると評価される。

(3) 健康管理統計において、ある時点での検査における有所見者の割合を有所見率といい、一定期間において有所見とされた人の割合を発生率という。

(4) 生体から得られたある指標が正規分布である場合、そのばらつきの程度は、平均値や最頻値によって表される。

(5) 静態データとは、ある時点の集団に関するデータであり、動態データとは、ある期間の集団に関するデータである。

【R4年10月／問33】

解説

(1) 正しい。

(2) 正しい。

(3) 正しい。

(4) 誤り。生体から得られたある指標が正規分布である場合、そのばらつきの程度は、分散や標準偏差によって表される。

(5) 正しい。

解答　(4)

問8 労働衛生管理に用いられる統計に関する次の記述のうち、誤っているものはどれか。

(1) 健康診断において、対象人数、受診者数などのデータを計数データといい、身長、体重などのデータを計量データという。

(2) 生体から得られたある指標が正規分布である場合、そのばらつきの程度は、平均値や最頻値によって表される。

(3) 集団を比較する場合、調査の対象とした項目のデータの平均値が等しくても分散が異なっていれば、異なった特徴をもつ集団であると評価される。

(4) ある事象と健康事象との間に、統計上、一方が多いと他方も多いというような相関関係が認められたとしても、それらの間に因果関係があるとは限らない。

(5) 静態データとは、ある時点の集団に関するデータであり、動態データとは、ある期間の集団に関するデータである。

【R4年4月／問29】

> **解説**

(1) 正しい。

(2) 誤り。生体から得られたある指標が正規分布である場合、そのばらつきの程度は、分散や標準偏差によって表される。

(3) 正しい。

(4) 正しい。

(5) 正しい。

解答 (2)

解答にあたってのポイント

・労働衛生管理統計の目的、統計データの種類、データの分析、疫学に用いられる因果関係、統計の特徴などについて、理解しておく。
・疾病休業統計に関する問題は、「病休度数率」、「病休強度率」、「疾病休業日数率」、「病休件数千人率」の意味と求め方を理解しておく。

6 労働者の健康保持増進

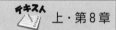

問9　厚生労働省の「事業場における労働者の健康保持増進のための指針」に
□□　基づく健康保持増進対策に関する次の記述のうち、適切でないものはどれ
か。

(1) 健康保持増進対策の推進に当たっては、事業者が労働者等の意見を聴きつつ
事業場の実態に即した取組を行うため、労使、産業医、衛生管理者等で構成さ
れる衛生委員会等を活用する。

(2) 健康測定の結果に基づき行う健康指導には、運動指導、メンタルヘルスケア、
栄養指導、口腔保健指導、保健指導が含まれる。

(3) 健康保持増進措置は、主に生活習慣上の課題を有する労働者の健康状態の改
善を目指すために個々の労働者に対して実施するものと、事業場全体の健康状
態の改善や健康増進に係る取組の活性化等、生活習慣上の課題の有無に関わら
ず労働者を集団として捉えて実施するものがある。

(4) 健康保持増進に関する課題の把握や目標の設定等においては、労働者の健康
状態等を客観的に把握できる数値を活用することが望ましい。

(5) 健康測定とは、健康指導を行うために実施される調査、測定等のことをいい、
疾病の早期発見に重点をおいた健康診断の各項目の結果を健康測定に活用する
ことはできない。

【R5年4月／問34】

解説

(1) 正しい。

(2) 正しい。

(3) 正しい。

(4) 正しい。

(5) 誤り。健康測定の一部に定期健康診断結果を活用することもできる。

解答　(5)

問10　労働者の健康保持増進のために行う健康測定における運動機能検査の項
□□　目とその測定種目との組合せとして、誤っているものは次のうちどれか。

(1)　筋力………………握力

(2)　柔軟性……………上体起こし

(3)　平衡性……………閉眼（又は開眼）片足立ち

(4)　敏しょう性………全身反応時間

(5)　全身持久性………最大酸素摂取量

【R3年4月／問29、R2年4月／問28、H31年4月／問34】

解説

(1)　正しい。

(2)　誤り。柔軟性は座位体前屈で検査される。上体起こしは筋持久力の検査である。

(3)　正しい。

(4)　正しい。

(5)　正しい。

解答　(2)

Ⅳ 労働衛生（除く有害）

○厚生労働省は令和2年3月31日、「事業場における労働者の健康保持増進のための指針（通称、THP指針）」を大きく改正し、同年4月1日より適用した。さらに、令和3年2月と12月に、医療保険者と連携した対策の推進に関連した改正、令和4年3月に、個人情報保護に関する改正がされた（令和4年健康保持増進のための指針公示第10号。現指針）。大きく改められた旧指針の内容が今後出題されることはないため、旧指針の内容に基づくこれまでの設問は割愛した。

以下に現指針の主な内容を紹介する。

旧指針（昭和63年同指針公示第1号。令和2年3月改正までの最終改正：平成27年同指針公示第5号）では、健康保持増進措置を実施する対象を主に生活習慣上の課題を有する労働者としていたが、現指針では、幅広い労働者が対象とされた。

また、健康保持増進措置の内容を規定する指針から、取組み方法を規定する指針への見直しが図られた。旧指針では、健康保持増進措置について、①健康測定、②産業医等による指導票の作成、③個人の状況に応じた運動指導、保健指導等を各専門家により実施、という定型的な内容を示していたが、現指針では事業場の規模や特性に応じて健康保持増進措置の内容を検討・実施できるように見直された。

健康保持増進対策を推進するに当たっては、PDCAサイクルを回しながら進めるよう求め、PDCAの各段階において事業場で取り組むべき項目を明確にするなど、健康保持増進対策の進め方を示すものとなっている。

7　労働者の心の健康の保持増進 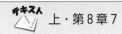 上・第8章7

問11 　厚生労働省の「労働者の心の健康の保持増進のための指針」に基づくメ
□□ ンタルヘルス対策に関する次のAからDの記述について、誤っているも
のの組合せは⑴～⑸のうちどれか。

　　A　メンタルヘルスケアを中長期的視点に立って継続的かつ計画的に行
　　　うため策定する「心の健康づくり計画」は、各事業場における労働安
　　　全衛生に関する計画の中に位置付けることが望ましい。

　　B　「心の健康づくり計画」の策定に当たっては、プライバシー保護の観
　　　点から、衛生委員会や安全衛生委員会での調査審議は避ける。

　　C　「セルフケア」、「家族によるケア」、「ラインによるケア」及び「事業
　　　場外資源によるケア」の四つのケアを効果的に推進する。

　　D　「セルフケア」とは、労働者自身がストレスや心の健康について理解
　　　し、自らのストレスを予防、軽減する、又はこれに対処することであ
　　　る。

⑴　A，B
⑵　A，C
⑶　A，D
⑷　B，C
⑸　C，D

【R5年4月／問28】

解説

A　正しい。

B　誤り。心の健康づくり計画策定においては、衛生委員会や安全衛生委員会に
　おいて十分調査審議を行い、各事業場における労働安全衛生計画の中に位置付
　けることが望ましい。

C　誤り。メンタルヘルスケアは、「セルフケア」、「ラインによるケア」、「事業場
　内産業保健スタッフ等によるケア」及び「事業場外資源によるケア」の四つの

ケアが継続的かつ計画的に行われることが重要である。「家族によるケア」は
　　四つのメンタルヘルスケアには含まれない。

D　正しい。

　　よって、BとCが誤りであり、解答は(4)である。

解答　(4)

問12
□□
厚生労働省の「労働者の心の健康の保持増進のための指針」において、心の健康づくり計画の実施に当たって推進すべきこととされている四つのメンタルヘルスケアに該当しないものは、次のうちどれか。

(1)　労働者自身がストレスや心の健康について理解し、自らのストレスの予防や対処を行うセルフケア

(2)　職場の同僚がメンタルヘルス不調の労働者の早期発見、相談への対応を行うとともに管理監督者に情報提供を行う同僚によるケア

(3)　管理監督者が、職場環境等の改善や労働者からの相談への対応を行うラインによるケア

(4)　産業医、衛生管理者等が、心の健康づくり対策の提言や推進を行うとともに、労働者及び管理監督者に対する支援を行う事業場内産業保健スタッフ等によるケア

(5)　メンタルヘルスケアに関する専門的な知識を有する事業場外の機関及び専門家を活用し支援を受ける事業場外資源によるケア

【R1年10月／問28】

解説

メンタルヘルスケアは、「セルフケア」、「ラインによるケア」、「事業場内産業保健スタッフ等によるケア」及び「事業場外資源によるケア」の4つのケアが継続的かつ計画的に行われることが重要である。「同僚によるケア」は四つのメンタルヘルスケアには含まれない。

よって、解答は(2)である。

解答　(2)

Ⅳ 労働衛生〈除く有害〉

問13　厚生労働省の「労働者の心の健康の保持増進のための指針」に基づくメンタルヘルスケアの実施に関する次の記述のうち、適切でないものはどれか。

(1)　心の健康については、客観的な測定方法が十分確立しておらず、また、心の健康問題の発生過程には個人差が大きく、そのプロセスの把握が難しいという特性がある。

(2)　心の健康づくり計画の実施に当たっては、メンタルヘルス不調を早期に発見する「一次予防」、適切な措置を行う「二次予防」及びメンタルヘルス不調となった労働者の職場復帰支援を行う「三次予防」が円滑に行われるようにする必要がある。

(3)　労働者の心の健康は、職場配置、人事異動、職場の組織などの要因によって影響を受けるため、メンタルヘルスケアは、人事労務管理と連携しなければ、適切に進まない場合が多いことに留意する。

(4)　労働者の心の健康は、職場のストレス要因のみならず、家庭・個人生活などの職場外のストレス要因の影響を受けている場合も多いことに留意する。

(5)　メンタルヘルスケアを推進するに当たって、労働者の個人情報を主治医等の医療職や家族から取得する際には、あらかじめこれらの情報を取得する目的を労働者に明らかにして承諾を得るとともに、これらの情報は労働者本人から提出を受けることが望ましい。　　　　　　　　　　　　【R3年 4 月／問28】

※ R2年 4 月／問29は類似問題

解 説

(1)　適切。

(2)　適切でない。「労働者の心の健康の保持増進のための指針」では、心の健康づくり計画の実施に当たっては、ストレスチェック制度の活用や職場環境等の改善によりメンタルヘルス不調を未然に防止する取組「一次予防」、メンタルヘルス不調を早期に発見し、適切な措置を行う取組「二次予防」、メンタルヘルス不調となった労働者の職場復帰の支援等を行う取組「三次予防」が円滑に行われるようにする必要があると示している。よって、この設問の「一次予防」「二次予防」の説明が適切でない。

(3)　適切。

(4)　適切。

(5)　適切。

解答　(2)

問14 厚生労働省の「労働者の心の健康の保持増進のための指針」に基づくメン
□□ タルヘルスケアの実施に関する次の記述のうち、適切でないものはどれか。

(1) 心の健康については、客観的な測定方法が十分確立しておらず、また、心の
健康問題の発生過程には個人差が大きく、そのプロセスの把握が難しいという
特性がある。

(2) 心の健康づくり計画の実施に当たっては、メンタルヘルス不調を早期に発見す
る「一次予防」、適切な措置を行う「二次予防」及びメンタルヘルス不調となった労
働者の職場復帰支援を行う「三次予防」が円滑に行われるようにする必要がある。

(3) 労働者の心の健康は、職場配置、人事異動、職場の組織などの要因によって
影響を受けるため、メンタルヘルスケアは、人事労務管理と連携しなければ、
適切に進まない場合が多いことに留意する。

(4) 「セルフケア」、「ラインによるケア」、「事業場内産業保健スタッフ等によるケ
ア」及び「事業場外資源によるケア」の四つのケアを継続的かつ計画的に行う。

(5) メンタルヘルスケアを推進するに当たって、労働者の個人情報を主治医等の
医療職や家族から取得する際には、あらかじめこれらの情報を取得する目的を
労働者に明らかにして承諾を得るとともに、これらの情報は労働者本人から提
出を受けることが望ましい。

【R2年10月／問28】

解説

(1) 適切。

(2) 適切でない。「労働者の心の健康の保持増進のための指針」では、心の健康づくり
計画の実施に当たっては、ストレスチェック制度の活用や職場環境等の改善により
メンタルヘルス不調を未然に防止する取組「一次予防」、メンタルヘルス不調を早期
に発見し、適切な措置を行う取組「二次予防」、メンタルヘルス不調となった労働者
の職場復帰の支援等を行う取組「三次予防」が円滑に行われるようにする必要があ
ると示している。よって、この設問の「一次予防」「二次予防」の説明が適切でない。

(3) 適切。

(4) 適切。

(5) 適切。

解答 (2)

・「労働者の心の健康の保持増進のための指針」に関する問題である。**テキスト「衛生管理（上）」の「第8章7」**を参照し、この指針に示された四つのメンタルヘルスケアの内容を把握しておくとよい。

・四つのメンタルヘルスケア

① セルフケア（労働者が自ら行うストレスへの気づきと対処）

② ラインによるケア（管理監督者が行う職場環境等の改善と相談への対応）

③ 事業場内産業保健スタッフ等によるケア（産業医、衛生管理者等によるケア）

④ 事業場外資源によるケア（事業場外の専門機関によるケア）

・労働者のストレスチェックの実施についても、p.347を参照して内容を理解しておくとよい。

・職場のパワーハラスメントの防止については、いまだ出題されていないが、注目されるテーマである。「労働施策の総合的な推進並びに労働者の雇用の安定及び職業生活の充実等に関する法律」（昭和41年法律第132号）（労働施策総合推進法）の令和元年の改正により、事業主が雇用管理上必要な措置を講じる義務が令和2年6月から施行され（中小事業主については令和4年3月までは努力義務）、また、「事業主が職場における優越的な関係を背景とした言動に起因する問題に関して雇用管理上講ずべき措置等についての指針」（令和2年1月15日厚生労働省告示第5号）が示されている。

8　情報機器作業における労働衛生管理 上・第6章4(2)　第7章3(6)

問15　厚生労働省の「情報機器作業における労働衛生管理のためのガイドライン」に関する次の記述のうち、適切でないものはどれか。

(1)　ディスプレイ画面上における照度は、500ルクス以下となるようにしている。

(2)　ディスプレイ画面の位置、前後の傾き、左右の向き等を調整してグレアを防止している。

(3)　ディスプレイは、おおむね30cm以内の視距離が確保できるようにし、画面の上端を眼の高さよりもやや下になるように設置している。

(4)　1日の情報機器作業の作業時間が4時間未満である労働者については、自覚症状を訴える者についてのみ、情報機器作業に係る定期健康診断の対象としている。

(5)　情報機器作業に係る定期健康診断を、1年以内ごとに1回、定期に実施している。

【R3年10月／問33】

Ⅳ 労働衛生（除く有害）

解説

(1)　適切。※ガイドラインの令和3年12月の改正により、ガイドライン上、ディスプレイ画面上の照度に関する定めはなくなっている。

(2)　適切。

(3)　適切でない。ディスプレイは、おおむね40cm以上の視距離が確保できるようにし、画面の上端が眼と同じ高さか、やや下になるようにする。「おおむね30cm以内」は適切でない。

(4)　適切。

(5)　適切。

解答　(3)

問16　厚生労働省の「情報機器作業における労働衛生管理のためのガイドライン」に関する次の記述のうち、適切でないものはどれか。

(1)　ディスプレイ画面上における照度は、500ルクス以下となるようにしている。

(2)　書類上及びキーボード上における照度は、300ルクス以上となるようにしている。

(3)　ディスプレイ画面の位置、前後の傾き、左右の向き等を調整してグレアを防止している。

(4)　ディスプレイは、おおむね30cm以内の視距離が確保できるようにし、画面の上端を眼の高さよりもやや下になるように設置している。

(5)　1日の情報機器作業の作業時間が4時間未満である労働者については、自覚症状を訴える者についてのみ、情報機器作業に係る定期健康診断の対象としている。

【R3年4月／問30】

解説

(1)　適切。※ガイドラインの令和3年12月の改正により、ガイドライン上、ディスプレイ画面上の照度に関する定めはなくなっている。

(2)　適切。

(3)　適切。

(4)　適切でない。ディスプレイは、おおむね40cm以上の視距離が確保できるようにし、画面の上端が眼と同じ高さか、やや下になるようにする。「おおむね30cm以内」は適切でない。

(5)　適切。

解答　(4)

問17 厚生労働省の「情報機器作業における労働衛生管理のためのガイドライン」に基づく措置に関する次の記述のうち、誤っているものはどれか。

(1) ディスプレイ画面上における照度は、500ルクス以下としている。

(2) 作業室内には、間接照明等のグレア防止用照明器具を用いている。

(3) ディスプレイは、50cm の視距離が確保できるようにしている。

(4) 情報機器作業については、一連続作業時間を1時間とし、次の連続作業までの間に5分の作業休止時間を設けている。

(5) 情報機器作業健康診断では、視力検査などの眼科学的検査のほか、上肢の運動機能などの筋骨格系に関する検査も行っている。

【R1年10月／問30（一部修正）】

解説

(1) 正しい。※ガイドラインの令和3年12月の改正により、ガイドライン上、ディスプレイ画面上の照度に関する定めはなくなっている。

(2) 正しい。

(3) 正しい。おおむね40cm 以上の視距離が確保されているので正しい。

(4) 誤り。情報機器（VDT）作業については、一連続作業時間が1時間を超えないようにし、次の連続作業までの間に10〜15分間の作業休止時間を設け、かつ、一連続作業時間内において1〜2回程度の小休止を設けるようにする。

(5) 正しい。

解答 (4)

IV 労働衛生（除く有害）

問18 厚生労働省の「情報機器作業における労働衛生管理のためのガイドライン」に基づく措置に関する次の記述のうち、誤っているものはどれか。

(1) ディスプレイ画面上における照度は、500ルクス以下になるようにする。

(2) 書類上及びキーボード上における照度は、300ルクス以上になるようにする。

(3) ディスプレイは、おおむね40 cm以上の視距離が確保できるようにし、画面の上端が眼と同じ高さか、やや下になるようにする。

(4) 情報機器作業については、一連続作業時間が1時間を超えないようにし、次の連続作業までの間に10〜15分の作業休止時間を設け、かつ、一連続作業時間内において1〜2回程度の小休止を設けるようにする。

(5) 情報機器作業健康診断では、原則として、視力検査、上肢及び下肢の運動機能検査などを行う。

【H31年4月／問29（一部修正）】

解説

(1) 正しい。※ガイドラインの令和3年12月の改正により、ガイドライン上、ディスプレイ画面上の照度に関する定めはなくなっている。

(2) 正しい。

(3) 正しい。

(4) 正しい。

(5) 誤り。下肢の運動機能検査の必要はない。情報機器作業健康診断項目は、「業務歴の調査」、「既往歴の調査」、「自覚症状の有無の調査」、「眼科学的検査」と「筋骨格系に関する検査」の5項目であり、定期の一般健康診断を実施する際に併せて実施してもよい。

解答 (5)

解答にあたっての**ポイント**

○「VDT 作業における労働衛生管理のためのガイドライン」が廃止され「情報機器作業における労働衛生管理のためのガイドライン」が令和元年7月に制定された（令和3年12月に改正）。

　使用される情報機器の種類や活用状況の多様化により、従来のように作業を類型化してその類型別に健康確保対策の方法を画一的に示すことは困難となったため、個々の事業場のそれぞれの作業形態に応じ、きめ細やかな対策を検討する必要がある。このような状況を踏まえ、情報機器を使用する作業のための基本的な考え方は維持しつつ、多様な作業形態に対応するため、事業場が個々の作業形態に応じて判断できるよう、健康管理を行う作業区分が見直された。

○1日の作業時間、一連続作業時間及び作業休止時間、情報機器（VDT）作業の留意事項と情報機器作業従事者に対する特殊健康診断の検査項目について、以下の内容を理解しておく。

・書類上及びキーボード上における照度は、300ルクス以上になるようにする。

・ディスプレイは、概ね40cm 以上の視距離が確保できるようにし、画面の上端が眼と同じ高さか、やや下になるようにする。

・ディスプレイに表示する文字は、文字の高さを概ね3 mm 以上とする。

・情報機器作業については、一連続作業時間が1時間を超えないようにし、次の連続作業までの間に10〜15分の作業休止時間を設ける。かつ、一連続作業時間内において1〜2回程度の小休止を設けるようにする。

・情報機器作業健康診断項目は、「業務歴の調査」、「既往歴の調査」、「自覚症状の有無の調査」、「眼科学的検査」と「筋骨格系に関する検査」の5項目であり、定期の一般健康診断を実施する際に併せて実施してもよい。

Ⅳ
労働衛生（除く有害）

厚生労働省の「職場における受動喫煙防止のためのガイドライン」に関する次のAからDの記述について、誤っているものの組合せは(1)～(5)のうちどれか。

A 第一種施設とは、多数の者が利用する施設のうち、学校、病院、国や地方公共団体の行政機関の庁舎等をいい、「原則敷地内禁煙」とされている。

B 一般の事務所や工場は、第二種施設に含まれ、「原則屋内禁煙」とされている。

C 第二種施設においては、特定の時間を禁煙とする時間分煙が認められている。

D たばこの煙の流出を防止するための技術的基準に適合した喫煙専用室においては、食事はしてはならないが、飲料を飲むことは認められている。

(1) A，B

(2) A，C

(3) B，C

(4) B，D

(5) C，D

【R5年10月／問29】

解説

A 正しい。

B 正しい。

C 誤り。第二種施設は原則屋内禁煙にする必要があり、屋内で喫煙を認める場合には、喫煙専用室等の設置が必要になる。特定の時間を禁煙とする時間分煙の対策はない。

D 誤り。喫煙専用室は「たばこを吸うためだけのスペース」なので、紙巻たば

こ及び加熱式たばこの喫煙はできるが、飲食などをすることはできない。

　なお、加熱式たばこ専用喫煙室では、喫煙専用室と違い、飲食などをすることもできる。

　よって、ＣとＤが誤りであり、解答は(5)である。

解答　(5)

問20　厚生労働省の「職場における受動喫煙防止のためのガイドライン」において、「喫煙専用室」を設置する場合に満たすべき事項として定められていないものは、次のうちどれか。

(1)　喫煙専用室の出入口において、室外から室内に流入する空気の気流が、0.2m/s 以上であること。

(2)　喫煙専用室の出入口における室外から室内に流入する空気の気流について、6 か月以内ごとに 1 回、定期に測定すること。

(3)　喫煙専用室のたばこの煙が室内から室外に流出しないよう、喫煙専用室は、壁、天井等によって区画されていること。

(4)　喫煙専用室のたばこの煙が屋外又は外部の場所に排気されていること。

(5)　喫煙専用室の出入口の見やすい箇所に必要事項を記載した標識を掲示すること。

【R5年 4 月／問29】

※ R4年10月・R4年 4 月／問28は類似問題

解説

(1)　定められている。

(2)　定められていない。喫煙専用室の出入口における室外から室内に流入する空気の気流について、0.2m/s 以上確保する必要があるが、定期的に気流を測定する規定はない。

(3)　定められている。

(4)　定められている。

(5)　定められている。

解答　(2)

解答にあたっての**ポイント**

○「職場における受動喫煙防止のためのガイドライン」（令和元年7月1日
　基発0701第1号）の概要
・職場における受動喫煙防止対策を効果的に進めていくためには、企業
　において、組織的に実施することが重要であり、事業者は、衛生委員
　会、安全衛生委員会等の場を通じて、労働者の受動喫煙防止対策につ
　いての意識・意見を十分に把握し、事業場の実情を把握した上で、各々
　の事業場における適切な措置を決定すること。
・職場における受動喫煙防止対策の実施に当たり、事業者は、事業場の
　実情に応じ、次のような取組を組織的に進めることが必要であること。
　　ア　推進計画の策定
　　イ　担当部署の指定
　　ウ　労働者の健康管理等
　　エ　標識の設置・維持管理
　　オ　意識の高揚及び情報の収集・提供
　　カ　労働者の募集及び求人の申込み時の受動喫煙防止対策の明示
・事業者は、妊娠している労働者や呼吸器・循環器等に疾患を持つ労働者、
　がん等の疾病を治療しながら就業する労働者、化学物質に過敏な労働者
　など、受動喫煙による健康への影響を一層受けやすい懸念がある者に対
　して、これらの者への受動喫煙を防止するため、特に配慮を行うこと。
・事業者は、喫煙可能な場所における作業に関し、20歳未満の者の立入禁
　止、20歳未満の者への受動喫煙防止措置、20歳以上の労働者に対する
　配慮（勤務シフト、勤務フロア、動線等の工夫）等の措置を講じること。
・各種施設における受動喫煙防止対策
　　ア　第一種施設（多数の者が利用する施設のうち、学校、病院、児童
　　　福祉施設その他の受動喫煙により健康を損なうおそれが高い者が主
　　　として利用する施設等）にあっては、第一種施設が健康増進法によ

り「原則敷地内禁煙」とされていることから、第一種施設内では、受動喫煙を防止するために必要な技術的基準を満たす特定屋外喫煙場所を除き、労働者に敷地内で喫煙させないこと。

イ　第二種施設（多数の者が利用する施設のうち、第一種施設及び喫煙目的施設以外の施設（一般の事務所や工場、飲食店等も含まれる。））にあっては、第二種施設が健康増進法により「原則屋内禁煙」とされていることから、第二種施設内では、たばこの煙の流出を防止するための技術的基準に適合した室を除き、労働者に施設の屋内で喫煙させないこと。

ウ　喫煙目的施設（多数の者が利用する施設のうち、その施設を利用する者に対して、喫煙をする場所を提供することを主たる目的とする施設。公衆喫煙所、喫煙を主たる目的とするバー、スナック、店内で喫煙可能なたばこ販売店等）については、望まない受動喫煙を防止するため、喫煙目的室を設ける施設の営業について広告又は宣伝をするときは、喫煙目的室の設置施設であることを明らかにしなければならないこと等。

エ　既存特定飲食提供施設（面積等所定の要件を満たす飲食店）にあっては、事業者は、望まない受動喫煙を防止するため、既存特定飲食提供施設の飲食ができる場所を全面禁煙として喫煙専用室又は屋外喫煙所を設置する場合には、技術的基準を満たす喫煙専用室を設ける、又は、屋外喫煙所を設けることが望ましいこと。

オ　喫煙専用室（第二種施設等の屋内又は内部の場所の一部の場所であって、構造及び設備がその室外の場所（第二種施設等の屋内又は内部の場所に限る。）へのたばこの煙の流出を防止するための技術的基準に適合した室を、専ら喫煙をすることができる場所として定めたもの）にあっては、たばこの煙の流出を防止するための技術的

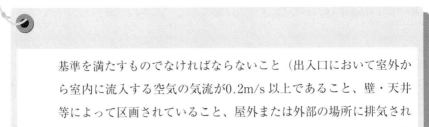

基準を満たすものでなければならないこと（出入口において室外から室内に流入する空気の気流が0.2m/s以上であること、壁・天井等によって区画されていること、屋外または外部の場所に排気されていること、出入口の見やすい箇所に必要事項を記載した標識を掲示すること）。

カ　指定たばこ専用喫煙室（第二種施設等の屋内又は内部の場所の一部の場所であって、構造及び設備がその室外の場所（第二種施設等の屋内又は内部の場所に限る。）への指定たばこ（加熱式たばこをいう。）の煙の流出を防止するための技術的基準に適合した室を、指定たばこのみ喫煙をすることができる場所として定めたもの）にあっては、指定たばこの煙の流出を防止するための技術的基準を満たすものでなければならないこと。

なお、特定屋外喫煙場所とは、第一種施設の屋外の場所の一部のうち、当該第一種施設の管理権原者によって区画され、受動喫煙を防止するために健康増進法施行規則で定める必要な措置がとられた場所である。

問21 厚生労働省の「職場における腰痛予防対策指針」に基づき、腰部に著しい負担のかかる作業に常時従事する労働者に対して当該作業に配置する際に行う健康診断の項目として、適切でないものは次のうちどれか。

(1) 既往歴及び業務歴の調査

(2) 自覚症状の有無の検査

(3) 負荷心電図検査

(4) 神経学的検査

(5) 脊柱の検査

【R5年10月／問31】

解 説

(1) 適切。

(2) 適切。

(3) 適切でない。腰痛健康診断の検査項目として、負荷心電図検査は含まれていない。

(4) 適切。

(5) 適切。

解答 (3)

問22 厚生労働省の「職場における腰痛予防対策指針」に基づく腰痛予防対策
□□ に関する次の記述のうち、正しいものはどれか。

(1) 腰部保護ベルトは、重量物取扱い作業に従事する労働者全員に使用させるようにする。

(2) 重量物取扱い作業の場合、満18歳以上の男性労働者が人力のみにより取り扱う物の重量は、体重のおおむね50％以下となるようにする。

(3) 重量物取扱い作業の場合、満18歳以上の女性労働者が人力のみにより取り扱う物の重量は、男性が取り扱うことのできる重量の60％位までとする。

(4) 重量物取扱い作業に常時従事する労働者に対しては、当該作業に配置する際及びその後1年以内ごとに1回、定期に、医師による腰痛の健康診断を行う。

(5) 立ち作業の場合は、身体を安定に保持するため、床面は弾力性のない硬い素材とし、クッション性のない作業靴を使用する。

【R4年10月／問30】

解 説

(1) 誤り。腰部保護ベルトは、個人により効果が異なるため、一律に使用するのではなく、個人ごとに効果を確認してから使用の適否を判断する。

(2) 誤り。満18歳以上の男子労働者が人力のみで取り扱う物の重量は、体重のおおむね40％以下となるようにする。

(3) 正しい。

(4) 誤り。1年以内ごとではなく、6か月以内ごとに1回、健康診断を行う。

(5) 誤り。床面が硬い場合は、立っているだけでも腰部への衝撃が大きいので、クッション性のある作業靴やマットを利用して、衝撃を緩和する。

解答 (3)

厚生労働省の「職場における腰痛予防対策指針」に基づく腰痛予防対策
□□ に関する次の記述のうち、正しいものはどれか。

(1) 作業動作、作業姿勢についての作業標準の策定は、その作業に従事する全て
   の労働者に一律な作業をさせることになり、個々の労働者の腰痛の発生要因の
   排除又は低減ができないため、腰痛の予防対策としては適切ではない。

(2) 重量物取扱い作業の場合、満18歳以上の男性労働者が人力のみにより取り扱
   う物の重量は、体重のおおむね50%以下となるようにする。

(3) 重量物取扱い作業の場合、満18歳以上の女性労働者が人力のみにより取り扱
   う物の重量は、男性が取り扱うことのできる重量の60%位までとする。

(4) 重量物取扱い作業に常時従事する労働者に対しては、当該作業に配置する際
   及びその後1年以内ごとに1回、定期に、医師による腰痛の健康診断を行う。

(5) 腰部保護ベルトは、重量物取扱い作業に従事する労働者全員に使用させるよ
   うにする。

【R4年4月／問30】

解説

(1) 誤り。「職場における腰痛予防対策指針」では、腰痛の発生要因を排除又は低
   減できるよう、作業動作・作業姿勢・作業手順・作業時間等について、作業標
   準を策定することになっている。

(2) 誤り。満18歳以上の男子労働者が人力のみで取り扱う物の重量は、体重のお
   おむね40%以下となるようにする。

(3) 正しい。

(4) 誤り。1年以内ごとではなく、6か月以内ごとに1回、健康診断を行う。

(5) 誤り。腰部保護ベルトは、個人により効果が異なるため、一律に使用するの
   ではなく、個人ごとに効果を確認してから使用の適否を判断する。

解答 (3)

問24　厚生労働省の「職場における腰痛予防対策指針」に基づく腰痛予防対策に関する次の記述のうち、正しいものはどれか。

(1)　腰部保護ベルトは、重量物取扱い作業に従事する労働者全員に使用させるようにする。

(2)　重量物取扱い作業の場合、満18歳以上の男子労働者が人力のみで取り扱う物の重量は、体重のおおむね50%以下となるようにする。

(3)　重量物取扱い作業に常時従事する労働者に対しては、当該作業に配置する際及びその後1年以内ごとに1回、定期に、医師による腰痛の健康診断を行う。

(4)　立ち作業の場合は、身体を安定に保持するため、床面は弾力性のない硬い素材とし、クッション性のない作業靴を使用する。

(5)　腰掛け作業の場合の作業姿勢は、椅子に深く腰を掛けて、背もたれで体幹を支え、履物の足裏全体が床に接する姿勢を基本とする。

【R3年10月／問29】

※ R2年10月／問30は類似問題

解　説

(1)　誤り。腰部保護ベルトは、個人により効果が異なるため、一律に使用するのではなく、個人ごとに効果を確認してから使用の適否を判断する。

(2)　誤り。満18歳以上の男子労働者が人力のみで取り扱う物の重量は、体重のおおむね40%以下となるようにする。

(3)　誤り。1年以内ごとではなく、6か月以内ごとに1回、健康診断を行う。

(4)　誤り。床面が硬い場合は、立っているだけでも腰部への衝撃が大きいので、クッション性のある作業靴やマットを利用して、衝撃を緩和する。

(5)　正しい。

解答　(5)

Ⅳ　労働衛生（除く有害）

問25 　厚生労働省の「職場における腰痛予防対策指針」に基づく、重量物取扱い作業における腰痛予防対策に関する次の記述のうち、誤っているものはどれか。

(1)　労働者全員に腰部保護ベルトを使用させる。

(2)　取り扱う物の重量をできるだけ明示し、著しく重心の偏っている荷物は、その旨を明示する。

(3)　重量物を取り扱うときは、急激な身体の移動をなくし、前屈やひねり等の不自然な姿勢はとらず、かつ、身体の重心の移動を少なくする等、できるだけ腰部に負担をかけない姿勢で行う。

(4)　重量物を持ち上げるときには、できるだけ身体を対象物に近づけ、重心を低くするような姿勢をとる。

(5)　重量物取扱い作業に常時従事する労働者に対しては、当該作業に配置する際及びその後6か月以内ごとに1回、定期に、医師による腰痛の健康診断を行う。

【R3年4月／問34】

※ R1年10月／問29は類似問題

解説

(1)　誤り。腰部保護ベルトは、個人により効果が異なるため、一律に使用するのではなく、個人ごとに効果を確認してから使用の適否を判断する。

(2)　正しい。

(3)　正しい。

(4)　正しい。

(5)　正しい。

解答　(1)

問26　　厚生労働省の「職場における腰痛予防対策指針」に基づく、重量物取扱
□□　い作業などにおける腰痛予防対策に関する次の記述のうち、正しいものは
　　　どれか。

(1)　満18歳以上の男子労働者が人力のみで取り扱う物の重量は、体重のおおむね
　　50%以下となるようにする。

(2)　腰部保護ベルトは、全員に使用させるようにする。

(3)　重量物を持ち上げるときは、できるだけ身体を対象物に近づけ、両膝を伸ば
　　したまま上体を下方に曲げる前屈姿勢を取る。

(4)　腰掛け作業での作業姿勢は、椅子に深く腰を掛けて、背もたれで体幹を支え、
　　履物の足裏全体が床に接する姿勢を基本とする。

(5)　立ち作業では、身体を安定に保持するため、床面は弾力性のない硬い素材と
　　し、クッション性のない作業靴を使用する。

【R2年 4 月／問34】

解 説

(1)　誤り。満18歳以上の男子労働者が人力のみで取り扱う物の重量は、体重のお
　　おむね40% 以下となるようにする。

(2)　誤り。腰部保護ベルトは、個人により効果が異なるため、一律に使用するの
　　ではなく、個人ごとに効果を確認してから使用の適否を判断する。

(3)　誤り。重量物を持ち上げるときは、できるだけ身体を対象物に近づけ、重心
　　を低くするような姿勢をとる。

(4)　正しい。

(5)　誤り。床面が硬い場合は、立っているだけでも腰部への衝撃が大きいので
　　クッション性のある作業靴やマットを利用して、衝撃を緩和する。

解答　(4)

Ⅳ　労働衛生（除く有害）

問27 厚生労働省の「職場における腰痛予防対策指針」に基づく、重量物取扱い作業などにおける腰痛予防対策に関する次の記述のうち、正しいものはどれか。

(1) 満18歳以上の男子労働者が人力のみで取り扱う物の重量は、体重のおおむね50%以下となるようにする。

(2) 腰部保護ベルトは、全員に使用させるようにする。

(3) 立ち作業時は身体を安定に保持するため、床面は弾力性のない硬い素材とする。

(4) 腰掛け作業の場合の作業姿勢は、椅子に深く腰を掛けて、背もたれで体幹を支え、履物の足裏全体が床に接する姿勢を基本とする。

(5) 腰部に著しい負担のかかる作業に常時従事する労働者に対しては、1年以内ごとに1回、定期に、腰痛の健康診断を実施する。

【H31年4月／問28】

解説

(1) 誤り。満18歳以上の男子労働者が人力のみで取り扱う物の重量は、体重のおおむね40%以下となるようにする。

(2) 誤り。腰部保護ベルトは、個人により効果が異なるため、一律に使用するのではなく、個人ごとに効果を確認してから使用の適否を判断する。

(3) 誤り。床面が硬い場合は、立っているだけでも腰部への衝撃が大きいので、クッション性のある作業靴やマットを利用して、衝撃を緩和する。

(4) 正しい。

(5) 誤り。1年以内ごとではなく、6か月以内ごとに1回、健康診断を行う。

解答 (4)

解答にあたってのポイント

・「職場における腰痛予防対策指針」についての問題である。**テキスト「衛生管理（上）」の「第7章3(5)」**腰痛健康診断の実施項目について理解しておく。また、同指針の作業管理における対策については、**テキスト「衛生管理（上）」の「第6章4(1)」**の解説を参照。

・腰痛健康診断の実施項目

1　配置前健康診断

① 既往歴（腰痛に関する病歴及びその経過）及び業務歴の調査

② 自覚症状（腰痛、下肢痛、下肢筋力減退、知覚障害等）の有無の検査

③ 脊柱の検査：姿勢異常、脊柱の変形、脊柱の可動性及び疼痛、腰背筋の緊張及び圧痛、脊椎棘突起の圧痛等の検査

④ 神経学的検査：神経伸展試験、深部腱反射、知覚検査、筋萎縮等の検査

⑤ 脊柱機能検査：クラウス・ウェーバーテスト又はその変法（腹筋力、背筋力等の機能のテスト）

⑥ 医師が必要と認める者について画像診断と運動機能テスト等

2　定期健康診断

1の①と②

（①、②の結果、医師が必要と認める者に行う追加項目）

・1の③、④、⑥

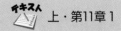
問28　一次救命処置に関する次の記述のうち、誤っているものはどれか。

(1)　傷病者に反応がある場合は、回復体位をとらせて安静にして、経過を観察する。

(2)　一次救命処置は、できる限り単独で行うことは避ける。

(3)　口対口人工呼吸は、傷病者の鼻をつまみ、1回の吹き込みに3秒以上かけて傷病者の胸の盛り上がりが見える程度まで吹き込む。

(4)　胸骨圧迫は、胸が約5 cm沈む強さで、1分間に100〜120回のテンポで行う。

(5)　AED（自動体外式除細動器）による心電図の自動解析の結果、「ショックは不要です」などのメッセージが流れた場合には、すぐに胸骨圧迫を再開し心肺蘇生を続ける。

【R3年4月／問32】

※ R2年4月／問30は類似問題

解説

(1)　正しい

(2)　正しい。

(3)　誤り。口対口人工呼吸は、傷病者の鼻をつまみ、1回の吹き込みに約1秒かけて傷病者の胸が上がるのが見てわかる程度の量を吹き込む。

(4)　正しい。

(5)　正しい。

解答　(3)

問29　　　一次救命処置に関する次の記述のうち、正しいものはどれか。
□□

(1)　呼吸を確認して普段どおりの息（正常な呼吸）がない場合や約 1 分間観察しても判断できない場合は、心肺停止とみなし、心肺蘇生を開始する。

(2)　心肺蘇生は、胸骨圧迫のみではなく、必ず胸骨圧迫と人工呼吸を組み合わせて行う。

(3)　胸骨圧迫は、胸が約 5 cm 沈む強さで胸骨の下半分を圧迫し、1 分間に少なくとも60回のテンポで行う。

(4)　気道が確保されていない状態で人工呼吸を行うと、吹き込んだ息が胃に流入し、胃が膨張して内容物が口の方に逆流し気道閉塞を招くことがある。

(5)　口対口人工呼吸は、傷病者の鼻をつまみ、1 回の吹き込みに 3 秒以上かけて行う。

【R2年10月／問32】

解説

(1)　誤り。「約 1 分間」ではなく、「10秒以内」。

(2)　誤り。人工呼吸のやり方に自信がない場合や人工呼吸を行うことにためらいがある場合には、胸骨圧迫のみを続ける。

(3)　誤り。1 分間に「約60回」ではなく、「100〜120回」のテンポで行う。なお、胸骨圧迫は胸が約 5 cm沈む強さで、胸骨の下半分（胸の上下・左右の真ん中が目安）を圧迫する。

(4)　正しい。

(5)　誤り。口対口人工呼吸は、傷病者の鼻をつまみ、1 回の吹き込みに約 1 秒かけて傷病者の胸が上がるのが見てわかる程度の量を吹き込む。

解答　(4)

Ⅳ　労働衛生（除く有害）

　　　一次救命処置に関する次の記述のうち、誤っているものはどれか。

□□

(1)　傷病者の肩を軽くたたきながら「大丈夫ですか？」と呼びかけて、反応がない場合は、その場で大声で叫んで周囲の注意を喚起し、応援を呼ぶ。

(2)　反応はないが普段どおりの呼吸をしている傷病者は、回復体位をとらせて安静にして、経過を観察する。

(3)　人工呼吸が可能な場合、心肺蘇生は、胸骨圧迫30回に人工呼吸2回を繰り返して行う。

(4)　口対口人工呼吸は、傷病者の鼻をつまみ、1回の吹き込みに約3秒かけて傷病者の胸の盛り上がりが確認できる程度まで吹き込む。

(5)　胸骨圧迫は、胸が約5cm沈む強さで、1分間に100〜120回のテンポで行う。

【R1年10月／問34】

解　説

(1)　正しい。

(2)　正しい。

(3)　正しい。

(4)　誤り。口対口人工呼吸は、傷病者の鼻をつまみ、1回の吹き込みに約1秒かけて傷病者の胸が上がるのが見てわかる程度の量を吹き込む。

(5)　正しい。

解答　(4)

問31 一次救命処置に関する次の記述のうち、誤っているものはどれか。
☐☐

(1) 傷病者の反応がない場合は、その場で大声で叫んで周囲の注意を喚起し、協力者を確保する。

(2) 周囲に協力者がいる場合は、119番通報やAED（自動体外式除細動器）の手配を依頼する。

(3) 口対口人工呼吸は、傷病者の気道を確保してから鼻をつまみ、1回の吹き込みに約3秒かけて傷病者の胸の盛り上がりが見える程度まで吹き込む。

(4) 胸骨圧迫は、胸が約5cm沈む強さで、1分間に100〜120回のテンポで行う。

(5) AEDを用いた場合、心電図の自動解析の結果「ショックは不要です」などのメッセージが流れたときには、胸骨圧迫を開始し心肺蘇生を続ける。

【H31年4月／問30】

解説

(1) 正しい。

(2) 正しい。

(3) 誤り。口対口人工呼吸は、傷病者の鼻をつまみ、1回の吹き込みに約1秒かけて傷病者の胸が上がるのが見てわかる程度の量を吹き込む。

(4) 正しい。

(5) 正しい。

解答 (3)

解答にあたってのポイント

○一次救命処置に関する問題である。出題頻度も多く、衛生管理を行う上でも重要であるため、日本蘇生協議会（JRC）監修の「JRC蘇生ガイドライン2020」と、同ガイドラインに準拠し、日本救急医療財団心肺蘇生法委員会監修により作成された「改訂6版　救急蘇生法の指針2020（市民用）」および「同（市民用・解説編）」（へるす出版）の一次救命処置の流れは覚えておく必要がある（次頁参照）。

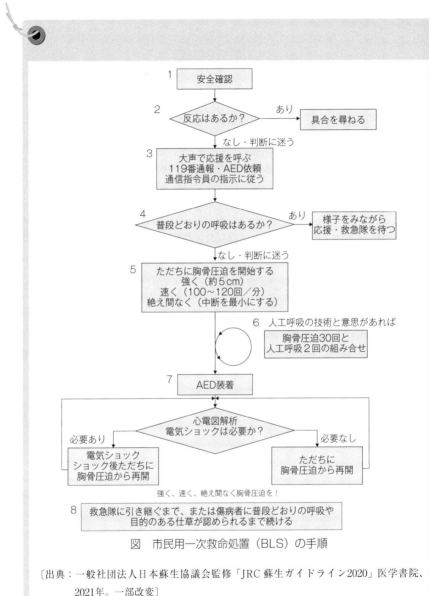

1　安全確認

2　反応はあるか？　　あり　→　具合を尋ねる

なし・判断に迷う

3　大声で応援を呼ぶ
119番通報・AED依頼
通信指令員の指示に従う

4　普段どおりの呼吸はあるか？　　あり　→　様子をみながら
応援・救急隊を待つ

なし・判断に迷う

5　ただちに胸骨圧迫を開始する
強く（約5cm）
速く（100〜120回／分）
絶え間なく（中断を最小にする）

6　人工呼吸の技術と意思があれば

胸骨圧迫30回と
人工呼吸2回の組み合せ

7　AED装着

心電図解析
電気ショックは必要か？

必要あり　　　　　　　　　　　　　　　必要なし

電気ショック
ショック後ただちに
胸骨圧迫から再開

ただちに
胸骨圧迫から再開

強く、速く、絶え間なく胸骨圧迫を！

8　救急隊に引き継ぐまで、または傷病者に普段どおりの呼吸や
目的のある仕草が認められるまで続ける

図　市民用一次救命処置（BLS）の手順

〔出典：一般社団法人日本蘇生協議会監修「JRC蘇生ガイドライン2020」医学書院、
2021年。一部改変〕

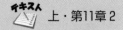
問32　　出血及び止血法並びにその救急処置に関する次の記述のうち、誤っているものはどれか。

(1)　体内の全血液量は、体重の約13分の1で、その約3分の1を短時間に失うと生命が危険な状態となる。

(2)　傷口が泥で汚れているときは、手際良く水道水で洗い流す。

(3)　止血法には、直接圧迫法、間接圧迫法などがあるが、一般人が行う応急手当としては直接圧迫法が推奨されている。

(4)　静脈性出血は、擦り傷のときにみられ、傷口から少しずつにじみ出るような出血である。

(5)　止血帯を施した後、受傷者を医師に引き継ぐまでに30分以上かかる場合には、止血帯を施してから30分ごとに1～2分間、出血部から血液がにじんでくる程度まで結び目をゆるめる。

【R3年10月／問30】

解説

(1)　正しい

(2)　正しい。

(3)　正しい。

(4)　誤り。静脈性出血は、浅い切り傷のときにみられ、傷口からゆっくり持続的に湧き出るような出血である。擦り傷のときにみられ、傷口から少しずつにじみ出るような出血は毛細血管性出血である。

(5)　正しい。なお、「JRC 蘇生ガイドライン2020」では、原則として救急隊が到着するまで結び目は「ゆるめない」としている。

解答　(4)

問33　　出血及び止血法並びにその救急処置に関する次の記述のうち、誤っているものはどれか。

(1)　体内の全血液量は、体重の約13分の1で、その約3分の1を短時間に失うと生命が危険な状態となる。

(2)　傷口が泥で汚れているときは、手際良く水道水で洗い流す。

(3)　止血法には、直接圧迫法、間接圧迫法などがあるが、一般人が行う応急手当としては直接圧迫法が推奨されている。

(4)　毛細血管性出血は、浅い切り傷のときにみられ、傷口からゆっくり持続的に湧き出るような出血である。

(5)　止血帯を施した後、受傷者を医師に引き継ぐまでに30分以上かかる場合には、止血帯を施してから30分ごとに1〜2分間、出血部から血液がにじんでくる程度まで結び目をゆるめる。

【R3年4月／問31】

解説

(1)　正しい

(2)　正しい。

(3)　正しい。

(4)　誤り。毛細血管性出血は、擦り傷のときにみられ、傷口から少しずつにじみ出るような出血である。浅い切り傷のときにみられ、傷口からゆっくり持続的に湧き出るような出血は静脈性出血である。

(5)　正しい。なお、「JRC 蘇生ガイドライン2020」では、原則として救急隊が到着するまで結び目は「ゆるめない」としている。

解答　(4)

IV 労働衛生（除く有害）

問34　出血及び止血法並びにその救急処置に関する次の記述のうち、誤っているものはどれか。

(1)　体内の全血液量は、体重の約8％で、その約3分の1を短時間に失うと生命が危険な状態となる。

(2)　止血法には、直接圧迫法、間接圧迫法などがあるが、一般人が行う応急手当としては直接圧迫法が推奨されている。

(3)　静脈性出血は、傷口からゆっくり持続的に湧き出るような出血で、通常、直接圧迫法で止血する。

(4)　止血帯を施した後、受傷者を医師に引き継ぐまでに1時間以上かかる場合には、止血帯を施してから1時間ごとに1～2分間、出血部から血液がにじんでくる程度まで結び目をゆるめる。

(5)　傷口が泥で汚れているときは、手際良く水道水で洗い流す。

【R1年10月／問31】

解説

(1)　正しい。

(2)　正しい。

(3)　正しい。

(4)　誤り。止血法では、一般に、直接圧迫法が推奨されている。止血帯法等は危険を伴う場合もあるため、救急隊の指示に従うことが基本である。救急隊に引き継げない場合として、30分以上止血を続ける場合には止血帯を施してから30分ごとに1～2分間、出血部から血液がにじんでくる程度まで結び目をゆるめる。なお、「JRC蘇生ガイドライン2020」では、原則として救急隊が到着するまで結び目は「ゆるめない」としている。

(5)　正しい。

解答　(4)

問35　　　出血及び止血法並びにその救急処置に関する次の記述のうち、誤っているものはどれか。

(1)　体内の全血液量は、体重の約 8 ％で、その約 3 分の 1 を短時間に失うと生命が危険な状態となる。

(2)　止血法には、直接圧迫法、間接圧迫法などがあるが、一般人が行う応急手当としては直接圧迫法が推奨されている。

(3)　静脈性出血は、傷口からゆっくり持続的に湧き出るような出血で、通常、直接圧迫法で止血する。

(4)　止血帯を施した後、受傷者を医師に引き継ぐまでに 1 時間以上かかる場合には、止血帯を施してから 1 時間ごとに 1 ～ 2 分間、出血部から血液がにじんでくる程度まで結び目をゆるめる。

(5)　止血を行うときは、処置者の感染防止のため、ビニール手袋を着用したりビニール袋を活用したりして、受傷者の血液に直接触れないようにする。

【H31年／問32】

解　説

(1)　正しい。

(2)　正しい。

(3)　正しい。

(4)　誤り。止血法では、一般に、直接圧迫法が推奨されている。止血帯法等は危険を伴う場合もあるため、救急隊の指示に従うことが基本である。救急隊に引き継げない場合として、30分以上止血を続ける場合には止血帯を施してから30分ごとに 1 ～ 2 分間、出血部から血液がにじんでくる程度まで結び目をゆるめる。なお、「JRC 蘇生ガイドライン2020」では、原則として救急隊が到着するまで結び目は「ゆるめない」としている。

(5)　正しい。

解答　(4)

問36　出血及び止血法に関する次の記述のうち、誤っているものはどれか。

□□

(1)　体内の全血液量は、体重の13分の1程度で、その約3分の1を短時間に失うと生命が危険な状態となる。

(2)　動脈性出血は、鮮紅色を呈する拍動性の出血で、出血量が多いため、早急に、細いゴムひもなどを止血帯として用いて止血する。

(3)　静脈性出血は、傷口からゆっくり持続的に湧き出るような出血で、通常、直接圧迫法で止血する。

(4)　内出血は、胸腔、腹腔などの体腔内や皮下などの軟部組織への出血で、血液が体外に流出しないものである。

(5)　間接圧迫法は、出血部位より心臓に近い部位の動脈を圧迫する方法で、それぞれの部位の止血点を指で骨に向けて強く圧迫するのがコツである。

【R2年10月／問34】

解　説

(1)　正しい。

(2)　誤り。止血帯は幅が細いものであると、神経や皮下組織を損傷してしまうため、用いてはならない。ネクタイなどの3cm以上幅がある帯を用いる。一般市民が行う応急手当としては推奨されていない。

(3)　正しい。

(4)　正しい。

(5)　正しい。

解答　(2)

問37　骨折及びその救急処置に関する次の記述のうち、正しいものはどれか。
□□

(1)　骨にひびが入った状態は、単純骨折である。

(2)　複雑骨折とは、骨が多数の骨片に破砕された状態をいう。

(3)　開放骨折では、感染を防ぐため、骨折部を皮膚の下に戻してから副子で固定する。

(4)　不完全骨折では、変形や骨折端どうしが擦れ合う軋轢音(あつれき)が認められる。

(5)　脊髄損傷が疑われる負傷者を搬送するときには、柔らかいマットの上に乗せるようにする。

【R1年10月／問32】

解説

(1)　正しい。

(2)　誤り。複雑骨折とは、骨折と同時に皮膚が破れ、骨折部が露出した開放性の骨折をいう。骨折部が外気にふれるため、感染を生じやすい。骨折部が複雑に粉砕したものは粉砕骨折といい、皮膚に損傷がなければ単純骨折に分類される。

(3)　誤り。皮膚を突出している骨は戻さず、骨折部を動かさないように固定し、ただちに医療機関に搬送する。

(4)　誤り。完全骨折では、変形や骨折端どうしが擦れ合う軋轢音(あつれき)が認められる。なお、軋轢音が認められても、無理に患部を動かして音の有無を確認してはいけない。

(5)　誤り。負傷者を搬送する必要がある場合には、損傷部位である脊柱(せきちゅう)の動きを最小限にしなければならないため、脊柱が曲がらないように硬い板の上に乗せて搬送する。

解答　(1)

解答にあたってのポイント

○出血及び止血法に関する問題である。最近の出題頻度は少ないが、過去には何度か出題されている。基本をおさえておけば解きやすいので、ポイントはおさえておきたい。

・体内の全血液量の3分の1程度の量が急に失われると心臓から送り出される血液が減って、心臓が空回りして組織に酸素が運ばれなくなり、出血によるショックを起こす。また、より大量出血すると生命に危険が及ぶ。

<止血法>

直接圧迫法…出血部を直接圧迫する方法。

　　　　　　　四肢の出血については、この方法が簡単であり、確実である。そのため一般市民が行う応急手当として推奨されている。

間接圧迫法…出血部位より心臓に近い部位の動脈を圧迫する。

　　　　　　　一般市民が行う応急手当としては、推奨されていない。

止 血 帯 法…ケガや大量出血部位から心臓側を縛って血流を遮断する方法。止血帯は3 cm以上幅がある帯を用いる。一般市民が行う応急手当としては、推奨されていない。

・止血処置を行うときは、感染防止のため、ビニール手袋を着用したり、ビニール袋を活用したりして、血液に直接触れないようにする。特に創傷がある者が処置の手伝いをする場合は、感染に注意をする。

解答にあたっての**ポイント**

○骨折に関する問題である。比較的出題が多く、類似の問題も多いことから、骨折の種類と説明についてきちんと把握しておきたい。

単純骨折(閉鎖骨折)···皮膚の下で骨にひびが入りまたは折れているが皮膚にまで損傷が及んでいない状態。

複雑骨折(開放骨折)···皮膚及び皮下組織の損傷を伴い、骨折部が外気にふれることから感染が起こりやすい。

不完全骨折···骨にひびが入った状態。

完全骨折···骨組織が完全に離断した状態。

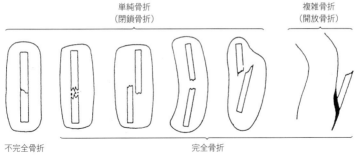

単純骨折
(閉鎖骨折)

複雑骨折
(開放骨折)

不完全骨折   完全骨折

図　骨折の分類

・副子は上下の関節を含めて固定することのできる十分な、長さと強さと幅があるものを使用する。副子の先端は、手先や足先から出てもよい。
・創傷や出血があるときは、まずその手当をしてから、副子で固定する。
・脊髄損傷は、脊柱の骨折や脱臼時に起こる。傷病者を搬送する必要がある場合には、損傷部位である脊柱の動きを最小限にしなければならないため、脊柱が曲がらないように、硬い板の上に乗せて搬送する。

Ⅳ 労働衛生（除く有害）

13 食中毒

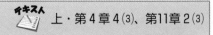

上・第4章4(3)、第11章2(3)

問38　食中毒に関する次の記述のうち、正しいものはどれか。
□□

(1)　感染型食中毒は、食物に付着した細菌そのものの感染によって起こる食中毒で、サルモネラ菌によるものがある。

(2)　赤身魚などに含まれるヒスチジンが細菌により分解されて生成されるヒスタミンは、加熱調理によって分解する。

(3)　エンテロトキシンは、フグ毒の主成分で、手足のしびれや呼吸麻痺を起こす。

(4)　カンピロバクターは、カビの産生する毒素で、腹痛や下痢を起こす。

(5)　ボツリヌス菌は、缶詰や真空パックなど酸素のない密封食品中でも増殖するが、熱には弱く、60℃、10分間程度の加熱で殺菌することができる。

【R5年10月／問33】

解説

(1)　正しい。

(2)　誤り。ヒスタミンによる食中毒は化学性食中毒に分類され、調理程度の加熱では分解されない。

(3)　誤り。エンテロトキシンは、毒素型の細菌が産生する毒素の総称である。

(4)　誤り。カンピロバクターは、鶏や牛などの腸に住む細菌で、食品や飲料水を通じて感染する。

(5)　誤り。ボツリヌス菌は、缶詰や真空パックなど酸素のない密封食品中でも増殖するが、熱には強く、菌が芽胞の形態になると長時間煮沸しても死滅しない。

解答　(1)

問39　食中毒に関する次の記述のうち、誤っているものはどれか。

□□

(1)　黄色ブドウ球菌による食中毒は、食品に付着した菌が食品中で増殖した際に生じる毒素により発症する。

(2)　サルモネラ菌による食中毒は、鶏卵が原因となることがある。

(3)　腸炎ビブリオ菌は、熱に強い。

(4)　ボツリヌス菌は、缶詰、真空パック食品など酸素のない食品中で増殖して毒性の強い神経毒を産生し、筋肉の麻痺症状を起こす。

(5)　ノロウイルスの失活化には、煮沸消毒又は塩素系の消毒剤が効果的である。

【R5年4月／問32】

解説

(1)　正しい。

(2)　正しい。

(3)　誤り。腸炎ビブリオ菌は海水中などに生息し、病原性好塩菌ともいわれ塩水を好むが、真水や熱に弱い。

(4)　正しい。

(5)　正しい。

解答　(3)

問40 食中毒に関する次の記述のうち、誤っているものはどれか。
□□

(1) 毒素型食中毒は、食物に付着した細菌により産生された毒素によって起こる食中毒で、ボツリヌス菌によるものがある。

(2) 感染型食中毒は、食物に付着した細菌そのものの感染によって起こる食中毒で、サルモネラ菌によるものがある。

(3) O-157は、ベロ毒素を産生する大腸菌で、腹痛や出血を伴う水様性の下痢などを起こす。

(4) ノロウイルスによる食中毒は、冬季に集団食中毒として発生することが多く、潜伏期間は、1〜2日間である。

(5) 腸炎ビブリオ菌は、熱に強い。

【R4年10月／問34】

解説

(1) 正しい。

(2) 正しい。

(3) 正しい。

(4) 正しい。

(5) 誤り。腸炎ビブリオ菌は海水中などに生息し、病原性好塩菌ともいわれ塩水を好むが、真水や熱に弱い。

解答 (5)

問41　　食中毒に関する次の記述のうち、正しいものはどれか。
□□

(1)　毒素型食中毒は、食物に付着した細菌により産生された毒素によって起こる
　　食中毒で、サルモネラ菌によるものがある。

(2)　感染型食中毒は、食物に付着した細菌そのものの感染によって起こる食中毒
　　で、黄色ブドウ球菌によるものがある。

(3)　O-157は、腸管出血性大腸菌の一種で、加熱不足の食肉などから摂取され、
　　潜伏期間は3〜5日である。

(4)　ボツリヌス菌は、缶詰や真空パックなど酸素のない密封食品中でも増殖する
　　が、熱には弱く、60℃、10分間程度の加熱で殺菌することができる。

(5)　ノロウイルスによる食中毒は、ウイルスに汚染された食品を摂取すること
　　により発症し、夏季に集団食中毒として発生することが多い。

【R4年4月／問33】

解説

(1)　誤り。サルモネラ菌による食中毒は、感染型に分類され、増殖した細菌その
　　ものが食中毒の原因となる。細菌が産生した毒素が食中毒の原因となる毒素型
　　ではない。

(2)　誤り。黄色ブドウ球菌による食中毒は、細菌が食品中で増殖する際に産生す
　　る毒素を、食品とともに摂取することによって起こる。細菌そのものが食中毒
　　の原因となる感染型ではない。

(3)　正しい。

(4)　誤り。ボツリヌス菌は、缶詰や真空パックなど酸素のない密封食品中でも増
　　殖するが、熱には強く、菌が芽胞の形態になると長時間煮沸しても死滅しない。

(5)　誤り。ノロウイルスは、手指、食品などを介して経口で感染し、腸管で増殖
　　して、嘔吐、下痢、腹痛などの急性胃腸炎を起こすもので、冬季に集団食中毒
　　として発生することが多い。

解答　(3)

問42　食中毒に関する次の記述のうち、正しいものはどれか。
□□

(1)　毒素型食中毒は、食物に付着した細菌が増殖する際に産生した毒素によって
　　起こる食中毒で、代表的なものとしてサルモネラ菌によるものがある。

(2)　感染型食中毒は、食物に付着した細菌そのものの感染によって起こる食中毒
　　で、代表的なものとして黄色ブドウ球菌によるものがある。

(3)　ボツリヌス菌は、缶詰、真空パック食品など、酸素のない食品中で増殖し、
　　毒性の強い神経毒を産生する。

(4)　カンピロバクターは、カビの産生する毒素で、腹痛や下痢を起こす。

(5)　エンテロトキシンは、フグ毒の主成分で、手足のしびれや呼吸麻痺を起こす。

【R1年10月／問33】

解説

(1)　誤り。サルモネラ菌による食中毒は、感染型に分類され、増殖した細菌その
　　ものが食中毒の原因となる。細菌が産生した毒素が食中毒の原因となる毒素型
　　ではない。

(2)　誤り。黄色ブドウ球菌による食中毒は、細菌が食品中で増殖する際に産生す
　　る毒素を、食品とともに摂取することによって起こる。細菌そのものが食中毒
　　の原因となる感染型ではない。

(3)　正しい。

(4)　誤り。カンピロバクターは、鶏や牛などの腸に住む細菌で、食品や飲料水を
　　通じて感染する。

(5)　誤り。エンテロトキシンは、毒素型の細菌が産生する毒素の総称である。

解答　(3)

問43　　食中毒に関する次の記述のうち、正しいものはどれか。
□□

(1)　毒素型食中毒は、食物に付着した細菌により産生された毒素によって起こる食中毒で、代表的なものとしてサルモネラ菌によるものがある。

(2)　感染型食中毒は、食物に付着した細菌そのものの感染によって起こる食中毒で、代表的なものとして黄色ブドウ球菌によるものがある。

(3)　O-157は、腸管出血性大腸菌の一種で、加熱不足の食肉などから摂取され、潜伏期間は3〜5日である。

(4)　ボツリヌス菌は、缶詰や真空パックなど酸素のない密封食品中でも増殖するが、熱には弱く、80℃程度で殺菌することができる。

(5)　赤身魚などに含まれるヒスチジンが細菌により分解されて生成されるヒスタミンは、加熱調理によって分解する。

【H31年4月／問33】

解説

(1)　誤り。サルモネラ菌による食中毒は、感染型に分類され、増殖した細菌そのものが食中毒の原因となる。細菌が産生した毒素が食中毒の原因となる毒素型ではない。

(2)　誤り。黄色ブドウ球菌による食中毒は、細菌が食品中で増殖する際に産生する毒素を、食品とともに摂取することによって起こる。細菌そのものが食中毒の原因となる感染型ではない。

(3)　正しい。

(4)　誤り。ボツリヌス菌は、缶詰や真空パックなど酸素のない密封食品中でも増殖するが、熱には強く、菌が芽胞の形態になると長時間煮沸しても死滅しない。

(5)　誤り。ヒスタミンは、加熱調理しても分解されにくいため、予防には低温保存を徹底する。

解答　(3)

問44 細菌性食中毒に関する次の記述のうち、誤っているものはどれか。
☐☐

(1) 黄色ブドウ球菌による毒素は、熱に強い。

(2) ボツリヌス菌による毒素は、神経毒である。

(3) 腸炎ビブリオ菌は、病原性好塩菌ともいわれる。

(4) サルモネラ菌による食中毒は、食品に付着した細菌が食品中で増殖した際に生じる毒素により発症する。

(5) ウェルシュ菌、セレウス菌及びカンピロバクターは、いずれも細菌性食中毒の原因菌である。

【R3年10月／問32】

※ R3年4月・R2年4月・R2年10月／問33は類似問題

解説

(1) 正しい

(2) 正しい。

(3) 正しい。

(4) 誤り。サルモネラ菌による食中毒は、感染型に分類され、増殖した細菌そのものが食中毒の原因となる。細菌が産生した毒素が食中毒の原因となる毒素型ではない。

(5) 正しい。

解答 (4)

🔘 解答にあたってのポイント

・感染型と毒素型の細菌性食中毒とその代表的な原因菌の特徴について、テキスト「衛生管理（上）」の「第4章4⑶」を参照して、理解しておく。

・原因別の食中毒の分類とその例

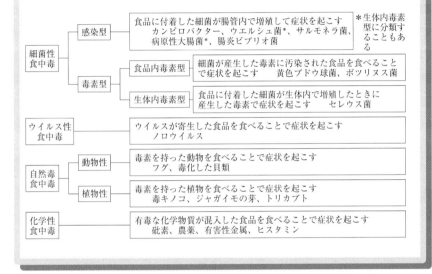

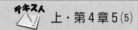
問45　脳血管障害及び虚血性心疾患に関する次の記述のうち、誤っているもの
□□　はどれか。

⑴　虚血性の脳血管障害である脳梗塞は、脳血管自体の動脈硬化性病変による脳
　　血栓症と、心臓や動脈壁の血栓が剥がれて脳血管を閉塞する脳塞栓症に分類さ
　　れる。

⑵　くも膜下出血は、通常、脳動脈瘤が破れて数日後、激しい頭痛で発症する。

⑶　虚血性心疾患は、冠動脈による心筋への血液の供給が不足したり途絶えるこ
　　とにより起こる心筋障害である。

⑷　心筋梗塞では、突然激しい胸痛が起こり、「締め付けられるように痛い」、「胸
　　が苦しい」などの症状が、1時間以上続くこともある。

⑸　運動負荷心電図検査は、虚血性心疾患の発見に有用である。

【R5年10月／問32】

解 説

⑴　正しい。

⑵　誤り。くも膜下出血は、脳動脈瘤が破れることにより発症し、突然今までに
　　経験したことがないような激しい頭痛が起こる。

⑶　正しい。

⑷　正しい。

⑸　正しい。

解答　⑵

問46　脳血管障害及び虚血性心疾患に関する次の記述のうち、誤っているもの
□□　はどれか。

(1)　出血性の脳血管障害は、脳表面のくも膜下腔に出血するくも膜下出血、脳実質内に出血する脳出血などに分類される。

(2)　虚血性の脳血管障害である脳梗塞は、脳血管自体の動脈硬化性病変による脳塞栓症と、心臓や動脈壁の血栓が剥がれて脳血管を閉塞する脳血栓症に分類される。

(3)　高血圧性脳症は、急激な血圧上昇が誘因となって、脳が腫脹する病気で、頭痛、悪心、嘔吐、意識障害、視力障害、けいれんなどの症状がみられる。

(4)　虚血性心疾患は、心筋の一部分に可逆的な虚血が起こる狭心症と、不可逆的な心筋壊死が起こる心筋梗塞とに大別される。

(5)　運動負荷心電図検査は、虚血性心疾患の発見に有用である。

【R5年4月／問31】

解説

(1)　正しい。

(2)　誤り。脳塞栓症は、心臓や動脈壁の血栓などが剥がれて脳血管を閉塞することによる脳虚血であり、脳血栓症は、脳血管自体の動脈硬化性病変による脳虚血である。設問は、脳塞栓症と脳血栓症の説明が逆になっている。

(3)　正しい。

(4)　正しい。

(5)　正しい。

解答　(2)

問47　脳血管障害及び虚血性心疾患に関する次の記述のうち、誤っているもの
□□　はどれか。

(1)　脳血管障害は、脳の血管の病変が原因で生じ、出血性病変、虚血性病変など
　　に分類される。

(2)　出血性の脳血管障害は、脳表面のくも膜下腔に出血するくも膜下出血、脳実
　　質内に出血する脳出血などに分類される。

(3)　虚血性の脳血管障害である脳梗塞は、脳血管自体の動脈硬化性病変による脳
　　血栓症と、心臓や動脈壁の血栓などが剥がれて脳血管を閉塞する脳塞栓症に分
　　類される。

(4)　虚血性心疾患は、門脈による心筋への血液の供給が不足したり途絶えること
　　により起こる心筋障害である。

(5)　虚血性心疾患は、心筋の一部分に可逆的虚血が起こる狭心症と、不可逆的な
　　心筋壊死が起こる心筋梗塞とに大別される。

【H31年4月／問31】

解説

(1)　正しい。

(2)　正しい。

(3)　正しい。

(4)　誤り。虚血性心疾患は、冠動脈による心筋への血液の供給が不足したり途絶
　　えることにより起こる心筋障害である。

(5)　正しい。

解答　(4)

問48　　虚血性心疾患に関する次の記述のうち、誤っているものはどれか。
□□

(1)　虚血性心疾患は、門脈による心筋への血液の供給が不足したり途絶えることにより起こる心筋障害である。

(2)　虚血性心疾患発症の危険因子には、高血圧、喫煙、脂質異常症などがある。

(3)　虚血性心疾患は、心筋の一部分に可逆的な虚血が起こる狭心症と、不可逆的な心筋壊死が起こる心筋梗塞とに大別される。

(4)　心筋梗塞では、突然激しい胸痛が起こり、「締め付けられるように痛い」、「胸が苦しい」などの症状が長時間続き、1時間以上になることもある。

(5)　狭心症の痛みの場所は、心筋梗塞とほぼ同じであるが、その発作が続く時間は、通常数分程度で、長くても15分以内におさまることが多い。

【R4年・R3年・R2年10月／問31】

解説

(1)　誤り。虚血性心疾患は、冠動脈による心筋への血液の供給が不足したり途絶えることにより起こる心筋障害である。

(2)　正しい。

(3)　正しい。

(4)　正しい。

(5)　正しい。

解答　(1)

問49 　虚血性心疾患に関する次の記述のうち、誤っているものはどれか。
□□

(1) 　運動負荷心電図検査は、心筋の異常や不整脈の発見には役立つが、虚血性心疾患の発見には有用ではない。

(2) 　虚血性心疾患発症の危険因子には、高血圧、喫煙、脂質異常症などがある。

(3) 　虚血性心疾患は、狭心症と心筋梗塞とに大別される。

(4) 　狭心症は、心臓の血管の一部の血流が一時的に悪くなる病気である。

(5) 　狭心症の痛みの場所は、心筋梗塞とほぼ同じであるが、その発作が続く時間は、通常数分程度で、長くても15分以内であることが多い。

【R2年 4 月／問31】

解　説

(1) 　誤り。運動負荷心電図検査は、運動負荷を加えた状態で心電図の変化をみる検査である。安静時心電図では診断が困難な狭心症など、虚血性心疾患の発見に有用である。

(2) 　正しい。

(3) 　正しい。

(4) 　正しい。

(5) 　正しい。

解答　(1)

解答にあたっての**ポイント**

○脳血管障害に関するポイントは最低限おさえておく。特に、語意を間違いやすい脳血栓症と脳塞栓症の違いは必ず覚える。また、関連事項として心疾患に関する知識も学んでおきたい。

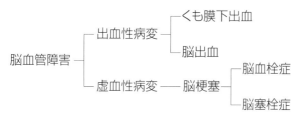

図　主な脳血管障害の種類

脳血栓症…脳血管自体の動脈硬化性病変による脳虚血
脳塞栓症…心臓や動脈壁の血栓などが剥がれて脳血管を閉塞することによる脳虚血

・脳梗塞、脳出血での主な症状は、頭痛、吐き気、手足のしびれ、麻痺、言語障害、視覚障害など。

・くも膜下出血での主な症状は、急激で激しい頭痛がある。

・虚血性心疾患　心筋梗塞…虚血が持続し心筋の一部に壊死が起こり不可逆的な傷害が生じる。突然激しい胸痛、痛みが1時間以上続くこともある。

狭心症…虚血は一過性で心筋の一部に可逆的な傷害が起こる。痛みは通常数分程度。長くても15分以内に治まる。

15 快適職場環境

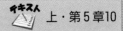

上・第5章10

問50 厚生労働省の「事業者が講ずべき快適な職場環境の形成のための措置に関する指針」において、快適な職場環境の形成のための措置の実施に関し、考慮すべき事項とされていないものは次のうちどれか。

(1) 継続的かつ計画的な取組

(2) 快適な職場環境の基準値の達成

(3) 労働者の意見の反映

(4) 個人差への配慮

(5) 潤いへの配慮

【R4年10月／問29】

解説

「事業者が講ずべき快適な職場環境の形成のための措置に関する指針」には、快適職場づくりのための作業環境の管理、作業方法の改善、心身の疲労の回復を図るための施設の改善等の基本的な考え方が示されているが、快適な職場の条件を定めるような基準が数値等として示されてはいない。同指針は、あらゆる業種の作業を対象とするので、一律に具体的な数値等を示すことに無理があるためである。

よって、解答は(2)である。

解答 (2)

参考問題　厚生労働省の「事業者が講ずべき快適な職場環境の形成のための措置に
□□　関する指針」において、快適な職場環境の形成のための措置の実施に関し、
　　　考慮すべき事項とされていないものは次のうちどれか。

(1)　継続的かつ計画的な取組

(2)　経営者の意向の反映

(3)　労働者の意見の反映

(4)　個人差への配慮

(5)　潤いへの配慮

【H30年10月／問30】

解説

　「事業者が講ずべき快適な職場環境の形成のための措置に関する指針」には、快
適職場づくりのための作業環境の管理、作業方法の改善、心身の疲労の回復を図
るための施設の改善等の基本的な考え方が示されている。同指針はあらゆる業種
の作業を対象とするので、一律に基準値を示すことができない。快適職場づくり
は、労働の場における個々人の快適さ、働きやすさを求めた創意工夫が必要とさ
れる。

　快適職場づくりに考慮すべき事項としては、①継続的かつ計画的な取組、②個
人差への配慮、③労働者の意見の反映、④潤いへの配慮、があげられている。

　設問(2)の経営者の意向の反映はあげられていない。

　よって、解答は(2)である。

解答　(2)

解答にあたってのポイント

「事業者が講ずべき快適な職場環境の形成のための措置に関する指針」の
ポイント

◎目標の設定及び講ずる措置の内容

1　作業環境

　　不快と感じることがないよう、空気の汚れ、臭気、温度、湿度等の作
業環境を適切に維持管理すること。

空気環境	空気の汚れ、臭気、浮遊粉じん、たばこの煙
温熱条件	温度、湿度、感覚温度、冷暖房条件（外気温との差、仕事にあった温度、室内の温度差、気流の状態）
視環境	明るさ、採光方法、照明方法、（直接照明、間接照明、全体照明、局所照明）、グレア、ちらつき、色彩
音環境	騒音レベルの高い音、音色の不快な音
作業空間等	部屋の広さ、動き回る空間(通路等)、レイアウト、整理・整頓

2　作業方法

　　心身の負担を軽減するため、相当の筋力を必要とする作業等について、
作業方法を改善すること。

不良姿勢作業	腰部、頸部に大きな負担がかかる等の不自然な姿勢
重筋作業	荷物の持ち運び等をいつも行う作業等、相当の筋力を要する作業
高温作業等	高温・多湿や騒音などにさらされる作業
緊張作業等	高い緊張状態の持続が要求される作業や一定の姿勢の持続が求められる作業
機械操作等	操作がしにくい機械設備等の操作

3　疲労回復支援施設

　　疲労やストレスを効果的に癒すことのできる休憩室等を設置・整備す

ること。

　休憩室（リフレッシュルーム等）　疲労やストレスを癒す施設

　シャワー室等の洗身施設　多量の発汗や身体の汚れを洗う施設

　相談室等　疲労やストレスについて相談できる施設

　環境整備　運動施設、緑地等

4　職場生活支援施設

　洗面所、トイレ等職場生活で必要となる施設等を清潔で使いやすい状態にしておくこと。

　洗面所・更衣室等　洗面所、更衣室等就業に際し必要となる設備

　食堂等　食事をすることのできるスペース

　給湯設備・談話室等　給湯設備や談話室等の確保

◎快適な職場環境づくりを進めるに当たって考慮すべき事項

継続的かつ計画的な取組

・快適職場推進担当者の選任等、体制の整備をすること。

・快適な職場環境の形成を図るための機械設備等の性能や機能の確保についてのマニュアルを整備すること。

・作業内容の変更、年齢構成の変化、技術の進展等に対応した見直しを実施すること。

労働者の意見の反映

・作業者の意見を反映する場を確保すること。

個人差への配慮

・温度、照明等、職場の環境条件について年齢等、個人差へ配慮すること。

潤いへの配慮

・職場に潤いを持たせ、リラックスさせることへの配慮をすること。

Ⅳ 労働衛生（除く有害）

問51　感染症に関する次の記述のうち、誤っているものはどれか。

(1)　人間の抵抗力が低下した場合は、通常、多くの人には影響を及ぼさない病原体が病気を発症させることがあり、これを日和見感染という。

(2)　感染が成立しているが、症状が現れない状態が継続することを不顕性感染という。

(3)　感染が成立し、症状が現れるまでの人をキャリアといい、感染したことに気付かずに病原体をばらまく感染源になることがある。

(4)　感染源の人が咳やくしゃみをして、唾液などに混じった病原体が飛散することにより感染することを空気感染といい、インフルエンザや普通感冒の代表的な感染経路である。

(5)　インフルエンザウイルスにはA型、B型及びC型の三つの型があるが、流行の原因となるのは、主として、A型及びB型である。

【R5年4月／問33】

解説

(1)　正しい。

(2)　正しい。

(3)　正しい。

(4)　誤り。空気感染とは、微生物を含む塗沫の水分が蒸発し、乾燥した小粒子として長時間空気中に浮遊して感染することである。設問は、飛沫感染の説明である。

(5)　正しい。

解答　(4)

問52　感染症に関する次の記述のうち、誤っているものはどれか。

(1)　人間の抵抗力が低下した場合は、通常、多くの人には影響を及ぼさない病原体が病気を発症させることがあり、これを不顕性感染という。

(2)　感染が成立し、症状が現れるまでの人をキャリアといい、感染したことに気付かずに病原体をばらまく感染源になることがある。

(3)　微生物を含む飛沫の水分が蒸発して、5 µm 以下の小粒子として長時間空気中に浮遊し、空調などを通じて感染することを空気感染という。

(4)　風しんは、発熱、発疹、リンパ節腫脹を特徴とするウイルス性発疹症で、免疫のない女性が妊娠初期に風しんにかかると、胎児に感染し出生児が先天性風しん症候群（CRS）となる危険性がある。

(5)　インフルエンザウイルスにはA型、B型及びC型の三つの型があるが、流行の原因となるのは、主として、A型及びB型である。

【R4年4月／問34】

解説

(1)　誤り。　不顕性感染とは、微生物の感染が成立しても症状が現れない状態が継続することである。設問は、日和見感染の説明である。

(2)　正しい。

(3)　正しい。

(4)　正しい。

(5)　正しい。

解答　(1)

解答にあたってのポイント

○感染症の特徴

・日和見感染：人間の抵抗力が非常に弱い場合に、普段多くの人には感染
しない菌が病気を発症させる感染。

・不顕性感染：微生物に感染しても、症状が現れない状態が継続すること。

・キャリアー：感染して、症状が現れるまでの人。感染したことに気付か
ずに病原体をばらまく感染源になることがある。

・感染経路

接触感染：感染源と接触することによる感染（はしか、水ぼうそう等）

飛沫感染：せきやくしゃみをして唾液に混じった微生物が飛散し、通
常2m以内の距離でする感染（インフルエンザ、新型コロ
ナウイルス感染症等）

エアロゾル飛沫感染：微細な飛沫の粒子が換気の悪い密室等で空気中
を漂いそれによる感染（新型コロナウイルス感染症等）

空気感染：微生物を含む飛沫の水分が蒸発し、乾燥した小粒子として
長時間空気中に浮遊しそれによる感染（結核、はしか等）。
空調等を通じて感染する場合もある。

物質媒介型感染：汚染された食物、水、血液等を介する感染（食中毒、
C型肝炎等）

昆虫等を媒介した感染：病原体を持つ蚊、ハエ、ネズミ等を介した感
染（マラリア、リケッチア症等）

○主な呼吸器感染症

・風しん：発熱、発疹、リンパ節腫脹を特徴とするウイルス性発疹症で、
免疫のない女性が妊娠初期に風しんにかかると、胎児に感染し
出生児が先天性風しん症候群（CRS）となる危険性がある。

・インフルエンザ：インフルエンザウイルスにはA，B，Cの3型があるが、流行するのはA型とB型。
・新型コロナウイルス：多くは2～6日の潜伏期間を経て発症し、発熱や喉の痛み、長引くせき、強い倦怠感等の症状が出ることが多いとされている。飛沫感染し、世界中で多くの患者が発生している。

問53　厚生労働省の「労働安全衛生マネジメントシステムに関する指針」に関する次の記述のうち、誤っているものはどれか。

(1)　この指針は、労働安全衛生法の規定に基づき機械、設備、化学物質等による危険又は健康障害を防止するため事業者が講ずべき具体的な措置を定めるものではない。

(2)　このシステムは、生産管理等事業実施に係る管理と一体となって運用されるものである。

(3)　このシステムでは、事業者は、事業場における安全衛生水準の向上を図るための安全衛生に関する基本的考え方を示すものとして、安全衛生方針を表明し、労働者及び関係請負人その他の関係者に周知させる。

(4)　このシステムでは、事業者は、安全衛生方針に基づき設定した安全衛生目標を達成するため、事業場における危険性又は有害性等の調査の結果等に基づき、一定の期間を限り、安全衛生計画を作成する。

(5)　事業者は、このシステムに従って行う措置が適切に実施されているかどうかについて調査及び評価を行うため、外部の機関による監査を受けなければならない。　　　　　　　　　　　　　　　【R4年4月／問31、R3年10月／問34】

解説

(1)　正しい。労働安全衛生マネジメントシステムに関する指針第2条。

(2)　正しい。労働安全衛生マネジメントシステムに関する指針第3条第1号。

(3)　正しい。労働安全衛生マネジメントシステムに関する指針第5条。

(4)　正しい。労働安全衛生マネジメントシステムに関する指針第11条、第12条。

(5)　誤り。労働安全衛生マネジメントシステムに関する指針第17条において、事業者は、定期的なシステム監査の計画を作成し、システム監査を適切に実施する手順を定めるとともに、この手順に基づき、システム監査を適切に実施するものとしており、外部の機関による監査を受けなければならないという定めはない。　　　　　　　　　　　　　　　　　　　　解答　(5)

● 解答にあたっての**ポイント**

○「労働安全衛生マネジメントシステムに関する指針」についての問題である。労働安全衛生マネジメントシステムについては、**テキスト「衛生管理 (上)」の「第2章4」**を参照し、指針の内容について把握しておく。

〈労働安全衛生マネジメントシステム（OSHMS）の実施方法〉
・OSHMS は、連続的、継続的な安全衛生活動を自主的に行い、職場にある危険性を低減させ続けていくためのシステムである。
　同指針に示された基本的な流れは次のとおりである。
　　　1　事業者が安全衛生方針を表明する（第5条）。
　　　2　建設物、設備、原材料、作業行動等による危険性又は有害性などを調査し、その結果に基づき、労働者の危険又は健康障害を防止するために必要な措置を決定する（第10条）。
　　　3　安全衛生方針に基づき、安全衛生目標を設定する（第11条）。
　　　4　安全衛生目標を達成するための安全衛生計画を作成する（第12条）。
　　　5　手順を定め、安全衛生計画を適切かつ継続的に実施する（第13条）。
　　　6　安全衛生計画の実施状況等の点検・改善を行う（第15条）。
　　　7　定期的にシステム監査を実施し、改善を行う（第17条）。
　　　8　定期的にシステムの全般的な見直しを行う（第18条）。
　　　1～8を繰り返す。
・また、労働安全衛生マネジメントシステムが連続的、かつ、継続的に実施されるように次の事項も併せて行うこととされている。
　　　1　労働安全衛生マネジメントシステムに必要な手順を定め、明文化し、記録する（第8条、第9条）。
　　　2　システム各級管理者の役割・責任・権限を定める等により体制の整備を行う（第7条）。
　　　3　労働者の意見を反映させる（第6条）。

Ⅳ　労働衛生（除く有害）

・この流れの主要な事項の関連を図示すると次のようになる

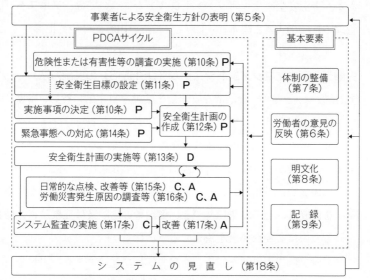

図　労働安全衛生マネジメントシステムの概要
（図中、Pは計画、Dは実施、Cは評価、Aは改善を表わす。）

V 労働生理

1 血液

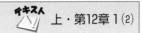
上・第12章 1 (2)

問1　血液に関する次の記述のうち、誤っているものはどれか。

□□

(1) 血液は、血漿成分と有形成分から成り、血漿成分は血液容積の約55％を占める。

(2) 血漿中の蛋白質のうち、アルブミンは血液の浸透圧の維持に関与している。

(3) 白血球のうち、好中球には、体内に侵入してきた細菌や異物を貪食する働きがある。

(4) 血小板のうち、リンパ球には、Ｂリンパ球、Ｔリンパ球などがあり、これらは免疫反応に関与している。

(5) 血液の凝固は、血漿中のフィブリノーゲンがフィブリンに変化し、赤血球などが絡みついて固まる現象である。

【R5年10月／問35、R4年10月／問42】

解説

(1) 正しい。

(2) 正しい。

(3) 正しい。

(4) 誤り。血小板ではなく、白血球の一種であるリンパ球には、細菌や異物を認識し攻撃するＴリンパ球と抗体を産生するＢリンパ球などがあり、免疫反応に関与している。

(5) 正しい。

解答 (4)

Ⅴ 労働生理

問2　血液に関する次の記述のうち、誤っているものはどれか。
□□

(1)　血液は、血漿と有形成分から成り、有形成分は赤血球、白血球及び血小板から成る。

(2)　血漿中の蛋白質のうち、グロブリンは血液浸透圧の維持に関与し、アルブミンは免疫物質の抗体を含む。

(3)　血液中に占める血球（主に赤血球）の容積の割合をヘマトクリットといい、男性で約45％、女性で約40％である。

(4)　血液の凝固は、血漿中のフィブリノーゲンがフィブリンに変化し、赤血球などが絡みついて固まる現象である。

(5)　ABO式血液型は、赤血球の血液型分類の一つで、A型の血清は抗B抗体を持つ。

【R5年4月／問40】

解説

(1)　正しい。

(2)　誤り。グロブリンは、免疫に関係する抗体としての働きがある。アルブミンは、さまざまな物質の運搬と浸透圧に関与する。

(3)　正しい。

(4)　正しい。

(5)　正しい。

解答　(2)

問3　血液に関する次の記述のうち、正しいものはどれか。

□□

(1)　血漿中の蛋白質のうち、アルブミンは血液の浸透圧の維持に関与している。

(2)　血漿中の水溶性蛋白質であるフィブリンがフィブリノーゲンに変化する現象が、血液の凝集反応である。

(3)　赤血球は、損傷部位から血管外に出ると、血液凝固を促進させる物質を放出する。

(4)　血液中に占める白血球の容積の割合をヘマトクリットといい、感染や炎症があると増加する。

(5)　血小板は、体内に侵入してきた細菌やウイルスを貪食する働きがある。

【R3年4月・R1年10月／問40】

解説

(1)　正しい。

(2)　誤り。血液の凝集は、一方の人の赤血球中にある凝集原と他方の人の血清中にある凝集素との間で生じる反応であり、血液型の判別等に用いられる。なお、フィブリノーゲンがフィブリンに変化する現象は血液の凝固反応である。

(3)　誤り。損傷部位から血管外に出ると血液凝固を促進させる物質を放出するのは血小板である。赤血球の主な機能は組織への酸素の供給である。

(4)　誤り。血液中に占める「赤血球」の割合をヘマトクリットといい、貧血等の判別に用いられる。感染や炎症があると増加するのは白血球である。

(5)　誤り。血小板は、血管が損傷したときに集合してその傷口をふさぎ（血小板凝集）、出血を止める作用（止血作用）がある。細菌やウイルスを貪食する働きを持つのは白血球中の好中球である。

解答　(1)

Ⅴ　労働生理

<u>問 4</u>　　血液に関する次の記述のうち、誤っているものはどれか。

☐ ☐

(1)　赤血球は、骨髄で産生され、寿命は約120日であり、血球の中で最も多い。

(2)　血液中に占める赤血球の容積の割合をヘマトクリットといい、貧血になると
　　その値は高くなる。

(3)　好中球は、白血球の約60％を占め、偽足を出してアメーバ様運動を行い、体
　　内に侵入してきた細菌などを貪食する。

(4)　血小板は、直径 2 ～ 3 μm 不定形細胞で、止血作用をもつ。

(5)　ABO 式血液型は、赤血球の血液型分類の一つで、A 型の血清は抗 B 抗体を
　　もつ。

【R2年 4 月／問41】

解 説

(1)　正しい。

(2)　誤り。血液中に占める赤血球の容積の割合をヘマトクリットといい、貧血に
　　なるとその値は「低くなる」。

(3)　正しい。

(4)　正しい。

(5)　正しい。

解答　(2)

問5 血液に関する次の記述のうち、誤っているものはどれか。
□□

(1) 赤血球は、骨髄で産生され、寿命は約120日であり、血球の中で最も多い。

(2) 血液中に占める赤血球の容積の割合をヘマトクリットといい、貧血になると その値は低くなる。

(3) 好中球は、白血球の約60％を占め、偽足を出してアメーバ様運動を行い、体 内に侵入してきた細菌などを貪食する。

(4) リンパ球は、白血球の約30％を占め、Tリンパ球やBリンパ球などの種類が あり、免疫反応に関与している。

(5) ABO式血液型は、白血球による血液型分類の一つで、A型血液の血清は抗 A抗体をもつ。

【H31年4月／問38】

解説

(1) 正しい。

(2) 正しい。

(3) 正しい。

(4) 正しい。

(5) 誤り。ABO式血液型は、「赤血球」による血液型分類の一つであり、A型の 血液の血清は「抗B抗体」をもつ。

解答 (5)

V 労働生理

| 問6 | 次のうち、正常値に男女による差がないとされているものはどれか。 |

□□

(1)　赤血球数

(2)　ヘモグロビン濃度

(3)　ヘマトクリット値

(4)　白血球数

(5)　基礎代謝量

【R4年4月／問39】

※ R2年10月／問35、H31年4月／問40は類似問題

解　説

(1)　差あり。血液 1 mm³中に約450万個（女性）〜約500万個（男性）含まれている。

(2)　差あり。ヘモグロビン濃度は男性で約13〜17g/dL、女性で約12〜15g/dL である。

(3)　差あり。男性で約45％、女性で約40％である。

(4)　男女による差がないとされている。血液 1 mm³中に約7,000（4,000〜8,500）個含まれている。

(5)　差あり。成年男性の一日当たりの基礎代謝量は約1,500kcal、女性は約1,150kcal である。

解答　(4)

解答にあたっての**ポイント**

○血液に関する問題は、高頻度で出題される分野であり、重要性は高い。
10の「免疫」との関連を含め、ポイントをきちんとおさえておきたい。

血液
- 有形成分（血液容積の約45%）
  - 赤血球：酸素を組織に供給する（寿命120日、全血液の40%を占める、1 mm³中の個数に性差あり。男性のほうが多い）
  - 白血球：体内への細菌や異物の侵入の防御を行う（寿命3〜4日、1 mm³中の個数に性差なし）
  - 血小板：止血作用を持つ（1 mm³中の個数に性差なし）
- 液体成分（血液容積の約55%）
  - 血漿：淡黄色のコロイド状水溶液。約90%が水である。アルブミン、グロブリン、フィブリノーゲンなどの蛋白質が含まれている。

図　血液の組成と主な機能

・アルブミン…血液中でさまざまな物質を運搬するとともに浸透圧を維持する働きを持つ。

・グロブリン…抗体としての働きを持つ。

Tリンパ球…白血球の一種。免疫反応における役割として細菌や異物を認識し、攻撃する。

Bリンパ球…白血球の一種。免疫反応における役割として抗体を産生する。

ヘマトクリット…血液の容積に対する赤血球の相対的容積のこと。貧血の検査に用いられる（性差あり）。

血液の凝固…損傷部位から血液が血管外に出ると、血液凝固を促進させ
る物質を放出し、血漿に含まれるフィブリノーゲン（線維素
原）が損傷部位で線維状のフィブリンに変化し、血球と結合
して凝固する。

血液の凝集…任意の 2 人の血液を混ぜたとき、赤血球がお互いに集合す
る現象。一方の人の赤血球中にある凝集原と他方の人の血清
中にある凝集素との間で生じる反応である。

・ABO 式血液型は、赤血球の血液型分類で最も広く利用されている。

・A 型の血清は抗 B 抗体を、B 型の血清は抗 A 抗体を、O 型の血清は抗 A
抗体と抗 B 抗体の両方を持つが、AB 型の血清はいずれの抗体も持たな
い。

2　心臓の働きと血液循環　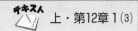 上・第12章 1(3)

問7　　心臓及び血液循環に関する次の記述のうち、誤っているものはどれか。
□□

(1)　心拍数は、左心房に存在する洞結節からの電気刺激によってコントロールされている。

(2)　心臓の拍動による動脈圧の変動を末梢の動脈で触知したものを脈拍といい、一般に、手首の橈骨動脈で触知する。

(3)　心臓自体は、大動脈の起始部から出る冠動脈によって酸素や栄養分の供給を受けている。

(4)　肺循環により左心房に戻ってきた血液は、左心室を経て大動脈に入る。

(5)　大動脈を流れる血液は動脈血であるが、肺動脈を流れる血液は静脈血である。

【R5年10月／問36】

解説

(1)　誤り。心拍数は右心房に存在する洞結節からの電気刺激によってコントロールされている。

(2)　正しい。

(3)　正しい。

(4)　正しい。

(5)　正しい。

解答　(1)

Ⅴ　労働生理

485

問8 　　心臓及び血液循環に関する次の記述のうち、誤っているものはどれか。
□□

(1) 心臓は、自律神経の中枢で発生した刺激が刺激伝導系を介して心筋に伝わることにより、規則正しく収縮と拡張を繰り返す。

(2) 肺循環により左心房に戻ってきた血液は、左心室を経て大動脈に入る。

(3) 大動脈を流れる血液は動脈血であるが、肺動脈を流れる血液は静脈血である。

(4) 心臓の拍動による動脈圧の変動を末梢の動脈で触知したものを脈拍といい、一般に、手首の橈骨動脈で触知する。

(5) 心臓自体は、大動脈の起始部から出る冠動脈によって酸素や栄養分の供給を受けている。

【R5年4月／問36】

解説

(1) 誤り。心臓は、「心臓の中の洞房結節（洞結節）」から発生した刺激が刺激伝導系を介して心筋に伝わることにより、規則正しく収縮と拡張を繰り返す。よって、自律神経の中枢で発生した刺激によるものではない。

(2) 正しい。

(3) 正しい。

(4) 正しい。

(5) 正しい。

解答 　(1)

問9　心臓及び血液循環に関する次の記述のうち、誤っているものはどれか。
□□

(1) 心臓は、自律神経の中枢で発生した刺激が刺激伝導系を介して心筋に伝わることにより、規則正しく収縮と拡張を繰り返す。

(2) 肺循環により左心房に戻ってきた血液は、左心室を経て大動脈に入る。

(3) 大動脈を流れる血液は動脈血であるが、肺動脈を流れる血液は静脈血である。

(4) 心臓の拍動による動脈圧の変動を末梢の動脈で触知したものを脈拍といい、一般に、手首の橈骨動脈で触知する。

(5) 心筋は不随意筋であるが、骨格筋と同様に横紋筋に分類される。

【R4年10月／問36】

解説

(1) 誤り。「心臓の右心房の洞結節（洞房結節）」で発生した刺激が、刺激伝導系を介して心筋に伝わることにより、心臓は規則正しく収縮と拡張を繰り返している。

(2) 正しい。

(3) 正しい。

(4) 正しい。

(5) 正しい。

解答 (1)

Ⅴ 労働生理

<u>問10</u>　　心臓及び血液循環に関する次の記述のうち、誤っているものはどれか。

☐☐

(1)　大動脈及び肺動脈を流れる血液は、酸素に富む動脈血である。

(2)　体循環では、血液は左心室から大動脈に入り、静脈血となって右心房に戻ってくる。

(3)　心筋は人間の意思によって動かすことができない不随意筋であるが、随意筋である骨格筋と同じ横紋筋に分類される。

(4)　心臓の中にある洞結節（洞房結節）で発生した刺激が、刺激伝導系を介して心筋に伝わることにより、心臓は規則正しく収縮と拡張を繰り返す。

(5)　動脈硬化とは、コレステロールの蓄積などにより、動脈壁が肥厚・硬化して弾力性を失った状態であり、進行すると血管の狭窄や閉塞を招き、臓器への酸素や栄養分の供給が妨げられる。

【R4年 4 月／問36】

解説

(1)　誤り。大動脈に流れる血液は動脈血であるが、「肺動脈」に流れる血液は「静脈血」であり、動脈血ではない。

(2)　正しい。

(3)　正しい。

(4)　正しい。

(5)　正しい。

解答　(1)

問11 心臓及び血液循環に関する次の記述のうち、誤っているものはどれか。

(1) 心臓は、自律神経の中枢で発生した刺激が刺激伝導系を介して心筋に伝わることにより、規則正しく収縮と拡張を繰り返す。

(2) 肺循環により左心房に戻ってきた血液は、左心室を経て大動脈に入る。

(3) 大動脈を流れる血液は動脈血であるが、肺動脈を流れる血液は静脈血である。

(4) 心臓の拍動による動脈圧の変動を末梢の動脈で触知したものを脈拍といい、一般に、手首の橈骨動脈で触知する。

(5) 動脈硬化とは、コレステロールの蓄積などにより、動脈壁が肥厚・硬化して弾力性を失った状態であり、進行すると血管の狭窄や閉塞を招き、臓器への酸素や栄養分の供給が妨げられる。

【R3年10月／問36】

解説

(1) 誤り。「心臓の右心房の洞結節（洞房結節）」で発生した刺激が、刺激伝導系を介して心筋に伝わることにより、心臓は規則正しく収縮と拡張を繰り返している。

(2) 正しい。

(3) 正しい。

(4) 正しい。

(5) 正しい。

解答 (1)

V 労働生理

問12　心臓の働きと血液の循環に関する次の記述のうち、誤っているものはどれか。

(1)　心臓の中にある洞結節（洞房結節）で発生した刺激が、刺激伝導系を介して心筋に伝わることにより、心臓は規則正しく収縮と拡張を繰り返す。

(2)　体循環は、左心室から大動脈に入り、毛細血管を経て静脈血となり右心房に戻ってくる血液の循環である。

(3)　肺循環は、右心室から肺静脈を経て肺の毛細血管に入り、肺動脈を通って左心房に戻る血液の循環である。

(4)　心臓の拍動は、自律神経の支配を受けている。

(5)　大動脈及び肺静脈を流れる血液は、酸素に富む動脈血である。

【R2年10月・H31年4月／問36】

解説

(1)　正しい。

(2)　正しい。

(3)　誤り。肺循環とは、右心室から「肺動脈」を経て肺の毛細血管に入り、「肺静脈」を通って左心房に戻る血液の循環をいう。心室から拍出される血液が通る血管を動脈といい、心房へ戻ってくる血液が通る血管を静脈という。

(4)　正しい。

(5)　正しい。

解答　(3)

問13 心臓の働きと血液の循環に関する次の記述のうち、誤っているものはどれか。

(1) 心臓の中にある洞結節（洞房結節）で発生した刺激が、刺激伝導系を介して心筋に伝わることにより、心臓は規則正しく収縮と拡張を繰り返す。

(2) 体循環は、左心室から大動脈に入り、毛細血管を経て静脈血となり右心房に戻ってくる血液の循環である。

(3) 肺循環は、右心室から肺動脈を経て肺の毛細血管に入り、肺静脈を通って左心房に戻る血液の循環である。

(4) 心臓の拍動は、自律神経の支配を受けている。

(5) 大動脈及び肺動脈を流れる血液は、酸素に富む動脈血である。

【R1年10月／問36】

解説

(1) 正しい。

(2) 正しい。

(3) 正しい。

(4) 正しい。

(5) 誤り。大動脈に流れる血液は動脈血であるが、「肺動脈」に流れる血液は「静脈血」であり、動脈血ではない。

解答 (5)

V 労働生理

解答にあたっての**ポイント**

○心臓の働きと血液循環に関する問題は、比較的出題回数が多い。

・血液の流れ（肺循環と体循環）については、よく試験問題に出ていることから、下に示す図の肺循環及び体循環の血液の流れは必ずおさえておく。

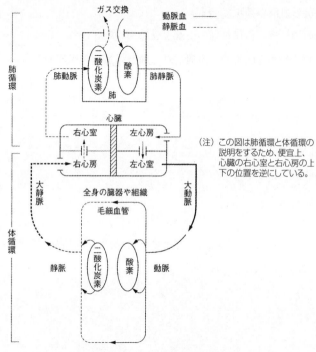

図　全身の血液循環（模式図）

・「動脈」と「動脈血」、「静脈」と「静脈血」の違いを理解する。

{ 動脈・・・心臓から拍出された血液を送る血管
{ 静脈・・・心臓に戻る血液を送る血管

{ 動脈血・・・酸素に富む血液
{ 静脈血・・・二酸化炭素を多く含む血液

肺動脈には静脈血が、肺静脈には動脈血が流れることに注意する。

492

〔その他のポイント〕

・心筋は横紋筋であるが、自分の意志で動かすことのできない不随意筋である。

・心臓の拍動は、自律神経の支配を受けている。交感神経は心臓の働きを促進し、副交感神経は心臓の動きを抑制している。

・心臓の中にある洞結節（洞房結節）で発生した刺激が、刺激伝導系を介して心筋に伝わることにより、心臓は規則正しく収縮と拡張を繰り返す。

・血圧は、血液が血管の側面を押し広げる力であり、高血圧の状態が続くと、血管の壁の厚さが増して弾力性が失われる。

Ⅴ
労働生理

問14　呼吸に関する次の記述のうち、誤っているものはどれか。

(1)　呼吸運動は、横隔膜、肋間筋などの呼吸筋が収縮と弛緩をすることにより行われる。

(2)　胸郭内容積が増し、その内圧が低くなるにつれ、鼻腔、気管などの気道を経て肺内へ流れ込む空気が吸気である。

(3)　肺胞内の空気と肺胞を取り巻く毛細血管中の血液との間で行われるガス交換は、外呼吸である。

(4)　血液中の二酸化炭素濃度が増加すると、呼吸中枢が刺激され、呼吸が速く深くなる。

(5)　呼吸のリズムをコントロールしているのは、間脳の視床下部である。

【R5年10月／問37】

解 説

(1)　正しい。

(2)　正しい。

(3)　正しい。

(4)　正しい。

(5)　誤り。呼吸のリズムをコントロールしているのは、「延髄」にある呼吸中枢である。

解答　(5)

問15　呼吸に関する次の記述のうち、正しいものはどれか。

□□

(1)　呼吸は、胸膜が運動することで胸腔内の圧力を変化させ、肺を受動的に伸縮させることにより行われる。

(2)　肺胞内の空気と肺胞を取り巻く毛細血管中の血液との間で行われるガス交換は、内呼吸である。

(3)　成人の呼吸数は、通常、1分間に16〜20回であるが、食事、入浴、発熱などによって増加する。

(4)　チェーンストークス呼吸とは、肺機能の低下により呼吸数が増加した状態をいい、喫煙が原因となることが多い。

(5)　身体活動時には、血液中の窒素分圧の上昇により呼吸中枢が刺激され、1回換気量及び呼吸数が増加する。

【R5年4月・R4年10月／問35】

解説

(1)　誤り。胸膜には筋肉がないため、運動しない。呼吸運動は、横隔膜や肋間筋などの呼吸筋が収縮と弛緩をすることにより行われる。

(2)　誤り。「内呼吸」とは、組織細胞とそれをとりまく毛細血管中との間で行われる呼吸（ガス交換）のことであり、設問は、肺胞におけるガス交換のことであるから「外呼吸（肺呼吸）」である。

(3)　正しい。

(4)　誤り。「チェーンストークス呼吸」とは呼吸をしていない状態から次第に呼吸が深まり、やがて再び浅くなって呼吸が止まる状態を交互に繰り返すパターンの呼吸のことである。

(5)　誤り。呼吸中枢は「二酸化炭素分圧の上昇（二酸化炭素の増加）」により刺激される。設問は窒素分圧となっているので誤りである。

解答　(3)

V 労働生理

問16 　呼吸に関する次の記述のうち、誤っているものはどれか。

☐☐

(1) 呼吸運動は、横隔膜、肋間筋などの呼吸筋が収縮と弛緩をすることにより行われる。

(2) 胸郭内容積が増し、その内圧が低くなるにつれ、鼻腔、気管などの気道を経て肺内へ流れ込む空気が吸気である。

(3) 肺胞内の空気と肺胞を取り巻く毛細血管中の血液との間で行われるガス交換を外呼吸という。

(4) 呼吸数は、通常、1分間に16〜20回で、成人の安静時の1回呼吸量は、約500mL である。

(5) 呼吸のリズムをコントロールしているのは、間脳の視床下部である。

【R4年4月／問35】

解説

(1) 正しい。

(2) 正しい。

(3) 正しい。

(4) 正しい。

(5) 誤り。呼吸のリズムをコントロールしているのは、「延髄」にある呼吸中枢である。

解答 (5)

問17 呼吸に関する次の記述のうち、誤っているものはどれか。

□□

(1) 呼吸運動は、気管と胸膜の協調運動によって、胸郭内容積を周期的に増減させて行われる。

(2) 胸郭内容積が増し、その内圧が低くなるにつれ、鼻腔、気管などの気道を経て肺内へ流れ込む空気が吸気である。

(3) 肺胞内の空気と肺胞を取り巻く毛細血管中の血液との間で行われる酸素と二酸化炭素のガス交換を、肺呼吸又は外呼吸という。

(4) 全身の毛細血管中の血液が各組織細胞に酸素を渡して二酸化炭素を受け取るガス交換を、組織呼吸又は内呼吸という。

(5) 血液中の二酸化炭素濃度が増加すると、呼吸中枢が刺激され、肺でのガス交換の量が多くなる。

【R3年10月／問38】

解説

(1) 誤り。気管と胸膜には筋肉がないため、運動しない。呼吸運動は、横隔膜や肋間筋などの呼吸筋の協調運動によって行われている。

(2) 正しい。

(3) 正しい。

(4) 正しい。

(5) 正しい。

解答 (1)

Ⅴ 労働生理

<u>問18</u>　　呼吸に関する次の記述のうち、誤っているものはどれか。

☐☐

(1)　呼吸運動は、横隔膜、肋間筋などの呼吸筋が収縮と弛緩をすることにより行われる。

(2)　胸腔の容積が増し、内圧が低くなるにつれ、鼻腔、気管などの気道を経て肺内へ流れ込む空気が吸気である。

(3)　肺胞内の空気と肺胞を取り巻く毛細血管中の血液との間で行われるガス交換を外呼吸という。

(4)　通常の呼吸の場合の呼気には、酸素が約16％、二酸化炭素が約4％含まれる。

(5)　身体活動時には、血液中の窒素分圧の上昇により呼吸中枢が刺激され、1回換気量及び呼吸数が増加する。

【R2年10月／問37】

解説

(1)　正しい。

(2)　正しい。

(3)　正しい。

(4)　正しい。

(5)　誤り。呼吸中枢は「二酸化炭素分圧の上昇（二酸化炭素の増加）」により刺激される。設問は窒素分圧となっているので誤りである。

解答　(5)

問19　呼吸に関する次の記述のうち、誤っているものはどれか。
☐☐

(1)　呼吸運動は、横隔膜、肋間筋などの呼吸筋が収縮と弛緩をすることにより行われる。

(2)　胸郭内容積が増し、内圧が低くなるにつれ、鼻腔、気管などの気道を経て肺内へ流れ込む空気が吸気である。

(3)　肺胞内の空気と肺胞を取り巻く毛細血管中の血液との間で行われるガス交換を外呼吸という。

(4)　通常の呼吸の場合の呼気には、酸素が約16％、二酸化炭素が約4％含まれる。

(5)　身体活動時には、血液中の窒素分圧の上昇により呼吸中枢が刺激され、1回換気量及び呼吸数が増加する。

【R2年4月／問35】

解説

(1)　正しい。

(2)　正しい。

(3)　正しい。

(4)　正しい。

(5)　誤り。呼吸中枢は「二酸化炭素分圧の上昇（二酸化炭素の増加）」により刺激される。設問は窒素分圧となっているので誤りである。

解答　(5)

問20　呼吸に関する次の記述のうち、誤っているものはどれか。

□□

(1)　呼吸運動は、呼吸筋が収縮と弛緩をすることによって胸郭内容積を周期的に増減し、それに伴って肺を伸縮させることにより行われる。

(2)　胸郭内容積が増し、内圧が低くなるにつれ、鼻腔、気管などの気道を経て肺内へ流れ込む空気が吸気である。

(3)　肺胞内の空気と肺胞を取り巻く毛細血管中の血液との間で行われるガス交換を外呼吸という。

(4)　通常の呼吸の場合の呼気には、酸素が約16％、二酸化炭素が約4％含まれる。

(5)　身体活動時には、血液中の窒素分圧の上昇により呼吸中枢が刺激され、1回換気量及び呼吸数が増加する。

【R1年10月／問35】

解説

(1)　正しい。

(2)　正しい。

(3)　正しい。

(4)　正しい。

(5)　誤り。呼吸中枢は「二酸化炭素分圧の上昇（二酸化炭素の増加）」により刺激される。設問は窒素分圧となっているので誤りである。

解答　(5)

問21　呼吸に関する次の記述のうち、正しいものはどれか。

□□

(1)　呼吸運動は、主として肋間筋と横隔膜の協調運動によって胸郭内容積を周期的に増減し、それに伴って肺を伸縮させることにより行われる。

(2)　肺胞内の空気と肺胞を取り巻く毛細血管中の血液との間で行われるガス交換は、内呼吸である。

(3)　成人の呼吸数は、通常、1分間に16〜20回であるが、食事、入浴及び発熱によって減少する。

(4)　呼吸に関与する筋肉は、間脳の視床下部にある呼吸中枢によって支配されている。

(5)　身体活動時には、血液中の窒素分圧の上昇により呼吸中枢が刺激され、1回換気量及び呼吸数が増加する。

【H31年4月／問35】

解説

(1)　正しい。

(2)　誤り。「内呼吸」とは、組織細胞とそれをとりまく毛細血管中との間で行われる呼吸（ガス交換）のことであり、設問は、肺胞におけるガス交換のことであるから「外呼吸（肺呼吸）」である。

(3)　誤り。食事、入浴や発熱時の呼吸数は増加する。

(4)　誤り。呼吸に関与する筋肉は、「延髄」にある呼吸中枢によって支配されている。

(5)　誤り。呼吸中枢は「二酸化炭素分圧の上昇（二酸化炭素の増加）」により刺激される。設問は窒素分圧となっているので誤りである。

解答　(1)

解答にあたってのポイント

○呼吸は、試験に多く出題されている分野であるため、関連事項まで把握しておきたい。

・肺自体には運動能力がないため、呼吸運動は横隔膜や肋間筋などの呼吸筋の協調運動により行われる。
・呼吸中枢は延髄にあり、二酸化炭素の増加により刺激される。
・呼吸中枢がその興奮性を維持するためには、常に一定量以上の二酸化炭素が血液中に含まれていることが必要である。
・酸素は赤血液中のヘモグロビンと結合する。

内呼吸・・・組織細胞とそれをとりまく毛細血管中の血液との間で行われるもの（組織内細胞と血管の間でのガス交換）

外呼吸・・・肺が酸素を取り入れ、不要になった二酸化炭素を排出するもの（肺胞でのガス交換）

吸　気・・・呼吸運動により横隔膜が下がり（胸郭内容積が増し）、その胸腔内の内圧が低くなると、肺がその弾性により（受動的に）拡張し、肺内に流れ込むこと

呼　気・・・呼吸運動により横隔膜が上がり（胸郭内容積が減り）、その胸腔内の内圧が高くなると、肺がその弾性により（受動的に）収縮し、肺外に排出されること

・身体への負荷が強い労働で呼吸が激しくなるのは、血液中の二酸化炭素が増加して、呼吸中枢が刺激され、肺でのガス交換の量を多くするためである。また、肺活量が多い人は肺でのガス交換面積が広く、一般に身体への負荷が強い労働をするのに有利である。
・成人の呼吸数は、通常、1分間に16〜20回で、食事、入浴、発熱等によって増加する。
・通常の呼吸の場合、呼気には、酸素が約16%、二酸化炭素が約4%含まれる。

4　栄養素の消化・吸収

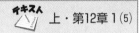 上・第12章1(5)

問22 　摂取した食物中の炭水化物（糖質）、脂質及び蛋白質を分解する消化酵素の組合せとして、正しいものは次のうちどれか。

炭水化物（糖質）	脂質	蛋白質
(1)　マルターゼ	リパーゼ	トリプシン
(2)　トリプシン	アミラーゼ	ペプシン
(3)　ペプシン	マルターゼ	トリプシン
(4)　ペプシン	リパーゼ	マルターゼ
(5)　アミラーゼ	トリプシン	リパーゼ

【R5年10月・R5年4月／問38】

> **解説**

　これらは膵液に含まれる、または由来する消化酵素である。糖質を分解するものが（膵）アミラーゼ、脂質を分解するものが（膵）リパーゼである。蛋白質は、胃液中のペプシノーゲンが活性化したペプシンと、膵液に含まれるトリプシノーゲンが活性化したトリプシンにより、分解される。なお、マルターゼは膵液には含まれない消化酵素であり、小腸から分泌され糖質を分解する消化酵素である。

　よって、解答は(1)である。

解答　(1)

V 労働生理

問23 　脂肪の分解・吸収及び脂質の代謝に関する次の記述のうち、誤っている
□□　ものはどれか。

(1) 　胆汁は、アルカリ性で、消化酵素は含まないが、食物中の脂肪を乳化させ、脂肪分解の働きを助ける。

(2) 　脂肪は、膵臓から分泌される消化酵素である膵アミラーゼにより脂肪酸とグリセリンに分解され、小腸の絨毛から吸収される。

(3) 　肝臓は、過剰な蛋白質及び糖質を中性脂肪に変換する。

(4) 　コレステロールやリン脂質は、神経組織の構成成分となる。

(5) 　脂質は、糖質や蛋白質に比べて多くの ATP を産生することができるので、エネルギー源として優れている。

【R4年10月／問44】

解説 ────────────────────────────────

(1) 　正しい。

(2) 　誤り。脂肪は、膵臓から分泌される膵リパーゼによって分解される。膵アミラーゼは糖質を分解する。

(3) 　正しい。

(4) 　正しい。

(5) 　正しい。

解答　(2)

問24　消化器系に関する次の記述のうち、誤っているものはどれか。

☐☐

(1)　三大栄養素のうち糖質はブドウ糖などに、蛋白質はアミノ酸に、脂肪は脂肪酸とグリセリンに酵素により分解されて吸収される。

(2)　無機塩及びビタミン類は、酵素による分解を受けないでそのまま吸収される。

(3)　膵臓から十二指腸に分泌される膵液には、消化酵素は含まれていないが、血糖値を調節するホルモンが含まれている。

(4)　ペプシノーゲンは、胃酸によってペプシンという消化酵素になり、蛋白質を分解する。

(5)　小腸の表面は、ビロード状の絨毛という小突起で覆われており、栄養素の吸収の効率を上げるために役立っている。

【R3年10月／問37】

※ R1年10月／問38・H31年 4 月／問39は類似問題

解 説

(1)　正しい。

(2)　正しい。

(3)　誤り。膵臓から十二指腸に分泌される膵液には、血糖値を調節するホルモンとともに、 3 大栄養素の消化酵素が全て含まれている。設問は、消化酵素は含まれていないとなっているので誤りである。

(4)　正しい。

(5)　正しい。

解答 (3)

問25 消化器系に関する次の記述のうち、誤っているものはどれか。
□□

(1) 三大栄養素のうち糖質はブドウ糖などに、蛋白質はアミノ酸に、脂肪は脂肪酸とエチレングリコールに、酵素により分解されて吸収される。

(2) 無機塩、ビタミン類は、酵素による分解を受けないでそのまま吸収される。

(3) 吸収された栄養分は、血液やリンパによって組織に運搬されてエネルギー源などとして利用される。

(4) 胃は、塩酸やペプシノーゲンを分泌して消化を助けるが、水分の吸収はほとんど行わない。

(5) 小腸は、胃に続く全長6〜7mの管状の器官で、十二指腸、空腸及び回腸に分けられる。

【R3年4月／問38】

解説

(1) 誤り。脂肪は脂肪酸とグリセリン（モノグリセリド）に分解される。

(2) 正しい。

(3) 正しい。

(4) 正しい。

(5) 正しい。

解答 (1)

問26　　消化器系に関する次の記述のうち、誤っているものはどれか。

☐☐

(1)　三大栄養素のうち、糖質はブドウ糖などに、蛋白質はアミノ酸に、脂肪は脂肪酸とグリセリンに、酵素により分解され、吸収される。

(2)　無機塩及びビタミン類は、酵素による分解を受けないでそのまま吸収される。

(3)　胆汁はアルカリ性で、蛋白質を分解するトリプシンなどの消化酵素を含んでいる。

(4)　胃は、塩酸やペプシノーゲンを分泌して消化を助けるが、水分の吸収はほとんど行わない。

(5)　吸収された栄養分は、血液やリンパによって組織に運搬されてエネルギー源などとして利用される。

【R2年10月／問38】

解説

(1)　正しい。

(2)　正しい。

(3)　誤り。胆汁はアルカリ性の消化液であるが、消化酵素は含んでいない。

(4)　正しい。

(5)　正しい。

解答　(3)

Ⅴ
労働生理

| | |

問27　次のＡからＤまでの消化酵素について、蛋白質の消化に関与しているものの組合せは(1)～(5)のうちどれか。

　　　Ａ　トリプシン
　　　Ｂ　ペプシン
　　　Ｃ　アミラーゼ
　　　Ｄ　リパーゼ

(1)　Ａ，Ｂ
(2)　Ａ，Ｃ
(3)　Ｂ，Ｃ
(4)　Ｂ，Ｄ
(5)　Ｃ，Ｄ

【R2年4月／問38】

解説

Ａ　トリプシン：膵液中のトリプシノーゲンが活性化した蛋白質分解酵素
Ｂ　ペプシン：胃液中のペプシノーゲンが活性化した蛋白質分解酵素
Ｃ　アミラーゼ：唾液・膵液に含まれる炭水化物分解酵素
Ｄ　リパーゼ：膵液に含まれる脂肪分解酵素

よって、Ａ、Ｂが蛋白質分解酵素であり、解答は(1)である。

解答　(1)

解答にあたってのポイント

○食物中の栄養素の分解については、多くの出題がされている。消化及び
吸収、特に、食物中の栄養とその消化酵素は頻出問題であり、必ずおさ
えておきたい。

表　五大栄養素と分解物、吸収位置

	栄養素名	分解物	吸収位置
三大栄養素	炭水化物（糖質）	ブドウ糖	腸壁
	蛋白質	アミノ酸	
	脂肪（脂質）	脂肪酸 モノグリセリド(※)	
五大栄養素 （上記の栄養素 に加えて）	ビタミン	－（分解されない）	
	ミネラル（無機塩類）	－（分解されない）	

表　代表的な消化酵素と栄養素

食物中の栄養	消化酵素	栄養素
炭水化物（糖質）	アミラーゼ（唾液、膵液） マルターゼ（小腸）	ブドウ糖 （グルコース）
脂肪（脂質）	リパーゼ（膵液）	モノグリセリド(※) 脂肪酸
蛋白質	ペプシン（胃液中のペプシノーゲンが活性化したもの） トリプシン（膵液中のトリプシノーゲンが活性化したもの）	アミノ酸

・胃では、吸収機能がほとんどない（アルコールは吸収される）。

・ブドウ糖とアミノ酸などは、小腸の絨毛に吸収され、毛細血管に入り、
門脈を通って、肝臓に運ばれる。

・脂肪は、膵臓から分泌される膵リパーゼにより脂肪酸とモノグリセリ
ド(※)に分解され、小腸の絨毛に吸収される。脂肪酸とモノグリセリ
ド(※)は、絨毛から吸収された後に再び脂肪となり、リンパ管を経由して
血管に入り、肝臓に運ばれる。

(※)設問では、「グリセリン」として出題されている。

・胆汁はアルカリ性で、消化酵素を含まないが、胆汁酸が食物中の脂肪を乳化させ、消化吸収しやすくする。
・膵臓から十二指腸に分泌される膵液には、血糖値を調節するホルモンとともに、3大栄養素の消化酵素が全て含まれている。

5　肝臓の機能

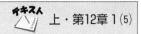 上・第12章 1 (5)

問28　肝臓の機能として、誤っているものは次のうちどれか。
☐☐

(1)　コレステロールを合成する。

(2)　尿素を合成する。

(3)　ヘモグロビンを合成する。

(4)　胆汁を生成する。

(5)　グリコーゲンを合成し、及び分解する。

【R5年10月／問39】

解 説

(1)　正しい。

(2)　正しい。

(3)　誤り。ヘモグロビンの合成は骨髄で行われる。

(4)　正しい。

(5)　正しい。

解答　(3)

Ⅴ 労働生理

問29　肝臓の機能として、誤っているものは次のうちどれか。

□□

(1)　コレステロールを合成する。

(2)　尿素を合成する。

(3)　ビリルビンを分解する。

(4)　胆汁を生成する。

(5)　血液凝固物質や血液凝固阻止物質を合成する。

【R4年10月／問43】

解説

(1)　正しい。

(2)　正しい。

(3)　誤り。ビリルビンの分解の機能は肝臓にはない。

(4)　正しい。

(5)　正しい。

解答　(3)

問30　肝臓の機能として、誤っているものは次のうちどれか。

☐☐

(1) 血液中の身体に有害な物質を分解する。

(2) ブドウ糖をグリコーゲンに変えて蓄える。

(3) ビリルビンを分解する。

(4) 血液凝固物質を合成する。

(5) 血液凝固阻止物質を合成する。

【R4年4月／問38】

解説

(1) 正しい。

(2) 正しい。

(3) 誤り。ビリルビンの分解の機能は肝臓にはない。

(4) 正しい。

(5) 正しい。

解答 (3)

問31　　肝臓の機能として、誤っているものは次のうちどれか。

□□

(1)　コレステロールの合成

(2)　尿素の合成

(3)　ビリルビンの分解

(4)　胆汁の生成

(5)　グリコーゲンの合成及び分解

【R3年4月／問36】

解説

(1)　正しい。

(2)　正しい。

(3)　誤り。ビリルビンの分解の機能は肝臓にはない。

(4)　正しい。

(5)　正しい。

解答　(3)

解答にあたってのポイント

○血液循環の設問を解くために肝臓の機能の知識が必要となる設問もある。また、血液循環の問題に加え、肝臓の機能自体についても出題されていることから、次のポイントは覚えておきたい。

〔肝臓の主な機能〕

① グリコーゲンの合成及び分解（炭水化物の代謝）

② 血液中のアンモニアから尿素の合成

③ アルブミン、フィブリノーゲン等血漿蛋白の合成（蛋白質の代謝）

④ 血液凝固阻止物質の合成

⑤ コレステロールの合成（脂肪の代謝）

⑥ 胆汁の生成

⑦ 解毒作用

⑧ ブドウ糖の合成（糖新生）

⑨ グリコーゲンやビタミンの貯蔵・余分な脂肪の貯蔵

6 代謝

問32　代謝に関する次の記述のうち、正しいものはどれか。

□□

(1) 代謝において、細胞に取り入れられた体脂肪、グリコーゲンなどが分解されてエネルギーを発生し、ATPが合成されることを同化という。

(2) 代謝において、体内に摂取された栄養素が、種々の化学反応によって、細胞を構成する蛋白質などの生体に必要な物質に合成されることを異化という。

(3) 基礎代謝量は、安静時における心臓の拍動、呼吸、体温保持などに必要な代謝量で、睡眠中の測定値で表される。

(4) エネルギー代謝率は、一定時間中に体内で消費された酸素と排出された二酸化炭素の容積比である。

(5) エネルギー代謝率は、動的筋作業の強度を表すことができるが、精神的作業や静的筋作業には適用できない。

【R5年10月／問40】

解説

(1) 誤り。グリコーゲンなどの物質を分解し、生体に必要なエネルギーを得ることを「異化」という。

(2) 誤り。摂取された栄養素が、種々の化学反応によって、生体に必要な物質に合成されることを「同化」という。

(3) 誤り。基礎代謝量は、覚醒、横臥、安静時の値である。睡眠中の測定値ではない。

(4) 誤り。エネルギー代謝率は、作業に要したエネルギーが基礎代謝量の何倍にあたるかを示す数値である。設問は呼吸商の説明である。

(5) 正しい。

解答　(5)

問33 代謝に関する次の記述のうち、正しいものはどれか。

☐☐

(1) 代謝において、細胞に取り入れられた体脂肪、グリコーゲンなどが分解されてエネルギーを発生する過程を同化という。

(2) 代謝において、体内に摂取された栄養素が、種々の化学反応によって、細胞を構成する蛋白質などの生体に必要な物質に合成されることを異化という。

(3) 基礎代謝量は、安静時における心臓の拍動、呼吸、体温保持などに必要な代謝量で、睡眠中の測定値で表される。

(4) エネルギー代謝率は、一定時間中に体内で消費された酸素と排出された二酸化炭素の容積比である。

(5) エネルギー代謝率は、動的筋作業の強度を表すことができるが、静的筋作業には適用できない。

【R4年4月／問43、R3年10月／問40】

解説

(1) 誤り。グリコーゲンなどの物質を分解し、生体に必要なエネルギーを得ることを「異化」という。

(2) 誤り。摂取された栄養素が、種々の化学反応によって生体に必要な物質に合成されることを「同化」という。

(3) 誤り。基礎代謝量は、覚醒、横臥、安静時の値である。睡眠中の測定値ではない。

(4) 誤り。エネルギー代謝率は、作業に要したエネルギーが基礎代謝量の何倍にあたるかを示す数値である。設問は呼吸商の説明である。

(5) 正しい。

解答 (5)

問34　代謝に関する次の記述のうち、正しいものはどれか。

☐☐

(1)　代謝において、細胞に取り入れられた体脂肪、グリコーゲンなどが分解されてエネルギーを発生し、ATP が合成されることを同化という。

(2)　代謝において、体内に摂取された栄養素が、種々の化学反応によって、ATP に蓄えられたエネルギーを用いて、細胞を構成する蛋白質などの生体に必要な物質に合成されることを異化という。

(3)　基礎代謝は、心臓の拍動、呼吸運動、体温保持などに必要な代謝で、基礎代謝量は、覚醒、横臥、安静時の測定値で表される。

(4)　エネルギー代謝率は、一定時間中に体内で消費された酸素と排出された二酸化炭素の容積比で表される。

(5)　エネルギー代謝率は、生理的負担だけでなく、精神的及び感覚的な側面をも考慮した作業強度を表す指標としても用いられる。

【R3年 4 月／問43】

※ R1年10月／問43は類似問題

解説

(1)　誤り。グリコーゲンなどの物質を分解し、生体に必要なエネルギーを得ることを「異化」という。

(2)　誤り。摂取された栄養素が、種々の化学反応によって、生体に必要な物質に合成されることを「同化」という。

(3)　正しい。

(4)　誤り。エネルギー代謝率は、作業に要したエネルギーが基礎代謝量の何倍にあたるかを示す数値である。設問は呼吸商の説明である。

(5)　誤り。エネルギー代謝率は、動的筋作業の強度を表す一指標であり、精神的作業や静的筋作業には適用できない。

解答　(3)

問35　　代謝に関する次の記述のうち、正しいものはどれか。
□□

(1)　代謝において、細胞に取り入れられた体脂肪やグリコーゲンなどが分解されてエネルギーを発生し、ATP が合成されることを同化という。

(2)　代謝において、体内に摂取された栄養素が、種々の化学反応によって、ATP に蓄えられたエネルギーを用いて、細胞を構成する蛋白質などの生体に必要な物質に合成されることを異化という。

(3)　基礎代謝は、心臓の拍動、呼吸運動、体温保持などに必要な代謝で、基礎代謝量は、睡眠・横臥・安静時の測定値で表される。

(4)　エネルギー代謝率は、一定時間中に体内で消費された酸素と排出された二酸化炭素の容積比で表される。

(5)　エネルギー代謝率の値は、体格、性別などの個人差による影響は少なく、同じ作業であれば、ほぼ同じ値となる。

【R2年 4 月／問37】

解説

(1)　誤り。グリコーゲンなどの物質を分解し、生体に必要なエネルギーを得ることを「異化」という。

(2)　誤り。摂取された栄養素が、種々の化学反応によって、生体に必要な物質に合成されることを「同化」という。

(3)　誤り。基礎代謝量は、覚醒、横臥、安静時の値であり、睡眠中の測定値ではない。

(4)　誤り。エネルギー代謝率は、作業に要したエネルギーが基礎代謝量の何倍にあたるかを示す数値である。設問は呼吸商の説明である。

(5)　正しい。

解答　(5)

問36　蛋白質並びにその分解、吸収及び代謝に関する次の記述のうち、誤って
□□　いるものはどれか。

(1)　蛋白質は、約20種類のアミノ酸が結合してできており、内臓、筋肉、皮膚な
ど人体の臓器等を構成する主成分である。

(2)　蛋白質は、膵臓から分泌される消化酵素である膵リパーゼなどによりアミノ
酸に分解され、小腸から吸収される。

(3)　血液循環に入ったアミノ酸は、体内の各組織において蛋白質に再合成される。

(4)　肝臓では、アミノ酸から多くの血漿蛋白質が合成される。

(5)　飢餓時には、肝臓などでアミノ酸などからブドウ糖を生成する糖新生が行わ
れる。

【R4年4月／問40】

解説

(1)　正しい。

(2)　誤り。蛋白質を分解するものは膵液に含まれるトリプシノーゲンが活性化し
た、トリプシンなどである。膵リパーゼは、脂肪を分解する。

(3)　正しい。

(4)　正しい。

(5)　正しい。

解答　(2)

🌑 解答にあたってのポイント

○最近はエネルギー代謝率（RMR）の設問がよく出題されている。代謝や基礎代謝量は他の項目で関連することもあり注意が必要である。

〔代謝〕

・同化…摂取された栄養素が生体に必要な物質に合成されること

・異化…グリコーゲンなどの物質を分解し、生体に必要なエネルギーを得ること

〔基礎代謝量〕

・生命維持に不可欠な最小限の活動に必要な代謝のことである。

・人種、体格、年齢、性などで異なる。

・覚醒、横臥、安静時の値である。

・同性、同年齢であれば、体表面積にほぼ比例する。

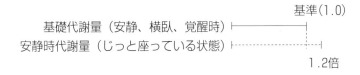

基準(1.0)

基礎代謝量（安静、横臥、覚醒時）

安静時代謝量（じっと座っている状態）

1.2倍

〔エネルギー代謝率（RMR）〕

・作業に要したエネルギー量が、基礎代謝量の何倍にあたるかを示す数値である。

・個人差がかなり除かれ、同じ作業であれば、ほぼ同じ値が得られるため、作業の強度をよく表す。

・動的筋作業をうまく表す指標の一つである。精神的作業、静的筋作業には、適用できない。

V 労働生理

エネルギー代謝率

$$= \frac{\text{総消費エネルギー量} - \text{安静時代謝量（基礎代謝量の1.2倍）}}{\text{基礎代謝量}}$$

$$= \frac{\text{作業に要したエネルギー量}}{\text{基礎代謝量}}$$

総消費エネルギー量

安静時代謝量　　作業に要したエネルギー量

※作業に要したエネルギー量が基礎代謝量の何倍に
あたるかを計算した数値がエネルギー代謝率である。

※〔呼吸商〕

　体内で一定時間中に栄養素が分解されて、エネルギーに変換されるまでに消費された酸素と、排出された二酸化炭素の容積比である。糖質、脂肪、蛋白質の値が知られているため、呼吸商を測定することにより、脂肪の燃焼割合等を知ることができる。

7 体温調節

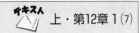

上・第12章 1 (7)

問37　体温調節に関する次の記述のうち、正しいものはどれか。

□□

(1) 体温調節中枢は、脳幹の延髄にある。

(2) 暑熱な環境においては、内臓の血流量が増加し体内の代謝活動が亢進することにより、人体からの熱の放散が促進される。

(3) 体温調節のように、外部環境が変化しても身体内部の状態を一定に保つ生体の仕組みを同調性といい、筋肉と神経系により調整されている。

(4) 計算上、体重70kgの人の体表面から10gの汗が蒸発すると、体温が約1℃下がる。

(5) 発汗のほかに、皮膚及び呼気から水分を蒸発させている現象を不感蒸泄という。

【R4年10月／問37】

解説

(1) 誤り。体温調節中枢は「間脳の視床下部」にある。

(2) 誤り。暑熱な環境においては、体内の代謝活動が抑制され、熱の産生量を減らす。

(3) 誤り。外部環境の状態や身体活動量が変化しても体内の状態を一定に保とうとする生体の仕組みを「恒常性（ホメオスタシス）」という。主に「自律神経系」と「内分泌系」により調節されている。

(4) 誤り。計算上は体重70kgの人の体表面から「100g」の汗が蒸発すると、体温が約1℃下がる計算となる。10gではない。

(5) 正しい。

解答　(5)

V 労働生理

問38 体温調節に関する次の記述のうち、誤っているものはどれか。
☐☐

(1) 寒冷な環境においては、皮膚の血管が収縮して血流量が減って、熱の放散が減少する。

(2) 暑熱な環境においては、内臓の血流量が増加し体内の代謝活動が亢進することにより、人体からの熱の放散が促進される。

(3) 体温調節にみられるように、外部環境などが変化しても身体内部の状態を一定に保とうとする性質を恒常性（ホメオスタシス）という。

(4) 計算上、100g の水分が体重70kgの人の体表面から蒸発すると、気化熱が奪われ、体温が約1℃下がる。

(5) 熱の放散は、ふく射（放射）、伝導、蒸発などの物理的な過程で行われ、蒸発には、発汗と不感蒸泄によるものがある。

【R4年4月／問37、R3年10月／問43】

解説

(1) 正しい。

(2) 誤り。暑熱な環境においては、体内の代謝活動が抑制され、熱の産生量を減らす。

(3) 正しい。

(4) 正しい。

(5) 正しい。

解答 (2)

問39　体温調節に関する次の記述のうち、正しいものはどれか。

□□

(1) 寒冷な環境においては、皮膚の血管が拡張して血流量を増し、皮膚温を上昇させる。

(2) 暑熱な環境においては、内臓の血流量が増加し体内の代謝活動が亢進することにより、人体からの熱の放散が促進される。

(3) 体温調節のように、外部環境が変化しても身体内部の状態を一定に保つ生体の仕組みを同調性といい、筋肉と神経系により調整されている。

(4) 体温調節中枢は、小脳にあり、熱の産生と放散とのバランスを維持し体温を一定に保つよう機能している。

(5) 熱の放散は、ふく射（放射）、伝導、蒸発などの物理的な過程で行われ、蒸発によるものには、発汗と不感蒸泄がある。

【R2年10月／問39、R2年4月／問43】

解説

(1) 誤り。寒冷な環境においては、皮膚の血管が収縮して血流量を減らし、人体からの放熱を抑制する。

(2) 誤り。暑熱な環境においては、体内の代謝活動が抑制され、熱の産生量を減らす。

(3) 誤り。外部環境の状態や身体活動量が変化しても体内の状態を一定に保とうとする生体の仕組みを「恒常性（ホメオスタシス）」という。主に「自律神経系」と「内分泌系」により調節されている。

(4) 誤り。体温調節中枢は「間脳の視床下部」にある。

(5) 正しい。

解答　(5)

V 労働生理

問40 体温調節に関する次の記述のうち、正しいものはどれか。

□□

(1) 体温調節中枢は、脳幹の延髄にある。

(2) 体温調節のように、外部環境が変化しても身体内部の状態を一定に保つ生体の仕組みを同調性といい、筋肉と神経系により調整されている。

(3) 寒冷な環境においては、皮膚の血管が拡張して血流量を増し、皮膚温を上昇させる。

(4) 計算上、体重70kg の人の体表面から10g の汗が蒸発すると、体温が約1℃下がる。

(5) 人間は発汗のほかに、常時、呼気や皮膚表面からも水分を蒸発させており、この蒸発のことを不感蒸泄という。

解 説
_____

(1) 誤り。体温調節中枢は「間脳の視床下部」にある。

(2) 誤り。外部環境の状態や身体活動量が変化しても体内の状態を一定に保とうとする生体の仕組みを「恒常性（ホメオスタシス）」という。主に「自律神経系」と「内分泌系」により調節されている。

(3) 誤り。寒冷な環境においては、皮膚の血管が収縮して血流量を減らし、人体からの放熱を抑制する。設問は、暑熱な環境における人体の反応である。

(4) 誤り。計算上は体重70kg の人の体表面から「100g」の汗が蒸発すると、体温が約1℃下がる計算となる。10g ではない。

(5) 正しい。

解答 (5)

🔖 解答にあたっての**ポイント**

○体温調節に関する問題である。比較的出題されている分野であり、ポイントはおさえておきたい。また、暑熱な環境及び寒冷な環境における身体の反応を理解しておきたい。

・体温調節中枢は間脳の視床下部にある。

・恒常性（ホメオスタシス）とは、体温調節にみられるように、外部環境などが変化しても身体内部の状態を一定に保つ仕組みをいう。

・発汗には、体熱を放散する役割を果たす温熱性発汗と精神的緊張や感動による精神性発汗とがあり、労働時には一般にこの両方が現れる。

・暑熱な環境における体温調節（身体の反応）

　　体外に熱を逃がし（血管を拡張、血液量を増加→皮膚温の上昇、発汗を促進）、体内からの産熱を減らす（代謝を抑制、骨格筋の弛緩）。

・寒冷な環境における体温調節（身体の反応）

　　体外に熱を逃がさないようにし（血管を収縮、血液量の減少→皮膚温を低下、発汗を抑制）、体内からの産熱を増やす（代謝を亢進、骨格筋の収縮（ふるえ））。

・発汗のない状態でも皮膚及び呼吸器から1日約850gの水の蒸発があり、不感蒸泄という。

・計算上、100gの水分が体重70kgの人の体表面から蒸発すると、気化熱が奪われ、体温を約1℃下げることができる。

・温熱性発汗は体熱を放散する役割を持ち、全身でみられる。足の裏での発汗は精神性発汗の際によくみられる。

8　腎臓・尿

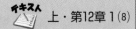

問41　　腎臓・泌尿器系に関する次の記述のうち、誤っているものはどれか。
□□

(1)　糸球体では、血液中の血球及び蛋白質以外の成分がボウマン嚢に濾し出され、原尿が生成される。

(2)　尿細管では、原尿に含まれる大部分の水分、電解質、栄養分などが血液中に再吸収される。

(3)　尿の生成・排出により、体内の水分の量やナトリウムなどの電解質の濃度を調節するとともに、生命活動によって生じた不要な物質を排泄する。

(4)　尿の95％は水分で、約5％が固形物であり、その成分は全身の健康状態をよく反映するので、尿検査は健康診断などで広く行われている。

(5)　血液中の尿素窒素（BUN）の値が低くなる場合は、腎臓の機能の低下が考えられる。

【R5年4月／問39】

解説

(1)　正しい。

(2)　正しい。

(3)　正しい。

(4)　正しい。

(5)　誤り。血液中の尿素窒素（BUN）の値は、腎臓の働きが低下すると、ろ過しきれない分が血液中に残るため、高くなる。一方、尿中の値は低くなる。

解答　(5)

問42　　腎臓又は尿に関する次の記述のうち、正しいものはどれか。

□□

(1)　血中の老廃物は、尿細管からボウマン嚢に濾し出される。

(2)　血中の蛋白質は、糸球体からボウマン嚢に濾し出される。

(3)　血中のグルコースは、糸球体からボウマン嚢に濾し出される。

(4)　原尿中に濾し出された電解質の多くは、ボウマン嚢から血中に再吸収される。

(5)　原尿中に濾し出された水分の大部分は、そのまま尿として排出される。

【R4年10月・R2年4月・R1年10月・4月／問39】

解説

(1)　誤り。血中の老廃物は、糸球体からボウマン嚢中に濾し出される。

(2)　誤り。糸球体から原尿中に濾し出されるものは、水分、糖、電解質、アミノ酸などがあり、血球及び蛋白質は該当しない。

(3)　正しい。

(4)　誤り。電解質などを血中に再吸収する機能を持つ部位は尿細管である。

(5)　誤り。尿細管で水分の大部分が再吸収される。なお、原尿は1日あたり160L程度生成され、排泄される尿量は1.5L程度である。

解答　(3)

　　　　腎臓・泌尿器系に関する次の記述のうち、誤っているものはどれか。

□□

(1)　腎臓の皮質にある腎小体では、糸球体から蛋白質以外の血漿成分がボウマン嚢に濾し出され、原尿が生成される。

(2)　腎臓の尿細管では、原尿に含まれる大部分の水分及び身体に必要な成分が血液中に再吸収され、残りが尿として生成される。

(3)　尿は淡黄色の液体で、固有の臭気を有し、通常、弱酸性である。

(4)　尿の生成・排出により、体内の水分の量やナトリウムなどの電解質の濃度を調節するとともに、生命活動によって生じた不要な物質を排出する。

(5)　血液中の尿素窒素（BUN）の値が低くなる場合は、腎臓の機能の低下が考えられる。

【R4年4月／問44】

解 説

(1)　正しい。

(2)　正しい。

(3)　正しい。

(4)　正しい。

(5)　誤り。血液中の尿素窒素（BUN）の値は、腎臓の働きが低下すると、ろ過しきれない分が血液中に残るため、高くなる。一方、尿中の値は低くなる。

解答　(5)

問44　腎臓・泌尿器系に関する次の記述のうち、誤っているものはどれか。
□□

(1) 腎臓の皮質にある腎小体では、糸球体から蛋白質以外の血漿成分がボウマン嚢に濾し出され、原尿が生成される。

(2) 腎臓の尿細管では、原尿に含まれる大部分の水分及び身体に必要な成分が血液中に再吸収され、残りが尿として生成される。

(3) 尿は淡黄色の液体で、固有の臭気を有し、通常、弱酸性である。

(4) 尿の生成・排出により、体内の水分の量やナトリウムなどの電解質の濃度を調節するとともに、生命活動によって生じた不要な物質を排出する。

(5) 尿の約95％は水分で、約5％が固形物であるが、その成分が全身の健康状態をよく反映するので、尿を採取して尿素窒素の検査が広く行われている。

【R3年10月／問39】

解説

(1) 正しい。
(2) 正しい。
(3) 正しい。
(4) 正しい。
(5) 誤り。尿素窒素（BUN）とは、血液1dL中に尿素中の窒素が何mg含まれているかを測定した値である。尿を採取して検査はできない。

解答　(5)

問45 　腎臓又は尿に関する次のAからDの記述について、誤っているものの組
□□ 　合せは⑴～⑸のうちどれか。

A　ネフロン（腎単位）は、尿を生成する単位構造で、1個の腎小体と
それに続く1本の尿細管から成り、1個の腎臓中に約100万個ある。

B　尿の約95%は水分で、約5%が固形物であるが、その成分は全身の
健康状態をよく反映するので、尿検査は健康診断などで広く行われて
いる。

C　腎機能が正常な場合、糖はボウマン嚢中に濾し出されないので、尿
中には排出されない。

D　腎機能が正常な場合、大部分の蛋白質はボウマン嚢中に濾し出され
るが、尿細管でほぼ100%再吸収されるので、尿中にはほとんど排出さ
れない。

⑴　A，B

⑵　A，C

⑶　A，D

⑷　B，C

⑸　C，D

【R3年4月／問39、R2年10月／問40】

解　説

　糸球体からボウマン嚢中に濾し出される成分は血球、蛋白質以外の成分である。
糖はボウマン嚢中にいったん濾し出され、尿細管から血液中に再吸収される成分
であるので、Cは誤り。また、蛋白質はボウマン嚢中に濾し出される成分ではな
いので、Dは誤り。

　よって、解答は⑸である。

解答　⑸

解答にあたってのポイント

○腎臓又は尿関連の問題である。その機能とはたらきについてポイントを
おさえておきたい。

・腎機能が低下すると血液中の尿素窒素（BUN）が増加する。

・腎臓は、背骨の両側に左右一対あり、それぞれの腎臓から一本ずつ尿管
が出て膀胱（ぼうこう）につながっている。

・尿は通常、弱酸性を呈する。

・腎性糖尿とは、体質的に腎臓から尿中に糖が排泄される状態であり、特
に症状はない。糖尿病と誤解されやすいので、注意が必要である。

　※尿素窒素（BUN）とは、血液 1 dL 中に尿素中の窒素が何 mg 含まれ
　　ているかを測定した値である。

・腎小体の機能

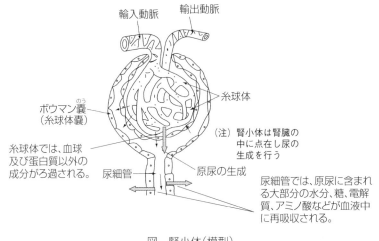

図　腎小体（模型）

9 ホルモン

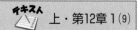

問46 ヒトのホルモン、その内分泌器官及びそのはたらきの組合せとして、誤っ
□□ ているものは次のうちどれか。

ホルモン	内分泌器官	はたらき
⑴ ガストリン	胃	胃酸分泌刺激
⑵ アルドステロン	副腎皮質	体液中の塩類バランスの調節
⑶ パラソルモン	副甲状腺	血中のカルシウム量の調節
⑷ コルチゾール	膵臓	血糖量の増加
⑸ 副腎皮質刺激ホルモン	下垂体	副腎皮質の活性化

【R5年10月／問44、R4年10月／問38】

解説

⑴ 正しい。

⑵ 正しい。

⑶ 正しい。

⑷ 誤り。「コルチゾール」は、副腎皮質から分泌されて、血糖量を増加させる機能を持つホルモンである。膵臓から分泌され、血糖量を増加させる機能を持つホルモンは、「グルカゴン」である。

⑸ 正しい。

解答 ⑷

問47　ヒトのホルモン、その内分泌器官及びそのはたらきの組合せとして、誤っ
□□　ているものは次のうちどれか。

	ホルモン	内分泌器官	はたらき
(1)	コルチゾール	副腎皮質	血糖量の増加
(2)	アルドステロン	副腎皮質	体液中の塩類バランスの調節
(3)	メラトニン	副甲状腺	体液中のカルシウムバランスの調節
(4)	インスリン	膵臓	血糖量の減少
(5)	アドレナリン	副腎髄質	血糖量の増加

【R4年4月／問42】

解説

(1) 正しい。

(2) 正しい。

(3) 誤り。「メラトニン」は、松果体から分泌されて睡眠に関与し、入眠作用や睡眠維持作用がある。副甲状腺から分泌され、体液中のカルシウムバランスを調節させる機能を持つホルモンは、「パラソルモン」である。

(4) 正しい。

(5) 正しい。

解答　(3)

問48 ヒトのホルモン、その内分泌器官及びそのはたらきの組合せとして、誤っ
□□ ているものは次のうちどれか。

ホルモン	内分泌器官	はたらき
(1) コルチゾール	副腎皮質	血糖量の増加
(2) アルドステロン	副腎皮質	血中の塩類バランスの調節
(3) パラソルモン	副腎髄質	血糖量の増加
(4) インスリン	膵臓	血糖量の減少
(5) メラトニン	松果体	睡眠の促進

【R2年10月／問44】

解説

(1) 正しい。

(2) 正しい。

(3) 誤り。「パラソルモン」は、副甲状腺から分泌されて、血中のカルシウムバラ
ンスの調節を行うホルモンである。副腎髄質で分泌され、血糖量の増加の機能
を持つホルモンは、主に「アドレナリン」である。

(4) 正しい。

(5) 正しい。

解答 (3)

問49　ホルモン、その内分泌器官及びそのはたらきの組合せとして、誤っている
□□　るものは次のうちどれか。

ホルモン	内分泌器官	はたらき
(1)　セクレチン	十二指腸	消化液分泌促進
(2)　アルドステロン	副腎皮質	血中の塩類バランスの調節
(3)　パラソルモン	副甲状腺	血中のカルシウムバランスの調節
(4)　インスリン	膵　　臓	血糖量の増加
(5)　ガストリン	胃	胃酸分泌刺激

【H31年4月／問42】

解 説

(1)　正しい。

(2)　正しい。

(3)　正しい。

(4)　誤り。「インスリン」は、膵臓から分泌されて、血糖量を減少させる機能を持
　　つ。血糖量を増加させる機能を持つホルモンは「グルカゴン」である。

(5)　正しい。

解答　(4)

・下表を参考に主だったホルモンの名称、内分泌器官、機能を把握しておきたい。特に睡眠の設問でも出題されるメラトニンは確実に把握しておくこと。

表　主なホルモンの種類と働き

内分泌器官	ホルモン名	機　能
副 腎 髄 質	アドレナリン ノルアドレナリン	・血圧の上昇 ・心拍出量の増加 ・血糖量の増加 ・骨格筋に有利な体内環境の整備
副 腎 皮 質	コルチゾール	・血糖量の増加
	アルドステロン	・体液中の塩類バランスの調節
副 甲 状 腺	パラソルモン (パラトルモン)	・体内のカルシウムバランスの調節
膵 臓	インスリン	・血糖量の減少
	グルカゴン	・血糖量の増加
松 果 体	メラトニン	・入眠、睡眠維持作用
胃	ガストリン	・胃酸分泌促進

10　免疫

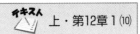

上・第12章 1 ⑽

問50　免疫に関する次の記述のうち、誤っているものはどれか。

□□

⑴　抗原とは、免疫に関係する細胞によって異物として認識される物質のことである。

⑵　抗原となる物質には、蛋白質、糖質などがある。

⑶　抗原に対する免疫が、逆に、人体の組織や細胞に傷害を与えてしまうことをアレルギーといい、主なアレルギー性疾患としては、気管支ぜんそく、アトピー性皮膚炎などがある。

⑷　免疫の機能が失われたり低下したりすることを免疫不全といい、免疫不全になると、感染症にかかりやすくなったり、がんに罹患しやすくなったりする。

⑸　免疫には、リンパ球が産生する抗体によって病原体を攻撃する細胞性免疫と、リンパ球などが直接に病原体などを取り込んで排除する体液性免疫の二つがある。

【R5年4月／問42】

解説

⑴　正しい。

⑵　正しい。

⑶　正しい。

⑷　正しい。

⑸　誤り。リンパ球が産生する抗体によって病原体を攻撃するのは「体液性免疫」、リンパ球などが直接に病原体などを取り込んで排除するのは「細胞性免疫」である。

V 労働生理

解答　⑸

問51 抗体に関する次の文中の□□内に入れるAからCの語句の組合せとして、適切なものは(1)〜(5)のうちどれか。

「抗体とは、体内に入ってきた A に対して B 免疫において作られる C と呼ばれる蛋白質のことで、 A に特異的に結合し、 A の働きを抑える働きがある。」

	A	B	C
(1)	化学物質	体液性	アルブミン
(2)	化学物質	細胞性	免疫グロブリン
(3)	抗　原	体液性	アルブミン
(4)	抗　原	体液性	免疫グロブリン
(5)	抗　原	細胞性	アルブミン

【R3年10月・4月／問42】
※ R1年10月／問42は類似問題

解説

　抗体とは、体内に入ってきた「抗原」に対して「体液性免疫」において作られる「免疫グロブリン」と呼ばれる蛋白質のことで、「抗原」に特異的に結合し、「抗原」の働きを抑える働きをする。

　よって、解答は(4)となる。

　なお、「体液性免疫」とは、リンパ球が、体内に侵入してきた異物を抗原と認識し、その抗原に対してだけ反応する抗体を血漿中に放出し、この抗体が抗原に特異的に結合し抗原の働きを抑制して体を防御する仕組みであり、「細胞性免疫」とは、リンパ球が直接、病原体などの異物を攻撃する免疫のことである。

解答 (4)

問52　免疫についての次の文中の□□内に入れるAからEの語句の組合せとして、正しいものは(1)～(5)のうちどれか。

「体内に侵入した病原体などの異物を、A が、B と認識し、その B に対してだけ反応する C を血漿中に放出する。この C が B に特異的に結合し B の働きを抑制して体を防御するしくみを D 免疫と呼ぶ。これに対し、A が直接、病原体などの異物を攻撃する免疫反応もあり、これを E 免疫と呼ぶ。」

	A	B	C	D	E
(1)	リンパ球	抗原	抗体	細胞性	体液性
(2)	リンパ球	抗原	抗体	体液性	細胞性
(3)	リンパ球	抗体	抗原	体液性	細胞性
(4)	血小板	抗原	抗体	細胞性	体液性
(5)	血小板	抗体	抗原	細胞性	体液性

【R2年4月/問42】

解説

「体液性免疫」とは、リンパ球が、体内に侵入してきた異物を抗原と認識し、その抗原に対してだけ反応する抗体を血漿中に放出し、この抗体が抗原に特異的に結合し抗原の働きを抑制して体を防御する仕組みである。

「細胞性免疫」とは、リンパ球が直接、病原体などの異物を攻撃する免疫のことである。

よって、解答は、(2)である。

解答 (2)

解答にあたってのポイント

○血液の分野での抗原と抗体との関連を把握しておきたい。

・抗体とは、体内に入ってきた抗原に対して体液性免疫において作られる免疫グロブリンと呼ばれる蛋白質のことで、抗原に特異的に結合し、抗原の働きを抑える働きをする。

・抗原とは、免疫に関係する細胞によって異物として認識される物質のことである。

・体液性免疫…リンパ球が、体内に侵入してきた異物を抗原と認識し、その抗原に対してだけ反応する抗体を血漿中に放出し、この抗体が抗原に特異的に結合し抗原の働きを抑制して体を防御する仕組み

・細胞性免疫…リンパ球が直接、病原体などの異物を攻撃する免疫

・免疫グロブリン…体内に侵入してきた細菌やウイルス等の異物と特異的に結合する抗体としての働きを持つ。

11 筋肉

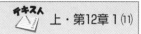 上・第12章 1 (11)

問53　筋肉に関する次の記述のうち、正しいものはどれか。

☐☐

(1) 横紋筋は、骨に付着して身体の運動の原動力となる筋肉で意志によって動かすことができるが、平滑筋は、心筋などの内臓に存在する筋肉で意志によって動かすことができない。

(2) 筋肉は神経からの刺激によって収縮するが、神経より疲労しにくい。

(3) 荷物を持ち上げたり、屈伸運動を行うときは、筋肉が長さを変えずに外力に抵抗して筋力を発生させる等尺性収縮が生じている。

(4) 強い力を必要とする運動を続けていると、筋肉を構成する個々の筋線維の太さは変わらないが、その数が増えることによって筋肉が太くなり筋力が増強する。

(5) 刺激に対して意識とは無関係に起こる定型的な反応を反射といい、四肢の皮膚に熱いものが触れたときなどに、その肢を体幹に近づけるような反射は屈曲反射と呼ばれる。

【R5年10月／問41】

解説

(1) 誤り。心臓を構成する筋肉である心筋は横紋筋であるが、自律神経により支配されており、意志によって動かすことのできない不随意筋である。

(2) 誤り。筋肉は、神経から送られてくる刺激によって収縮するが、神経に比べて疲労しやすい。

(3) 誤り。荷物を持ち上げたり、屈伸運動を行うときは、筋肉が収縮時に長さを変えながら張力を発揮する「等張性収縮」を生じる。

(4) 誤り。強い力を必要とする運動を続けていると、1本1本の筋線維が太くなることで筋力が増強する。

(5) 正しい。

V 労働生理

解答 (5)

問54　筋肉に関する次の記述のうち、正しいものはどれか。

□□

(1)　横紋筋は、骨に付着して身体の運動の原動力となる筋肉で意志によって動かすことができるが、平滑筋は、心筋などの内臓に存在する筋肉で意志によって動かすことができない。

(2)　筋肉は神経からの刺激によって収縮するが、神経より疲労しにくい。

(3)　荷物を持ち上げたり、屈伸運動を行うときは、筋肉が長さを変えずに外力に抵抗して筋力を発生させる等尺性収縮が生じている。

(4)　強い力を必要とする運動を続けていると、筋肉を構成する個々の筋線維の太さは変わらないが、その数が増えることによって筋肉が太くなり筋力が増強する。

(5)　筋肉自体が収縮して出す最大筋力は、筋肉の断面積 1 cm^{2}当たりの平均値をとると、性差や年齢差がほとんどない。

【R5年 4 月／問43、R3年 4 月／問44】

※ R2年 4 月／問40は類似問題

解説

(1)　誤り。心臓を構成する筋肉である心筋は「横紋筋」である。心筋は自律神経により支配されており、意志によって動かすことのできない不随意筋である。

(2)　誤り。筋肉は、神経から送られてくる刺激によって収縮するが、神経に比べて疲労しやすい。

(3)　誤り。荷物を持ち上げたり、屈伸運動を行うときは、筋肉が収縮時に長さを変えながら一定の張力で筋力を発生させる「等張性収縮」を生じる。

(4)　誤り。強い力を必要とする運動を続けていると、1 本 1 本の筋繊維が太くなることで筋力が増強する。

(5)　正しい。

解答　(5)

問55　筋肉に関する次の記述のうち、正しいものはどれか。
□□

(1)　横紋筋は、骨に付着して身体の運動の原動力となる筋肉で意志によって動かすことができるが、平滑筋は、心筋などの内臓に存在する筋肉で意志によって動かすことができない。

(2)　筋肉は神経からの刺激によって収縮するが、神経より疲労しにくい。

(3)　荷物を持ち上げたり、屈伸運動を行うときは、筋肉が長さを変えずに外力に抵抗して筋力を発生させる等尺性収縮が生じている。

(4)　強い力を必要とする運動を続けていると、筋肉を構成する個々の筋線維の太さは変わらないが、その数が増えることによって筋肉が太くなり筋力が増強する。

(5)　筋肉は、収縮しようとする瞬間に最も大きい力を出す。

【R2年10月／問41】

解説

(1)　誤り。心臓を構成する筋肉である心筋は「横紋筋」である。心筋は自律神経により支配されており、意志によって動かすことのできない不随意筋である。

(2)　誤り。筋肉は、神経から送られてくる刺激によって収縮するが、神経に比べて疲労しやすい。

(3)　誤り。荷物を持ち上げたり、屈伸運動を行うときは、筋肉が収縮時に長さを変えながら一定の張力で筋力を発生させる「等張性収縮」を生じる。

(4)　誤り。強い力を必要とする運動を続けていると、1本1本の筋繊維が太くなることで筋力が増強する。

(5)　正しい。

解答　(5)

V 労働生理

問56　筋肉に関する次の記述のうち、誤っているものはどれか。
　□□

(1)　筋肉は、神経から送られてくる刺激によって収縮するが、神経に比べて疲労
　　しやすい。

(2)　強い力を必要とする運動を続けていても、筋肉を構成する個々の筋線維の太
　　さは変わらないが、その数が増えることによって筋肉が太くなり筋力が増強す
　　る。

(3)　筋肉中のグリコーゲンは、筋肉の収縮時に酸素が不足していると、水と二酸
　　化炭素にまで分解されず乳酸になる。

(4)　筋肉が収縮して出す最大筋力は、筋肉の単位断面積当たりの平均値をとると、
　　性差又は年齢差がほとんどない。

(5)　荷物を持ち上げたり屈伸運動をするとき、関節運動に関与する筋肉には、等
　　張性収縮が生じている。

【H31年 4 月／問43】

解説

(1)　正しい。

(2)　誤り。強い力を必要とする運動を続けていると、1本1本の筋線維が太くな
　　ることで筋力が増強する。

(3)　正しい。

(4)　正しい。

(5)　正しい。

解答　(2)

🔵 解答にあたってのポイント

○以下に示す筋肉（心筋については循環器系でも出題されることがある）の種類に関しては必ず覚えておく。

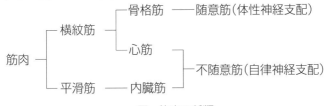

図　筋肉の種類

┌ **等尺性収縮**‥‥筋肉の長さを変えたりせずに外力に抵抗して筋力を発生
│　　　　　　　　させる収縮の仕方。姿勢維持の筋肉は等尺性収縮を常に
│　　　　　　　　起こしている（例：鉄棒にぶらさがる）。情報機器作業も
│　　　　　　　　姿勢維持のため等尺性収縮が主体となる。
│ **等張性収縮**‥‥関節運動によって筋肉の長さを変えながら一定の張力で筋力
└　　　　　　　　を発生させる収縮の仕方（例：歩行、荷物を持ち上げる）

・筋肉中のグリコーゲンは、酸素が十分に供給されると完全に分解され、最後は二酸化炭素と水になり、その過程でエネルギー源となるATP（アデノシン三りん酸）が生成する。酸素が不足すると、完全に分解されず、中間生成物である乳酸が蓄積する。
・筋肉が引き上げることのできる物の重さは筋線維の数と太さに比例する。重量挙げの選手などを想像してみるとよい。
・筋肉が物を引き上げる高さは、筋線維の長さに比例する。
・筋肉は収縮しようとする瞬間に最も大きい力を出す。
・仕事の効率は筋の収縮が速いほど大きいというものではなく、適当な速さのときに最大となる。

V 労働生理

問57 　下の図は、脳などの正中縦断面であるが、図中に ▇▇▇▇▇ で示すAか
□□　らEの部位に関する次の記述のうち、誤っているものはどれか。

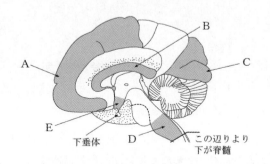

(1)　Aは、大脳皮質の前頭葉で、運動機能中枢、運動性言語中枢及び精神機能中
　　枢がある。

(2)　Bは、小脳で、体の平衡を保つ中枢がある。

(3)　Cは、大脳皮質の後頭葉で、視覚中枢がある。

(4)　Dは、延髄で、呼吸運動、循環器官・消化器官の働きなど、生命維持に重要
　　な機能の中枢がある。

(5)　Eは、間脳の視床下部で、自律神経系の中枢がある。

【R5年4月／問37】

> 解 説

(1)　正しい。

(2)　誤り。Bは小脳ではなく、脳梁である。

(3)　正しい。

(4)　正しい。

(5)　正しい。

解答　(2)

問58　神経系に関する次の記述のうち、誤っているものはどれか。

□□

(1) 神経細胞（ニューロン）は、神経系を構成する基本的な単位で、通常、1個の細胞体、1本の軸索及び複数の樹状突起から成る。

(2) 脊髄では、中心部が灰白質であり、その外側が白質である。

(3) 大脳では、内側の髄質が白質であり、外側の皮質が灰白質である。

(4) 体性神経には感覚器官からの情報を中枢に伝える感覚神経と、中枢からの命令を運動器官に伝える運動神経がある。

(5) 交感神経系は、心拍数を増加し、消化管の運動を亢進する。

【R4年10月／問41】

解説

(1) 正しい。

(2) 正しい。

(3) 正しい。

(4) 正しい。

(5) 誤り。交感神経系は、身体の機能をより活動的に調節する働きがあり、心拍数を増加させる一方、消化管の運動は「抑制」させるように作用する。

解答　(5)

問59 神経系に関する次の記述のうち、誤っているものはどれか。

☐☐

(1) 神経系を構成する基本的な単位である神経細胞は、通常、1個の細胞体、1本の軸索及び複数の樹状突起から成り、ニューロンともいわれる。

(2) 体性神経は、運動及び感覚に関与し、自律神経は、呼吸、循環などに関与する。

(3) 大脳の皮質は、神経細胞の細胞体が集まっている灰白質で、感覚、思考などの作用を支配する中枢として機能する。

(4) 交感神経系と副交感神経系は、各種臓器において双方の神経線維が分布し、相反する作用を有している。

(5) 交感神経系は、身体の機能をより活動的に調節する働きがあり、心拍数を増加させたり、消化管の運動を高める。

【R3年10月／問35】

※ R3年4月／問35は類似問題

解 説

(1) 正しい。

(2) 正しい。

(3) 正しい。

(4) 正しい。

(5) 誤り。交感神経系は、身体の機能をより活動的に調節する働きがあり、心拍数を増加させる一方、消化管の運動は「抑制」させるように作用する。

解答 (5)

問60　神経系に関する次の記述のうち、誤っているものはどれか。

□□

(1) 神経系は、中枢神経系と末梢神経系に大別され、中枢神経系は脳と脊髄から成る。

(2) 大脳の内側の髄質は神経細胞の細胞体が集合した灰白質で、感覚、運動、思考などの作用を支配する中枢として機能する。

(3) 神経系を構成する基本的な単位である神経細胞は、通常、1個の細胞体、1本の軸索及び複数の樹状突起から成り、ニューロンともいわれる。

(4) 神経系は、機能的には、体性神経と自律神経に分類され、自律神経は更に交感神経と副交感神経に分類される。

(5) 体性神経には、感覚器官からの情報を中枢神経に伝える感覚神経と、中枢神経からの命令を運動器官に伝える運動神経がある。

【R1年10月／問37】

解説

(1) 正しい。

(2) 誤り。神経細胞の細胞体が集合した灰白質で、感覚、運動、思考などの作用を支配する中枢として機能するのは、大脳の外側の「皮質」である。「髄質」は内側にあり、神経線維の多い白質である。

(3) 正しい。

(4) 正しい。

(5) 正しい。

解答　(2)

V 労働生理

問61 自律神経系に関する次の記述のうち、誤っているものはどれか。

□□

(1) 自律神経系は、内臓、血管などの不随意筋に分布している。

(2) 自律神経である交感神経と副交感神経は、同一器官に分布していても、その作用はほぼ正反対である。

(3) 自律神経系の中枢は、脳幹及び脊髄にある。

(4) 消化管に対しては、交感神経の亢進は運動を促進させ、副交感神経の亢進は運動を抑制させる。

(5) 心臓に対しては、交感神経の亢進は心拍数を増加させ、副交感神経の亢進は心拍数を減少させる。

【R2年4月/問44】

解説

(1) 正しい。

(2) 正しい。

(3) 正しい。

(4) 誤り。消化管に対しては、交感神経の亢進は運動を抑制させ、副交感神経の亢進は運動を促進させる。機能が逆に書かれている。

(5) 正しい

解答 (4)

解答にあたってのポイント

・神経系の区分は次のとおり。

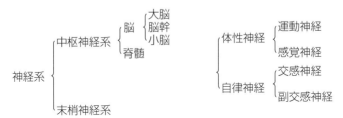

・神経系の基本的な単位はニューロンと呼ばれ、細胞体、軸索、樹状突起からなる。
・中枢神経には灰白質と白質といわれる部分がある。

灰白質…神経細胞が多数集合した部分
白質…神経線維が多い部分

・大脳は外側の皮質が灰白質、内側の髄質が白質である。逆に脊髄では、中心部に灰白質、外側に白質がある。

体性神経…運動と感覚に関与している。
自律神経…呼吸や循環などに関与している。

運動神経…中枢からの命令を運動器官に伝える。
感覚神経…感覚器官からの刺激の興奮を中枢に伝える。

交感神経…身体の機能をより活動的に調節する神経系
　　　　　　心拍数を増加させ、消化管の運動を抑制する。
副交感神経…身体の機能を回復に向けて働く神経系
　　　　　　心拍数を減少させ、消化管の運動を亢進する。

・小脳は侵されると運動失調を生ずる。
・自律神経系は不随意筋に分布している。
・呼吸中枢は延髄にある。
・自律神経系の中枢は脳幹や脊髄にある。

問62　感覚又は感覚器に関する次の記述のうち、誤っているものはどれか。

⑴　眼軸が短過ぎるために、平行光線が網膜の後方で像を結ぶものを遠視という。

⑵　嗅覚と味覚は化学感覚ともいわれ、物質の化学的性質を認知する感覚である。

⑶　温度感覚は、皮膚のほか口腔（くう）などの粘膜にも存在し、一般に温覚の方が冷覚よりも鋭敏である。

⑷　深部感覚は、筋肉や腱にある受容器から得られる身体各部の位置、運動などを認識する感覚である。

⑸　中耳にある鼓室は、耳管によって咽頭に通じており、その内圧は外気圧と等しく保たれている。

【R5年 4 月／問41】

解説

⑴　正しい。

⑵　正しい。

⑶　誤り。温度感覚は、冷覚の方が温覚よりも鋭敏で急速に現れる。

⑷　正しい。

⑸　正しい。

解答　⑶

問63 感覚又は感覚器に関する次の記述のうち、誤っているものはどれか。
□□

(1) 眼軸が短過ぎるために、平行光線が網膜の後方で像を結ぶものを遠視という。

(2) 嗅覚と味覚は化学感覚ともいわれ、物質の化学的性質を認知する感覚である。

(3) 温度感覚は、皮膚のほか口腔などの粘膜にも存在し、一般に冷覚の方が温覚よりも鋭敏である。

(4) 深部感覚は、内臓の動きや炎症などを感じて、内臓痛を認識する感覚である。

(5) 中耳にある鼓室は、耳管によって咽頭に通じており、その内圧は外気圧と等しく保たれている。

【R3年4月／問41】

解説

(1) 正しい。

(2) 正しい。

(3) 正しい。

(4) 誤り。深部感覚は、筋肉や腱等の受容器から得られる身体各部の位置や運動等の感覚である。

(5) 正しい。

解答 (4)

V 労働生理

問64 感覚又は感覚器に関する次の記述のうち、正しいものはどれか。

□□

(1) 物理化学的な刺激の量と人間が意識する感覚の強度とは、直線的な比例関係にある。

(2) 皮膚感覚には、触圧覚、痛覚、温度感覚（温覚・冷覚）などがあり、これらのうち冷覚を感じる冷覚点の密度は他の感覚点に比べて高い。

(3) 網膜の錐状体は明るい所で働き色を感じ、杆状体は暗い所で働き弱い光、明暗を感じる。

(4) 眼軸が短過ぎるために、平行光線が網膜の後方で像を結ぶ状態は近視である。

(5) 平衡感覚に関係する器官である前庭及び半規管は、中耳にあって、体の傾きや回転の方向を知覚する。

【R2年4月／問36】

解説

(1) 誤り。物理化学的な刺激の量と人間が意識する感覚の強度との関係は、一般に、直線的な比例関係ではない。

(2) 誤り。感覚点のうち、最も密度が大きいのは痛覚点である。

(3) 正しい。

(4) 誤り。眼軸が短過ぎるために、平行光線が網膜の後方で像を結ぶ状態は「遠視」であり、凸レンズで矯正する。

(5) 誤り。前庭及び半規管は「内耳」にあり、体の傾きや回転の方向を知覚する。

解答 (3)

解答にあたってのポイント

○視覚、聴覚に関するポイントは、出題の選択肢・解説を中心に、「14 視覚」、「15 聴覚」を参照。

○その他の感覚のポイントとして、

・物理化学的な刺激の量と人間が意識する感覚の強度は、一般的に、直線的な比例関係ではない。

・嗅覚はわずかな濃度で臭いを感じるほど鋭敏である反面、同じ臭気に対しては疲労しやすい。

・皮膚感覚には、触圧覚、痛覚、温度感覚（温覚・冷覚）などがあり、これらのうち、痛覚を感じる場所は他の感覚よりも密度が高い。

問65　視覚に関する次の記述のうち、誤っているものはどれか。
□□

⑴　眼は、周りの明るさによって瞳孔の大きさが変化して眼に入る光量が調節され、暗い場合には瞳孔が広がる。

⑵　眼軸が短すぎることなどにより、平行光線が網膜の後方で像を結ぶものを遠視という。

⑶　角膜が歪んでいたり、表面に凹凸があるために、眼軸などに異常がなくても、物体の像が網膜上に正しく結ばれないものを乱視という。

⑷　網膜には、明るい所で働き色を感じる錐状体と、暗い所で働き弱い光を感じる杆状体の2種類の視細胞がある。

⑸　明るいところから急に暗いところに入ると、初めは見えにくいが徐々に見えやすくなることを明順応という。

【R4年 4 月／問41】

解説

⑴　正しい。

⑵　正しい。

⑶　正しい。

⑷　正しい。

⑸　誤り。暗いところから急に明るいところに入ると、初めは見えにくいが徐々に見えやすくなることを明順応という。設問は暗順応の説明である。

解答　⑸

問66 視覚に関する次の記述のうち、誤っているものはどれか。

□□

(1) 眼をカメラにたとえると、虹彩は、しぼりの働きをする。

(2) 眼は、硝子体の厚さを変えることにより焦点距離を調節して網膜の上に像を結ぶようにしている。

(3) 角膜が歪んでいたり、表面に凹凸があるために、眼軸などに異常がなくても、物体の像が網膜上に正しく結ばないものを乱視という。

(4) 網膜には、明るい所で働き色を感じる錐状体と、暗い所で働き弱い光を感じる杆状体の2種類の視細胞がある。

(5) 明るいところから急に暗いところに入ると、初めは見えにくいが暗順応によって徐々に見えるようになる。

【R1年10月／問41】

解説

(1) 正しい。

(2) 誤り。眼は、「水晶体」の厚さを変えることにより焦点距離を調節して網膜の上に像を結ぶようにしている。眼の仕組みをカメラにたとえた場合、水晶体はレンズの働きをする。なお、「硝子体」は眼球の形を保つ役割を担っている。

(3) 正しい。

(4) 正しい。

(5) 正しい。

解答 (2)

問67　　　視覚に関する次の記述のうち、誤っているものはどれか。

☐☐

(1)　眼をカメラに例えると、虹彩（こう）はしぼりの働きをする。

(2)　ヒトの眼は、硝子体の厚さを変えることにより焦点距離を調節して網膜の上に像を結ぶようにしている。

(3)　角膜が歪（ゆが）んでいたり、表面に凹凸があるために、眼軸などに異常がなくても、物体の像が網膜上に正しく結ばないものを乱視という。

(4)　網膜には、錐状体（すい）と杵状体（かん）の二種類の視細胞がある。

(5)　視作業の継続により、前額部の圧迫感、頭痛、複視、吐き気、嘔吐（おう）などの眼精疲労を生じ、作業の継続が困難になることがある。

【H31年4月／問41】

解 説

(1)　正しい。

(2)　誤り。眼は、「水晶体」の厚さを変えることにより焦点距離を調節して網膜の上に像を結ぶようにしている。眼の仕組みをカメラにたとえた場合、水晶体はレンズの働きをする。なお、「硝子体」は眼球の形を保つ役割を担っている。

(3)　正しい。

(4)　正しい。

(5)　正しい。

解答　(2)

参考問題　下の図は眼球の水平断面図であるが、図中に▨▨又は◯◯で示すAからEの部位に関する次の記述のうち、誤っているものはどれか。

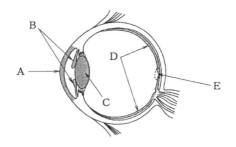

(1)　Aの▨▨部分は角膜で、これが歪んでいたり、表面に凹凸があるために、見た物体の像が網膜上に正しく結ばないものを乱視という。

(2)　Bの▨▨部分は虹彩で、光量に応じて瞳孔の径を変える。

(3)　Cの▨▨部分は硝子体で、これの厚さを変えることにより焦点距離を調節して網膜上に像を結ぶようにしている。

(4)　Dの▨▨部分は網膜で、ここには、明るい所で働き色を感じる錐状体と、暗い所で働き弱い光を感じる杆状体の2種類の視細胞がある。

(5)　Eの◯◯部分は中心窩で、視力の鋭敏な部位である。

【H29年10月／問42】

解説

(1)　正しい。

(2)　正しい。

(3)　誤り。Cの▨▨部分は水晶体である。水晶体の厚さを変えることにより焦点距離を調節して網膜上に像を結ぶようにしている。なお、硝子体は眼球の形を保つ役割を担っている。

(4)　正しい。

(5)　正しい。

解答　(3)

Ⅴ 労働生理

解答にあたってのポイント

〔眼のしくみ〕

・眼のしくみをフィルムカメラに例えると、虹彩はカメラのしぼり、水晶
 体はレンズ、網膜はフィルムの働きをする。

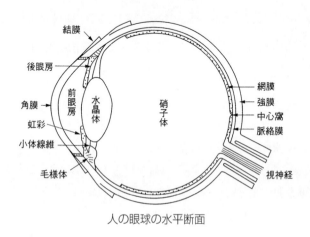

人の眼球の水平断面

虹　彩…瞳孔の大きさを調節することで網膜に入る光量を調節する。虹彩
　　　　が拡大すると瞳孔が縮小する。

水晶体…その厚さを変えることで異なる距離にある物体の像を網膜に結像
　　　　させる。

網　膜…明るいところで色を感じる錐状体（錐体）と暗いところで明暗を
　　　　感じる杆状体（杆体）という2種類の視細胞が並んでいる。

〔眼の機能〕

正視眼…無限遠から到達する平行光線が、正しく網膜上に像を結ぶもの。

近視眼…目に入射した光線が、網膜の手前で結像するもの。網膜までの距離（眼軸、長軸）が焦点距離に対し長すぎる状態。

遠視眼…目に入射した光線が、網膜の後方で結像するもの。網膜までの距離（眼軸、長軸）が焦点距離に対し短すぎる状態。

乱視眼…角膜が完全な球面ではなく凹凸があるために正しく結像しないもの。

暗順応…明るい場所から暗い場所に入ったときに、初めは見えにくいが、徐々に網膜の光に対する感受性が高まって見やすくなる。30分から1時間を要する。

明順応…暗い場所から急に明るい場所に出ると、初めはまぶしいが、徐々に網膜の光に対する感受性が低下してまぶしさを感じなくなる。暗順応に比べ短時間で順応する。

〔その他〕

・遠距離視力検査は、一般的に、5 m の距離で実施する。

V 労働生理

問68　耳とその機能に関する次の記述のうち、誤っているものはどれか。

(1) 騒音性難聴は、音を神経に伝達する内耳の聴覚器官の有毛細胞の変性によって起こる。

(2) 耳介で集められた音は、鼓膜を振動させ、その振動は耳小骨によって増幅され、内耳に伝えられる。

(3) 内耳は、前庭、半規管及び蝸牛（うずまき管）の三つの部位からなり、前庭と半規管が平衡感覚、蝸牛が聴覚をそれぞれ分担している。

(4) 前庭は、体の回転の方向や速度を感じ、半規管は、体の傾きの方向や大きさを感じる。

(5) 鼓室は、耳管によって咽頭に通じており、その内圧は外気圧と等しく保たれている。

【R5年10月／問42】

解説

(1) 正しい。

(2) 正しい。

(3) 正しい。

(4) 誤り。前庭は、体の傾きの方向や大きさを感じ、半規管は、体の回転の方向や速度を感じる平衡感覚器である。

(5) 正しい。

解答　(4)

問69　耳とその機能に関する次の記述のうち、誤っているものはどれか。
□□

⑴　耳は、聴覚と平衡感覚をつかさどる器官で、外耳、中耳及び内耳の三つの部位に分けられる。

⑵　耳介で集められた音は、鼓膜を振動させ、その振動は耳小骨によって増幅され、内耳に伝えられる。

⑶　内耳は、前庭、半規管及び蝸牛（うずまき管）の三つの部位からなり、前庭と半規管が平衡感覚、蝸牛が聴覚をそれぞれ分担している。

⑷　半規管は、体の傾きの方向や大きさを感じ、前庭は、体の回転の方向や速度を感じる。

⑸　鼓室は、耳管によって咽頭に通じており、その内圧は外気圧と等しく保たれている。

【R4年10月／問40】

※ R3年10月／問41は類似問題

解説

⑴　正しい。

⑵　正しい。

⑶　正しい。

⑷　誤り。半規管は体の回転の方向や速度を感じ、前庭は体の傾きの方向や大きさを感じる平衡感覚器である。

⑸　正しい。

解答　⑷

問70　耳とその機能に関する次の記述のうち、誤っているものはどれか。

□□

(1)　耳は、聴覚と平衡感覚をつかさどる器官で、外耳、中耳及び内耳の三つの部位に分けられる。

(2)　耳介で集められた音は、鼓膜を振動させ、その振動は耳小骨によって増幅され、内耳に伝えられる。

(3)　内耳は、前庭、半規管及び蝸牛の三つの部位からなり、前庭と半規管が平衡感覚、蝸牛が聴覚を分担している。

(4)　前庭は、体の回転の方向や速度を感じ、半規管は、体の傾きの方向や大きさを感じる。

(5)　鼓室は、耳管によって咽頭に通じており、その内圧は外気圧と等しく保たれている。

【R2年10月／問42】

解 説

(1)　正しい。

(2)　正しい。

(3)　正しい。

(4)　誤り。前庭は、体の傾きの方向や大きさを感じ、半規管は、体の回転の方向や速度を感じる平衡感覚器である。

(5)　正しい。

解答　(4)

参考問題　下図は、ヒトの右耳の構造を示したものであるが、耳の中を音の振動が
□□　伝わり、音の刺激を受け取るまでの経路を正しく示したものは(1)〜(5)のう
ちどれか。

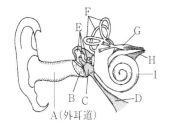

(1)　A → B → C → F → G

(2)　A → B → C → I → H

(3)　A → B → E → F → G

(4)　A → B → E → I → H

(5)　A → B → C → I → D

【H25年4月／問43】

解説

　通常、音を聞く場合、空気の振動が耳に入り、外耳道(A)→鼓膜(B)→耳小骨
(E)→蝸牛(I)→蝸牛神経(H)の順に伝わり、脳で感知される。

　よって、正しい経路を示したものは(4)となり、解答は(4)である。

解答　(4)

V 労働生理

解答にあたってのポイント

○耳の機能については、次の点を把握しておきたい。

耳
{
外耳（耳介、外耳道からなる）
中耳（鼓膜、耳小骨、鼓室、耳管からなる）
内耳
{
前庭　…体の傾きの方向や大きさを感じる平衡感覚器
半規管…体の回転の方向や速度を感じる平衡感覚器
蝸牛　…聴覚を担当
}
}

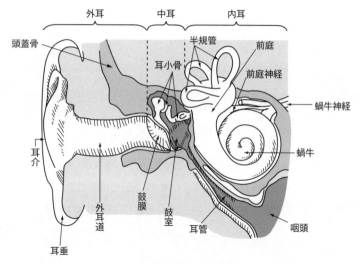

図　耳の構造と機能

・聴覚は、振動数の少ない音を低く感じる。

・騒音ばく露によって生じる聴力低下のことを騒音性難聴といい、4,000Hz
の周波数付近の高音域領域の聴力損失から生じやすい。

・音の伝導路は、外耳道→鼓膜→耳小骨→蝸牛→蝸牛神経（聴神経）の順
である。

16 ストレス・疲労

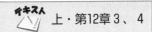
上・第12章 3、4

問71 ストレスに関する次の記述のうち、誤っているものはどれか。
☐☐

(1) 外部からの刺激であるストレッサーは、その形態や程度にかかわらず、自律神経系と内分泌系を介して、心身の活動を抑圧する。

(2) ストレスに伴う心身の反応には、ノルアドレナリン、アドレナリンなどのカテコールアミンや副腎皮質ホルモンが深く関与している。

(3) 昇進、転勤、配置替えなどがストレスの原因となることがある。

(4) 職場環境における騒音、気温、湿度、悪臭などがストレスの原因となることがある。

(5) ストレスにより、高血圧症、狭心症、十二指腸潰瘍などの疾患が生じることがある。

【R5年10月／問43】

解説

(1) 誤り。個人にとって適度なストレッサーは、身体的には活動の亢進を、心理的には意欲の向上、充実感を生じる。したがって、すべてのストレッサーが心身の活動を抑圧するわけではない。

(2) 正しい。

(3) 正しい。

(4) 正しい。

(5) 正しい。

解答 (1)

V 労働生理

参考問題 ストレスに関する次のAからDの記述について、誤っているものの組合
□□ せは(1)～(5)のうちどれか。

　　　A　外部環境からの刺激すなわちストレッサーは、その形態や程度にか
　　　　かわらず、自律神経系と内分泌系を介して、心身の活動を抑圧する。
　　　B　ストレス反応には、ノルアドレナリン、アドレナリンなどのカテコー
　　　　ルアミンや副腎皮質ホルモンが深く関与している。
　　　C　ストレスにより、自律神経系と内分泌系のバランスが崩れ、精神神
　　　　経科的疾患、内科的疾患などを招く場合がある。
　　　D　ストレス反応には、個人差がほとんどない。

(1)　A，B
(2)　A，D
(3)　B，C
(4)　B，D
(5)　C，D

【H30年10月／問44】

解説

　個人にとって適度なストレッサーは、身体的には活動の亢進を、心理的には意
欲の向上、充実感を生じる。したがって、すべてのストレッサーが心身の活動を
抑圧するわけではないので、Aは誤りとなる。また、ストレス反応は個人差が大
きく、同程度のストレッサーが作用しても、大きなストレス反応を示す人がいる
一方で、何事もなかったようにふるまう人もいる。したがって、Dは誤りとなる。
　よって、解答は(2)である。

解答　(2)

参考問題 ストレスに関する次の記述のうち、誤っているものはどれか。

☐☐

(1) 個人の能力や感性に適合しないストレッサーは、心理的には不安、焦燥感、抑うつ感などを、身体的には疲労を生じることがある。

(2) 典型的なストレス反応として、副腎皮質ホルモンの分泌の著しい減少がある。

(3) ストレスにより、発汗、手足の震えなど自律神経系の障害が生じることがある。

(4) ストレスにより、高血圧症、狭心症、十二指腸潰瘍などの疾患が生じることがある。

(5) 昇進、転勤、配置替えなどがストレスの原因となることがある。

【H29年10月／問43】

解 説

(1) 正しい。

(2) 誤り。ストレス反応により、自律神経系にはカテコールアミン（ノルアドレナリンやアドレナリンなど）、内分泌系にはコルチゾールなどの副腎皮質ホルモンの分泌が亢進することになる。著しい減少ではない。

(3) 正しい。

(4) 正しい。

(5) 正しい。

解答 (2)

・ストレス反応の一つとして、ノルアドレナリンやアドレナリンなどのカテコールアミンや副腎皮質ホルモンの分泌の亢進が生じる。
・適度なストレッサーは、身体的に活動の亢進を生じる。
・ストレス反応は個人差が大きい。
・職場におけるストレッサーとしては、人間関係、人事関係（昇進や昇格、転勤、配置替え）、物理・化学的環境（騒音・気温・湿度・悪臭）、勤務体制などがある。
・ストレスによる精神神経科的疾患・・・抑うつ、神経症（手足の震え等）
・ストレスの内科的疾患・・・高血圧症、狭心症、十二指腸潰瘍

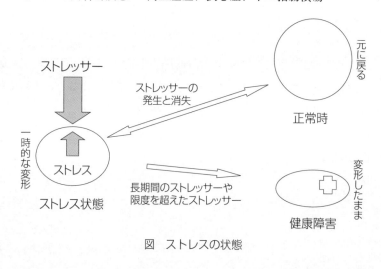

図　ストレスの状態

参考問題 疲労などに関する次の記述のうち、誤っているものはどれか。
□□

(1)　産業疲労は、疲労徴候の現れ方により、急性疲労、慢性疲労、日周性疲労などに分類することができる。

(2)　産業疲労は、生体に対する労働負荷が大きすぎることによって引き起こされるが、その回復や蓄積は日常生活ともかかわっている。

(3)　作業の各局面で生じる疲労を後へ持ち越さないようにすることは、産業疲労の対策として大切なことである。

(4)　近年の職場では、全身疲労のみならず、体の一部の筋肉を使う情報機器作業などによる局所疲労が問題となっている。

(5)　身体活動強度（メッツ）は、身体活動の強さが軽作業時の何倍に相当するかを表す単位である。

【H29年4月／問42（一部修正）】

解説

(1)　正しい。

(2)　正しい。

(3)　正しい。

(4)　正しい。

(5)　誤り。メッツ（METs または MET）は「metabolic equivalent」の略で、身体活動におけるエネルギーの消費量を座位安静時の代謝量（カロリー消費）で除したものである。基準は安静時の値であり、軽作業時や歩行時の値ではない。なお、座って安静にしている状態が1メッツであるのに対し、普通歩行が3メッツ、軽いジョギングが6メッツに相当する。

解答　(5)

V 労働生理

解答にあたっての**ポイント**

○疲労については、以下のポイントはおさえておきたいところである。

・疲労の自覚的症状を客観的に捉えるための指標には、疲労蓄積度自己診断チェックリスト（厚生労働省）等がある。

・疲労の他覚的症状を捉えるための指標としては、単位時間当たりの作業量などにより作業能率を調べる方法や生理学的検査（フリッカー検査、2点弁別閾検査等）等がある。

・疲労には、心身の過度の働きを制限し、活動を止めて休息をとらせようとする役割がある。

・疲労によって生理機能が低下した状態では、作業能率が低下する。

・疲労を予防するには、作業の分析と作業方法の検討が重要であるが、個人の能力面への配慮と心理的側面への対策なども必要である。

・精神的疲労については、適度に身体を動かす方が、疲労の回復に役立つ場合が多い。

・近年の職場では、長時間の同一姿勢保持に伴う静的疲労、身体の一部だけの局所疲労、精神的な活動による精神的疲労などが課題となっている。

・メッツ（METs または MET）：身体活動におけるエネルギー消費量を座位安静時の代謝量（カロリー消費）で除したもの。

$\left\{\begin{array}{l}\text{・安静座位：1メッツ}\\\text{・普通歩行：3メッツ}\\\text{・サイクリング：4メッツ}\\\text{・軽いジョギング：6メッツ}\end{array}\right.$

17 睡眠

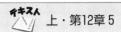 上・第12章 5

問72　睡眠に関する次の記述のうち、誤っているものはどれか。
□□

(1) 入眠の直後にはノンレム睡眠が生じ、これが不十分な時には、日中に眠気を催しやすい。

(2) 副交感神経系は、身体の機能を回復に向けて働く神経系で、休息や睡眠状態で活動が高まり、心拍数を減少し、消化管の運動を亢進する。

(3) 睡眠と覚醒のリズムは、体内時計により約1日の周期に調節されており、体内時計の周期を外界の24時間周期に適切に同調させることができないために生じる睡眠の障害を、概日リズム睡眠障害という。

(4) 睡眠と食事は深く関係しているため、就寝直前の過食は、肥満のほか不眠を招くことになる。

(5) 脳下垂体から分泌されるセクレチンは、夜間に分泌が上昇するホルモンで、睡眠と覚醒のリズムの調節に関与している。

【R5年4月／問44】

解説

(1) 正しい。

(2) 正しい。

(3) 正しい。

(4) 正しい。

(5) 誤り。セクレチンは十二指腸から分泌されるホルモンである。夜間に分泌が上昇するホルモンは松果体から分泌されるメラトニンで、睡眠と覚醒のリズムの調節に関与している。

解答　(5)

V 労働生理

問73　　睡眠に関する次の記述のうち、誤っているものはどれか。
☐☐

(1)　睡眠と覚醒のリズムのように、約1日の周期で繰り返される生物学的リズムをサーカディアンリズムといい、このリズムの乱れは、疲労や睡眠障害の原因となる。

(2)　睡眠は、睡眠中の目の動きなどによって、レム睡眠とノンレム睡眠に分類される。

(3)　コルチゾールは、血糖値の調節などの働きをするホルモンで、通常、その分泌量は明け方から増加し始め、起床前後で最大となる。

(4)　レム睡眠は、安らかな眠りで、この間に脳は休んだ状態になっている。

(5)　メラトニンは、睡眠に関与しているホルモンである。

【R3年・R1年10月・H31年4月／問44】

解説

(1)　正しい。

(2)　正しい。

(3)　正しい。

(4)　誤り。レム睡眠とは、身体は休息状態にあるが、脳は覚醒している状態である。急速眼球運動を伴い、夢を見ていることが多い眠りである。

(5)　正しい。

解答　(4)

問74　睡眠などに関する次の記述のうち、誤っているものはどれか。

□□

(1) 睡眠は、睡眠中の目の動きなどによって、レム睡眠とノンレム睡眠に分類される。

(2) 甲状腺ホルモンは、夜間に分泌が上昇するホルモンで、睡眠と覚醒のリズムの調節に関与している。

(3) 睡眠と食事は深く関係しているため、就寝直前の過食は、肥満のほか不眠を招くことになる。

(4) 夜間に働いた後の昼間に睡眠する場合は、一般に、就寝から入眠までの時間が長くなり、睡眠時間が短縮し、睡眠の質も低下する。

(5) 睡眠中には、体温の低下、心拍数の減少などがみられる。

【R3年4月／問37、R2年10月／問43】

解説

(1) 正しい。

(2) 誤り。夜間に分泌が上昇するホルモンで、睡眠と覚醒のリズムの調節に関与しているホルモンは甲状腺ホルモンではなく、松果体から分泌される「メラトニン」である。

(3) 正しい。

(4) 正しい。

(5) 正しい。

解答　(2)

V 労働生理

解答にあたってのポイント

○睡眠に関する問題である。睡眠の効果をおさえるとともに、基礎代謝量
　や副交感神経の働きとの関連も併せて覚えておきたい。

・睡眠中は、副交感神経系の働きが活発になり、身体の機能を回復させる
　ように働く。一方、緊張感を持って仕事をしているときや運動時は、交
　感神経系の働きが活発になり、身体の機能をより活動的に調節するよう
　に働く。
・基礎代謝量は、覚醒、横臥、安静時のエネルギー消費量であり、睡眠時
　のエネルギー消費量ではない。
・松果体から分泌されるメラトニンは、夜間に分泌が上昇するホルモンで、
　睡眠と覚醒のリズムの調節に関与している。
・睡眠が不足すると、感覚機能や集中力が低下する。したがって、深夜勤
　務を含む交替制勤務者や航空機の乗務員などに対しては、特に睡眠確保
　に配慮する。
・睡眠中には、体温の低下、心拍数の減少、呼吸数の減少がみられる。
・就寝直前の過食は不眠を招く。
・レム睡眠とは、身体は休息状態にあるが、脳は覚醒している状態である。
　急速眼球運動を伴い、夢を見ていることが多い眠りである。
・ノンレム睡眠とは、急速眼球運動を伴わず、脳が休んだ安らかな眠りの
　状態である。
・コルチゾールは、血糖値の調節などの働きをするホルモンで、通常、そ
　の分泌量は明け方から増加し始め、起床前後で最大となる。

受験の手引

1 衛生管理者免許のあらまし

　労働安全衛生法では、常時50人以上の労働者を使用する事業場について、安全衛生管理業務のうち衛生に係る技術的事項を担当させるため、衛生管理者免許を有する者等の資格を有する者のうちから、衛生管理者を選任しなければならないこととされています。

　衛生管理者の免許には、第一種衛生管理者免許、第二種衛生管理者免許及び衛生工学衛生管理者免許がありますが、このうち、第一種衛生管理者免許、第二種衛生管理者免許は厚生労働大臣の指定する指定試験機関の行う免許試験に合格した者等に対して、その者の申請によって交付されます。

2 指定試験機関

　現在、公益財団法人安全衛生技術試験協会が、全国で唯一の指定試験機関として労働安全衛生法及び作業環境測定法に基づく試験を行っています。

　試験は、全国7か所に設けられている下記の安全衛生技術センター（以下「センター」という。）で毎月行っています。

　また、このほかに出張特別試験が実施されています。

　試験日は、各センターで毎年度作成している「免許試験案内」やインターネットホームページ（https://www.exam.or.jp/）により公表されています。

　各センターへのアクセスの最新情報は、同ホームページでご確認ください。

試験場所

名　　　　称	所　在　地	交　　　　通
北海道安全衛生技術センター	〒061-1407　北海道恵庭市黄金北3丁目13番地 電話0123（34）1171	①JR千歳線利用、恵庭駅下車、東口から北海道文教大学へ800m直進し、正門より左折200m先。徒歩約13分 ②高速道路経由で車を利用する場合、恵庭インターを下りて左折、センターまで約3.5km ③国道36号線経由で車を利用する場合、(1)恵庭バイパス分岐点からバイパス経由で、恵庭市総合体育館裏の信号を南へ400m先、(2)市街地経由は、道々江別恵庭線(旧国道36号)旧NTT前交差点を、長沼方面に約1.7km、JR跨線橋を下り、恵明中学校横の信号を右折して300m先 ④恵庭駅西口よりタクシーで約3分（約1.1km）
東北安全衛生技術センター	〒989-2427　宮城県岩沼市里の杜1-1-15 電話0223（23）3181	①JR仙台駅より東北本線または常磐線で岩沼駅下車（20分）、岩沼駅から徒歩で約25分（約2km） ②車を利用する場合、(1)国道4号線の仙台トヨペット、東京靴流通センター交差点を東進約300m、(2)仙台東部道路岩沼ICを下りて、スズキ記念病院左折。 ③岩沼駅からタクシーで約5〜10分（約2km） ④仙台空港からタクシーで約15分（約7km）
関東安全衛生技術センター	〒290-0011　千葉県市原市能満2089番地 電話0436（75）1141	①JR内房線五井駅(快速停車)下車、東口バス停3番乗車口より、学科試験日に限り「技術センター」行き直通バスを試験開始時間に合わせて運行(約20分) ②学科試験日以外は、JR内房線八幡宿駅又は五井駅(快速停車)下車、路線バスで、「山倉こどもの国」行き「上大堀」又は終点「山倉こどもの国」停留所で下車(約25分)、徒歩約12分 ③千葉方面から車を利用する場合、国道16号線八幡橋先、市原埠頭入口にて国道297号線(勝浦方面)に左折、「こどもの国」を目標に市原埠頭入口より約15分 ④五井駅からタクシーで約15分
関東安全衛生技術センター東京試験場	〒105-0022　東京都港区海岸1-11-1ニューピア竹芝ノースタワー21階 電話03（6432）0461	①JR浜松町駅下車、徒歩約10分 ②「ゆりかもめ」を利用する場合、新橋駅より竹芝駅下車、徒歩約3分 ③都営地下鉄大門駅下車、徒歩約12分

名　　　称	所　在　地	交　　通
中部安全衛生技術センター	〒477-0032　愛知県東海市加木屋町丑寅海戸51-5電話0562（33）1161	①名鉄河和線南加木屋駅下車（名鉄名古屋駅から急行約30分）、徒歩約15～20分②車を利用する場合、名古屋高速道路・伊勢湾岸道路・知多半島道路を利用、大府東海ICを下りて左折5分（名古屋から約25分）
近畿安全衛生技術センター	〒675-0007　兵庫県加古川市神野町西之山字迎野電話079（438）8481	①JR加古川駅より加古川線に乗りかえ、2つ目の神野駅下車、徒歩約18分②JR加古川駅北口より神姫バス「神野駅前」又は、「県立加古川医療センター」行きで「試験センター前」下車、徒歩約5分③加古川駅北口からタクシーで約4km(10分)
中国四国安全衛生技術センター	〒721-0955　広島県福山市新涯町2-29-36電話084（954）4661	①JR福山駅下車、駅前の中国バス4番のりば「福山港」行きで終点（約25分）下車、徒歩約5分（1時間に1便程度（午前のみ））、又は「卸町」行きで終点（約22分）下車、徒歩約15分（1時間に3、4便）②車を利用する場合、山陽自動車道福山東ICから南へ約7km③福山駅からタクシーで約7km（約20分）
九州安全衛生技術センター	〒839-0809　福岡県久留米市東合川5-9-3電話0942（43）3381	①JR久留米駅前バスセンター及び西鉄久留米駅バスセンターより・西鉄バス(1)行先番号23「千歳市民センター入口」下車、徒歩約8分、(2)行先番号22、「地場産業センター入口」下車、徒歩約3分②タクシーでJR久留米駅から約20分、西鉄久留米駅から約15分③車で九州自動車道久留米ICから約3分（ICの北側）

所在地等の最新の情報は安全衛生技術試験協会ホームページ等でご確認ください。

3 試験のあらまし

（1）受験資格

次のいずれかの資格が必要です。

	番号	受 験 資 格
第一種 第二種 衛生管理者	1-1	学校教育法による大学（短期大学を含む）又は高等専門学校^{注①}を卒業した者で、その後1年以上労働衛生の実務に従事した経験を有するもの
	1-2	大学改革支援・学位授与機構により学士の学位を授与された者又は専門職大学前期課程を修了した者で、その後1年以上労働衛生の実務に従事した経験を有するもの
	1-3	省庁大学校^{注②}を卒業（修了）した者で、その後1年以上労働衛生の実務に従事した経験を有するもの
	1-4	専修学校の専門課程（2年以上・1700時間以上）の修了者（大学入学の有資格者に限る）などで、その後大学等において大学改革支援・学位授与機構により学士の学位を授与されるのに必要な所定の単位を修得した者で、その後1年以上労働衛生の実務に従事した経験を有するもの
	1-5	指定を受けた専修学校の専門課程（4年以上）を一定日以後に修了した者など（学校教育法施行規則第155条第1項該当者）で、その後1年以上労働衛生の実務に従事した経験を有するもの
	2	学校教育法による高等学校又は中等教育学校^{注③}を卒業した者で、その後3年以上労働衛生の実務に従事した経験を有するもの
	8	10年以上労働衛生の実務に従事した経験を有するもの
	3	船員法による衛生管理者適任証書の交付を受けた者で、その後1年以上労働衛生の実務に従事した経験を有するもの
	4	高等学校卒業程度認定試験に合格した者、外国において学校教育における12年の課程を修了した者など学校教育法施行規則第150条に規定する者で、その後3年以上労働衛生の実務に従事した経験を有するもの
	5-1	専門課程又は特定専門課程の高度職業訓練のうち能開則別表第6により行われるもの^{注④}を修了した者で、その後1年以上労働衛生の実務に従事した経験を有するもの
	5-2	応用課程の高度職業訓練のうち能開則別表第7により行われるものを修了した者で、その後1年以上労働衛生の実務に従事した経験を有するもの
	6	普通課程の普通職業訓練のうち能開則別表第2により行われるもの^{注④}を修了した者で、その後3年以上労働衛生の実務に従事した経験を有するもの
	7	旧専修訓練課程の普通職業訓練^{注④}を修了した者で、その後4年以上労働衛生の実務に従事した経験を有するもの
	9-1	外国において、学校教育における14年以上の課程を修了した者で、その後1年以上労働衛生の実務に従事した経験を有するもの
	9-2	特別支援学校（旧盲学校、聾学校又は養護学校）の高等部を卒業した者など学校教育法第90条第1項の通常の課程による12年の学校教育を修了した者で、その後3年以上労働衛生の実務に従事した経験を有するもの
	9-3	朝鮮大学校（4年制学科）を140単位以上取得して卒業した者で、その後1年以上労働衛生の実務に従事した経験を有するもの

注① 大学、短期大学、高等専門学校には、専修学校、高等専門学校以外の各種専門学校、各種学校等は含まれません。
　② 「省庁大学校」には、防衛大学校、防衛医科大学校、水産大学校、海上保安大学校、職業能力開発総合大学校の長期課程・総合課程、気象大学校の大学部及び国立看護大学校の看護学部看護学科（それぞれ旧法令による同等のものを含む）が該当します。
　③ 中等教育学校とは中高一貫教育の学校のことで、中学校ではありません。
　④ 改正前の法令により当該訓練と同等とみなされるものを含みます。

（2）　受験申請手続き

　受験申請する場合は、受験しようとするそれぞれのセンターに受験申請書を郵送するか又は直接窓口に持参します。

　受験申請には試験協会が指定する所定の用紙を使用します。

　受験申請書は、各センター及び各都道府県労働基準（安全衛生）協会（連合会）等で配布しています。申請に際しての必要書類の一覧及び試験手数料の払込み用紙等も、これに綴込みにしてあります。

　なお、障害のため受験にあたり特別な配慮を希望する場合は、事前にセンターに申し出ていただくことになっています。

（3）　申請書の受付期間

　受付期間は、それぞれの第1受験希望日の2カ月前から14日前まで（当日消印有効、センターに直接持参して申請する場合は休日を除く2日前まで）となっています。ただし、受験者数が試験定員を超えたときは、その時点で受付が締め切られ、第2希望日となります。

（4）　試験結果の発表

　試験の結果は、合格の場合は「免許試験合格通知書」それ以外の場合は「免許試験結果通知書」により直接受験者に通知されます。また、合格者については試験を実施したセンターの掲示板と試験協会のホームページに合格者一覧表（受験番号のみ）が一定期間掲示されます。

4　試験の内容

（1）　試験科目及び試験範囲

　　イ　試験科目と試験範囲

（第一種衛生管理者免許試験）

試験科目	試　験　範　囲
労働衛生	衛生管理体制　作業環境要素　職業性疾病　作業環境管理　作業管理　健康管理　メンタルヘルス対策　健康の保持増進対策　労働衛生教育　労働衛生管理統計　救急処置　事業場における安全衛生の水準の向上を図ることを目的として事業者が一連の過程を定めて行う自主的活動（危険性又は有害性等の調査及びその結果に基づき講ずる措置を含む。）
関係法令	労働基準法　労働安全衛生法　作業環境測定法及びじん肺法並びにこれらに基づく命令中の関係条項
労働生理	人体の組織及び機能　環境条件による人体の機能の変化　労働による人体の機能の変化　疲労及びその予防　職業適性

（第二種衛生管理者免許を受けた者に関する特例の第一種衛生管理者免許試験）

試験科目	試　験　範　囲
労働衛生	作業環境要素（有害業務に係るものに限る。）　職業性疾病　作業環境管理（有害業務に係るものに限る。）　作業管理（有害業務に係るものに限る。）　健康管理（有害業務に係るものに限る。）
関係法令	労働基準法及び労働安全衛生法並びにこれらに基づく命令中の関係条項（有害業務に係るものに限る。）　作業環境測定法及びじん肺法並びにこれらに基づく命令中の関係条項

（第二種衛生管理者免許試験）

試験科目	試　験　範　囲
労働衛生	衛生管理体制　作業環境要素（有害業務に係るものを除く。）　作業環境管理（有害業務に係るものを除く。）作業管理（有害業務に係るものを除く。）　健康管理（有害業務に係るものを除く。）　メンタルヘルス対策　健康の保持増進対策　労働衛生教育　労働衛生管理統計　救急処置　有害業務に係る労働衛生概論　事業場における安全衛生の水準の向上を図ることを目的として事業者が一連の過程を定めて行う自主的活動
関係法令	労働基準法及び労働安全衛生法並びにこれらに基づく命令中の関係条項（有害業務に係るものを除く。）
労働生理	人体の組織及び機能　環境条件による人体の機能の変化　労働による人体の機能の変化　疲労及びその予防　職業適性

ロ　試験科目の免除

　　　3（1）受験資格3に該当する方は、試験科目のうち「労働生理」の免除を受けることができます。

（2）　試験開始時間及び試験時間

　　試験は、午後1時30分より行われます。試験時間は第一種衛生管理者免許試験、第二種衛生管理者免許試験はそれぞれ全科目を通じて3時間ですが、労働生理が免除される方の試験時間は2時間15分です。また第二種衛生管理者免許を有する方が第一種衛生管理者免許試験を受ける場合は特例の第一種衛生管理者免許試験として全科目を通じて2時間となっています。

（3）　出題形式

　　試験は筆記試験で行われ、出題形式は五肢択一であり、解答にはマークシート方式の解答用紙が使われています。

（4）　配点及び出題数

　　試験科目の出題数及び配点は、次表のとおりです。

（第一種衛生管理者免許試験）

試験科目	範　　囲	出題数	配　　点
労働衛生	有害業務に係るもの	10問	80点
	有害業務に係るもの以外のもの	7問	70点
関係法令	有害業務に係るもの	10問	80点
	有害業務に係るもの以外のもの	7問	70点
労働生理		10問	100点
合計		44問	400点

（特例の第一種衛生管理者免許試験）

試験科目	出題数	配　　点
労働衛生（有害業務に係るものに限る。）	10問	80点
関係法令（有害業務に係るものに限る。）	10問	80点
合計	20問	160点

（第二種衛生管理者免許試験）

試験科目	出題数	配　点
労働衛生（有害業務に係るものを除く。）	10問	100点
関係法令（有害業務に係るものを除く。）	10問	100点
労働生理	10問	100点
合計	30問	300点

（5）　合否の判定

　それぞれの試験科目（範囲が分かれているものはそれぞれの範囲）ごとの得点が（4）に掲げる配点の40％以上であり、かつ、全科目の合計得点が満点の60％以上である場合を合格とされます。

5　その他

（1）試験に合格した方は、免許申請書に「免許試験合格通知書」等を添付し、東京労働局免許証発行センターに免許申請を行ってください。

（2）試験の詳細、最新情報の確認等は、同ホームページ（下記アドレス）での確認、各センター又は協会本部への照会により行ってください。

　公益財団法人　安全衛生技術試験協会

　〒101-0065　東京都千代田区西神田3-8-1千代田ファーストビル東館9階

　電話 03-5275-1088　ホームページ https://www.exam.or.jp/

MEMO

MEMO

MEMO

MEMO

〔執筆者紹介〕
中央労働災害防止協会
関東安全衛生サービスセンター（関東センター）
同センターでは、衛生管理者受験準備講習会や衛生管理者を対象とした各種講座を実施している。本書は、その講義を担当する労働衛生コンサルタント等が、これまでのノウハウをもとに、公表試験問題の分析をし執筆した。

令和6年度版
第1種　衛生管理者試験問題集
解答&解説

令和6年3月1日　　第1版第1刷発行
令和6年8月8日　　　　第2刷発行

編　　　者　中央労働災害防止協会
発　行　者　平　山　　　剛
発　行　所　中央労働災害防止協会
　　　　　　〒108-0023
　　　　　　東京都港区芝浦3丁目17番12号
　　　　　　吾妻ビル9階
　　　　　　電話　販売　03（3452）6401
　　　　　　　　　編集　03（3452）6209
印刷・製本　株式会社丸井工文社
カバーデザイン　株式会社　KeyProCreative

落丁・乱丁本はお取り替えいたします。　　　©JISHA 2024
ISBN 978-4-8059-2142-5　C3060
中災防ホームページ　https://www.jisha.or.jp/